方标军 著

寻找

新的文化使命研究文集

江苏人民出版社

图书在版编目（CIP）数据

寻找 ：新的文化使命研究文集 / 方标军著.

南京 ：江苏人民出版社，2025. 2. -- ISBN 978-7-214
-30098-0

Ⅰ. G12-53

中国国家版本馆 CIP 数据核字第 2025E8B919 号

书　　　名	寻找:新的文化使命研究文集
著　　　者	方标军
责 任 编 辑	李　旭
策 划 编 辑	戴宁宁
装 帧 设 计	观止堂_未氓
责 任 监 制	王　娟
出 版 发 行	江苏人民出版社
地　　　址	南京市湖南路 1 号 A 楼,邮编:210009
照　　　排	南京紫藤制版印务中心
印　　　刷	南京爱德印刷有限公司
开　　　本	718 毫米×1000 毫米　1/16
印　　　张	24.25　插页 4
字　　　数	369 千字
版　　　次	2025 年 2 月第 1 版
印　　　次	2025 年 2 月第 1 次印刷
标 准 书 号	ISBN 978 - 7 - 214 - 30098 - 0
定　　　价	138.00 元

（江苏人民出版社图书凡印装错误可向承印厂调换）

寻找（代序）

寻找　生命轨迹
寻找　精神家园

远离城市的喧嚣
多少个假日
我在晨曦与落日之间
寻找　寻找

百万年的人类史
一万年的文化史
五千年的文明史
我在寻找

中国式现代化
新的文化使命
中华民族现代文明
我在寻找

远离城市的喧嚣
多少个夜晚
我在星光与月色之中

寻找　寻找

文化强国先行区
文化数字化赋能
文艺精品创作高地
我在寻找

江苏大剧院现象
涟水现象
三部曲现象
我在寻找

寻找　寻找　寻找
传承　是我们的使命
创新　是我们的翅膀
发展　是我们的动力

寻找　寻找　寻找
坚定文化自信
坚持守正创新
坚守中华文化立场

寻找　一个民族灵魂
寻找　我的魂牵梦绕

二〇二四年十二月

目　录

国有文艺院团深化改革研究

我国的国有文艺院团深化改革研究，不仅是重大理论问题，也是重要实践问题。综合分析国有文艺院团改革现状和经验教训，深刻领会习近平总书记对文艺工作的一系列重要论述，有助于我们进一步深化国有文艺院团改革，激发国有文艺院团生机活力，创作更多思想精深、艺术精湛、制作精良的优秀舞台艺术作品，满足人民向往美好生活的精神文化需求，繁荣发展社会主义文艺。

一、 江苏、山东、上海国有文艺院团改革现状综述

1. 以建立现代企业制度为重点的江苏模式

江苏现有国有文艺院团 108 个，其中省级文艺院团 10 个，市级文艺院团 40 个，县级文艺院团 58 个。省市县三级文艺院团中，转企改制 42 个，保留事业单位性质 66 个。江苏省演艺集团所属 10 个省级文艺院团均转企改制。南京、无锡、徐州、常州、连云港所属 19 个市级文艺院团同样全部转企改制；南

通、淮安、镇江、泰州所属 6 个市级文艺院团均保留事业单位性质；苏州、盐城、扬州所属 15 个市级文艺院团中，转企改制 7 个，保留事业单位性质 8 个。南京、无锡、徐州、南通、连云港、淮安、盐城、泰州所属 39 个县级文艺院团均保留事业单位性质；苏州、常州、扬州、镇江、宿迁所属 19 个县级文艺院团中，转企改制 6 个，保留事业单位性质 13 个。总的来看，由于阻力较大，2011年 5 月《中共中央宣传部、文化部关于加快国有文艺院团体制改革的通知》并未完全得到落实，全省五分之三以上的国有文艺院团没有转企改制，省级文艺院团转企改制最为彻底，达到百分之百；市级文艺院团转企改制也达到三分之二；县级文艺院团转企改制只有十分之一。当然，未转企改制的市、县级文艺院团，虽保留事业单位性质，但经费上大多为差额拨款，同样面临一定的生存困难。

作为省会城市，南京 6 个市级文艺院团于 2011 年底整体转企改制，由南京市文投集团组建演艺集团，对市级文艺院团实施统一管理，通过企业化运作和市场化带动促进转型发展。改制 6 年多，经营状况有所改善，艺术生产、人才培养也取得一定成绩。南京市文投集团、演艺集团和市级文艺院团在座谈时表示，由于受到各种客观因素和改革政策的影响，市级文艺院团生存发展仍十分艰难，特别是改制政策衔接不到位，企业负担过重，演职人员收入水平普遍较低，2017 年人均收入只有 7.6 万元，严重伤害了演职人员的自尊心和工作积极性，对艺术创作生产也带来负面影响。

这里重点介绍一下江苏省演艺集团的改革情况。2001 年 7 月，经江苏省人民政府批准，江苏省文化厅所属的原省京剧院、昆剧院、话剧院、歌舞剧院、锡剧团、扬剧团、演出公司、文化音像出版社、人民剧场等合并，组建为两块牌子、一套班子的副厅级省演艺集团和省艺术剧院，开启行业改革先河。2005年起，江苏省演艺集团成为全国首个具有市场主体身份的国有文艺院团，近千名在编职工全部由事业身份转换为企业身份，在全国引起较大反响，行业内对此褒贬不一，但更多是埋怨、反对之声。

改革最初几年，江苏省演艺集团面临的突出矛盾和困难有：

一是体制机制改革尚未到位，发展包袱较重。从政策层面看，有关改革的配套政策不完善，一些配套政策在执行中变数较大，有的没有落实到位；从集团层面看，以法人治理结构为核心的现代企业制度尚未建立，难以称得上真正意义的合格市场主体；从院团层面看，院团非一级法人，缺乏足够的自主权，不符合艺术生产规律，也影响了院团自我积累、自我发展。

二是艺术创作生产投入不足，缺少精品力作。新剧目生产除政府主导的项目有专项资金外，江苏省演艺集团自主经费缺乏，多是零散性、临时性的资金，与艺术创作生产的计划性、稳定性和可持续需求形成鲜明反差。国家、省艺术基金项目也常因无配套资金保障难以实施，甚至面临被问责风险。在戏曲消费市场尚未成熟、院团疲于应付生存问题的情况下，精品生产更多处于有心无力状态。

三是演出设施设备严重匮乏，品牌难以形成。江苏省演艺集团现有紫金大戏院、人民剧场、江南剧场、兰苑剧场 4 个剧场，其中人民剧场由于历史原因长期出租。文化和旅游部、住房和城乡建设部对紫金大戏院、江南剧场实地调研后，要求剧场停业改造。兰苑剧场为省昆剧院专属剧场，其余 9 个省级文艺院团均无固定演出场所，剧目排练全部拥挤在原省京剧院一个排练厅进行，只能错位安排。同样尴尬的是，演出器材、灯光、音响、服装、舞台装置等演出必需设备老化，部分演奏乐器已超过使用年限，严重影响演出效果。

四是文艺骨干留不住引不进，队伍建设堪忧。人才流失严重，改制前江苏省演艺集团事业身份在编职工 908 人，改制后仅剩 604 人，文艺骨干提前退休、跳槽的现象较多。省京剧院通过省戏剧学校招录的两届 39 名毕业生只剩下 19 名。新生力量补充不足，编导演等专业人才全面紧缺，部分剧目主创、主演多靠外请。由于企业性质和待遇保障低，江苏省演艺集团有意引进的原南京军区前线歌舞团的文艺骨干，全部选择了能提供事业身份的文艺单位。

这里我们试比较一下江苏省演艺集团昆剧院和苏州昆剧院，也许能生动形象地说明转企改制对国有文艺院团的巨大影响。一个是省级文艺院团，一个是市级文艺院团，在编人数都是 100 多人，江苏省演艺集团昆剧院转企改制为企业，苏州昆剧院保留为事业单位性质。2017 年省昆固定资产 2293 万元，苏昆固定资产 14174 万元，省昆财政拨款 1433 万元，苏昆财政拨款 4543 万元。苏昆新址 2014 年年底投入使用，占地面积 7450 平方米，建筑面积 13112 平方米，排练场大中小齐全，演出可在剧场，亦可实景演出。转企改制 15 年，省昆的发展已经大大落后于苏昆。

近几年来，江苏省委宣传部会同省财政厅、省人力资源社会保障厅，经广泛调研、反复论证，充分征求并认真吸纳各方面意见，形成了江苏省演艺集团深化改革的有关思路和建议报告。在江苏省文化改革领导小组和省委宣传部统筹协调下，江苏省演艺集团积极贯彻落实省委领导指示批示精神，坚定改革方向不动摇，力争通过深化改革，强化外部要素支撑、激发内部发展动力，建立健全有文化特色的现代企业制度。主要举措有：建立健全有文化特色的现代企业制度，进一步健全法人治理结构，完善管理架构，明确功能定位；强化院团主体定位，给予文艺院团预算范围内的经费使用自主权、绩效分配权、剧目市场运作生产决策权、专项资金使用权和人才培养引进使用权；优化配置资源要素，深化内、外部资源整合，优化产品结构，培育一批具有核心竞争力和较高市场占有率的表演艺术品牌；优化创作生产机制，建立与市场、艺术双重规律相适应的创作生产决策、激励约束、考核评价、薪酬分配机制，对骨干人才实行年薪制；加大艺术创作生产演出扶持力度，安排艺术创作生产专项资金，增加戏曲保护传承经费投入，加大政府购买服务力度；改善场所设施，加快建设省演艺排练中心；完善人才支撑机制，解决文艺院团引进事业编制人才身份挂靠和艺术名家转岗教学问题。目前这些举措都在积极落实、推进之中。

作为全国文艺院团率先转企改制的探索者，江苏省演艺集团面临保市场求生存、传承保护发展的双重压力，尽管困难重重，但新的领导班子勇于担当、积极作为，陆续推出一批反映时代精神、深受群众欢迎的艺术精品，多个剧目荣获全国和省"五个一工程"奖、国家和省"文华大奖"，一大批艺术家获得中国戏剧"梅花奖""文华奖"，以及享受国家、省政府特殊津贴。近年来，江苏省演艺集团艺术生产出现重大转机，昆剧《梅兰芳·当年梅郎》继入选国家舞台艺术精品创作扶持工程十大重点扶持剧目之后，再次入选庆祝中国共产党成立 100 周年舞台艺术精品创作工程重点扶持作品"百年百部"创作计划。连续推出《运之河》《郑和》《鉴真东渡》《拉贝日记》《周恩来》等 5 部原创歌剧，以及舞剧《记忆深处》、锡剧《董存瑞》、京剧《梅兰芳·蓄须记》和昆剧《眷江城》等优秀剧目，在国内外产生较大影响。最新推出的昆剧《瞿秋白》好评如潮，被称为"顶峰之作"。

2. 以恢复事业单位性质为代表的山东模式

山东省委、省政府于 2011 年制定了《关于加快国有文艺院团改革发展的实施意见》，2012 年印发《山东国有文艺院团改革发展暨组建山东省演艺集团方案》，2013 年完成全省所有国有文艺院团阶段性改革任务。大体上分为四类：一是继续保留原有事业单位性质，主要是山东省京剧院、青岛交响乐团；二是转成非遗保护传承中心，保持事业单位性质不变，包括山东省吕剧院、柳子剧团；三是并入文化馆，主要有东营市的 3 个县级吕剧团；四是转变为企业单位，包括山东省话剧院、歌舞剧院。山东共有国有文艺院团 116 个，改革过程中核销事业法人 91 个。山东省演艺集团为省管国有大型文化企业，由山东省话剧院、歌舞剧院、交响乐团、民族乐团等组成，同时代管事业单位性质的山东省吕剧院、柳子剧团。随着经济社会形势的不断发展，山东省演艺集团遇到了人员身份、资产划转、同城整合等一系列问题。针对这些问题，山东省委、省政府充分领会习近平总书记对文艺工作的新论述、新定位，及时调整改革思路，于 2015 年下半年批准恢复设立山东省话剧院、歌舞剧院二类事业单位建制，恢复原有在职在编人员事业身份。2017 年，经省领导批准，6 个省级文艺院团重新划归山东省文化厅管理。业界普遍认为，这为文艺院团长期健康发展提供了有利条件。

3. 以实行一团一策改革为突破的上海模式

上海市委、市政府高度重视国有文艺院团改革，以 18 个市属国有文艺院团一团一策改革为突破口，明确改革原则、目标，推动改革举措落实到位。出台了《关于推进上海文艺院团深化改革加快发展的实施意见》，强调坚持问题导向，把牢正确方向，遵循艺术规律，分类实施改革。在优化精品创作机制方面，形成文艺院团艺术创作科学决策机制，完善文艺创作生产资助和推进体系，打造具有国际影响力的品牌文艺赛事，支持优秀舞台项目"走出去"；在完善人才支撑机制方面，突出表彰宣传优秀文艺人才，资助优秀文艺家建立工作室，改进优秀演艺人才落户"绿色通道"评审机制，提高文艺院团高级职称比例，制定标准将演出收入用于演职人员激励；在强化综合保障机制方面，加快专业文化设施建设步伐，完善演出专项扶持资金制度，加大文艺院团财政保障力度，将事业单位性质文艺院团的绩效工资水平提高到全市文艺单位平均水平以上，将转企改制文艺院团财政保障水平在原有基础上翻番；在健全管理运行机制方面，完善一团一策考核指标体系，试点乐器自备制和租赁制，探索少数文艺院团的社会化管理模式等。目前，上海一团一策改革取得积极成果，明显改善了文艺院团的发展条件，各大院团在剧目创作、演出场次、演出收入和观众人数等方面均有较大提升，在全国产生广泛积极的影响，受到文艺界充分肯定。

二、 重温习近平总书记关于文艺工作系列重要论述

这些年来，习近平总书记对文艺工作十分关心、格外厚爱，亲自主持召开文艺工作座谈会，出席中国文联十大、中国作协九大开幕式，十九大以来先后给内蒙古乌兰牧骑队员、老艺术家牛犇、中央美院老教授写信回信，亲自看望参加全国政协联组会的文艺界代表，致信祝贺中国文联、中国作协成立七十周年，2020年又主持召开教育文化卫生体育领域专家代表座谈会，专门给中国戏曲学院师生回信，围绕做好新时代文艺工作作出一系列重要论述。这些重要论述，深刻回答了新的历史条件下文艺工作具有方向性、全局性和战略性的重大问题，是习近平新时代中国特色社会主义思想的重要组成部分，丰富和发展了马克思主义文艺理论，为我们做好工作指明了前进方向，提供了根本遵循。

2014年10月，习近平总书记在文艺工作座谈会上的重要讲话，是习近平总书记关于文艺工作最系统、最全面、最深入的重要讲话。讲话科学分析了文艺领域面临的新形势、新情况、新问题，创造性地回答了事关文艺繁荣发展的一系列带有根本性、方向性的重大问题，体现了党对文艺工作的新思想、新判断、新要求。讲话与72年前毛泽东主席在延安文艺座谈会上的讲话既一脉相承又与时俱进，充分体现马克思主义认识论和方法论，充分体现社会主义文艺的

本质特征，是当代中国文艺实践的理论总结和思想升华，是指导文艺工作的纲领性文件，对推进社会主义文艺繁荣发展具有重要意义。

习近平总书记在讲话开始部分以及谈第一个、第四个问题时，这样评价文艺的地位和作用：文艺事业是党和人民的重要事业，文艺战线是党和人民的重要战线。文艺是时代前进的号角，最能代表一个时代的风貌，最能引领一个时代的风气。文艺的作用不可替代。举精神之旗、立精神支柱、建精神家园，都离不开文艺。文艺在培育和弘扬社会主义核心价值观方面具有独特作用。"文艺是时代前进的号角"这一重要论断，深刻揭示了文艺在展现时代精神、推动时代进步中的独特作用，给广大文艺工作者以巨大鼓舞。

习近平总书记讲话中多次强调文艺工作者的责任和使命，其中谈第一个、第二个问题时指出：我国作家艺术家应该成为时代风气的先觉者、先行者、先倡者。文艺工作者应该牢记，创作是自己的中心任务，作品是自己的立身之本，要静下心来、精益求精搞创作，把最好的精神食粮奉献给人民。"把最好的精神食粮奉献给人民"就是要坚持以人民为中心的创作导向，把满足人民精神文化需求作为文艺工作的出发点和落脚点，其核心是创作生产更多无愧于我们这个伟大民族、伟大时代的优秀作品。

习近平总书记讲话中最值得我们警醒的是谈第三个问题中的一段话，他强调：一部好的作品，应该是经得起人民评价、专家评价、市场检验的作品，应该是把社会效益放在首位，同时也应该是社会效益和经济效益相统一的作品。同社会效益相比，经济效益是第二位的，当两个效益、两种价值发生矛盾时，经济效益要服从社会效益，市场价值要服从社会价值。文艺不能当市场的奴隶，不要沾满了铜臭气。关于文艺与市场的关系问题，一度有许多片面理解和认识。文艺作品不是一般物质产品、普通商品，既具有文化属性、意识形态属性，也具有商品属性、市场价格，衡量文艺作品的根本标准更多在于社会属性、社会价值的体现上。所以讲话中习近平总书记反复告诫我们"文艺不能在市场经济大潮中迷失方向""不能被市场牵着鼻子走"。

当前，我们要紧密联系文艺领域实际，联系深化国有文艺院团改革，深入学习贯彻习近平总书记关于文艺工作的重要论述，始终牢记党的嘱托和人民希望，抓住历史机遇，担当文化使命，为时代画像、为时代立传、为时代明德，为提高国家文化软实力、建设社会主义文化强国再立新功。

三、 贯彻落实中央有关精神需要抓住几个关键问题

2020 年 6 月 30 日，习近平总书记主持召开中央全面深化改革委员会第十四次会议，审议通过了有关深化国有文艺院团改革的意见。会议强调，国有文艺院团是繁荣发展社会主义文艺的中坚力量，要以社会主义核心价值观为引领，围绕举旗帜、聚民心、育新人、兴文化、展形象的使命任务，突出问题导向，坚持分类指导，以演出为中心环节，激发国有文艺院团生机活力，创作生产思想精深、艺术精湛、制作精良的舞台艺术佳作，满足人民向往美好生活的精神文化需求。时隔三个月，中共中央办公厅、国务院办公厅印发了这个文件，目前全国各地正按照中央有关要求，结合实际抓好贯彻落实。在抓落实的过程中，需要特别关注这几个问题：

第一，突出问题导向。把党的领导贯穿国有文艺院团改革发展全过程，以习近平新时代中国特色社会主义思想为指导，发挥党把方向、谋大局、定政策、促改革的作用，为国有文艺院团改革发展提供坚强的政治保证和组织保证。把提高质量作为文艺作品的生命线，以创作规划为先导，引导广大文艺工作者深入生活、扎根人民进行文艺创造，推动形成艺术精品和文艺人才不断涌现的生动局面。把社会效益放在首位，以社会主义核心价值观为引领，努力实现社会效益和经济效益相统一，激励更多优秀作品传递真善美，引导文艺工作者自觉追求德艺双馨，讲品位讲格调讲责任，抵制低俗庸俗媚俗。把政府支持和政策引导作为重点，以增强发展活力为主要目标，进一步优化资源配置，发挥社会力量和市场机制应有作用。

第二，明确功能定位。国有文艺院团是繁荣发展社会主义文艺的中坚力量，是提供公共文化服务、发展文化产业的重要力量。国家直属文艺院团和有条件的省级文艺院团，要着力创作体现国家水准和民族特色、具有国际影响力的优秀舞台艺术作品，示范带动本艺术门类发展；省级国有文艺院团和有条件

的市级国有文艺院团，要充分挖掘地方特色资源，做强区域优势艺术门类，成为本地舞台艺术创作生产的引领者推动者，同时要承担国家和省级重大主题性创作演出任务，加强对基层文艺院团的业务指导；市县级国有文艺院团原则上以服务基层群众为主要任务，更多承担政策宣传、公共服务、惠民演出、艺术普及等工作。

第三，分类推进改革。保留事业单位性质的国有文艺院团，突出和强化公益属性，完善财政、人事、收入分配等各项政策，进一步增强活力；已转企改制的国有文艺院团，完善法人治理结构，强化内部运行机制和经营管理创新，形成体现文化企业特点、符合现代企业制度要求的资产组织形式和经营管理模式；已组建的演艺企业集团，要充分发挥聚合优势，努力成为骨干文化企业。

第四，完善激励机制。将国有文艺院团人才队伍建设纳入宣传文化系统人才队伍建设统一规划，完善人才培养、引进、管理、保障、奖励机制。实施文艺领域荣誉表彰制度。建立健全收入分配激励机制，细化奖励性绩效工资发放等级和档次。按照多演出多得酬劳的原则，演出收入向业务骨干和作出突出贡献的人才倾斜、向一线演员倾斜、向关键岗位和特殊岗位倾斜。允许国有文艺院团对高层次人才、关键岗位、业务骨干或紧缺急需人才实行协议工资、项目工资、年薪制等分配形式。合理确定保留事业单位性质的国有文艺院团绩效工资总量，单位内部分配时可根据需要设立创作、演出、高层次人才补贴等绩效工资项目。转企改制院团取得的公益性演出收入可以发放人员劳务费。鼓励社会力量通过投资或捐助设施设备、资助项目、赞助活动、提供产品和服务等方式支持国有文艺院团发展。鼓励社会资本以参股或控股形式参与国有文艺院团改制经营。支持符合条件的国有文艺院团上市融资。

第五，落实政策保障。各级政府要落实对符合条件的国有文艺院团的支持政策。加强对公益性演出质量和效益的考核评价，以绩效为导向，动态调整政府购买公益性演出经费安排。加大优秀保留剧目政府购买演出力度。积极稳妥解决转企改制文艺院团所涉土地、房屋等资产处置问题。加强对转企改制文艺院团的政策保障和资金扶持，继续拨付转企改制文艺院团原有正常事业费并动态调整拨款水平。妥善安置转企改制文艺院团原事业编制人员，按政策规定保障工资福利、住房公积金、住房补贴等基本待遇。支持转企改制文艺院团名角到艺术院校、艺术研究院（所）兼职或任职。支持转企改制文艺院团通过加快收入分配改革、建立企业年金、加发补贴等多种方式，妥善解决退休人员退休待遇问题。

四、改善江苏国有文艺院团生态环境的思考

江苏文化底蕴深厚，在中华文明的历史长河、中华民族伟大复兴和社会主义文化繁荣发展中，都作出了突出贡献。党的十八大以来，江苏全面贯彻习近平新时代中国特色社会主义思想，特别是关于文艺工作的重要论述，全面落实党的十八大、十九大精神，高度重视艺术精品创作生产，围绕"三强三高"目标任务，出台了一系列加强文艺工作的重要政策措施，推动文艺事业不断迈上新台阶，在各门类全国评奖、国际竞争中，获奖种类多、层次高，稳居全国第一方阵。文艺知名度、美誉度不断提升，形成了各个文艺领域的"江苏现象"和文化品牌，在国内外具有广泛影响力。其中在舞台艺术方面，舞剧《丹顶鹤》、话剧《雨花台》、滑稽戏《陈奂生的吃饭问题》连续三届获得全国精神文明建设"五个一工程"奖，话剧《枫树林》、淮剧《小镇》、苏剧《国鼎魂》连续三届摘得国家文华大奖，淮剧《送你过江》、昆剧《梅兰芳·当年梅郎》连续两届入选国家舞台艺术精品创作扶持工程十大重点扶持剧目。2020 年 11 月，文化和旅游部公布了庆祝中国共产党成立 100 周年舞台艺术精品创作工程重点扶持作品名单，江苏共有 12 部作品入选，其中滑稽戏《陈奂生的吃饭问题》、苏剧《国鼎魂》、昆剧《梅兰芳·当年梅郎》、舞剧《歌唱祖国》被列入百年百部创作计划，淮剧《小镇》、话剧《雨花台》被列入百年百部传统精品复排计划，江苏入选总数居全国首位。

当然，江苏文艺领域还存在一些薄弱环节和问题，主要有：政策环境不断优化，但扶持激励力度仍需提高；精品力作不断涌现，但高峰之作仍显不足；"文艺苏军"更加壮大，但人才支撑仍然乏力；社会影响不断彰显，但领先优势仍不明显。

党的十九届五中全会闭幕不久，习近平总书记第一次到地方视察就来到江苏，殷切希望江苏"在改革创新、推动高质量发展上争当表率，在服务全国构建新发展格局上争做示范，在率先实现社会主义现代化上走在前列"。党的十八大以来，习近平总书记四次对江苏作出重要讲话指示，他这次强调的"争当表率、争做示范、走在前列"，是对江苏的最新定位和要求，饱含着对江苏承担起推动高质量发展、构建新发展格局、开启现代化征程使命担当的殷切期望。江苏文艺界同样需要"争当表率、争做示范、走在前列"。这里对江苏"十四五"期间打造"文艺高峰"提出几点建议。

1. 实施文艺创作攀登工程，推出更多高峰之作

加强重大主题创作规划引领。围绕重要时间节点和重大事件、重要人物，积极推动重大题材主题作品创作。以现实题材、爱国主义题材、重大革命和历史题材、青少年题材、军事题材为重点，深入挖掘中华文化底蕴，积极反映新时代中国特色社会主义的伟大实践。以江苏历史上的重大事件、重要人物，周恩来精神、新四军铁军精神、雨花英烈精神、淮海战役精神，大运河文化、江南文化，以及高质量发展走在前列、建设"强富美高"新江苏的生动实践为重点，推动江苏地域文化主题创作，体现江苏风格、凸显文化标识。

强化文艺创作题材管理。全面建设和不断完善江苏文艺创作题材库，定期开展题材发布、资源对接、创作孵化等活动，建立重大题材规划引导、提示发布机制，有效形成"规划一批、创作一批、储备一批"的文艺创作题材动态管理机制。

聚焦一剧之本创作。建立健全省市县三级戏剧文学创作机构，注重扶持县级以下基层文化机构的创作人才。定期开展戏剧文学剧本征集评选活动，发掘、扶持一批优秀剧本。打通文学作品向剧本转化的渠道，建立剧本改编资源库，重点推动优秀小说、报告文学、网络文学等向戏剧剧本转化。探索签约创作、招标创作和跨地跨界联合创作等机制，搭建优秀剧本推介交易平台。

加大对文艺精品创作扶持力度。建立文艺精品立项扶持评审机制，坚持精品思维，集中优势资源，实施重点资助。各文艺门类每年确定一批重点项目，给予重点投入和精心指导。力争戏剧、影视等重要门类每年推出 50 部左右优秀作品，其中戏剧不少于 20 部，3—5 部在全国有较大影响，1—2 部在全国有重要影响。在全国范围内遴选 15—20 名顶尖文艺名家大师，以项目委托形式，每人领衔一个项目，专项投入资金，带领我省青年人才组建团队，争取用 3—5 年时间，推出一批在全国具有"现象级"影响的文艺作品。

完善优秀文艺作品奖励机制。更好发挥江苏省精神文明建设"五个一工程"奖、江苏省文华奖、江苏省戏剧文学奖和江苏省紫金文化奖章等激励作用，有效促进全省优秀文艺作品创作。出台《江苏省文艺精品扶持奖励办法》，不断完善《江苏省优秀文化成果奖励办法》《江苏省文艺精品剧目剧本扶持办法》。制定完善江苏省获得国家级奖项的优秀文艺作品奖励办法，对获得国家级奖项的创作人员、创作单位等给予必要奖励。

2. 实施文艺人才腾飞工程，推出更多拔尖人才

实施青年领军人才"托举"行动。对文艺英才中实力强、潜力大的"关键少数"，如省戏剧文学创作院院长罗周、省演艺集团昆剧院副院长施夏明等，瞄准全国顶尖和领先位次，为他们量身定制培养计划，集中各方面资源给予扶持，力争在各个文艺门类，特别是艺术门类造就一批能够走在全国同行前列的名家大师。

实施文艺后继人才"强基"计划。"文艺苏军"青蓝相继、生生不息，需要艺术教育的支撑。北京有电影学院、舞蹈学院，上海有音乐学院、戏剧学院，浙江有音乐学院、中国美院等，江苏只有 1 所综合类艺术本科院校南京艺术学院，1 所职业类专科院校苏州工艺美术职业技术学院，其他虽然有 55 所大学设置的艺术类二级学院，但既小又弱。建议打通戏剧人才从初中到本科直升通道，将江苏省戏剧学校升格为江苏省戏剧学院，解决江苏戏剧发展人才培养瓶颈，夯实江苏戏剧发展基础；在艺术类院校增设或扩招编剧、导演、作曲、舞美等紧缺专业，提供科学稳定的专业支撑。

完善优秀文艺人才使用政策。为全国奖项获得者、紫金文化奖章等艺术名家，设立名家工作室、大师工作室，在媒体开设"名家专栏"，举办名家名作晋京展、名家名作专题研讨、戏曲大师驻校传承计划等活动。鼓励资助优秀文艺人才参加国际文化交流、全国性文艺评奖，提高文艺名家的知名度和影响力。

延迟高层次艺术人才退休年龄，获得全国精神文明建设"五个一工程"奖、国家文华大奖的编剧、导演和主演且排名第一人员，获得全国美展金奖或入选 5 次以上人员，具有正高二级职称人员，根据工作需要和本人意愿，可以延迟 3 年退休；条件合适的，推荐担任省政府参事、省文史馆员等。进一步破除人才引进、培养、使用、评价、流动、激励等方面的体制机制障碍，放宽招聘和引进专业艺术人才的年龄限制，从副高 45 岁以下、正高 50 岁以下改为副高 48 岁以下、正高 53 岁以下。提高文艺创作生产单位的高级职称岗位设置比例，对省级艺术创作单位高中低职称岗位设置实行"倒金字塔"结构，探索特殊文艺创作生产单位不限制职称岗位制度。对需要引进高端拔尖人才实行绿色通道政策，可以不受单位岗位设置比例限制，为人才引进提供更多空间。设立文艺高端人才引进专项经费，用于解决高端引进人才的项目经费、安家补贴等问题。

3. 实施文艺活动提升工程，推出更多品牌项目

继续打响"紫金"文化活动品牌。通过创新节会模式、优化主题内容、加强宣传推介等举措，将紫金文化艺术节、紫金合唱节、紫金京昆艺术群英会办成展示江苏文艺发展成就的艺术盛会，将江苏戏剧文学奖更名为紫金戏剧文学奖，不断提升"紫金"文化品牌力和国际影响力，使之成为引导性强、显示度高、影响力大的文艺活动平台。

做强全国性文艺活动品牌。推动戏曲百戏（昆山）盛典、中国昆剧节、中国百家金陵画展、中国苏州评弹节、中国音乐金钟奖（民乐）等全国性文艺品牌活动提档升级，打造具有国际化视野、国家级水平、江苏省特色的专业性活动品牌。

做优江苏文艺活动品牌。不断提升江苏省文华奖、傅抱石风骨·中国画作品双年展、徐悲鸿杯·油画双年展、林散之杯·书法作品双年展、江苏省优秀美术家系列展、江苏中秋戏曲晚会等江苏重大文艺活动的影响力和带动效应，条件成熟时与国家级机构合办，面向全国征稿，使之成为江苏重要文化标识、全国知名文化品牌。

扶持地方文化活动品牌。重点扶持特色鲜明的中国苏州江南文化艺术·国际旅游节、南京森林音乐会、江苏省淮剧艺术展演月、长江音乐节、中国泰州梅兰芳艺术节等江苏地方文艺活动，打造各具特色的地方文化品牌，提升江苏地方文艺活动影响力。

打造文旅融合发展活动品牌。按照"宜融则融、能融尽融""以文彰旅、以旅促文"的要求，进一步打造中国大运河文化旅游博览会、南京世界历史文化名城博览会、世界运河名城博览会等文旅融合发展的重要平台，扶持"只有爱·戏剧幻城"演艺项目成为有全国影响的品牌项目。

4. 构建文艺创作良好生态，有效形成整体合力

实施文艺基础设施建设工程。推动建设一批重点文艺基础设施，新建江苏戏曲博物馆，完整展示京昆和 18 个地方剧种深厚的文化底蕴，集传承研究、演出推广等功能于一体。针对当前全省各地文艺场馆发展不平衡、资源不均衡以及不少剧场设施陈旧、功能落后等问题，推动每个县市和有条件的区"十四五"期间至少建成一座功能齐全、设备完善的标准剧场。支持南京建设国际和平主题文化交流展示馆，支持昆山建设戏曲百戏博物馆。

实施文艺宣传推广工程。整合现有的高雅艺术进校园、戏曲进校园、送戏下乡等项目，统一实施艺术普及教育工程。确保每个中小学生每个学期能够现场观看一场戏剧。将戏剧教育纳入美育教育范围，改变小学、中学只有音乐、美术两门美育课程的现状，在中学阶段普遍开设戏剧教育课程。组织免费观看地方戏曲表演，确保每个自然村每年能够演出一场戏剧。在广播电视普遍开设文艺频道或专门栏目，在报刊、网络开辟固定栏目，培育文艺观众，提升文艺社会影响力。

实施文艺评论提升工程。充分发挥江苏省文艺评论家协会、江苏省艺术评论学会作用，加大优秀文艺评论人才培养力度，推出一批有影响力的文艺评论骨干。在全省设立一批艺术评论基地，发现并培养一批 45 周岁以下的青年文艺评论家。增设江苏省文华奖·艺术评论奖，在《艺术百家》《剧影月报》等专业性刊物上开设艺术评论专栏，创办扬子晚报《艺术评论周刊》，组织知名文艺家、评论家在专业性文艺期刊上进行点评和推介，扩大优秀文艺作品在专业领域的影响力和知名度。定期遴选优秀文艺评论文章结集出版，推出一批高水平评论文集。

5. 完善文艺创作保障机制，夯实健康发展基础

建立健全打造"文艺高峰"工作机制。成立打造"文艺高峰"组织领导机构，由省委、省政府分管领导任正副组长，省委宣传部牵头，省财政厅、省税务局、省文化和旅游厅、省广播电视局、省文联、省作协、省演艺集团、省广播电视总台等相关部门参加的打造"文艺高峰"领导小组，统筹规划打造"文艺高峰"重点工作，加强任务部署，促进政策落地。出台《关于打造"文艺高峰"的实施意见》，制定打造"文艺高峰"的政策措施。实施江苏省文艺资源普查工程，调查摸底江苏文艺资源。进一步开展"文艺高峰"课题调研，找准江苏文艺在全国精确位置，与北京、上海等先进地区全面对标找差，研究提出"文艺高峰"指标体系，为江苏打造"文艺高峰"提供参照系和路径图。

建立完善文艺创作考核评价体系。按照"五位一体"总体布局的要求，将文艺工作尤其是文艺精品创作生产纳入各设区市高质量发展考核体系，督促地方党委政府高度重视和有效推动文艺精品创作生产。建立各级文艺创作生产联席会议制度，推动相关部门加强配合、密切合作，形成部门协作、联动工作机制。

深化国有文艺院团改革。对照中央关于深化国有文艺院团改革的意见，建议江苏省委、省政府加强对国有文艺院团改革发展重大问题的分析研判，制定本省支持国有文艺院团改革发展的具体措施，建立健全党委宣传部协调指导，文化和旅游部门负责落实，机构编制、发展改革、财政、人力资源和社会保障等部门积极配合的工作机制，加大政策保障力度，加强督促落实，确保各项任务落到实处。对未列入保留事业单位性质范围的国有文艺院团，可选择市场适应能力和发展活力强的个别单位进行公司制股份制改制试点，条件不成熟，不要再推行转企改制工作。

加大财政资金支持力度。建议设立一定规模的打造"文艺高峰"专项扶持基金，对江苏文艺精品予以重点扶持资助；提高相关部门文艺创作专项资金和江苏艺术基金规模，增加文艺创作生产经费投入；增加江苏省演艺集团艺术创作经费不少于5000万元。各设区市普遍设立艺术创作专项资金和艺术基金；各县市区普遍设立文艺创作专项经费。对重点艺术作品实行重点投入，必要时给

予滚动资助，对获得国家级项目资助的给予配套资金支持。

五、 结语

中央全面深化改革委员会已经审议通过并由中共中央办公厅、国务院办公厅印发了有关深化国有文艺院团改革的文件，当前我们的主要任务是抓好贯彻落实。同时我也坚持认为，对习近平总书记关于文艺工作系列重要论述需要再学习再理解，要真正做到经济效益服从社会效益、市场价值服从社会价值，不被市场牵着鼻子走，把最好的精神食粮奉献给人民；国有文艺院团事业性质、企业运行思路比较符合中国实际，事业性质是对国有文艺院团的重新定位，企业运行可以全面激发国有文艺院团内生动力；目前情况下，允许两种体制并存，对尚未转企改制的国有文艺院团，条件不成熟不急于推行，国家直属院团可在这方面作出表率；不断完善转企改制文艺院团配套政策，在财政保障上与保留事业单位性质国有文艺院团同等对待；完善对国有文艺院团社会效益年度考核，适当借鉴公共图书馆、文化馆、博物馆评估定级做法，进一步落实政府责任。

全国艺术科学规划领导小组办公室 2018 年度文化和旅游研究立项项目阶段性成果，全文发表于 2021 年第 4 期《艺术百家》，题目为《国有文艺院团深化改革的实践探索及其改革走向》，获得 2021 年度江苏省社科应用研究精品工程奖优秀成果一等奖

关于构筑文艺精品创作高地的若干政策建议

党的十八大以来，在省委、省政府的正确领导，文化和旅游部的精心指导下，江苏省文化和旅游系统以习近平新时代中国特色社会主义思想为指导，深入贯彻落实习近平总书记关于文艺工作的一系列重要论述，牢牢把握以人民为中心的创作导向、"四个讴歌"的时代要求和创作生产优秀作品的中心环节，坚持思想精深、艺术精湛、制作精良相统一，创作生产了一大批有思想深度、时代高度、生活热度和人性温度的艺术精品，得到省委、省政府、文化和旅游部以及社会各界的充分肯定，为构筑江苏文艺精品创作高地，推动文化高质量发展走在前列作出了积极贡献。今年以来，苏剧《国鼎魂》、滑稽戏《陈奂生的吃饭问题》相继荣获国家文华大奖、全国精神文明建设"五个一工程"奖，是自中央改革文艺评奖制度以来，继淮剧《小镇》、话剧《雨花台》之后，连续两届获此殊荣；淮剧《送你过江》、滑稽戏《陈奂生的吃饭问题》入选全国舞台艺术重点创作剧目名录，其中淮剧《送你过江》同时入选国家舞台艺术精品创作扶持工程重点扶持剧目，实现江苏在这个项目上"零"的突破；以"守岛英雄"王继才为原型创排的地方小戏《夫妻哨》，入选 2019 新年戏曲晚会，习近平总书记等中央领导观看了演出；具有创新意义的戏曲百戏（昆山）盛典，从 2018 年开始，连续三年在江苏举办，全国现存的 348 个戏曲剧种将全部展演一遍，此举得到雒树刚部长两次批示肯定，今年的戏曲百戏（昆山）盛典有 20 个省（市区）的 112 个戏曲剧种得到充分展示。

当然，江苏文艺工作还存在一些问题和不足。比如文艺创作有"高原"缺"高峰"的局面还需要进一步扭转；不同区域、不同门类艺术发展和创作资金投入不平衡、不充分的问题还没有得到根本解决；艺术创作人才特别是导演、作曲、舞美拔尖人才依然相对匮乏；缺乏旅游演艺品牌项目，艺术精品创作与旅游空间拓展上还有较大差距，等等。虽然有些问题在全国各地普遍存在，有些问题并非一蹴而就就能解决，但我们绝不能有丝毫懈怠，要以滴水穿石的坚强毅力，持续不懈地攻克难关。

为了更好地用文艺创造反映历史巨变、描绘精神图谱，为新时代亿万人民创新创造提供强大的精神动力和文化支撑，加快落实省委、省政府提出的构筑江苏文艺精品创作高地，现提出如下建议：

第一，持续加大财政资金投入，更大力度推动艺术精品创作生产

最近我专门调研了全国和本省 2018 年艺术创作生产经费情况。从全国看，在艺术创作生产专项经费方面，江西、上海、广东、浙江、重庆、四川、湖南、陕西、福建在 4000 万至 1 亿元之间，江苏多年来只有 3000 万元左右，今年也才增加到 3700 万元；在艺术基金方面，上海、北京在 1 亿至 2 亿元之间，江苏 5000 万元，规模偏小。虽然江苏两项经费相加也达到 8000 万元，但由于江苏艺术基金面向社会，既有大小型舞台剧节目、美术创作项目，也有艺术人才培养、传播交流项目；既有专业艺术，也有群众文艺，使用范围比较广，真正用于专业舞台艺术精品创作生产的也就 50% 左右。从全省看，在艺术创作生产专项经费方面，南京在 3000 万至 4000 万元之间，苏州在 2000 万至 3000 万元之间，常州、淮安、泰州、无锡、徐州、扬州、宿迁在 1000 万至 2000 万元之间，南通、镇江、盐城在 500 万至 1000 万元之间，连云港低于 100 万元；在艺术基金方面，只有苏州、南京、常州 3 个设区市，分别为每年 1 亿、3000 万、600 万元。根据上述情况，建议将省文化和旅游厅艺术创作生产专项经费增加到每年 5000 万元，江苏艺术基金增加到每年 8000 万元；各设区市普遍设立艺术基金，最少不低于每年 500 万元；进一步明确江苏艺术基金支持重点，加大大型舞台剧目投入，并对重点剧目实行滚动资助。

第二，深化国有文艺院团改革，更大力度激发文艺院团创作活力

江苏现有国有文艺院团 108 个，其中省级文艺院团 10 个，市级文艺院团 39 个，县级文艺院团 59 个。省市县三级文艺院团中，保留事业性质 66 个，转企改制 42 个。作为全国 6 个试点省（市）之一，前不久省委宣传部、省文化和旅游厅等四部门联合对全省国有文艺院团进行 2018 年度社会效益评价考核，认定 46 个文艺院团优秀，49 个文艺院团良好，11 个文艺院团合格，2 个文艺院团不合格。目前全省国有文艺院团存在的主要问题是，事业、企业性质并存，很不统一。相同剧种的文艺院团在不同地区甚至在同一地区，体制不同。基础设施设备、财政拨款额度存在很大差异。一部分文艺院团没有排练、演出场所和流动舞台车等设备。县级文艺院团普遍存在人员、经费严重不足问题。根据上述情况，建议全省各地对待国有文艺院团，不管是事业还是企业，财政拨款一视同仁，原则上戏曲文艺院团人员经费全额保障，其他文艺院团人员经费不少于80%，同时增设艺术精品创作、人才培养专项经费。通过资产划转或增加投资，解决排练、演出场所严重短缺矛盾，以及舞美器材、演奏乐器和演出服装更新问题。参考图书馆、文化馆、博物馆、文化站管理办法，对国有文艺院团进行评估定级，全面衡量、提高国有文艺院团建设水准，实行动态管理，每三年检查验收一次。

第三，加强艺术人才队伍建设，更大力度夯实艺术创作生产基础

目前江苏在一定程度还存在着有名家、少大师，以及高端艺术人才不充足等问题。最让人忧虑的是，全国现有近20个省份建有艺术职业学院，省内各类高职院校也有90多所，唯独江苏没有艺术职业学院，这将制约江苏戏剧事业发展。

为了进一步提高文艺名家影响力，壮大文艺骨干队伍，培育优秀青年文艺人才，建议合并省文化和旅游厅下属的南京旅游职业学院和江苏省戏剧学校，成立江苏省文化旅游职业学院，保留江苏省戏剧学校牌子，合理设置专业，在江苏省戏剧学校原址保留戏剧、舞蹈两个二级学院，同时尽快尽力改善办学条件。获得国家文华大奖、全国精神文明建设"五个一工程"奖的编剧、导演、主演且排名第一人员，获得五年一届的全国美展金奖或入选三次以上人员，具有正高二级职称人员，根据工作需要和本人意愿，可以延迟三年退休，条件合适的，推荐担任省政府参事、省文史馆员等。与此同时，放宽招聘和引进专业艺术人才的年龄限制，从副高45岁以下、正高50岁以下改为副高48岁以下、正高53岁以下，目前省国画院、省美术馆、省文化艺术研究院、省戏剧文学创作院、省书法院都亟待补充高层次艺术人才；突出表彰宣传优秀文艺人才，资助文艺名家建立工作室，提高艺术创作生产单位高级职称岗位设置比例；完善激励机制，调整事业单位薪酬政策，允许艺术创作生产单位向有贡献人员发放上级部门奖励资金，允许国有文艺院团将演出收入用于演职人员分配。

通过调研，还有一些工作设想和建议，比如全面推进全省剧目创作机构建设，做到市县全覆盖；恢复江苏省戏剧文学奖并面向全国征稿；加强艺术评论，在江苏省文华奖中增设艺术评论奖等。

全国艺术科学规划领导小组办公室 2018 年度文化和旅游研究立项项目阶段性成果，发表于江苏省哲学社会科学界联合会 2019 年第 4 号《决策参阅·专报》，省委、省政府分管领导批示

关于深化江苏国有文艺院团改革的思考与建议

根据中央和我省宣传文化系统大调研工作的统一部署，结合文化和旅游部、省委、省政府有关要求，省文化厅先后深入南京、苏州、盐城和省演艺集团，并专程赴山东，就深化国有文艺院团改革、推动文化高质量发展，进行专题调研。现将有关情况及初步思考报告如下：

一、 江苏国有文艺院团改革情况综述和省演艺集团面临的突出困难与问题

据统计，江苏现有国有文艺院团 108 个，其中省级文艺院团 10 个，市级文艺院团 40 个，县级文艺院团 58 个。省市县三级文艺院团中，转企改制 42 个，保留事业性质 66 个。总的看，全省五分之三以上的国有文艺院团没有转企改制，省级文艺院团转企改制最为彻底，达到百分之百；市级文艺院团转企改制也达到三分之二；县级文艺院团转企改制只有十分之一。当然，未转企改制的市、县级文艺院团，虽保留事业性质，但经费上大多为差额拨款，同样面临一定的生存困难。

2001 年 7 月，经省政府批准，省文化厅所属的原省京剧院、昆剧院、话剧院、歌舞剧院、锡剧团、扬剧团、演出公司、文化音像出版社、人民剧场等合并，组建为两块牌子、一套班子的副厅级省演艺集团和省艺术剧院，开启行业改革先河。2005 年起，省演艺集团成为全国首个具有市场主体身份的国有文艺院团，近千名在编职工全部由事业身份转换为企业身份，在全国引起较大反响，行业内对此褒贬不一。

省演艺集团现为正厅级企业单位，作为全国文艺院团率先转企改制的探索者，面临保市场求生存、传承保护发展的双重压力，尽管困难重重，但勇于担当、积极作为，陆续推出一批反映时代精神、深受群众欢迎的艺术精品，多个剧目荣获全国和省"五个一工程"奖、国家和省"文华大奖"，一大批艺术家获得中国戏剧"梅花奖""文华奖"，以及享受国家、省政府特殊津贴。

当前，省演艺集团面临的突出矛盾和困难有：

一是体制机制改革尚未到位，发展包袱较重。从政策层面看，有关改革的配套政策不完善，一些配套政策在执行中变数较大，有的没有落实到位；从集团层面看，以法人治理结构为核心的现代企业制度尚未健全，难以称得上真正意义的合格市场主体；从院团层面看，院团非一级法人，缺乏足够的自主权，不符合艺术生产规律，也影响了院团自我积累、自我发展。

二是艺术创作生产投入不足，缺少精品力作。新剧目生产除政府主导的项目有专项资金外，省演艺集团自主经费缺乏，多是零散性、临时性的资金，与艺术创作生产的计划性、稳定性和可持续需求形成鲜明反差。国家、省艺术基金项目也常因无配套资金保障难以实施，甚至面临被问责风险。在戏曲消费市场尚未成熟、院团疲于应付生存问题的情况下，精品生产更多处于有心无力状态。

三是演出设施设备严重匮乏，品牌难以形成。省演艺集团现有紫金大戏院、人民剧场、江南剧场、兰苑剧场 4 个剧场，其中人民剧场由于历史原因长期出租。文化和旅游部、住房和城乡建设部对紫金大戏院、江南剧场实地调研后，要求剧场停业改造。兰苑剧场为省昆剧院专属剧场，其余 9 个省级文艺院团均无固定演出场所，剧目排练全部拥挤在原省京剧院一个排练厅进行，只能错位安排。同样尴尬的是，演出器材、灯光、音响、服装、舞台装置等演出必需设备老化，部分演奏乐器已超过使用年限，严重影响演出效果。

四是文艺骨干留不住引不进，队伍建设堪忧。人才流失严重，改制前省演艺集团事业身份在编职工 908 人，现仅剩 604 人，文艺骨干提前退休、跳槽的现象较多。省京剧院通过省戏剧学校招录的两届 39 名毕业生只剩下 19 名。新生力量补充不足，编导演等专业人才全面紧缺，部分剧目主创、主演多靠外请。由于企业性质和待遇保障低，省演艺集团有意引进的原南京军区前线歌舞团的文艺骨干，全部选择了能提供事业身份的文艺单位。

二、 山东恢复部分文艺院团事业性质和上海全面实行"一团一策"管理的经验做法

山东省委、省政府于 2011 年制定了《关于加快国有文艺院团改革发展的实施意见》，2012 年印发《山东国有文艺院团改革发展暨组建山东省演艺集团方案》，2013年完成全省所有国有文艺院团阶段性改革任务。大体上分为四类：一是继续保留原有事业性质，主要是山东省京剧院、青岛交响乐团；二是转成非遗保护传承中心，保持事业性质不变，包括山东省吕剧院、柳子剧团；三是并入文化馆，主要有东营市的3个县级吕剧团；四是转变为企业单位，包括山东省话剧院、歌舞剧院。山东共有国有文艺院团116个，改革过程中核销事业法人91个。山东省演艺集团为省管国有大型文化企业，由山东省话剧院、歌舞剧院、交响乐团、民族乐团等组成，同时代管事业性质的山东省吕剧院、柳子剧团。随着经济社会形势的不断发展，山东省演艺集团遇到了人员身份、资产划转、同城整合等一系列问题。针对这些问题，山东省委、省政府充分领会习近平总书记对文艺工作的新论述、新定位，及时调整改革思路，于2015年下半年批准恢复设立山东省话剧院、歌舞剧院二类事业单位建制，恢复原有在职在编人员事业身份，并将6个省级文艺院团重新划归山东省文化厅管理，促进了山东省级文艺院团的健康发展。

　　上海市委、市政府高度重视国有文艺院团改革，以18个市属国有文艺院团一团一策改革为突破口，明确改革原则、目标，推动改革举措落实到位。出台了《关于推进上海文艺院团深化改革加快发展的实施意见》，强调坚持问题导向，把牢正确方向，遵循艺术规律，分类实施改革。在优化精品创作机制方面，形成文艺院团艺术创作科学决策机制，完善文艺创作生产资助和推进体系，打造具有国际影响力的品牌文艺赛事，支持优秀舞台项目"走出去"；在完善人才支撑机制方面，突出表彰宣传优秀文艺人才，资助优秀文艺家建立工作室，改进优秀演艺人才落户"绿色通道"评审机制，提高文艺院团高级职称比例，制定标准将演出收入用于演职人员激励；在强化综合保障机制方面，加快专业文化设施建设步伐，完善演出专项扶持资金制度，加大文艺院团财政保障力度，将事业性质文艺院团的绩效工资水平提高到全市文艺单位平均水平以上，将转企改制文艺院团财政保障水平在原有基础上翻番；在健全管理运行机制方面，完善一团一策考核指标体系，试点乐器自备制和租赁制，探索少数文艺院团的社会化管理模式等。目前，上海一团一策改革取得积极成果，明显改善了文艺院团的发展条件，各大院团在剧目创作、演出场次、演出收入和观众人数等方面均有较大提升，在全国产生广泛积极的影响，受到文艺界充分肯定。

三、 对国有文艺院团深化改革加快发展的建议

1. 完善顶层制度设计，切实解决制约发展的深层次体制机制问题。中宣部、文化和旅游部对推动国有文艺院团深化改革加快发展高度重视，文化和旅游部已将这一课题列为今年重要选题研究和调研重点。文化和旅游部领导在全国艺术创作工作会议上强调，有必要对国有文艺院团改革重新进行顶层设计。为此，建议在与中宣部、文化和旅游部充分沟通的基础上，由省委办公厅、省政府办公厅出台《关于推动文艺院团深化改革加快发展的意见》，通过深化改革、完善政策、健全体制，进一步优化精品创作机制、完善人才支撑机制、强化综合保障机制、健全管理运行机制，切实解决影响江苏国有文艺院团发展的体制机制问题，并以出人出戏出效益为最终评价标准。

2. 完善内部治理结构，建立健全有文化特色的现代企业制度。去年 9 月以来，省委宣传部会同省财政厅、省人力资源社会保障厅，经广泛调研、反复论证，充分征求并认真吸纳各方面意见，形成了省演艺集团深化改革的思路举措，重点是建立健全有文化特色的现代企业制度。要根据有关要求，进一步健全法人治理结构，明确功能定位；强化院团主体定位，给予文艺院团预算范围内的经费使用自主权、绩效分配权、剧目市场运作生产决策权、专项资金使用权和人才培养引进使用权；优化配置资源要素，深化内、外部资源整合，优化产品结构，培育一批具有核心竞争力和较高市场占有率的表演艺术品牌；优化创作生产机制，建立与市场、艺术双重规律相适应的创作生产决策、激励约束、考核评价、薪酬分配机制，对骨干人才实行年薪制；改善场所设施，加快建设省演艺排练中心。

3. 完善人才支撑机制，积极探索艺术院校和演艺集团专家双向进入、资源互补。综合考虑各方面的建议，可由省戏剧学校与省京剧院、昆剧院、锡剧团、扬剧团等合作组建省戏曲传习中心，发挥戏曲院校和文艺院团各自优势，加强戏曲院校师资队伍建设，解决省级转企改制文艺院团艺术名家转岗教学和引进顶尖人才、特殊人才身份挂靠问题。省戏曲传习中心为事业编制，编制由

省戏剧学校划拨,不少于 30 个,经费由省财政专项安排。省演艺集团和省戏剧学校共同负责省戏曲传习中心运营管理,省戏曲传习中心办公地点设在省演艺集团,经费管理由省戏剧学校代为负责。同时以省戏剧学校为龙头,进一步整合全省艺术教育资源,建立戏曲人才培育支撑机制。积极推进省戏剧学校、苏州评弹学校和扬州文化艺术学校升格,在省内创建 1 至 3 所高等学历教育的戏曲艺术职业学院。全国现有近 20 个省份建有艺术职业学院,省内各类高职院校也有 90 多所,唯独江苏艺术职业学院一所也没有,这一状况亟待改变。

4. 完善精品创作机制,最大限度提高创作质量。学习借鉴上海等地一团一策管理经验,明确改革原则、目标,推动改革举措落实到位,激发创作活力。建立省级艺术生产专家指导委员会,邀请省内外知名专家参加,凡使用省级财政资金开展的重大题材和敏感题材创作,须接受专家指导委员会的先期审查,从而最大限度提高创作质量,避免走弯路。鼓励省市县文艺院团、演出经纪机构和剧场,在自愿的基础上组建全省演艺联盟,形成艺术创作、市场营销和演出院线全方位合作新格局。

5. 完善综合保障机制,加大政府购买服务力度。加大国有文艺院团财政保障力度,原则上戏曲院团人员经费全额拨款,其他文艺院团人员经费不少于80％,同时加大艺术精品创作、人才培养专项经费。增加省级艺术基金规模不少于 1 个亿,加大省级艺术基金、产业引导资金对省级文艺院团支持力度。提高"送戏下乡"补贴标准,每场不少于 8000 元。对已经转企改制的有影响有特色的戏曲院团,增挂非遗保护传承机构牌子,并适当增加事业编制。通过财政兜底办法,为演职人员缴足"五险一金",解除后顾之忧。通过资产划转办法,解决排练、演出场地严重短缺矛盾,以及舞美器材、演奏乐器和演出服装更新问题。

全国艺术科学规划领导小组办公室 2018 年度文化和旅游研究立项项目阶段性成果,发表于江苏省哲学社会科学界联合会 2018 年第 3 号《决策参阅·专报》,省委、省政府分管领导批示

公共文化机构法人治理结构创新与实践研究

一、 公共文化机构法人治理结构创新与实践的项目背景

1. 建立法人治理结构的国际背景

当前，世界发达国家，如英、美等国的公共文化机构都建立了成熟的法人治理结构管理模式。

美国是世界上公共图书馆服务供给最全面、最完善的国家之一。世界上最早的图书馆理事会制度可以追溯到美国，1848 年，美国的马萨诸塞州议会通过了一项法案，决定在波士顿市建立一所免费的公共图书馆，同时决定将图书馆事务交由专门成立的理事会管理。波士顿公共图书馆的宗旨在于保存并提供社会的历史记录，向整个波士顿市和马萨诸塞州的人民提供文化、教育以及信息需求方面的服务。而波士顿公共图书馆理事会的建立和发展使得这一目标得以更好地实现。波士顿公共图书馆理事会由 1 名由市政当局选举产生的主席、5

名由波士顿市长委任的理事组成。该理事会成员无论从最初的文学史专家、教育家蒂克纳或是哈佛校长埃弗雷特，还是到今天的著名作家詹姆斯·卡罗尔等，都是在经济、文化、教育等领域较有成就的知名人士代表，都有能力为公共图书馆的建设和发展献计献策，促进图书馆的发展。波士顿公共图书馆所创立的图书馆理事会制，已被世界上许多国家所效仿。

1972 年，英国议会制订《大英图书馆法》，1973 年 7 月，大英图书馆依法建立。图书馆成立伊始，就依法组建"大英图书馆理事会"，实施法人治理结构。理事会的使命是领导和管理大英图书馆履行国家图书馆使命，将大英图书馆建设成为英国国家级科技、人文的参考中心、研究中心、书目中心、信息服务中心等。大英图书馆理事会由 8—13 名成员组成，由部长或女王任命。其中，有一名理事由女王任命，其余由文化传媒体育部部长任命。理事会主席，全面负责理事会各项工作，由文化传媒体育部部长直接任命。理事会任何成员，都可以兼职或专职的方式担任。但在理事会中，至少有一名成员是专职的，担任常务理事。常务理事担任馆长，带领图书馆管理团队全面负责图书馆的组织管理、人员安排、拟订战略规划和执行既定计划等。

国外公共图书馆在管理上已经形成了一套体系完善、适应国情、具有自身历史传统的理事会制度。这种政府有限权力管理与公民自治相结合、管理专业化、经费来源多元化的管理模式，不仅得到了社会的普遍认可，而且公共图书馆界本身也深表认同。

2. 建立法人治理结构的国内现状

与国外相比，我国法人制度建立相对较晚。2005 年，我国颁布的《事业单位登记管理暂行条例实施细则》，首次提出了事业单位法人治理结构概念。2011 年，国务院下发的《关于分类推进事业单位改革的指导意见》把健全法人治理结构作为推进公益服务事业单位改革的重要内容，其配套文件《关于建立和完善事业单位法人治理结构的意见》中明确要求"面向社会提供公益服务的事业单位要探索建立和完善法人治理结构"，并对公益性事业单位如何建立和完善法人治理结构，从建立健全决策监督机构、明确管理层权责、制定事业单位章程等方面都提出了明确要求。2013 年，党的十八届三中全会作出《中共中央关于全面深化改革若干重大问题的决定》，要求"明确不同文化事业单位功能定位，建立法人治理结构，完善绩效考核机制。推动公共图书馆、博物馆、文化馆、科技馆等组建理事会，吸纳有关方面代表、专业人士、各界群众参与管理"。在公共文化领域，《文化部"十二五"时期文化改革发展规划》《文化部"十二五"时期公共文化服务体系建设实施纲要》等政策文件也均提出公益性文化事业单位要探索建立健全法人治理结构。

前几年，我国广东省深圳、广州等地对事业单位建立法人治理结构进行了初步探索和实践。2007年8月，深圳市率先公布《建立和完善事业单位法人治理结构实施意见》，随后深圳市的公共图书馆、博物馆、美术馆进行了法人治理结构改革试点。2013年底，以组建理事会为标志，深圳图书馆、深圳市宝安区图书馆、广州图书馆、无锡图书馆等公共图书馆试点建立起法人治理结构的基本框架。

2014年4月，浙江省温州市图书馆在其网站上公告面向社会公开招募6位图书馆理事会成员，6月6日温州市图书馆理事会正式成立，其率先面向社会公开招募理事、引导社会力量参与，并且大胆任用工商企业界代表任理事长等做法，在业界引起广泛影响。10月28日，上海图书馆上海科学技术情报所理事会成立，著名学者余秋雨担任理事长。11月28日，南京图书馆召开了首届南京图书馆理事会、监事会成立大会，接着召开了首届理事会第一次工作会议，讨论并表决通过《南京图书馆章程》。由此可见，随着我国公共文化机构法人治理结构试点工作的不断深入，建立法人治理结构已成为公共图书馆管理体制改革的必然要求。

3. 建立法人治理结构面临的问题

国外公共图书馆通过法人治理的方式对图书馆进行管理，一方面使得决策权、执行权和监督权相互分离，推动了业务效率的提高；另一方面，使得图书馆管理有章可循，使其更加规范化。我国公共图书馆法人治理结构虽然已开展试点实践多年，但远未实现预期的理想与目标，当前仍面临一些现实问题。

要真正实现法人治理结构，体现出与图书馆原有传统管理模式的不同，至少需要五年时间，主要是政府配套政策的制定和推出需要进行多方协调。

法人治理架构下，理事会、管理层与政府主管部门的关系，最重要最核心的问题在于如何处理政府主管部门与理事会的关系，即政府和事业法人之间的关系，所谓政府既包括主管部门，也包括直接相关的职能部门，如人社厅、财政厅等。

在法人治理的绩效评估方面，现在对绩效考核并没有明确的标准，目前只有文化部的评估，主管部门也是根据文化部的基本标准来进行考核，很多已建立法人治理结构的文化机构至今尚未组织过考核与评估，在最初制定方案的时候，也没有考虑这个问题。

综合目前已建立法人治理结构的图书馆来看，大中型事业单位有必要采取这种法人治理的管理模式，小型事业单位应相对简单，管理模式可较为灵活。

党组织在法人治理结构之中的作用，和改革之前相同，党组织负责人是理事会当然理事，在整个理事会框架中，党组织仍然是政治核心，负有监督责任，负责干部和管理人员的选用。

公共文化机构建立法人治理结构，迈出了法人治理的重要一步。法人治理结构将有效引进外部治理，目前虽然成效不太明显，但这是趋势和方向，一定要坚持下去。

二、　公共文化机构建立法人治理结构的重要意义

推进公益性文化事业单位法人治理结构改革，是分类推进事业单位改革，激发文化事业单位动力和活力的关键举措。中央出台的《关于分类推进事业单位改革的指导意见》《关于加快构建现代公共文化服务体系的意见》，对事业单位改革提出要求、作出部署，明确提出要建立健全事业单位法人治理结构。事业单位法人治理结构的重点，在于理顺政府和公益性文化事业单位之间的关系，明确决策层与管理层的组织架构、职责权限和运行规则，探索管办分离的有效形式，完善事业单位的激励约束机制，从而有助于激发事业单位动力和活力，提高运行效率，推动其实现治理体系和治理能力现代化。

推进公益性文化事业单位法人治理结构改革，是提高公共服务水平，加快

构建现代公共文化服务体系的必要途径。公益性文化事业单位主要包括国家兴办的图书馆、博物馆、文化馆（站）等为群众提供公共文化服务，以实现社会公益服务最大化为目标的单位，公益性文化事业单位关系着人民群众的基本文化需求，是构建覆盖全社会的公共文化服务体系的重要支柱。面对我国经济社会持续发展、文化消费快速增长的新形势新要求，我国的文化事业发展仍然相对滞后，广大群众的基本文化需求同公共文化服务能力不足之间的矛盾仍然比较严重。进一步落实公益性文化事业单位法人自主权，有利于其更加体现"公益性、基本性、均等性、便利性"的要求，强化公益属性，创新服务方式，增强发展活力，发挥公共文化服务骨干作用，对于保障和改善文化民生，加快构建现代公共文化服务体系具有重要作用。

推进公益性文化事业单位法人治理结构改革，是全面深化文化体制改革，建设社会主义文化强国，增强文化自信的重要标识。2014 年 2 月，习近平总书记主持召开中央全面深化改革领导小组第二次会议，审议通过了《深化文化体制改革实施方案》，标志着新一轮文化体制改革开始进入全面实施阶段。文化事业单位改革是深化文化体制改革的深水区和硬骨头，实施方案提出公共图书馆、博物馆、文化馆、科技馆等组建理事会试点，并明确了其目标和时间表，对于通过先行试点深入推进文化事业单位内部机制改革，攻克深层次体制机制障碍，在某一领域推动全面深化文化体制改革新进展，建设社会主义文化强国，增强文化自觉和文化自信具有重要意义。

三、公共文化机构建立法人治理结构的关键问题

1. 建立法人治理结构的核心要素

法人治理结构是维护组织稳定、实现各利益相关方之间的权力和利益分配与制衡关系的制度安排。公共图书馆建立法人治理结构，就是要让图书馆成为真正的法人主体，能够独立行使法人权利和承担法人义务。在公共图书馆法人治理结构中，政府作为举办单位，它的角色定位是政策制定者和经费提供者，而图书馆运营的决策权交由政府按照法人章程组建的图书馆理事会所掌握。

公共图书馆法人治理结构的核心要素，一是决策层建立理事会制度，二是管理层实行行政首长负责制，三是管理和运行实现"章程化"。国务院办公厅印发的《关于建立和完善事业单位法人治理结构的意见》中指出：坚持正确的政治方向和党管干部的原则，加强和改善党对事业单位的领导。公共图书馆推行建立法人治理结构，其最终目标是使公共图书馆的公益服务目标最大化，满足社会日益增长的公益服务需求，这与党的路线、方针、政策是相一致的。因此，公共图书馆在建立法人治理结构过程中，要完善党组织参与图书馆重大问题决策的体制机制。

2. 建立法人治理结构的重要原则

正确处理党的领导与法人治理的关系。国务院办公厅印发的《关于建立和完善事业单位法人治理结构的意见》中指出：坚持正确的政治方向和党管干部的原则，加强和改善党对事业单位的领导。公共图书馆推行建立法人治理结构，其最终目标是使公共图书馆的公益服务目标最大化，满足社会日益增长的公益服务需求，这与党的路线、方针、政策是相一致的。因此，公共图书馆在建立法人治理结构过程中，要完善党组织参与图书馆重大问题决策的体制机制。

在法人治理结构框架中，建立行之有效的公共图书馆的监督机制。严格的监督机制可以保证法人治理的有效性和科学性，便于及时发现问题，不断完善法人治理机制，确保公共图书馆法人治理结构有效运行。公共图书馆的监督机制主要包括三个方面：一是组织机构，是监督的主体；二是完善的制度保障，是理事会、管理层的行为目标和准则；三是形成公开、透明的监督程序和公正、合理的评价标准。

3. 建立法人治理结构的目标任务

探索公共文化机构政事分开、管办分离的有效途径，使法人自主权落到实处，同时规范治理结构，创新体制机制，强化公益属性，扩大公众参与，加强决策服务和监督管理，逐步构建以公益目标为导向、内部激励机制完善、外部监管制度健全的治理结构和运行机制，切实提高公共文化机构的公益服务能力和水平，探索法人治理结构改革新路。

根据法人治理结构的特点和要求，制定法人治理结构相关章程，组建理事会、监事会、管理层，并根据章程开展工作，同时提请省政府及有关部门出台配套政策，充分利用社会资源，逐步形成政事分开、管办分离、自主决策和运营的新格局，有效推进本单位各项工作的开展。

四、 南京图书馆建立法人治理结构的实践探索

1. 建立法人治理结构的创新经验

一是积极大胆探索法人治理结构新模式，建立"四位一体"的管理体制。"四位"是指，理事会决策、管理层执行、监事会监督、党委会保障；"一体"是指，理事会、管理层、监事会、党委会分工不分家，围绕南京图书馆事业发展这个大局，齐心合力、各尽其责。这一新体制从 2014 年 11 月底初步建立以来，优势正逐步体现。

二是对理事会职权进行新的定位。目前全国已建立法人治理结构的单位，对理事会职权的定位，大多沿用中央编办印发的《事业单位章程示范文本》中的表述，其中有的条款有待商榷。南京图书馆在实践中尝试对理事会的职权重新定位，并通过改革实践来不断验证其合理性和可行性。如决定拟任法定代表人选、任免或提名本单位行政负责人，南京图书馆认为，按照党管干部原则，理事会无法有效承担这两项职权，不宜实施和推广。

三是最大限度地发挥理事的作用。南京图书馆理事会有较多的社会贤达参与管理，将有助于为图书馆工作支高招、出妙计、解难题。在改革实践中，南京图书馆尝试结合每位理事的特点，制定能够充分调动和发挥理事作用的工作计划。全体理事在深入调研的基础上，提出了《关于保留南京图书馆成贤街馆舍、建立储备书库的建议案》，引起省委、省政府领导的高度重视，建立储备书库已经列入《江苏省国民经济和社会发展第十三个五年规划纲要》文化民生建设重点工程。

四是充分发挥党组织应有的作用。在《事业单位章程示范文本》中，对党组织的作用与影响并无表述，南京图书馆结合传统的管理体制和现实情况，在

单位章程中新增党委会一章，这是对现有理论框架的突破，也进一步贯彻落实了习近平总书记"切实加强党的领导"的有关要求。为充分发挥党组织作用，党委会需要加强与理事会和管理层的沟通，特别是在干部、人才管理方面，在充分了解理事会和管理层意见的基础上，坚持党管干部、党管人才原则，审慎作出相关决定。

五是建立和完善理事会对管理层的考核机制。建立法人治理结构的一个重要目的，就是规范事业单位的运行管理，为此，对作为具体执行者的管理层进行科学系统的考核尤为必要。南京图书馆着手制定考核细则，通过创新考核机制，全面调动管理层的积极性，提高管理层的执行效率。

2. 建立法人治理结构的主要成果

制定《南京图书馆章程》，成立南京图书馆理事会、监事会，建立法人治理结构，使图书馆各项工作逐步适应新的管理体制，并取得更好的服务业绩。制定南京图书馆《理事会议事规则》《馆长办公会议事规则》《监事会议事规则》《党委会议事规则》《管理层考核细则》，实现法人治理结构中的各方工作有章可循。

建立理事会、管理层、监事会和党委会"四位一体"管理体制，全面激活图书馆活力。结合中央简政放权的改革形势，向省政府及有关部门申请出台法人治理结构相关配套政策，努力让单位法人的职权落到实处，在人才使用、物质奖励等方面拥有更多的自主权。

在近两年的实践过程中，也产生了较为丰富的理论成果，主要有：《理事会架构下公益性文化事业单位深入改革创新机制研究》《法人治理结构背景下文化事业单位党组织作用与影响研究》《公益性文化事业单位组建理事会以及深入改革创新的经验与启示》。

3. 建立法人治理结构的社会效益

通过组建理事会和监事会，建立法人治理结构，吸纳社会力量积极参与、共同管理图书馆，扩大图书馆的社会吸引力，两年内实现了日均到馆读者数量和年均外借图书数量均提高 20% 以上的要求，提升了图书馆的社会美誉度，促进图书馆公共服务水平的提高，实现了读者投诉降低到万分之一，读者满意度提高到 99％。通过理事会成员，实现图书馆资源和社会各类资源的整合，拓展"图书馆＋"的内容，促进了图书馆事业的发展。

经过近两年的实践，探索出了图书馆政事分开、管办分离的有效途径，使法人自主权落到实处，同时规范治理结构，创新体制机制，强化公益属性，扩大公众参与，加强决策服务和监督管理，逐步构建了以公益目标为导向、内部激励机制完善、外部监管制度健全的治理结构和运行机制，切实提高了图书馆的公益服务能力和水平，为全国公共文化机构法人治理结构改革探索出了一条新路，解决了法人治理架构与现实相适应的有关问题，建立了较为完备的制度。

五、 深入推进法人治理结构改革创新的若干建议

完善顶层设计，在法治轨道上推进文化事业单位改革。文化法制建设是保障公益性文化事业顺利发展的重要基石。我国目前进行文化事业单位法人治理结构改革依据的主要是中央编办 2012 年印发的《事业单位章程示范文本》，但因其制定时间较早，以及缺乏实践探索，有些规定与现行政策不太吻合，需要进行调整。由于事业单位法人治理结构改革已经进入深水期，一些探索已涉及现行法律法规和国家层面的制度设计，基于改革必须于法有据的要求，需要国家层面进行顶层设计，以法律、法规、规章等形式进行具体规范；在明晰公益性文化事业单位法人治理结构的基础上，对产权制度、破产制度、监管制度等均应作明确规定，使公益性文化事业各项改革活动都能做到有法可依。

促进政事分开，落实事业单位法人自主权。建立文化事业单位法人治理结构与转变政府职能，如车之两轮，鸟之双翼，需共同推进、相互促进。推进政事分开、管办分离，关键需要政府下放对文化事业单位的具体管理权限，全面推进公益性事业单位的人事制度、收入分配制度、社会保障、经费保障等制度改革，充分保障事业单位人事、财产管理和业务开展的自主权，避免造成理事会决策无法实施、流于形式、难以发挥作用的局面；但政府同样需要强化对文化事业单位的宏观管理，可以作为事业单位提供公益活动的保证者通过委派理

事，参与事业单位的决策和监督，促使事业单位成为真正独立的法人实体。

实现共同治理，积极发挥理事的决策监督作用。吸纳有关方面代表、专业人士、各界群众参与管理，健全决策、执行和监督机制是事业单位法人治理结构改革的核心内容。理事会成员来自方方面面，大多为社会贤达，充分发挥理事的作用至关重要。建议建立更加科学合理的理事会架构，减少管理层出任理事的名额，提升服务对象、专业人士理事的比重，制定公开透明的理事委任准则和筛选机制，以保证理事会成员结构的多元性、来源的广泛性和公众的参与性。清晰界定理事会与各方职责关系，结合每位理事的特点，制定能够充分调动和发挥理事作用的工作计划，对积极履职、贡献突出的理事予以表彰，激发各类社会主体参与公共文化服务的积极性，真正为事业单位支高招、出妙计、解难题，逐步实现共同治理。

围绕核心地位，充分发挥党组织的保障护航作用。在深化文化体制改革的过程中，要切实加强和改善党对事业单位的领导，充分发挥基层党组织的战斗堡垒作用和共产党员的先锋模范作用，保证党的基本路线方针政策在事业单位的贯彻执行。党组织的保障护航作用主要体现在，按照党章和有关规定认真履行职责，充分发挥政治核心作用，加强政治、思想和组织领导，为理事会和管理层开展工作提供支持。在南京图书馆的试点工作中，把理事会、管理层和党委会放到一个共同的框架下，党组织的领导作用通过参与理事会和管理层的党组织成员间接体现出来，是探索党组织在公益性文化事业单位机制改革中重要地位的积极尝试。

文化部 2015 年度国家文化创新工程立项项目

公益性文化事业单位组建理事会以及
深入改革创新的经验与启示

《中共中央关于全面深化改革若干重大问题的决定》强调："明确不同文化事业单位功能定位，建立法人治理结构，完善绩效考核机制。推动公共图书馆、博物馆、文化馆、科技馆等组建理事会，吸纳有关方面代表、专业人士、各界群众参与管理。"南京图书馆作为文化部和江苏省政府改革试点单位，在江苏率先进行以组建理事会为重点的法人治理结构改革试点，取得了积极进展。

一、 推进公益性文化事业单位法人治理结构改革的重要意义

推进公益性文化事业单位法人治理结构改革，是分类推进事业单位改革，激发文化事业单位动力和活力的关键举措。中央出台的《关于分类推进事业单位改革的指导意见》《关于加快构建现代公共文化服务体系的意见》，对事业单位改革提出要求、作出部署，明确提出要建立健全事业单位法人治理结构。事业单位法人治理结构的重点，在于理顺政府和公益性文化事业单位之间的关系，明确决策层与管理层的组织架构、职责权限和运行规则，探索管办分离的有效形式，完善事业单位的激励约束机制，从而有助于激发事业单位动力和活力，提高运行效率，推动其实现治理体系和治理能力现代化。

推进公益性文化事业单位法人治理结构改革，是提高公共服务水平，加快构建现代公共文化服务体系的必要途径。公益性文化事业单位主要包括国家兴办的图书馆、博物馆、文化馆（站）等为群众提供公共文化服务，以实现社会公益服务最大化为目标的单位，公益性文化事业单位关系着人民群众的基本文化需求，是构建覆盖全社会的公共文化服务体系的重要支柱。面对我国经济社会持续发展、文化消费快速增长的新形势新要求，我国的文化事业发展仍然相对滞后，广大群众的基本文化需求同公共文化服务能力不足之间的矛盾仍然比较严重。进一步落实公益性文化事业单位法人自主权，有利于其更加体现"公益性、基本性、均等性、便利性"的要求，强化公益属性，创新服务方式，增强发展活力，发挥公共文化服务骨干作用，对于保障和改善文化民生，加快构建现代公共文化服务体系具有重要作用。

推进公益性文化事业单位法人治理结构改革，是全面深化文化体制改革，建设社会主义文化强国，增强文化自信的重要标识。2014 年 2 月，习近平总书记主持召开中央全面深化改革领导小组第二次会议，审议通过了《深化文化体制改革实施方案》，标志着新一轮文化体制改革开始进入全面实施阶段。实施方案提出公共图书馆、博物馆、文化馆、科技馆等文化事业单位，进行组建以理事会为重点的法人治理结构改革试点，明确了其目标和时间表，并以先行试点经验，推动全面深化文化体制改革，这对于建设社会主义文化强国，增强文化自觉和文化自信具有重要意义。

二、 南京图书馆推进法人治理结构改革试点的初步经验

2014 年初，南京图书馆在讨论研究全年工作计划时，提出争取在江苏率先进行以建立理事会为重点的法人治理结构改革试点，此举得到江苏省委宣传部、江苏省文化厅的肯定和支持。为此南京图书馆成立了以馆主要领导为组长，相关部门负责人为成员的试点工作小组，积极筹划项目，制定方案，并认真组织实施。2014 年 9 月文化部公共文化司组织专家组进行评审，在全国范围内确定了 10 家国家公共文化机构法人治理结构改革试点单位，南京图书馆名列其中。2014 年 11 月南京图书馆召开了首届理事会、监事会成立大会，制定并通过《南京图书馆章程》，尝试实行"四位一体"的管理体制和运行机制，初步建立了法人治理结构。2014 年 12 月 1 日《人民日报》对南京图书馆的改革试点工作作了专题报道，被评为 2014 年江苏省文化系统 10 件大事，同时被《新华日报》写入 2014 年江苏文化大事记，获得 2014 年江苏省宣传思想文化工作创新奖，获得 2015 年国家文化创新工程立项。

一是积极大胆探索法人治理结构新模式，建立"四位一体"的管理体制。"四位"是指理事会决策、管理层执行、监事会监督、党委会保障；"一体"是指理事会、管理层、监事会、党委会分工不分家，围绕南京图书馆事业发展这个大局，齐心合力、各尽其责。这一新体制从 2014 年 11 月底初步建立以来，优势正逐步体现。

二是对理事会职权进行新的定位。目前全国已建立法人治理结构的单位，对理事会职权的定位，大多沿用中央编办印发的《事业单位章程示范文本》中的表述，其中有的条款有待商榷。南京图书馆在实践中尝试对理事会的职权重新定位，并通过改革实践来不断验证其合理性和可行性。如决定拟任法定代表人选、任免或提名本单位行政负责人，南京图书馆认为，按照党管干部原则，理事会无法有效承担这两项职权，不宜实施和推广。

三是最大限度地发挥理事的作用。南京图书馆理事会有较多的社会贤达参与管理，将有助于为图书馆工作支高招、出妙计、解难题。在改革实践中，南京图书馆尝试结合每位理事的特点，制定能够充分调动和发挥理事作用的工作计划。全体理事在深入调研的基础上，提出了《关于保留南京图书馆成贤街馆舍、建立储备书库的建议案》，引起省委、省政府领导重视，建立储备书库已列入《江苏省国民经济和社会发展第十三个五年规划纲要》文化民生建设重点工程。

四是充分发挥党组织应有的作用。在《事业单位章程示范文本》中，对党组织的作用与影响并无表述，南京图书馆结合传统的管理体制和现实情况，在单位章程中新增党委会一章，这是对现有理论框架的突破，也进一步贯彻落实了习近平总书记"切实加强党的领导"的有关要求。为充分发挥党组织作用，党委会需要加强与理事会和管理层的沟通，特别是在干部、人才管理方面，在充分了解理事会和管理层意见的基础上，坚持党管干部、党管人才原则，审慎作出相关决定。

五是建立和完善理事会对管理层的考核机制。建立法人治理结构的一个重要目的，就是规范事业单位的运行管理，为此，对作为具体执行者的管理层进行科学系统的考核尤为必要。南京图书馆着手制定考核细则，通过创新考核机制，全面调动管理层的积极性，提高管理层的执行效率。

三、 在理事会架构下深入推进公益性文化事业单位机制改革创新的若干建议

完善顶层设计，在法治轨道上推进文化事业单位改革。文化法制建设是保障公益性文化事业顺利发展的重要基石。我国目前进行文化事业单位法人治理结构改革依据的主要是中央编办 2012 年印发的《事业单位章程示范文本》，但因其制定时间较早，以及缺乏实践探索，有些规定与现行政策不相吻合，亟须进行调整。由于事业单位法人治理结构改革已经进入深水期，一些探索已涉及现行法律法规和国家层面的管理制度，基于改革必须于法有据的要求，需要国家层面进行顶层设计，以法律或法规形式作原则规定，以规章形式进行具体规范；在明晰公益性文化事业单位法人治理结构的基础上，对产权制度、破产制度、监管制度等均应作明确规定，使公益性文化事业各项改革活动都能做到有法可依、有法必依、执法必严、违法必究。

促进政事分开，落实事业单位法人自主权。建立文化事业单位法人治理结构与转变政府职能，如车之两轮，鸟之双翼，需共同推进、相互促进。推进政事分开、管办分离，关键需要政府下放对文化事业单位的具体管理权限，全面推进公益性事业单位的人事制度、收入分配制度、社会保障、经费保障等制度改革，充分保障事业单位人事、财产管理和业务开展的自主权，避免造成理事会决策无法实施、流于形式、难以发挥作用的局面；但政府同样需要强化对文化事业单位的宏观管理，通过委派理事，参与事业单位的决策和监督，促使事业单位成为真正独立的法人实体。

实现共同治理，积极发挥理事的决策监督作用。吸纳有关方面代表、专业人士、各界群众参与管理，健全决策、执行和监督机制是事业单位法人治理结构改革的核心内容。理事会成员来自方方面面，大多为社会贤达，充分发挥理事的作用至关重要。建议建立更加科学合理的理事会架构，减少管理层出任理事的名额，提升服务对象、专业人士理事的比重，制定公开透明的理事委任准则和筛选机制，以保证理事会成员结构的多元性、来源的广泛性和公众的参与性。清晰界定理事会与各方职责关系，结合每位理事的特点，制定能够充分调动和发挥理事作用的工作计划，对积极履职、贡献突出的理事予以表彰，激发各类社会主体参与公共文化服务的积极性，真正为事业单位支高招、出妙计、解难题，逐步实现共同治理。

围绕核心地位，充分发挥党组织的保障护航作用。在深化文化体制改革的过程中，要切实加强和改善党对事业单位的领导，充分发挥基层党组织的战斗堡垒作用和共产党员的先锋模范作用，保证党的基本路线方针政策在事业单位的贯彻执行。党组织的保障护航作用主要体现在，认真履行党章赋予的职责和任务，充分发挥政治核心作用，加强政治、思想和组织领导，为理事会和管理层开展工作提供支持。在南京图书馆的试点工作中，把理事会、管理层和党委会放到一个共同的框架下，党组织的领导作用通过参与理事会和管理层的党组织成员间接体现出来，是探索党组织在公益性文化事业单位机制改革中重要地位的积极尝试。

文化部 2015 年度国家文化创新工程立项项目阶段性成果，发表于江苏省委研究室 2016 年第 41 期《调查与研究》，省政府分管领导批示

南京图书馆章程

第一章　总则

第一条　为规范本单位行为，确保公益目标的实现，根据中共中央、国务院《关于分类推进事业单位改革的指导意见》精神和《事业单位登记管理暂行条例》及其实施细则的有关规定，制定本章程。

第二条　本单位名称：南京图书馆（以下简称本馆）。

第三条　本馆住所：南京市中山东路 189 号。

第四条　本馆经费来源：财政拨款。

第五条　本馆开办资金：人民币 42304 万元。

第六条　本馆举办单位：江苏省文化厅。

第七条　本馆宗旨：服务立馆。

第八条　本馆业务范围：负责全省各类文献信息资源保障并提供服务、地方文献收藏与利用、历史文献保护与开发、图书馆学研究、社会教育、全省图书馆业务辅导与协作协调、图书馆从业人员的技能培训与业务交流。

第九条　本馆的登记管理机关：江苏省事业单位登记管理局。

第二章　举办单位

第十条　举办单位的权利：

（一）提出本馆的宗旨和业务范围；

（二）组建本馆第一届理事会、监事会；

（三）向本馆理事会、监事会委派相关理事、监事；

（四）提请任免或任免本馆的理事长、监事长；

（五）批准理事会、监事会工作报告；

（六）监督本馆运行；

（七）审核章程草案及其章程修改草案；

（八）行使法律法规规定的举办单位权利。

第三章　理事会

第一节　理事会的构成及职责

第十一条　本馆理事会作为决策机构，向举办单位报告工作。理事会每届任期为 3 年。

第十二条　理事会由 15 名理事组成，其来源与名额、产生方式为：

（一）人大、政府方代表 3 名：省人大教科文卫委员会、省财政厅、省文化厅代表各 1 名，各部门委派产生；

（二）本馆代表 6 名：馆党政主要领导 2 名，为当然理事；党委副书记、副馆长、中层干部和职工代表各 1 名，本馆推选产生；

（三）社会方代表 6 名：图书情报界专家代表 1 名，教育界代表 1 名，文化艺术界代表 1 名，工商企业界代表 2 名，读者代表 1 名，以社会公开招募的方式产生。

第十三条　理事会行使下列职权：

（一）审议和提出本馆章程及章程修改意见；

（二）审议本馆战略发展规划；

（三）审定本馆年度工作计划；

（四）拟定本馆内设或分支机构设置方案；

（五）审定本馆内部主要管理制度；

（六）审议本馆财务预算和决算；

（七）审议本馆管理层年度工作报告并对管理层工作进行考评；

（八）促进本馆与政府、社会公众的沟通；

（九）理事会届满前三个月内负责组建下届理事会，并报举办单位审核同意。

第十四条　理事会设兼职秘书 1 名，经理事会会议予以认定，由理事长聘任，向理事会负责。理事会秘书应当严守秘密，不得私自公开理事会的信息。理事会秘书在理事会的领导下开展工作：

（一）负责理事会的文件起草、资料收集整理、文件保管等日常事务；

（二）负责理事会会议的安排、会议纪要的编写，并及时提供给所有理事；

（三）负责理事会成员之间的联络。

第二节　理事

第十五条　理事每届任期与理事会每届任期相同。任期届满，应按照原产生方式换届。理事可以连选连任。理事不因理事资格在本馆领取薪酬，因履行理事职责产生的交通、通讯等费用，可按有关规定列支。

第十六条　理事应具备履职的知识和能力，熟悉并遵守有关法律法规和国家政策，根据本馆的宗旨，忠实、诚信、勤勉地履行职责。

第十七条　理事享有以下权利：

（一）出席理事会会议，享有会议发言权、提议权、表决权、选举权和被选举权；

（二）对理事会会议及本馆开展业务活动情况的知情权、建议权、监督权；

（三）接受本馆邀请参与社会活动的权利；

（四）理事会赋予的其他权利。

第十八条　理事应当履行以下义务：

（一）遵守国家法律法规、本章程及有关规定；

（二）遵守并执行理事会会议决议；

（三）按时参加理事会会议及相关活动；

（四）不得擅自公开本馆涉密信息；

（五）不得凭借理事身份，为本人或他人从本馆牟取不当利益；

（六）理事会规定的其他相关义务。

第十九条　理事可以在任期内提出辞职。辞职应向理事会递交书面报告，经理事会表决通过后，理事资格方可终止。委派产生的理事辞职须经委派方同意。

第二十条　理事发生以下情形的，理事会应按程序终止其理事资格：

（一）无正当理由连续三次以上（含三次）不参加理事会会议的；

（二）因本人身体健康和工作等原因，不能继续履行理事职责的；

（三）违反法律法规，被追究刑事责任的；

（四）法律法规和本章程规定的其他情形。

第二十一条　理事推选方或委派方提出更换理事的，经理事会表决通过后，按理事原产生方式及程序予以更换。

第二十二条　理事出现空缺，应及时按原产生方式及程序填补缺额。

第三节　理事长

第二十三条　理事会设理事长1名，由举办单位任免或提请任免。

第二十四条　理事长行使下列职权：

（一）召集和主持理事会会议；

（二）确认理事会会议议题；

（三）督促和检查理事会决议的落实情况；

（四）主持理事会日常工作；

（五）理事会赋予的其他职权。

第二十五条　理事长不能行使职权时，可按程序委托其他理事代行其职权。

第四节　理事会会议

第二十六条　理事会会议分为定期会议和临时会议。定期会议每年召开两次，分别在第一季度和第三季度。理事会会议一般由理事长召集和主持。

第二十七条　经理事长、馆长或三分之一以上的理事提议召开临时会议的，应当召开临时理事会会议；如遇重大突发情况，理事长应当立即召开理事会会议。

第二十八条　理事会会议程序：

（一）提议召开理事会会议，并确定会议议题；

（二）提前十个工作日将会议通知及相关材料送达全体理事；

（三）就会议议题进行讨论；

（四）表决并形成理事会决议；

（五）做好会议记录，形成会议纪要。

第二十九条　理事会会议必须有全部理事的三分之二以上出席方能召开。因特殊原因确实无法出席理事会会议的理事，可以书面委托其他理事代为表决。

第三十条　理事会会议采取记名方式投票表决，每名理事享有一票表决权，理事会决议一般事项必须经全部理事的半数以上通过。重大事项，必须经全部理事三分之二以上通过。重大事项如下：

（一）制定和修改章程；

（二）审议战略发展规划；

（三）审定年度工作计划；

（四）审议重大财务事项。

第三十一条　理事会决议违反法律法规和本章程规定的，在表决中投赞成票的理事应承担相应的责任，不赞成的不承担责任。

第三十二条　理事会会议应当有会议记录及会议纪要，出席会议的理事和记录人，应当在会议记录上签名。理事会会议记录及其会议纪要应当作为重要档案妥善保存。

第三十三条　理事会会议记录应当载明以下内容：

（一）出席会议的理事、列席人员、缺席人员及事由；

（二）召开会议的时间、地点；

（三）主要议题及议程；

（四）各位理事的发言要点；

（五）提交表决事项的表决结果；

（六）理事会认为应当载入会议记录的其他内容。

第三十四条　理事会应确保其决策的科学、合理性：

（一）对涉及重大专业性的事项应咨询专家意见；

（二）对不清楚的事项应咨询相关管理人员；

（三）对涉及全体员工切身利益的事项应按规定提请职工代表大会讨论或审议。

第三十五条　理事会决议经理事长签署后生效。所决议事项按管理权限须报有关部门批准的，应履行报批手续。

第三十六条　根据本馆实际需要，经理事长或馆长同意，本馆相关人员可以列席理事会会议。

第四章　管理层

第三十七条　本馆管理层由馆长及其他主要管理人员组成，是理事会的执行机构。管理层实行馆长负责制。

第三十八条　管理层向理事会负责，履行下列职责：

（一）执行理事会决议；

（二）拟定和实施年度工作计划；

（三）按要求编制年度经费预算和财务决算，执行上级审定的经费预算，按国家的有关规定进行财务核算和资产管理；

（四）拟定本馆基本管理制度草案；

（五）拟定本馆内设或分支机构设置方案草案；

（六）日常工作人员管理；

（七）定期向理事会、监事会汇报工作；

（八）理事会赋予的其他职权。

第三十九条　馆长行使下列职权：

（一）全面负责本馆的行政、业务工作；

（二）管理本馆的日常事务；

（三）负责本馆的人事、财务、资产等管理；

（四）按照理事会决议主持开展工作；

（五）法律法规、本章程规定的其他职责。

第四十条　馆长作为拟任法定代表人人选，经省事业单位登记管理局核准登记后，取得本馆法定代表人资格。

第五章　监事会

第四十一条　本馆监事会作为监督机构，对举办单位负责。每届任期 3

年，与理事会同期。

第四十二条　监事会由5名监事组成，其来源与名额、产生方式为：

（一）举办方监事1名：由举办单位委派并担任监事长；

（二）馆方监事2名：由本馆推选产生；

（三）社会监事2名：以社会公开招募的方式产生。

第四十三条　监事每届任期与监事会每届任期相同。任期届满，应按照原产生方式换届。监事可以连选连任。监事不因监事资格在本馆领取薪酬，因履行监事职责产生的交通、通讯等费用，可按有关规定从本馆列支。受聘期间，原身份和隶属关系不变。理事会理事不得兼任监事。监事会监事有变动的，由监事会履行相关手续。

第四十四条　监事会履行下列职责：

（一）监督理事会贯彻国家有关法律法规和政策的执行情况；

（二）监督理事、管理层人员履行职责情况；

（三）在本馆任职的理事和馆长、副馆长等人的行为损害本馆利益时，要求予以纠正；

（四）监督和维护本馆职工的合法权益；

（五）向馆长提出工作质询和改进工作的建议；

（六）定期向举办单位报告工作。

第四十五条　监事会议事程序：

（一）监事长列席理事会会议，并对理事会决议事项提出质询或者建议；

（二）监事会会议每年至少召开二次。监事可以提议召开临时监事会会议；

（三）监事会会议必须有全部监事的三分之二以上出席方为有效，监事会决议必须经全体监事过半数同意；

（四）监事长召集和主持监事会会议。监事长不能履行职务的，由监事会推举一名监事召集和主持监事会会议；

（五）监事会应当对所议事项的决定作会议纪录，出席会议的监事应当在会议纪录上签名。

第六章　党委会

第四十六条　本馆根据有关规定设立中国共产党南京图书馆委员会，党委书记是本馆党建工作第一责任人。

第四十七条　本馆党委在党的上级组织领导下，按照党章和有关规定认真履行职责，充分发挥政治核心作用，支持理事会和管理层开展工作，保证党的路线方针政策得到贯彻执行。

第四十八条　党的领导主要是政治、思想和组织领导，党委讨论决定问题，必须执行少数服从多数的原则，坚持和维护党的民主集中制原则。

第四十九条　重视党的建设，经常讨论和检查党的宣传工作、教育工作、组织工作、纪检工作、群众工作、统战工作等，注意研究党内外的思想政治状况。

第五十条　坚持党管干部、党管人才原则，全面准确贯彻德才兼备、以德为先，注重实绩、群众公认和民主、公开、竞争、择优原则，为本馆培养、选拔优秀干部和专业人才。

第七章　资产的管理和使用

第五十一条　本馆的合法资产受法律保护，任何单位、个人不得侵占、私分、挪用。

第五十二条　本馆的经费使用应符合预算法和财政预算支出管理的相关规定，符合本馆的宗旨和业务范围。

第五十三条　本馆执行国家统一的事业单位会计制度，依法接受税务、会计、审计等主管部门监督。

第五十四条　本馆财务人员按照有关法律法规和会计制度的规定配备、管理。

第五十五条　本馆的人员工资、社保、福利待遇按照国家有关规定执行。

第五十六条　理事会换届和法定代表人离任前，应当进行经济责任审计。由举办单位或授权监事会聘请第三方专业机构进行审计，审计结果应报举办单位和省事业单位登记管理局及相关部门备案。

第八章　　信息披露

第五十七条　　本馆承诺严格按照国家法律法规和事业单位登记管理机关的规定,、真实、完整、及时地披露以下信息:

（一）本馆章程;

（二）发展规划、重大决策事项;

（三）年度工作报告;

（四）年度服务数据统计资料;

（五）年度公共服务经费使用情况;

（六）馆藏及读者服务信息;

（七）理事会、监事会认为需要公开的其他信息。

第九章　　终止和剩余资产处理

第五十八条　　本馆有以下情形之一,应当终止:

（一）经审批机关决定撤销;

（二）因合并、分立解散;

（三）因其他原因依法应当终止的。

第五十九条　　本馆在申请注销登记前,理事会会同监事会在举办单位和其他有关部门的指导下,成立清算组织,开展清算工作。清算期间不开展清算以外的活动。

第六十条　　清算工作结束,应形成清算报告,经理事会通过,报举办单位审查同意,向省事业单位登记管理局申请注销登记。

第六十一条　　本馆终止后的剩余资产,在举办单位和有关机关的监督下,按照有关法律法规和本单位章程进行处置。

第十章　　章程修改

第六十二条　　本馆有下列情形之一的,应当修改章程:

（一）章程规定的事项与修改后的国家法律、行政法规的规定不符的；

（二）章程内容与实际情况不符的；

（三）理事会认为应当修改章程的其他情形。

第六十三条　理事会决议通过的章程修改案，应报举办单位审核同意后，报省事业单位登记管理局核准备案。涉及事业单位法人登记事项的，须向省事业单位登记管理局申请变更登记。

第六十四条　涉及本章程主要内容发生重大改变或理事会认为应当进行整体性修改的，需实施整体性修改；其他修改的，采取在原章程后附加相关说明的方式。

第十一章　附则

第六十五条　本章程经理事会、监事会表决通过后，报举办单位批准。

第六十六条　本章程内容如与法律法规、行政规章及国家政策相抵触时，应以法律法规、行政规章及国家政策的规定为准。涉及事业单位法人登记事项的，以省事业单位登记管理局核准颁发的《事业单位法人证书》刊载内容为准。

第六十七条　本章程的解释权属于本馆理事会、监事会。

第六十八条　本章程自省事业单位登记管理局核准备案之日起生效。

文化部 2015 年度国家文化创新工程立项项目阶段性成果

南京图书馆理事会议事规则

根据《南京图书馆章程》的有关内容，为加强理事会管理，现制定议事规则如下：

一、理事会会议分为定期会议和临时会议。定期会议每年召开两次，分别在 3 月底和 9 月底。理事会会议一般由理事长召集和主持。经理事长、馆长或三分之一以上的理事提议召开临时会议的，应当召开；如遇重大突发情况，理事长应当立即召开理事会会议。

二、理事会会议必须有全部理事的三分之二以上出席方能召开。因特殊原因确实无法出席理事会会议的理事，可以书面委托其他理事代为表决。监事长代表监事会列席理事会会议，并对理事会决议事项提出质询或者建议，但不参与表决。

三、理事会会议采取记名方式投票表决，每名理事享有一票表决权，理事会决议一般事项必须经全部理事的半数以上通过。重大事项，必须经全部理事三分之二以上通过。

四、理事会会议的主要内容有：审议和提出本馆章程及章程修改意见，审议本馆战略发展规划，审定本馆年度工作计划，拟定本馆内设或分支机构设置方案，审定本馆内部主要管理制度，审议本馆财务预算和决算，审议本馆管理层年度工作报告并对管理层工作进行考评，促进本馆与政府、社会公众的沟通。

五、理事会会议应确保其决策的科学、合理性，对涉及重大专业性的事项应咨询专家意见，对不清楚的事项应咨询相关管理人员，对涉及全体员工切身利益的事项应按规定提请职工代表大会讨论或审议。

六、根据本馆实际需要，经理事长或馆长同意，本馆相关人员可以列席理事会会议。

七、理事会会议应当有会议记录及会议纪要，出席会议的理事和记录人，应当在会议记录上签名。理事会会议记录及其会议纪要应当作为重要档案妥善保存。理事会会议记录载明的内容应包括：召开会议的时间、地点；主要议题及议程；出席会议的理事、列席人员、缺席人员及事由；各位理事的发言要点；提交表决事项的表决结果；理事会认为应当载入会议记录的其他内容。

八、理事会决议经理事长签署后生效。所决议事项按管理权限须报有关部门批准的，应履行报批手续。

九、理事会决议违反法律法规和南京图书馆章程规定的，在表决中投赞成票的理事应承担相应的责任，不赞成的不承担责任。

十、本规则由理事会负责解释，经三分之二理事同意，理事会可对本规则进行修改。

十一、本规则于 2014 年 11 月 28 日经理事会第一次全体会议讨论通过后施行。

文化部 2015 年度国家文化创新工程立项项目阶段性成果

公益性文化事业单位深入改革创新机制研究

一、 研究背景

在我国，文化事业单位承担着社会主义文化建设的任务，可以说我国在文化领域竞争优势的形成就有赖于这些文化事业单位的实际运作。换言之，文化事业单位的管理方式和运作方式也是决定其在文化领域竞争成败的关键。我国文化事业单位的管理体制形成于计划经济时期，在特定的历史条件下，文化事业单位无论是管理体制还是内部运作都由政府制约，由政府承担我国各项文化事业的全部职责，这在一定程度上推动了我国文化事业的快速发展。但随着我国实行改革开放，由计划经济向市场经济转型，这种体制的弊端日益显露，无法适应当前的社会发展需求。我国推行经济体制改革，而经济体制改革的深入就是要求最大限度地释放包括文化产品在内的一切产品的商品属性，要求最大限度地尊重民众的包括文化表达权利和消费权利在内的一切权利。从这种意义上来讲，文化体制改革可以看作经济体制改革的必然延伸。如同经济体制改革、政治体制改革一样，文化体制改革也是我们探索建设有中国特色社会主义道路的应有之义。因此，改革文化事业单位存在的种种弊端就提上了议事议程。

自 20 世纪 80 年代以来，我国就启动了事业单位的相关改革，尽管在整体改革中，文化事业单位是一个不算大的部分，却是一个情况极为复杂，改革难度相当大的部分。在 2000 年前后，中央加大了对文化体制改革的力度，出台了一系列政策文件和要求，并在部分省市和单位开始了试点工作。由于文化事业单位改革的特殊性和复杂性，这些改革措施虽然取得了阶段性的成果，但从总体上看，我国在文化领域的竞争力还不强，尤其是那些完全依赖政府拨款而存活的公益性文化事业单位，在当前的市场竞争下更是压力巨大，还没有形成一种能够适应社会主义市场经济的管理与发展机制。 所以，面对竞争日益激烈的国际社会，我国公益性文化事业单位改革的必要性和紧迫性就愈加明显，进一步解放和发展文化生产力，深化公益性文化事业单位的改革已经深刻地摆在了我们面前。

中共中央办公厅、国务院办公厅印发的《关于加快构建现代公共文化服务体系的意见》中强调："创新公共文化管理体制和运行机制要加大文化事业单位改革力度，进一步落实公益性文化事业单位法人自主权，建立事业单位法人治理结构。"南京图书馆作为文化部和江苏省政府改革试点单位，在江苏率先进行以组建理事会为重点的法人治理结构改革试点，取得了积极进展。本文通过总结南京图书馆组建理事会的经验与启示，结合当前事业单位法人治理结构改革中存在的问题和障碍，从完善顶层设计、促进政事分开、实现共同治理、发挥党组织作用等方面提出了进一步深入推进公益性文化事业单位机制改革创新的若干建议。

1. 对于公益性文化事业单位的认识

事业单位是我国特有的一种社会组织概念，它产生于我国的计划经济体制下，是国家为适应我国社会主义建设的发展和满足人民群众精神文化生活的需求，相应设立的由国家拨付经费，从事科学、教育、文化、卫生等领域的肩负社会服务职能的社会组织。目前，我国有关法律法规对事业单位的定义主要有两个：一个是 1998 年国务院发布，2004 年修订的《事业单位登记管理暂行条例》，首次从法律上将事业单位定义为："国家为了社会公益目的，由国家机关或者其他组织利用国有资产举办的，从事教育、科技文化、卫生等活动的社会服务组织。"另一个是 1999 年全国人大常委会通过的《中华人民共和国公益事业捐赠法》对事业单位所做的相应规定："公益性非营利的事业单位是指依法成立的，从事公益性事业的不以营利为目的的教育机构、科学研究机构、医疗卫生机构、社会公共文化机构、社会公共体育机构和社会福利机构等。"中国的事业单位在体制上被确定为一种非营利性的，在教育、科学、文化、卫生等领域从事社会服务的微观组织，与西方国家的公共服务机构类似，可以叫作"公共服务单位"（public service unite），简称"PSU"。但是，中国的事业单位的发展经历了从计划经济到市场经济的转变过程，在这个过程中，政府对事业单位的财政支持逐渐缩小，相当一部分经营性事业单位成为事实上的产业机构。因此，事业单位作为公共服务单位又是一个历史遗留下来的有名无实的用语，它实际上是指以"事业单位"的名义开展公共服务和经营性活动的一批各种各样的服务性机构的总称。

文化事业是一个具有中国特色的称谓，它的产生和发展有着特定的历史背景。1949 年新中国成立后，文化事业是指那些由国家统一核算并下拨经费的文化活动。1963 年，国家颁布《国务院关于编制管理的暂行规定》，把国家编制分为行政、事业和企业三种，规定"凡是为国家创造或者改善生产条件，促进社会福利、满足人民文化、教育、卫生等需要，其经费由国家事业内开支的单位均属于事业编制"。从编制的角度把文化事业划归为事业编制。之后随着社会经济的发展，我国经历了从完全的计划经济体制到有计划的商品经济体制，再到社会主义市场经济体制的变革，成绩斐然。与此同时，我国的文化建设和文化领域也在不断扩展，关于文化事业的内涵与外延也在不断更新。现在对文化事业的界定已不再沿用过去那种仅以经费、编制为依据的方法，而是转向从文化事业的发展方向、活动性质、活动目的等多方面来考虑。

公益性文化事业是指为满足社会公共文化需要，提高社会文化素质，面向全体社会成员提供公共文化产品和服务的文化领域。第一，满足人民群众基本文化需求的公共服务和产品，例如国家举办的图书馆、博物馆、科技馆和群众性文化活动等；第二，社会主义意识形态传播体系，如党报、党刊、电视台、通讯社、重点新闻网站等；第三，具有很强的专业性、很高的艺术水准而又缺乏市场竞争力的文化产品和服务，例如社会科学理论、国家级艺术等；第四，需要保护的少数民族特色文化和优秀传统文化，例如昆曲、京剧等。

公益性文化事业单位除了具有事业单位的一般特征外还具有其显著的特征：

一是"公益"。依据文化机构分类的普遍规则，政府出资举办的公共文化机构属于公共部门范畴。"公益"表达组织的属性，组织是承担公共责任、履行政府向社会提供公共文化服务的公共机构。组织由政府举办，或直接依据法律设立，或依据法律的一般要求以政令等形式设立。资产属于公有（非经营性国有资产），公共财政予以不同方式、程度的支持。公益性是公益性事业单位最明显的特征，它区别于政府行政组织和企业。公益性事业单位既不是生产者也不是经营者，它不通过盈利获取组织运行发展的经费。同时，它又不是国家行政机关，不能行使相关的管理职能。公益性事业单位承担着科教文体卫及社会福利等诸多涉及社会公益事业重要领域的社会职能，是承担我国社会公益服务职能的主要组织形式。

二是"文化"。"文化"概括了组织的活动内容：从事公益性文化事业、提供公共文化服务。我国的120多万个事业单位涵盖科教文卫体等多类机构，教育事业单位可一般地称为公立学校，医疗卫生事业单位多数可称为公立医院。但归之于"文化"名下的事业单位职能、类型众多，且与其他事业单位的边界并不清晰，比如教科书划分的政府文化职能乃包括科教文卫体等多个方面。实际上组织分类意义上的"文化"更多取决于管理机构的认定，或等同于宣传文化部门的管辖范围。由于没有如公立学校、公立医院那样更简明、通俗的表达，可用"文化"涵盖现行管理体制下的文化单位活动内容。

三是"事业"。"事业"表征组织的活动方式：以非机关（层级节制）及非企业（商业运作）的直接服务方式持续提供文化服务。其与机关化的政府机构的基本区别是：政府机关以管理的方式保障公共文化服务得以提供，文化事业单位以直接生产与服务方式提供公共文化服务，因而属于非机关形态的公共机构。公益性事业单位带有明显的服务性，是推行和完善我国公共服务质量和效率的重要组织形式，其经费大都源自财政拨款。公益性事业单位具有非营利性的特征，不实行单独的经济核算，但这并不是说它没有经济收入。公益性事业单位分类繁杂且涉及领域广泛，经济收入是其维系日常工作和发展的重要保障，与其他组织形式相比特殊的地方是它的经济收入不能作为奖金用于内部成员的分配，而是要用于机构的进一步运行，这样就可以减少政府财政对其经费投入，在一定程度上减轻政府财政负担，从而能够更好地提供公共服务。

四是"法人"型"单位"。我国的公益性事业单位在组织形式机构特质上与西方国家的非营利组织、第三部门等是有一定差别的，它以政府主办为合法前提，这一特点体现了公益性事业单位与政府部门之间的从属关系。随着经济社会的发展，公益性事业单位与政府的关系亟待进一步调整，应从从属关系发展为一种合作的关系，理顺政府与公益性事业单位关系，真正做到"政事分离""管办分离"是公益性事业单位改革的重要内容之一。"法人化"是各国公共服务机构改革的重要趋势。就我国而言，"法人"机构应是具有法人资格、拥有独立财产、独立核算并具备完备组织特征的组织实体，可以自己名义行使权利、承担义务。法人型单位应是未来我国文化事业单位的主体部分。当然，也可以根据实际需要设置部分非法人型单位，主要是一些责任机制与人事安排等不能与所属政府部门明确分离，或资金等方面达不到法人要求的文化事业机构等。

2. 我国公益性文化事业单位改革的历程

1963 年，国家第一次明确"事业单位"这一类社会组织的编制类型，这可以看作文化事业单位产生的标志。仅仅 3 年后，"文化大革命"开始，文化事业单位基本瘫痪，未能正常进行文化产品的生产和服务。直至 1978 年改革开放以来，文化事业单位才再次开始正常运行，而新设立的文化事业单位则构成目前文化事业单位的主体。可以认为，中国文化事业单位的有效生命期几乎是在市场取向的改革进程中度过的。因此，中国文化事业单位的发展实际上是一个不断以改革推动市场化、以市场化推动事业和产业发展的过程。

（1）探索阶段（1978 年—1983 年）

这一时期主要是对事业单位的机构和人事制度方面的改革和调整。国家开始允许文化事业单位从事经营活动，"双轨制"模式开始浮现。通过扩大事业单位的自主权，适当下放人事权，初步推行聘任制度等，改变长期以来过于僵化的体制。1978 年，财政部批准《人民日报》等新闻单位实行"事业单位，企业化管理"。1979 年元旦，上海电视台播出了中国电视的第一条商业广告。1979 年 9 月 30 日，中央电视台播出了第一条外国商业广告。这些事件标志着，在我国文化事业单位的核心领域，新闻出版传媒机构正式开始从意识形态宣传型向宣传与经营并重、双轨制运行的方向发展。这一时期对重点领域，如科学、教育、文化等部门都提出了具体的改革意见，并颁发了《中华人民共和国学位条例》（1980 年）等一系列政策文件，促进改革的顺利进行。纵观这个时期的改革，总体上还停留在微观层次或是初步的试点工作准备上，可以说是处于恢复、整顿和探索阶段。

（2）改革实施阶段（1984 年—1993 年）

1984 年，《中共中央关于经济体制改革的决定》出台，城市经济体制改革正式启动，公共服务部门改革分行业开始，科技体制、教育体制、卫生体制等各项改革决定陆续出台。文化事业单位改革在一些行业（特别是演艺业）开始进行，经营活动普遍受到鼓励。接下来中共中央、国务院各部委及各省市先后发布了有关科教文卫等单项事业单位改革的决定，如《关于进一步扩大直属事业单位财务、基建、物资自主权的几项规定（试行）》（1984 年）、《中共中央关于科学技术体制改革的决定》（1985 年）、《关于体育体制改革的决定》（1986 年）、《关于制止机构编制和干部队伍膨胀的通知》（1987 年）等政策文件，表明我国的事业单位改革已正式启动，在原探索的基础上已进入实施阶段。1987 年党的十三大明确了事业单位自主经营、自主管理的原则，进一步下放了经营管理权，初步构想了事业单位的分类改革。1987 年，文化部、财政部、国家工商总局联合颁布了《文化事业单位开展有偿服务和经营活动的暂行办法》，鼓励文化事业单位利用自己的知识、艺术、技术和设备等条件，开展有偿服务，取得收入，用于补充事业经费的不足。1989 年 1 月，财政部发文，根据事业单位是否有"稳定的经常性业务收入"，将国家预算内事业单位区分为"全额预算管理"、"差额预算管理"和"自收自支管理"三种类型，将这一阶段改革从国家预算管理角度确定下来。这标志着"预算内事业单位"在性质不变的情况下被区分为"公益性"、"准公益性"和"经营性"的不同类别。1992 年党的十四大也明确了事业单位改革是现阶段的重点任务。这个时期从中央到地方在制定、实施党政机关机构改革方案的同时，都提出了事业单位改革的意见，为今后的公益性文化事业单位改革奠定了基础。

（3）深入发展阶段（1993 年—2000 年）

中国进入建立社会主义市场经济体制改革阶段，事业单位改革的正式决定出台，开始摸索在体制上将事业和产业分离运作。1993 年，党中央作出关于建立社会主义市场经济体制的决定，明确了改革的目标取向。这一阶段主要落实了改革的一些具体措施，并分别在各地区、各系统建立了不同制度或机制改革的试点工作。其主要内容包括：下放人事、财务权力，扩大事业单位管理自主权；对国家机关所属事业单位进行清理整顿，并实行归口管理；建立政府特殊津贴制度，进行工资分配制度的改革；对各类人员实行分口管理，建立人才市场等。1996 年，事业单位全面改革开始，中共中央办公厅、国务院办公厅发布《中央机构编制委员会关于事业单位改革若干问题的意见》，提出将"政事分开"放到首位，推动各类事业单位在市场经济体制下逐步转变为独立法人参与市场运行。1996 年，广州日报报业集团成立，同时，广电系统事业单位"制播分离"改革开始，文化事业单位改革开始向着在体制上将事业和产业分离运作的方向发展。2000 年，颁布了《深化干部人事制度改革纲要》，指明了当前事业单位改革的指导思想和总体要求。这个时期的显著特点是建立了改革试点，并在试点工作的基础上不断积累经验，持续推进事业单位的改革。

（4）加速发展阶段（2001 年—2005 年）

在这个阶段，我国事业单位改革的基本思路是：确立科学化的总体布局，坚持社会化的发展方向，推行多样化的分类管理，实现制度化的总量控制。在这一意见的指导下，我国在事业单位的人事制度、分配制度、社会保障、考核等多方面的试点工作都取得了突破性的进展。文化事业单位"分类改革"的思路基本形成。2000 年 10 月，"推动文化产业发展"这样的用语第一次出现在党的公开文件中，如中共中央十五届五中全会通过的《中共中央关于"十五"规划的建议》。2001 年 8 月出台另一个文件，肯定了将经营性文化事业单位组建成产业集团这一改革思路。中央宣传部、国家广电总局、新闻出版总署出台《关于深化新闻出版广播影视业改革的若干意见》（"17 号文件"），文件提出建立"以资产为纽带、业务为主线创建新型的、跨行业的、跨地区的传媒和出版集团"。2002 年，国务院转发人事部《关于在事业单位施行人员聘任制度的意见》，把配套的人事等制度开始由点到面、整体推进。2003 年 6 月，全国文化体制改革试点工作会议召开，事业与产业"分类改革"的思路成型，文化事业单位改革作为文化体制改革试点的中心环节全面展开。2004 年，我国进一步推行事业单位分类改革，将一部分可以实现创收的单位推向市场，接受市场竞争，对于提供公共产品或服务却属于非营利性的事业单位，政府则要加大扶持力度，帮助这类事业单位的发展。分类改革可以使政府的财政拨款更具针对性，促使各类事业单位的均衡发展。

（5）全面推进阶段（2006 年至今）

2006 年 1 月，中共中央、国务院颁发了《关于深化文化体制改革的若干意见》，这是继农村、城市经济、国有企业、科技体制、教育体制改革决定之后又一个历史性文献，对文化体制改革的发展进程、文化体制改革的重要性和紧迫性、文化体制改革的指导思想、原则要求和目标任务进行了全面阐述。2007 年 10 月，党的十七大上提出要"解放和发展文化生产力，深化文化体制改革，完善和扶持公益性文化事业、发展文化产业，推进文化创新"。在中央政策的指引下，文化体制改革逐步向纵深推进。2008 年 10 月国务院办公厅发布《关于印发文化体制改革中经营性文化事业单位转制为企业和支持文化企业发展两个规定的通知》，明确了改革的配套政策措施。到 2008 年底，全国 333 个地级市中，开展文化事业单位改革的已达 117 个。2009 年，对出版社、杂志社进行改革，全国出版社除保留 4 家外，全部转企改制为企业。2010 年，越来越多的文艺院团转企改制，以市场主体身份融入全国深化文化体制改革的大潮。中共中央、国务院 2011 年 3 月下发了《关于分类推进事业单位改革的指导意见》，对事业单位分类改革进行了顶层设计，明确了改革的指导思想、基本原则、总体目标和主要任务，提出了改革的时间表和路线图，并出台了一系列配套文件，形成了"1＋11"的文件体系。

党的十八届三中全会将"推进国家治理体系和治理能力现代化"作为全面深化改革的总目标，在文化领域，则要推进国家文化治理体系和治理能力现代化。国家文化治理体系和治理能力现代化主要包括完善文化管理体制、健全现代文化市场体系、构建现代公共文化服务体系三个方面。完善文化管理体制的核心是推动政府部门由办文化向管文化转变；健全现代文化市场体系的核心是使市场在文化资源配置中起决定性作用和更好发挥政府作用；构建现代公共文化服务体系的核心是提高公共文化服务效能，保基本、促公平，更好地维护公民基本文化权益。推进国家文化治理体系和治理能力现代化的核心是培育和弘扬社会主义核心价值体系，建设社会主义文化强国，目标是解放和发展文化生产力，激发全民族文化创造活力，关键是要处理好政府、市场、社会三者的关系，构建政府、市场和社会相统一的"三位一体"的国家文化治理体制机制，推动文化管理向文化治理转变。党的十八届三中全会提出：明确不同文化事业单位功能定位，建立法人治理结构，完善绩效考核机制。推动公共图书馆、博物馆、文化馆、科技馆等组建理事会，吸纳有关方面代表、专业人士、各界群众参与管理。这是推动公益性文化事业体制机制创新的重要举措。

3. 推进公益性文化事业单位法人治理结构改革的重要意义

（1）推进公益性文化事业单位法人治理结构改革，是分类推进事业单位改革，激发文化事业单位动力和活力的关键举措

党中央、国务院出台的《关于分类推进事业单位改革的指导意见》对事业单位改革作出全面部署，明确提出要建立健全事业单位法人治理结构。事业单位法人治理结构的重点，在于理顺政府和公益性文化事业单位之间的关系，明确决策层与管理层的组织架构、职责权限和运行规则，探索管办分离的有效形式，完善事业单位的激励约束机制，从而有助于激发事业单位动力和活力，提高运行效率，推动其实现治理体系和治理能力现代化。

（2）推进公益性文化事业单位法人治理结构改革，是提高公共服务水平，

加快构建现代公共文化服务体系的必要途径

公益性文化事业单位主要包括国家兴办的图书馆、博物馆、文化馆（站）等为群众提供公共文化服务，以实现社会公益服务最大化为目标的单位，公益性文化事业单位关系着人民群众的基本文化需求，是构建覆盖全社会的公共文化服务体系的重要支柱。面对我国经济社会持续发展、文化消费快速增长的新形势新要求，我国的文化事业发展仍然相对滞后，广大群众的基本文化需求同公共文化服务能力不足之间的矛盾仍然比较严重。进一步落实公益性文化事业单位法人自主权，有利于其更加体现"公益性、基本性、均等性、便利性"的要求，强化公益属性，创新服务方式，增强发展活力，发挥公共文化服务骨干作用，对于保障和改善文化民生，加快构建现代公共文化服务体系具有重要作用。

（3）推进公益性文化事业单位法人治理结构改革，是全面深化文化体制改革，建设社会主义文化强国，增强文化自信的重要标识

2014年2月，习近平总书记主持召开中央全面深化改革领导小组第二次会议，审议通过了《深化文化体制改革实施方案》，标志着新一轮文化体制改革开始进入全面实施阶段。文化事业单位改革是深化文化体制改革的深水区和硬骨头，实施方案提出公共图书馆、博物馆、文化馆、科技馆等组建理事会试点，并明确了其目标和时间表，对于通过先行试点深入推进文化事业单位内部机制改革，攻克深层次体制机制障碍，在某一领域推动全面深化文化体制改革新进展，建设社会主义文化强国，增强文化自觉和文化自信具有重要意义。

二、 理论综述与国际经验

1. 理论依据

公共产品理论。根据市场经济的发展规律，按照经济学的观点，一般将产品分为"公共产品"和"私人产品"。凡是具有非排他性、非竞争性、能够产生外部效益等特征的产品和服务是公共产品，其他则是一般意义上的私人产品。按照这种思路，公共产品和私人产品也应当分别由不同性质的机构生产和提

供。在市场经济条件下，文化产品也应该根据经济学的方法，分为公共产品和私人产品，由不同的单位或部门进行生产和提供。

根据公共产品理论的观点，在文化事业单位实行分类改革的过程中，应当注意的是，在市场经济条件下，文化产品具有"经济"和"文化"的双重属性。文化是一种特殊的商品，它既是对一种物品与服务的消费，也是对一种价值诉求、利益导向、教化理想和审美态度的接受。文化产品和服务的特殊性必然要求具有公益性质的文化事业单位也具有双重性质：既有事业性，又有市场性，这是社会主义市场经济体制对文化事业单位的客观要求。公共产品理论作为文化事业单位分类改革的理论依据，主要表现在两个层面上：首先，对文化事业单位的分类改革中，必须根据文化产品的性质和特征，对文化事业单位进行组织分类。将文化产品划分为纯公共文化产品、准公共文化产品和非公益性文化产品，其中，准公共文化产品再根据公益性与非公益性的构成大小来最终确定其性质，再根据各个文化事业单位所提供的文化产品的性质对文化事业单位进行分类。其次，在文化事业单位内部，也应当根据所提供的文化产品"是不是公共产品"，对单位内部的业务进行分类。以公共产品理论为依据，对单位内部业务进行分类，使其分别承担不同的职能，满足社会对文化产品的不同需求。

公民社会理论。从政治经济学的角度看，非营利组织是公民社会中最积极、最活跃的角色。非营利组织的发展与壮大是公民社会形成、社会资本增加进而实现有效治理和善治的重要环节。最具代表性的"公民社会"概念是戈登·怀特提出的："它是国家和家庭之间的一个中介性的社团领域，这一领域由同国家相分离的组织所占据，这些组织在同国家的关系上享有自主权，并由社会成员自愿结合而形成，以保护和增进他们的利益或价值。"怀特将经济系统视为公民社会发展的基础，主张将公民社会与经济系统分离。

公民社会被认为是"民主政治和市场经济健康发展的土壤和温床"，公民社会理论作为文化事业单位分类改革的理论基础，主要表现在以下两个方面：第一，从宏观层面而言，公民社会为事业单位分类改革提供了出路。在发达国家，政府、企业与非政府组织共同构成了社会的三大组织形式，分别承担着国家的政治、经济和社会职能。改革开放以来，随着中国经济的迅速增长，与此同时，公众对文化产品的需求也日益增长，传统的文化事业单位体制下的文化产品提供方式已经不能够适应需求的增长。于是国内许多非政府组织纷纷建立，试图弥补事业单位在某些文化产品提供方面的不足。非政府组织的非营利性与非政治性在很大程度上满足了准文化产品提供的标准，为我国文化事业单位分类改革提供了出路。第二，从微观层面而言，公民社会为事业单位内部分类改革提供了一个可供参考的发展方向。随着我国社会主义市场经济体制和民主政治制度的不断完善，中国的公民社会也正在发展中。在这样的大背景下，文化事业单位的作用显得更加重要，这意味着今后文化事业单位将承担更多的创造文化、传播文化的社会责任。作为一个文化事业单位，在设定组织目标时，应当将社会使命与经济效益有机结合。在组织发展过程中，如何充分调动社会各界的力量，也是组织值得关注的问题。

公共选择理论。公共选择理论是运用经济学的分析方法来研究政治决策机制如何运作的理论。公共选择理论的影响逐渐从政治领域扩大到公共行政和公共管理领域。从这个角度上来说，公共选择理论关注的不是完善公共部门自身，而是强调要改变公共部门与社会的关系。公共选择理论认为，公共部门并不是提供公共服务的最佳主体。因此，最好的办法是引进竞争机制，打破垄断，进行公私部门的竞争。

文化事业单位长期以来在"行政体制下"运行，影响了其文化产品提供的质量。根据公共选择理论的相关观点，在文化事业单位自身的改革过程中，应该注意的是：第一，提供公共服务主体的多元化。私人组织、非营利组织、公益性文化事业单位等各种类型的组织，都可以为公众提供公共产品和服务。由于提供主体从单一走向多元，给公众以选择的机会，能最大限度地满足公民的要求。第二，市场机制与个人选择相结合。市场机制主要是竞争机制，也就是公私组织、公共组织之间的充分竞争。使公民获得很大的主动权。公民就像自由市场中的顾客一样，可以自由选择服务机构。第三，在文化事业单位内部引进竞争机制，提高事业单位的运转效率。允许文化事业单位之间以及文化事业单位与非政府组织在提供公共服务和公共物品上进行竞争，通过在公共机构内部引进竞争机制达到节省财政开支的目的，引入激励机制，鼓励管理者创新和节约资金。

新公共管理理论。新公共管理是 20 世纪 80 年代以来兴起于英国、美国、新西兰等西方国家的一种新的理论思潮，也是近年来深刻影响其他发达国家和发展中国家行政革新的主导性思想之一。到目前为止，新公共管理并不是一个严格界定的概念或统一明确的范式，在宽泛的意义上，它既指一种试图取代传统公共行政学的政府治理理论，又指一种不同于传统官僚制的新型公共管理模式，还指在当代西方公共行政领域进行的政府改革运动。

新公共管理理论作为文化事业单位改革的重要理论基础，主要是从管理学的角度，为文化事业单位的改革提供了一个思路与途径。新公共管理主张将政府治理与市场机制相结合，把私人企业的各种管理方式引入公共部门，主张对公共部门的职能进行再定位。新公共管理理论由注重工作过程和投入转向注重结果和产出，通过多种形式的授权改善公共部门的工作；将政策职能与管理职能分开，实现职业化管理。在文化事业单位的分类改革过程中，尤其是对内部管理进行改革时，借鉴企业管理的先进管理理念和方式，将现代企业管理的先进技术、理念和方法引入到文化事业单位的内部管理当中，改变传统的"体制内"管理的模式，通过建立现代人事制度和激励制度，提升文化事业单位的活力、效率和自主创新能力。

2. 理论综述

20 世纪 90 年代后期，文化事业单位改革研究逐渐受到学者们的重视。黄恒学（1997）较早地对中国文化事业单位改革进行了探讨，他提出"社会共同需要是界定国家事业职能范围的客观标准"，并指出国家应该承担满足社会生存与发展共同需要为目标的社会改革文化事务；而应将个人及家庭消费文化、企业文化等推向文化市场，实行产业化和市场化。成思危（2000）提出的关于中国事业单位改革的战略步骤把事业单位分为官办纯公益、官办准公益、民办纯公益、民办准公益等四类，并建议今后纯公益性事业应以官办为主，民办为辅；而准公益性事业单位应以民办为主，官办为辅。

2002 年，党的十六大明确提出深化文化体制改革的要求，2003 年在全国范围内开始改革的试点工作,掀起了文化体制改革的研究热潮。2006 年 1 月,我国出台了《中共中央、国务院关于深化文化体制改革的若干意见》,这是我国深化文化体制改革的原则性意见,之后又出台了一系列相关文件,如《关于进一步推进新闻出版体制改革的指导意见》(2009 年 4 月)、《关于深化国有文艺演出院团体制改革的若干意见》(2009 年 7 月)、《文化产业振兴规划》(2009 年 9 月)、《关于金融支持文化产业振兴和发展繁荣的指导意见》(2010 年 4 月)、《中共中央关于深化文化体制改革　推动社会主义文化大发展大繁荣若干重大问题的决定》(2011 年 10 月)等,这些都是党和政府关于文化事业单位改革的政策性指导文件。

研究者进一步明确了文化事业单位改革的目标原则和突破口。中央编办、财政部、国务院发展研究中心共同组成的课题组(2003)提出了按照职能和特点差异对现有事业单位实施分类改革的主张,建议除了要将那些服务和产品与政府社会职能无关、本应作为营利性市场主体存在却是事业单位的机构尽快推向市场外,对那些具有很强公益性、有关产品和服务涉及国家长期利益或大多数公众基本利益的事业单位,仍须政府主办;有些事业单位则应借鉴国际经验,按照非营利机构模式实施政府间接组织和管理。张雅林(2003)依据公共行政管理理论和建立公共财政的需要,提出了功能分类法,即按照事业单位的主要特征和功能的不同对事业单位进行类别划分,具体根据目前其在中国政治、经济和社会生活中的不同功能,将事业单位分为行政执行类、社会公益类和生产经营类等三种类型,不同类型的事业单位承担不同性质的任务,适用于不同的改革思路。赵立波(2003,2010)建议将事业单位分为行政管理类、社会公益类、公益兼经营类、开发经营类等四类,并对各类事业单位的改革方向和管理模式提出了具体设想,并设计了四分法的事业单位改革战略,即生产经营类—企业化管理—转制为企业;行政管理类—依照政府机关管理—转为政府机构;多数社会公益类—建立现代事业制度—转为"公立事业法人";部分社会公益类—按照非营利机构管理和运行—转为非营利组织。

孔昭林(2007)认为我国文化事业单位改革要适应文化产品市场化发展的规律,确定文化事业管理模式,要明确文化事业管理主体,实现对文化事业的分类管理。张晓明等（2007）从文化事业单位所提供的产品和服务、微观组织、政府监管、结构布局、地区及城乡之间、宏观管理体制等层面分析了目前文化事业单位存在的体制性和机制性问题，指出文化事业单位改革的根本任务就是要塑造文化市场的微观主体，并在政府、市场和第三部门之间建立起一种科学、合理、高效和可持续的合作模式，保证公共文化产品和服务得以充分提供。李文钊等（2010）基于非营利性和公共服务均等化的逻辑，并按照融资和付费两个角度，重点对"公益性"的事业单位进行了细分，提出可以对其采取三种改革模式：（1）主要由政府来承担付费的事业单位可以直接转化为公办非营利组织（基础性公共服务）；（2）主要由政府和私人共同承担付费的事业单位可以直接转化为公办非营利组织（选择性公共服务）；（3）付费主要由私人来承担或者由政府购买特定公共服务的事业单位可以直接转化为民办非营利组织。崔建民（2008，2010）认为文化事业单位改革既是经济体制改革的延续，也是政治体制改革的组成部分，书中分析了文化事业单位改革滞后的基本原因：传统观念的制约、"政事不分、事企不分"的体制、人员安置压力。并以公共产品理论和政府规制理论为基础，提出分类改革的"三分法"策略：纯公共文化产品由政府提供，准公共文化产品由政府和市场混合提供，私人文化物品采用市场化竞争提供；指出要重视文化事业单位改革前提条件的研究，推动分类研究，细化公益性文化事业与经营性文化产业的分类标准，才能有助于构筑文化事业单位改革的理论框架。

从目前文化事业单位改革的研究成果来看，已基本形成了对于文化事业单位分类进行改革的共识，对公益性文化事业单位改革实践也有一定的经验总结和政策分析，为其后的研究奠定了较好的基础。但仍急需解决的问题包括：（1）目前多数对于公益性文化事业单位改革的研究仍停留在现状的描述和分析上，或侧重于简单的政策解读和对策分析上，缺乏完整的基础性和系统性的研究；（2）对于改革的理解停留在比较表层的程度上，多数改革对策视角集中在增加投入、建立法制等外部要素上，而对激发公益性文化事业单位活力的内部机制涉足不多，研究不透；（3）研究者多数站在外来者或旁观者的角度对公益性文化事业单位改革的大方向提出一些笼统的对策建议，而很少能深入跟踪某些具有典型性的事业单位改革过程，并为其提出具有操作性的系统改革解决方案。党的十八届三中全会提出：明确不同文化事业单位功能定位，建立法人治理结构，完善绩效考核机制。推动公共图书馆、博物馆、文化馆、科技馆等组建理事会，吸纳有关方面代表、专业人士、各界群众参与管理，这是推动公益性文化事业体制机制创新的重要举措。本研究拟以我国经济发达地区的公益性文化事业单位改革示范试点为契机，结合文化体制改革以来公益性文化事业单位管理体制改革的历史、现状和问题，参考国内外先进的服务组织的变革和体制研究，深入探索我国公益性文化事业单位在现今时代大环境下的改革、发展和管理中出现的实际问题和解决思路，提出公益性文化事业基于理事会架构下的整体改革方案和配套措施。

3. 国际经验

美国公共文化体系的发达程度是全球公认的。其管理经验主要包括：

一是法律保障。美国对于文化制度的建设更多是通过法律规范的手段来进行，而不是行政机构的管理。首先，通过法律体系的构建促进文化艺术事业的发展。从建国之初就开始了对文化艺术领域实行各种各样的法律保护。尽管并没有一套完整的关于文化的立法，但在很多领域的法律中都含有文化方面的条款。

二是政府资助。美国国会每年向国家艺术基金会、国家人文基金会以及博物馆与图书馆事业学会这些组织提供拨款。这三个机构使用这些政府拨款分别向其所包含的领域根据各自不同情况进行资助，还有选择性地对那些具有特色的文化艺术活动和工程给予重点财政拨付和扶持，并提供大量奖励，积极推动和促进美国文化产品进入海外市场。

三是行业推动。美国政府文化机构与各种文化事业行业协会等民间组织和机构保持着紧密联系、互动，当局通过辅助行业协会订立自律公约，对他们进行制度化的管理与制约。这些行业协会还是一个个单独的利益集团，他们代表本行业对美国国会、联邦政府及法院发声，通过各种法律框架内的手段进行游说活动，以谋求在立法和政策制定环节上最大限度维护自身利益。完善的行业协会制度、集团化的利益导向和多元化的促进与管理，使得行业协会这一巨大力量在美国文化事业发展中，发挥了非常重要的作用。

四是税收优惠。美国政府给予两类组织或个人享受税收优惠资格：一类是文化艺术类非营利组织，另一类是捐资给文化艺术组织的企业或个人。根据《联邦税收法》，美国所有的文化艺术团体均可自愿选择登记为营利或非营利机构。如果登记为营利机构，则与一般公司一样纳税，盈利可以自由地支配。如果登记为非营利机构，则可根据相关法规，享受免缴所得税、政府资助、社会捐助等许多优惠待遇，但是其盈利不得有分红。还有其他限制条件：公司的资产必须从事文化相关业务，与主营的文化事业业务无关的其他经营业务量不得过大，经营所得收入必须照章纳税，否则取消非营利机构资格。

五是基金支持。基金正是美国政府管理文化的一根杠杆。这根杠杆根据文化产业自身发展规律、文化行为和人性考量，不断用自己的方式促进文化事业的发展。美国成立了国家艺术基金会与国家人文基金会，宗旨是为发展美国文化艺术服务，保护美国丰富的文化遗产，鼓励国家最优秀的艺术人才发挥创造才能。其中，国家艺术基金会代表政府对文艺团体和艺术家提供财务和技术方面的援助，创造条件帮助他们发展自身艺术，以及守护美国的文化和艺术的传统；国家人文基金会则主要对人文学科各个方面的研究、教育和社会活动予以资助，其资助对象主要包括大学、公共电视台、博物馆、图书馆和广播电台以及从事人文科学研究的学者。

建立法人治理结构是发达国家和地区公益性文化机构的普遍做法，有成熟的运作经验。以英国为例：1963年，英国国会通过了《大英博物馆法》，明确规定大英博物馆理事会是大英博物馆的法人团体，拥有管理大英博物馆的权力。大英博物馆理事会成员除了首相任命的少数人选外，其他理事均为相关领域的社会精英。理事会主要职责有五项，一是选聘博物馆馆长，并报请首相批准；二是公布博物馆年度财政收支状况；三是制定博物馆管理政策；四是制定博物馆发展规划；五是监督博物馆长职能履行等。再如，我国台湾的两厅院（类似于内地的国家大剧院）目前实行的是行政法人制度，由董事会、艺术表演委员会、监事会组成。两厅院实行董事长负责制，董事会负责执行演出计划，具有决策权；艺术表演委员会由相关专家组成，主要对每年演出计划进行审定；监事会负责监督运行情况。这些公益性文化单位建立法人治理结构的成功做法，对我国公益性文化单位建立和完善法人治理结构极具借鉴价值。

三、 改革方向与存在问题

1. 改革方向

在对文化事业单位进行转制改革的这一大势所趋的情况下，参照我国国情，党和政府对文化事业单位转制改革有着明确要求，《中共中央、国务院关于深化文化体制改革的若干意见》强调，要切实加强对改革的组织领导，建立健全党委统一领导、政府大力支持、党委宣传部门协调指导、行政主管部门具体实施、有关部门密切配合的文化体制改革领导体制和工作机制。要高度重视人才队伍建设，按照政治强、业务精、作风正的要求，着力培养文化领域的领军人物和专业人才、掌握现代传媒技术的专门人才、懂经营善管理的复合型人才。要积极稳妥地推进文化体制改革，把深化改革与加快发展结合起来，把加强宏观管理与增强微观活力结合起来，把加强思想政治工作与解决实际问题结合起来。同时，要完善配套政策，使文化体制改革与劳动、人事、分配、社会保障、行政管理等各方面的改革相衔接。

公益性文化事业单位改革的目标是：紧紧围绕构建社会主义文化强国的目标，坚持解放思想，实事求是，与时俱进，开拓创新，着眼于人事、分配、社会保障三大领域，全面改革公益性文化事业单位内部不适应文化发展的方面和环节，引入市场机制、企业机制和竞争机制，建立科学合理、灵活高效的管理体制和文化产品生产经营机制，增强文化事业发展的活力，充分调动文化工作者的积极性和创造性，最大限度地提供优质文化产品和服务，多出优秀人才，推动文化事业的发展和繁荣。

（1） 实施全局规划，建立新型文化事业单位管理体制

在深入落实科学发展观的时代发展背景下，要尽快厘清文化事业与文化产业的区别和关联，按照文化事业与文化产业协调发展的总体部署，采用文化事业与文化产业不同的管理体制，并实行文化全行业的全局规划和管理。从积极

探索构建社会主义市场经济体制下有中国特色的现代文化事业制度的高度上给予战略安排，积极探索党制定方针政策、人大进行立法规范、政府依法行政、社会自治自律的新型文化管理体制。要进一步有效落实"政企分开"，政府在对文化产业进行管理时要注意重点抓住宏观而放开微观。要明确政府在文化产业发展中的地位和角色，变管理型政府为服务型政府，逐渐由社会多元力量承担办文化的职责。按照政事分开、事企分开原则，对行使行政执行、执法监督等政府职能的单位，通过政事分开，逐步使其转为行政机构，或将其行政职能划归行政机构。对一般国有文艺院团、非时政类报刊社、新闻网站等经营性单位实施转企改制，脱离事业体制，成为独立市场主体，进而通过创新体制、转换机制增强活力。对出版、发行、影视等已改制单位应加快体制机制转化，完善法人治理机制，形成符合现代企业制度要求、体现文化企业特点的产权结构和经营管理模式。推动文化产业实行现代企业管理，通过对一些国有文化机构的股份制改造，为文化产业进入市场开创条件，确立公平、高效的市场竞争体系，通过市场资源配置理顺文化市场的供需矛盾，扩大文化市场的需求。

（2）坚持分类改革，设立符合发展要求的文化事业制度

事业单位的多样性和复杂性无疑为文化事业单位的分类改革增加了难度，应该明确分类改革的目标和方向，采用渐进式分类改革战略。要根据文化事业单位提供的纯公共文化产品和服务、准公共文化产品和服务、私人文化产品和服务三种类型，确定文化事业单位分类过程中"不能市场化、准市场化、可市场化"的界限。提供纯公共文化产品和服务的，应该划为由政府实施监督管理类别；提供准公共文化产品和服务的，应该划为社会公益类，可将其保留在事业单位内并成为公立事业法人，少数可以转为非营利组织；提供私人文化产品和服务的，应该划为开发经营类，其基本目标是转制为企业。在分类改革过程中，合理、科学地对各类文化事业单位进行定位，制度性安排好各类文化事业单位的管理方式、内部运行机制。首先，要严格按照"政事分开"的原则，对于由政府监督管理和保留事业单位性质的文化事业单位进行合理划分政事职责，行政机关承担文化事业单位原先承担的行政职能，而把技术性、辅助性、服务性的职能交给事业单位；要将有条件有市场的文化事业单位转制改企，实

现投资主体的多元化，打破主办主体单一的格局；可以通过创新机制，增强文化事业单位自身活力和自我发展的能力。2005 年推开的文化体制改革与 2011年制定的事业单位分类改革意见关于两种分类的主要区别是多出企业运营类，即对保留事业体制的一般时政类报刊、高水平艺术院团等实行企业化管理。虽然"事业体制、企业化管理"在一般事业单位分类体系已经取消，但文化领域某些高度市场化的行业如报刊、出版、演艺等，行业内大部分单位都实施转企，即使出于意识形态安全、弘扬民族文化等考虑将部分单位保留事业体制，实行企业化管理理论上不仅可以使其能够生存，而且可改革运营机制、激发活力从而更好更快发展。当然，随着改革的推进与上述行业的发展，"事业体制、企业化管理"政策是可以调整的。

（3）发挥骨干作用，成为公共文化服务体系的主体单位

对于承担国家公共文化产品和服务的提供者，文化事业单位改革要与公共文化服务体系建设紧密结合，积极参与公共文化服务体系建设过程中。对于公益性文化事业单位来说，必须以公共文化服务为中心，并应该通过文化服务的内容、对象和渠道来落实。同时，转为企业的文化单位，也可以在产业支撑、市场供给等方面为公共文化服务作出更有活力的贡献。从事公益服务单位（如公共图书馆、文化馆、美术馆和乡镇综合文化站"三馆一站"等）围绕构建公共文化服务体系，突出公益属性、强化服务功能，转换机制，增强活力，成为公共文化服务体系的主要载体。要将公共文化服务工程和公共文化服务网络建设的要求，与增强文化事业单位的发展活力紧密结合，将文化事业单位看作公共文化服务体系的主体单位，设计文化事业单位改革的方向，以此保证公益性文化事业单位改革的长远效果。

（4）借助外部力量，探索政府资助和市场机制相结合的运行机制

在对原来文化事业单位管理体制改革的过程中，单靠政府财政投入不能解决问题，要建立并完善对文化事业单位的新型的投资模式和管理机制，创造新型渠道、形成多层次融资渠道，建立政府资助和市场机制相结合的文化事业单位运行机制，采取政府通过资助来引领文化建设，主要靠社会力量和市场运作筹措文化发展。除了政府购买公共文化产品，还要积极探索文化事业单位系统

与文化企业联合生产公共文化服务产品的合作方式，从而提高产品质量、提供更丰富的文化产品。

2. 主要问题分析

（1）公益性文化事业单位与政府、市场的责任边界划分模糊

其中包括政府的"越位"和市场化的"过度"。政府参与了过多与其本身社会职能无关的、本应由市场或者社会性组织提供服务的社会事业，导致社会事业的盘子过大，政府负担过重，而真正的社会公益性事业却没有得到有力支持。同时，政府对公益性事业单位的管理过度行政化，导致社会公益性事业单位发展空间狭窄，缺乏效率意识和激励机制，直接影响了其提供社会公共服务的效益。另外，市场的作用没有真正得以发挥，对于可营利的事业单位，有市场内其他资本的介入，其市场化程度较高，发展也较快；而对于公益性事业单位而言，这种因为其自身公益性的特征，基本上是依靠政府拨款而存活发展，现在虽然国家加大了对公益性文化事业单位的投资力度，但其需求缺口仍然存在，而市场资本又极少介入，所以导致公益性文化事业资金链条的不完整，阻碍了其进一步发展。

（2）公益性文化事业单位法人地位难以得到真正落实

在当前我国社会主义市场经济条件下，不论是企业单位还是事业单位，都必须具有独立的法人地位。一方面，当前我国的公益性文化事业单位虽然注册为法人，但在人事、财产等方面并没有独立，也就是说法人地位并没有真正落实，上级管理部门对事业单位的干预较多；另一方面，事业单位的人事、财政、社会保障等方面经常受制于其他行政管理部门，这样任何改革的推行都会遭遇重重困难。比如人员编制问题，事业单位的人员编制是财政部门对事业单位进行财政制度核算的基础，而事业单位编制则是由人事编制部门来核定，所以看似简单的编制问题就涉及多个管理部门，而人事改革、资金供给改革又与事业单位的改革相互交叉，相互影响，事业单位的定编定岗一旦启动，人员编制遭到缩减，政府就会相应缩减补贴，这就会引起一定的反弹，改革的推动也会遇到很大阻力。所以，归根结底，还是我国传统的行政管理模式制约着当前文化体制改革的推行。事业单位的法人地位无法得到保障，事业单位缺乏独立

的自主权，那么改革的推行就将遭遇重重困难。

（3）公益性文化事业单位相关法律建设仍然滞后

我国于 2006 年就出台了《公务员法》，经过几年的实施，成效显著。但我国没有一部专门的事业单位法律，这就导致了一些问题。首先是事业单位工作人员的工资问题，当前我国的事业单位工作人员的工资大多是参照《公务员法》的规定，按照不同行业、不同单位实际情况发放的，这也就产生了某些事业单位经营效益好，某些事业单位是"清水衙门"的说法，这样的直接后果就是造成人才的不均衡流动，大家都一窝蜂地去报考收入高的单位，抬高了这些单位的用人门槛，而另外一批单位却面临很少人或无人报考的尴尬处境。其次是从宏观方面来讲，目前规范公共事业单位的法规都属于程序性的行政法规，如《事业单位工作人员法》，而非正式的国家立法，层次较低，权威性和约束性也不强，很容易造成公共事业单位行为规范的缺失，所以面对我国庞大的事业单位群体，出台一部专门的法律也是很有必要的。

（4）对于公益性文化事业单位的财政支持仍然不足

改革开放以来，虽然公益性文化事业单位在很多方面进行了改革，但是在资金投入机制上仍然沿袭着计划经济体制下形成的一套模式。公益类文化事业单位的主要经费来源于政府的财政拨款，这部分费用通常分为员工基本工资、业务和日常维护三个部分的开销。其中人员基本工资费用所占比例最大，对于一些地方性公益性文化事业单位而言，这类开支的比重可占到 65％至 70％，而对日常的业务开展和维护工作由于经费的不足而不能到位。虽然从 2008 年起，国家下发文件，逐渐取消了博物馆等文化事业单位的门票收费制度，并以额外的财政补贴门票收费，但这笔拨款属于专项专用，而且数额有限，所以，公益性文化事业单位大部分仍处于财政紧缺状态。现在的财政经费基本上还是按照人员编制的数量下拨的，即增人增资，减人减资，换言之就是人减得越多，得到的经费越少。 职称评聘分开也是如此，低职高聘，由单位从预算外收入中贴补，高职低聘，则差额部分的经费无法返还到单位。因此很多单位不愿意主动裁减人员，不轻易搞高职低聘。改革是有成本的，与经营性文化事业单位的改革不同，经营性文化产业改革最需要的是政策支持，而公益性文化事业单位最需要的则是资金支持。公益性文化事业单位几乎不具备营利能力，收入完全依靠政府的财政支持和少量的社会捐助，但在改革中，由于现实因素的制约，国家财政能够给予公益性文化事业单位的补助又是极其有限的，这就造成了一定程度上的矛盾。如果财政支持不够，改革成本找不到承担主体，那么公益性文化事业单位的改革则很可能流于形式，得不到真正贯彻落实。

（5）公益性文化事业单位内部员工思想观念转变不到位

公益性文化事业单位在计划经济时代以及原有的人事制度基础上，给社会上大部分民众的印象和思想观念就是一旦进入单位，就是捧上了铁饭碗，不用担心以后的工作变动，而当前改革的推进让很大一部分人担心下岗和分流，担心失去原有的工作岗位，所以他们缺乏参与改革的积极性和主动性。他们已经形成了一种思维定式，适应了稳定舒适的工作状态，所以改革给他们带来了焦虑，在这种思维模式下，改革的推进必然会面临种种人为的抵制。从另一方面讲，这也是传统"官本位"思想的延续。长期以来，我国对事业单位实行的行政级别管理机制，工作人员的行政级别不同，享受到的待遇也就不一样，而这种级别的晋升又在很大程度上依靠资历排位。改革却要求引入竞争机制，这对原有的晋升制度是一个很大的冲击，必然会触动部分人员的利益，引起一些矛盾和冲突，所以改革遭到抵制也是屡见不鲜的事实。

（6）公益性文化事业单位内部分类管理不明晰

推进公益性文化事业单位的改革，不仅需要对现存的文化事业单位进行分类管理，同时在公益性文化事业单位内部同样需要进行科学的分类管理，这样才能保证改革的顺利推进。就目前情况而言，在这方面的改革做得并不到位。一直以来，公益性文化事业单位都分属不同的政府部门主管，其内部岗位的设置也主要是参照政府部门的职能而进行设置，只要求进行对口管理而不考虑实际社会效率和效益，造成了人、财、物的严重浪费，这是一种制度性规范的缺失。从另一个角度来讲，当前公益性文化事业单位内部分类管理在标准方面的缺失也是阻碍改革前进的重要原因。因长期形成的因人设岗问题的存在，导致了在事业单位内部，岗位和岗位职责、任职条件、薪酬标准等比较模糊，没有明晰的划分，有人没事干，有事没人干的现象大量存在，这样就不利于调动工作人员的工作积极性，更不利于提高工作效率和社会公共服务质量，这些都阻碍了改革的顺利进行。

四、 公益性文化事业单位深入改革创新案例分析

1. 南京图书馆推进法人治理结构改革试点的基本过程

南京图书馆，简称南图，位于南京大行宫地区，中山东路 189 号。是中国第三大图书馆，首批全国古籍重点保护单位，国家一级图书馆，江苏省文献资源保障中心。南京图书馆前身为 1907 年（清光绪三十三年）创办的江南图书馆，为中国第一所公共图书馆，1927 年改为国立中央大学国学图书馆，1933 年国民政府创建国立中央图书馆，1952 年国学图书馆和原来的中央图书馆合并为现在的南京图书馆。2007 年南京图书馆新馆建成并全面开放。

2014 年初，南京图书馆在讨论研究全年工作计划时，提出争取在江苏率先进行以建立理事会为重点的法人治理结构改革试点，此举得到江苏省委宣传部、江苏省文化厅的肯定和支持。为此南京图书馆成立了以馆主要领导为组长，相关部门负责人为成员的试点工作小组，积极筹划项目，制定方案，并认真组织实施。经过多次调研、反复讨论，南图确定改革实现的主要目标是：探索图书馆政事分开、管办分离的有效途径，使法人自主权落到实处，同时规范治理结构，创新体制机制，强化公益属性，扩大公众参与，加强决策服务和监督管理，逐步构建以公益目标为导向、内部激励机制完善、外部监管制度健全的治理结构和运行机制，切实提高图书馆的公益服务能力和水平，为全国公共文化机构法人治理结构改革探索新路。拟完成的主要任务有：根据法人治理结构的特点和要求，制定单位章程，组建理事会、监事会，并根据章程开展工作，同时提请省政府及有关部门出台配套政策，充分利用社会资源，逐步形成政事分开、管办分离、自主决策和运营的新格局，有效推进本单位各项工作的开展。

2014 年 9 月文化部公共文化司组织专家组进行评审，在全国范围内确定了 10 家国家公共文化机构法人治理结构改革试点单位，南京图书馆名列其中。

2014 年 11 月南京图书馆成立了首届理事会、监事会，制定并通过《南京图书馆章程》，尝试实行"四位一体"的管理体制和运行机制，初步建立了法人治理结构。2014 年 12 月 1 日《人民日报》对南图的改革试点工作作了专题报道，被评为 2014 年江苏省文化系统 10 件大事，同时被《新华日报》写入 2014 年江苏文化大事记，获得 2014 年江苏省宣传思想文化工作创新奖，获得 2015 年国家文化创新工程立项。

2. 南京图书馆推进公益性文化事业单位改革的基本经验

（1）积极大胆探索法人治理结构新模式，建立"四位一体"的管理体制

工作小组参照中央编办 2012 年印发的《事业单位章程示范文本》框架，结合 2013 年 11 月党的十八届三中全会文件精神，在上级主管部门的指导下，经多方沟通、反复论证，根据该馆的实际情况，重新起草了《南京图书馆章程》。省委宣传部、省编办、省文化厅和南京图书馆的相关负责同志多次就章程进行讨论，达成了一致意见。"四位"是指，理事会决策、管理层执行、监事会监督、党委会保障；"一体"是指，理事会、管理层、监事会、党委会分工不分家，围绕南京图书馆事业发展这个大局，齐心合力、各尽其责。这一新体制从 2014 年 11 月底初步建立以来，优势正逐步体现。

（2）对理事会职权进行新的定位

目前全国已建立法人治理结构的单位，对理事会职权的定位大多沿用《事业单位章程示范文本》中的表述，其中有的条款有待商榷。南京图书馆在实践中尝试对理事会的职权重新定位，并通过改革实践来不断验证其合理性和可行性。如决定拟任法定代表人选、任免或提名本单位行政负责人，南京图书馆认为，按照党管干部原则，理事会将无法真正承担这两项职权，不推广为宜。

（3）最大限度地发挥理事的作用

南京图书馆理事会有较多的社会贤达参与管理，将有助于为图书馆工作支高招、出妙计、解难题。南京图书馆在改革实践中尝试结合每位理事的特点，制定能够充分调动和发挥理事作用的工作计划。全体理事在深入调研的基础上，提出了《关于保留南京图书馆成贤街馆舍、建立储备书库的建议案》，引起省委、省政府领导重视，建立储备书库已列入《江苏省国民经济和社会发展第

十三个五年规划纲要》文化民生建设重点工程。

（4）充分发挥党组织应有的作用

在中央编办印发的《事业单位章程示范文本》中，对党组织的作用与影响并无表述，南京图书馆结合传统的管理体制和现实情况，在单位章程中新增党委会一章，这是对现有理论框架的突破，也进一步贯彻落实了习近平总书记"切实加强党的领导"的有关要求。在事业单位建立法人治理结构后，党委的政治核心作用没有变，党委的直接领导作用弱化，领导作用将通过参与理事会和管理层的党委会成员间接体现出来，党委在思想政治工作和干部任用上的主体地位不作改变。为充分发挥党组织作用，党委会需要加强与理事会和管理层的沟通，特别是在干部、人才管理方面，在充分了解理事会和管理层意见的基础上，坚持党管干部、党管人才原则，审慎作出相关决定。

（5）建立和完善理事会对管理层的考核机制

建立法人治理结构的一个重要目的，就是规范事业单位的运行管理，为此，对作为具体执行者的管理层进行科学系统的考核尤为必要。南京图书馆已制定考核细则，通过创新考核机制，全面调动管理层的积极性，提高管理层的执行力。

五、 公益性文化事业单位深入改革创新对策建议

1. 加强文化法制建设，完善顶层设计，保障公益性文化事业改革的顺利进行

文化法制建设是保障公益性文化事业顺利发展的重要基石。公益性文化事业改革是一项浩大的工程，涉及资金投入、文化基础设施建设和文化队伍建设等多方面内容。为确保公益性文化事业健康有序地发展，需要借助法律武器，利用法律法规的形式作出明确规定，依靠法律的约束力、强制力保证公益性文化事业改革的各项举措得到有效落实，实现公益性文化事业改革的顺利进行。文化法制建设是保障公益性文化事业发展的法律保障。多年来，我国文化事业的法制建设取得了一些成绩，基本可做到有法可依、有法可循，但是总体来

看，我国文化事业的法制建设还很薄弱和落后，尤其是公益性文化事业的法制建设不能很好地适应经济文化建设的发展需求。加强公益性文化事业法制建设是完善我国公益性文化事业发展政策的首要内容。

我国目前进行文化事业单位法人治理结构改革依据的主要是中央编办 2012年印发的《事业单位章程示范文本》，但因其制定时间较早，以及缺乏实践探索，有些规定与现行政策不相吻合，亟须进行调整。由于事业单位法人治理结构改革已经进入深水期，一些探索已涉及现行法律法规和国家层面的管理制度，基于改革必须于法有据的要求，需要国家层面进行顶层设计，以法律或法规形式作原则规定，以规章形式进行具体规范；在明晰公益性文化事业单位法人治理结构的基础上，对产权制度、破产制度、监管制度等均应作明确规定，使公益性文化事业各项改革活动都能做到有法可依、有法必依、执法必严、违法必究。

第一，加强公益性文化事业的立法工作，完善公益性文化事业的法律体系。目前我国尚未建立关于公益性文化事业的法律，宪法确定的公民的文化权利和义务缺少具体化的法律法规加以保障，许多公益性文化事业的管理活动只能依靠政策、文化部门的规章以及地方性的法规、规章进行。而且，各法规、规章之间相互抵触、矛盾交叉的现象有所存在，在一定程度上影响了这些法规、规章的权威性。因此，我国应该积极建立关于公益性文化事业的法律，让公益性文化事业的建设和管理进入法制化的轨道，努力推进关于公益性文化事业的立法进程。加强公益性文化事业立法，使公益性文化事业各项活动都能做到有法可依、有法必依、执法必严、违法必究。

第二，规范公益性文化事业的执法体系。随着公益性文化事业法律体系的完善，文化行政部门对公益性文化事业的监管应以法律为主要手段，执法将成为文化行政部门的主要任务。为保障文化行政部门能够切实严格执法，必须健全公益性文化的执法体系。首先，建立公益性文化行政部门独立的法律地位，保证公益性文化事业执法部门的权威。文化执法权是文化部门的职能，这一点需要在有关法律中加以明确，确认文化执法部门的行政处罚权、行政强制措施权和行政强制执行权。其次，完善公益性文化事业的执法程序。公正的执法结果需要有公开合理的执法程序加以保障。完善公益性文化事业的执法程序主要是要围绕《行政诉讼法》的相关规定，建立健全检查、听证、复议、诉讼等制度。再次，建立一支高素质的执法队伍。法律是由人来执行的，建立一支高素质的执法队伍是维护法制权威、确保公正合理执法的前提。建立高素质的执法队伍需要在提高执法者的思想道德、加强对执法者的培训考核等方面下功夫。最后，建立执法问责制度和监督制度。建立执法问责制度和监督制度主要是为了约束执法行为，确保执法人员严格按照法律程序实施执法行为。

第三，加强公益性文化法制教育。任何法律要在现实中得到实现，仅仅依靠严格执法是不够的，关键需要人们的自觉遵守。为此，就需要提高人们的法律意识，将法律的规定内化为人们自身的行为习惯。公益性文化事业的法制建设也是一样。空有公益性文化法律和执法机关是不够的，提高人们的法律意识是公益性文化法制建设的重要内容。加强公益性文化法制教育，首先需要教育公益性文化事业的管理者，为人民群众作出表率，其次需要向文化从业者及广大群众进行文化法制宣传，使公益性文化法律法规家喻户晓。

2. 改革投入机制，拓宽公益性文化事业的融资渠道

融资渠道单一是制约我国公益性文化事业发展的重要原因。长期以来，我国公益性文化事业的投入均是由政府负责的，投资主体和融资渠道单一直接导致了公益性文化事业资金缺乏的问题。公益性文化基础设施建设长期滞后于经济建设。发展公益性文化事业，需要改革文化投资体制，拓宽文化融资渠道。

一是提倡和鼓励社会捐助，支持公益性文化事业的发展。公益性文化事业提供的是公共文化产品和服务，其面向的是所有社会成员，从这一层面来说每一位社会成员都有支持公益性文化事业发展的义务。在发展公益性文化事业中应当积极提倡和鼓励社会各种捐助，需要注意的是，捐助应该是自愿的，政府部门切不可强制企业、群众进行捐助。

二是效益兼顾，通过增加自营性收入获取更多的发展资金。公益性文化事业的公益性决定了其在发展过程中必须坚持公平的原则，坚持公平并不意味着可以放弃经济效益，应该在公平的原则下兼顾效益，鼓励公益性文化事业单位在不损害其公益性质的条件下增加自营性收入，为公益性文化事业的可持续发

展谋求资金。

三是鼓励民营资本进入公益性文化事业建设。政府可以通过提供各种优惠政策，如减免税收、财政补贴、优惠提供场所等，鼓励民营资本进入公益性文化事业建设。各种优惠政策是民营资本进入公益性文化事业建设的前提，离开这些优惠政策资本的价值增殖目的便无法实现。

3. 深化文化体制改革，实现公益性文化资源的有效配置

建立文化事业单位法人治理结构与转变政府职能，如车之两轮，鸟之双翼，需共同推进、相互促进。推进政事分开、管办分离，关键是政府下放对文化事业单位的具体管理权限，全面推进公益性事业单位的人事制度、收入分配制度、社会保障、经费保障等制度改革，充分保障事业单位人事、财产管理及业务开展的自主权，避免造成理事会决策无法实施、流于形式、难以发挥作用的局面；但政府同样需要强化对文化事业单位的宏观管理，可以作为事业单位提供公益活动的保证者通过委派理事，参与事业单位的决策和监督，促使事业单位成为真正独立的法人实体。

理顺政府与公益性文化事业单位的关系是实现文化体制改革的突破口。一方面，以政事分开的原则调整政府与公益性文化事业单位的关系需要进一步转变政府职能，使政府从公益性文化事业的各项具体事务中解放出来，将精力主要放在制定公益性文化事业的发展政策和发展规划等宏观层面上，放在对公共文化产品和服务的规划和引导上面，将公益性文化事业的具体运营权下放给相关事业单位，扩大公益性文化事业单位的自主权。另一方面，扩大公益性文化事业单位的自主权，并不是放任不管。政府对公益性文化事业的管理要由主要依靠行政手段管理向综合运用行政、法律、经济等多种手段的综合转变，由直接管理转变为间接管理。政府对公益性文化事业的管理方法主要有行政手段、法律手段和经济手段。政府运用行政方法对公益性文化事业进行管理，主要是从全局的角度来提出公益性文化事业发展的目标任务，制定公益性文化事业发展计划、规划和各项政策，合理配置资源，贯彻政府对于文化工作的要求和意志，通过行政监督，保证公益性文化事业不偏离自身性质和正确的发展方向。法律方法主要表现为，在立法过程中，政府通过立法将自己的意志上升为法

律，对公益性文化事业的根本性问题作出规定，在执法过程中，打击各种文化违法行为，保证公益性文化事业的健康发展和人民群众的文化权益。经济方法是政府运用经济政策，通过税收、财政、金融等经济手段，制定对公益性文化事业倾斜的政策，对公益性文化事业单位进行税收减免和财政支持，通过优惠的贷款条件扶持公益性文化事业的发展等。

公益性文化事业同样可以面向市场，通过引入市场竞争机制，公益性文化事业单位能够更好地进行资源的优化配置，增强自身的服务意识，提高公益性文化事业单位的资金利用率和运行效率。公益性文化事业的公益性决定了其投资主体是政府，但是这并不意味着只有政府才能办公益性文化事业。政府可以通过提供各种优惠政策，如减免税收、财政补贴、优惠提供场所等，鼓励私人投资公益性文化，将市场的竞争机制引入公益性文化事业，以企业的形式经营公益性文化事业。企业经营公益性文化事业面临的最大问题是如何实现收益。公益性文化事业的公益性导致经营者难以将成本直接、完全地转嫁给消费者，由此便出现了收益实现的问题。通过政府的各项优惠政策，降低民间资本公益性文化事业的成本，有利于企业从经营公益性文化事业中获利。企业的进入一方面扩大了公益性文化事业的主体，另一方面有利于提高资源的利用效率。

4. 构建现代事业制度，探索公益性文化事业单位的法人治理机制

通过赋予法人资格使其具有独立人格和自主性质，为理顺政事关系、构建现代事业制度奠定基础。虽然"法人化"是改革方向，然而文化事业单位功能、类型、规模复杂多样，并非所有单位都必须、都能够成为独立法人。法人的组织形式可以多样化，既可以赋予单个机构（大型图书馆、交响乐团等）法人资格，也可以将多个同类或不同类文化机构组合成一个法人实体。

公益性文化事业单位法人治理结构，是指提供公益服务的文化事业单位，以依法独立运作、自我管理和承担职责，实现文化事业单位宗旨和职责为目标，各利益相关方共同参与治理的组织架构与运行机制等相关制度安排。文化事业单位法人治理结构与公司法人治理结构既相联系又相区别。就联系而言，文化事业单位法人治理结构在组织架构和运行机制上主要借鉴公司法人治理结构的相关经验，二者的基本原理都是在组织体内形成决策、执行与监督相互分

离又相互协调的权力运行机制。就区别而言，文化事业单位具有公益属性，组织使命是提供公益服务，弱化出资者角色，体现利益相关方的多方共同治理；公司具有财产属性，组织使命是获取利润，依出资比例分配收益，彰显所有者权益。

在法人型单位建立以理事会为中心、不同于公司企业的法人治理机制。单位设立理事会、管理层、专业委员会及职工大会，分别行使决策、管理执行、专业咨询、监督约束等职能，协调政府、文化单位、职工、社会公众等多类利益相关者在法人治理机制中的权责关系。由于文化事业单位行业、规模及与政府主管部门、服务对象关系多样，治理机制可有多种选择。理事会可以单个单位独立设置，也可以设在包含多个同类文化单位的行业层次上（即所谓主管级事业单位）。一些规模较小单位可以采取由行政负责人一人负责体制，也可引入欧美法系由担任特定职务的一人组成的独体法人制度，在基层文化站等构建新型法人治理机制。

吸纳有关方面代表、专业人士、各界群众参与管理，健全决策、执行和监督机制是事业单位法人治理结构改革的核心内容。理事会成员来自方方面面，大多为社会贤达，充分发挥理事的作用至关重要。建议建立更加科学合理的理事会架构，减少管理层出任理事的名额，提升服务对象、专业人士理事的比重，制定公开透明的理事委任准则和筛选机制，以保证理事会成员结构的多元性、来源的广泛性和公众的参与性。清晰界定理事会与各方职责关系，结合每位理事的特点，制定能够充分调动和发挥理事作用的工作计划，对积极履职、贡献突出的理事予以表彰，激发各类社会主体参与公共文化服务的积极性，真正为事业单位支高招、出妙计、解难题，逐步实现共同治理。

5. 深化内部改革 提高公益性文化单位的运行效率

推进公益性文化事业单位内部改革是提高运营效率、激发服务活力的根本动力。公益性文化事业改革的关键就在于如何消除束缚文化生产力发展的制度性障碍。公益性文化事业单位应当积极推行内部改革，对公益性文化事业单位实行现代管理方法，对有条件的单位实行企业化管理，深化内部人事制度、分配制度改革等，充分调动员工的积极性和创造性，提供数量更多、质量更好的文化产品和服务。具体来说，改革用人机制，全面实行聘用制，职工与单位签订劳动合同，同时打破只能上不能下、只能进不能出的用人机制，强化竞争机制。改革分配制度，扩大公益性文化事业单位的经费使用权，改变分配中的平均主义。在工资上实行效率优先，兼顾公平，将工资与业绩、岗位、贡献挂钩，调动职工的生产服务的积极性。改革公益性文化事业单位的内部运营机制，取消公益性文化事业单位的行政管理体制，按照公益性文化事业的发展要求设置岗位，精简机构，分流不必要的人员。利用一切有利于公益性文化事业发展的管理形式，创新运行机制，推动公益性文化事业单位企业化管理。完善医疗、养老等社会保障机制，保障单位职工的合法权益，逐步推行公益性文化事业单位依法参加社会保险，解除职工的后顾之忧，让他们能全身心地投入公益性文化事业的发展当中。形成与现代事业制度相适应的财政供养、资产管理、绩效评估等制度。在逐步增加政府财政投入的同时，形成以政府投入为主导的多元文化事业投资与经营补偿机制。改革财政支持方式，对不同机构、不同任务分别采取财政保障、财政补贴及以事定费、购买服务等多种供养方式。建立出资人制度，逐步形成管人管事管资产管导向相结合的国有文化资产监管体制，规范文化事业资产管理与运营。政府与文化事业单位间形成法定化的绩效责任关系，同时针对不同行业、不同资产构成与财政供养方式单位，设计社会效益优先、社会效益和经济效益相统一、分类化的考核体系，健全绩效管理与评估制度。

创新人事管理机制。明确改革目标、前提。打破官本位、身份制、单位制及公共部门与非公部门分割，优化文化人才资源配置、激发人才活力，改变传统的用人方式、管理制度、激励与保障模式，形成人员能进能出、职务能上能下、待遇能高能低、保障体系完备的制度机制，使传统身份性的"事业人"转型为具有公益使命与专业能力、服务社会的"公益人"作为改革目标。同时，无论机关、事业、企业劳动人事制度分割体制何时及如何打破，确认"事业人"是从事公益服务，不同于公务员也有别于企业员工的特殊公职人员为前提，并以此为基础进行相关政策设计与实施。深化三项制度改革。以转换用人机制为核心，改变因人设事、人浮于事状况，重点是建立以聘用制为基础的用人制度，符合文化事业特点的岗位管理制度，有助于总量控制、结构优化、动态化的编制管理制度。推行岗位绩效工资制，完善工资正常调整与激励约束机制，构建起符合文化发展需要与事业单位特点、体现岗位绩效和分级分类管理的收入分配制度。建立多渠道、多层次、社会化的养老、医疗、失业、工伤等社会保险制度。坚持以人为本，妥善解决单位转制、人员分流等问题。在单位制、身份制没有打破，特别是可为改革"兜底"的社会保障体系尚未健全的条件下，对人员分流、身份变化导致的利益损失，除在工作安排、就业培训等方面制定相应政策规定外，还应支付具有补偿性质的身份置换成本。充分考虑职工多年积累的年功贡献、事业身份丧失导致的收入与职业稳定性下降、社会保障体系不统一造成的保障水平差距等因素，准确、全面计算身份置换成本，设计多种方式支付置换成本。

6. 围绕核心地位，充分发挥党组织的保障护航作用

在深化文化体制改革的过程中，要切实加强和改善党对事业单位的领导，充分发挥基层党组织的战斗堡垒作用和共产党员的先锋模范作用，保证党的基本路线方针政策在事业单位的贯彻执行。党委会的保障护航作用主要体现在，按照党章和有关规定认真履行职责，充分发挥政治核心作用，加强政治、思想和组织领导，为理事会和管理层开展工作提供支持。在南京图书馆的试点工作中，把理事会、管理层和党委会放到一个共同的框架下，党组织的领导作用通过参与理事会和管理层的党组织成员间接体现出来，是探索党组织在公益性文化事业单位机制改革中重要地位的积极尝试。

全国艺术科学规划领导小组办公室 2014 年度文化艺术科学研究立项项目

公共数字文化服务体系建设研究

一、 项目背景

构建覆盖全社会的公共文化服务体系是我国"十二五"时期经济社会发展的重要任务。近年来，党中央、国务院作出一系列关于公共文化服务体系建设的重大战略部署，我国公共文化服务体系建设呈现出蓬勃发展的良好态势，文化事业投入大幅增长，公共文化基础设施发展迅速，公共文化服务能力和水平不断提高，人民群众的精神文化生活显著改善，目前我国公共文化服务体系建设已进入整体推进、全面提升的新阶段。

公共数字文化服务体系建设作为公共文化服务体系建设的重要组成部分，是数字化、信息化、网络化环境下文化建设的新平台、新阵地，是利用信息技术拓展公共文化服务能力和传播范围的重要途径。近年来，我国公共数字文化建设也得到了长足发展、取得了丰硕成果，文化部、财政部共同组织实施了全国文化信息资源共享工程（以下简称共享工程）、数字图书馆推广工程（以下简称推广工程）和公共电子阅览室建设计划，为"十二五"时期的公共数字文化建设奠定了基础。在三大文化工程的实施带动下，全国各省区市创新建设具有地方特色的公共数字文化服务系统，积极开展形式多样、内容丰富的公共数字文化服务。

但同时也必须看到，无论是理论研究还是服务实践，我国公共数字文化服务还存在诸多不足，主要表现在：我国公共数字文化服务的总体水平和服务能力还不能很好地满足广大人民群众不断增长的精神文化需求；公共文化服务机构和部门的公共数字文化建设还存在着各自为营、互相分割、发展不平衡的现状；公共数字文化资源有待全面开发和整合；业内对公共数字文化服务方面的研究还欠系统深入；社会及相关部门对公共数字文化服务的认识还不完全到位。

为此，本课题将试图对公共数字文化概念内涵、构成要素、体系架构、现实状况、制度设计、运行机制、资源供给、宣传推广和绩效评估等诸多方面进行探讨研究，以期为政府及相关部门制定政策、推进工作提供参考。

二、 公共数字文化服务体系概论

（一）基本概念

1. 数字文化

至少有三种不同的解释：一是关于数的文化，即各个国家和民族在数的引用和表达中所体现的文化内涵，如对于不同数字的喜爱、禁忌、赋予特定的意义、中西方数字表达的文化差异等；二是指当今数字时代数字化改变了人们的生活方式，形成了与数字化相关的数字文化特征和现象，如网络语言、网上购物等；三是指信息技术应用于文化领域，形成的数字化的文化产品和服务，本课题所研究的正是此类数字文化。

2. 公共文化服务和公共数字文化服务

公共文化服务是指以政府部门为主导的公共部门提供的、以保障公民的基本文化权益为目的、向公民提供公共文化产品与服务的制度和系统的总称，包括公共文化服务设施、资源和服务内容，以及人才、资金、技术和政策保障机制等方面内容。目前在我国由各级政府及其文化科技教育等有关主管部门提供的公共文化服务机构和场所有：图书馆、博物馆、群艺馆、文化馆（站、室）、文化广场、纪念馆、美术馆、非物质文化遗产馆（传习所）、科技馆、青少年宫、文物保护单位、广播电视台（站）、档案馆、方志馆等。

公共数字文化服务是近年来迅速发展起来的公共文化服务新领域，公共数字文化是信息技术与公共文化相结合的产物，是信息技术应用于公共文化领域所形成的一切文化产品和服务的总和。借鉴公共文化服务的定义，公共数字文化服务可定义为：以政府部门为主导的公共部门提供的、以保障公民的基本数字文化权益为目的、向公民提供公共数字文化产品与服务的制度和系统的总称，我国各级图书馆、博物馆、文化馆、基层文化活动中心等向公众提供的电子阅读、数字展览、网上学习、上网休闲娱乐服务等都属于公共数字文化服务范畴。公共数字文化服务的最大特点是内容数字化和传播网络化。

公共数字文化服务是公共文化服务的重要组成部分，它具有公共文化服务的基本特点，政府是第一责任人，主旨和目标是维护好、实现好、发展好人民群众基本文化权益，公共数字文化服务必须遵循公共文化服务的公益性、基本性、均等性和便利性原则。

公益性原则要求政府提供的公共数字文化服务不以营利为目的，免费为公众提供服务。基本性原则要求公共数字文化服务努力满足人民群众基本文化需求，政府随着社会经济的发展，持续加大投入，增加服务供给，增强服务能力，不断扩大公共数字文化服务范围。均等性原则要求公共数字文化服务对所有人提供均等服务，要求资源布局均衡、分配公平。实现公共数字文化服务的均等性关键是要解决好基层、农村和弱势群体的基本文化需求，不断缩小城乡之间、不同社会阶层之间、不同地区之间的数字鸿沟。便利性原则要求社会公众在了解、获取和使用公共数字文化服务时是方便的、快捷的、无障碍的。对于需要服务固定场所和提供设施的公共数字文化服务要求服务地点到达方便、设备设施完善，对于通过网络提供远程访问的服务要求导航明晰、揭示全面、操作方便、响应速度快、互动性好。

公共数字文化服务与传统的公共文化服务都是为了保障公民的基本文化权益、免费向公民提供基本的公共文化产品和服务。在公共文化服务系统中，公共数字文化服务与传统的公共文化服务相互依存、相互补充、相互渗透、相互包容，形成统一的服务体系。如数字图书馆在实体图书馆摇篮中成长发展，成为一种新的图书馆业态，实体图书馆中的电子阅览室服务、触摸屏读报系统、网络参考咨询等数字图书馆服务成为图书馆的亮点，基于互联网、移动网络的远程访问服务更是实体图书馆服务不可或缺的补充。

无论是基于数字的公共数字文化服务还是基于实体的传统公共文化服务，对受众来讲主要是信息表达形式的不同和获取信息方式、途径的不同，这些信息最终都要通过受众的感官感知接受、大脑加工吸收存储，对人的思维、思想、能力、行为等产生影响。

3. 公共文化服务体系和公共数字文化服务体系

公共文化服务体系建设是我国经济社会发展的一项长期战略任务，是各级政府的重要职责。2007 年，中共中央、国务院联合下发了《关于加强公共文化服务体系建设的若干意见》，提出我国公共文化服务体系建设的具体任务：与中国特色社会主义事业和全面建设小康社会的历史进程相适应，按照结构合理、发展均衡、网络健全、运行有效、惠及全民的原则，以政府为主导、以公益性文化单位为骨干、鼓励全社会积极参与，努力建设以公共文化产品生产供给、设施网络、资金人才、技术保障、组织支撑和运行评估为基本框架的覆盖全社会的公共文化服务体系，切实保障人民群众看电视、听广播、读书看报、进行公共文化鉴赏、参加大众文化活动等基本文化权益。

2011 年 11 月，文化部、财政部联合下发《关于进一步加强公共数字文化建设的指导意见》，提出了公共数字文化建设的目标任务：以制度体系、网络体系、资源体系、管理体系和服务体系建设为着力点，构建海量分级分布式公共数字文化资源库群，建成内容丰富、技术先进、覆盖城乡、传播快捷的公共数字文化服务体系，为广大群众提供丰富便捷的数字文化服务，切实保障信息技术环境下公共文化服务的公益性、基本性、均等性、便利性。这是我国第一次正式提出公共数字文化服务体系建设要求。指导意见还进一步提出公共数字文化建设思路：重点实施文化共享工程、数字图书馆推广工程和公共电子阅览室建设计划三大公共数字文化惠民工程，在此基础上，广泛动员各方面力量，逐步拓展范围，带动数字美术馆、数字文化馆、数字博物馆、数字爱国主义教育基地等建设，大力整合汇聚非物质文化遗产、国有艺术院团、民间文艺社团等方面的数字化资源，不断丰富和加强公共数字文化建设，从而丰富公共文化服务内容，拓展公共文化服务阵地，整合公共文化服务资源，创新公共文化服务手段，提高公共文化服务水平，完善公共文化服务体系。

公共数字文化服务体系是公共文化服务体系的重要组成部分，近年来我国实施了主要由图书馆承担的文化共享工程、数字图书馆推广工程和公共电子阅览室建设计划三大文化数字工程，博物馆、文化馆等其他公共文化服务机构也在积极开展资源数字化并通过各种数字化服务平台向公众提供数字服务。

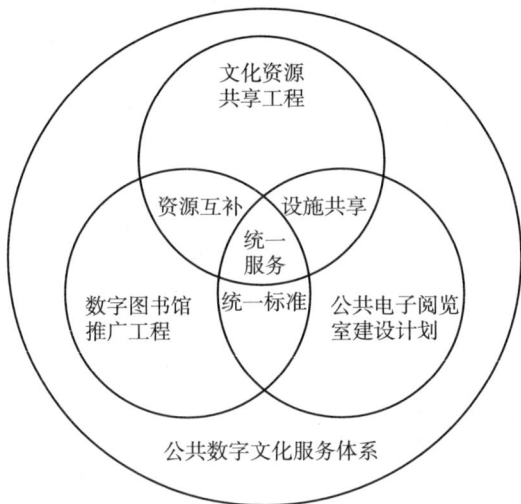

图 1　三大数字文化工程与公共数字文化服务体系

（二）公共数字文化服务系统的构成要素

无论是数字图书馆，还是数字博物馆，或是其他数字服务系统，一个完整的或是正常运转的公共数字文化服务系统都具有资源、设施、标准规范、消费者、服务者五个基本的构成要素。

资源（产品）是公共数字文化服务系统开展服务的基础。数字资源的基本特征是计算机二进制数字格式存储属性。数字资源具有内容和类型的丰富性、组织揭示和传输利用的高科技性、数量规模的海量性等。数字资源按数据格式可分为文字数据、图像数据和流媒体数据；按数据功能可分为对象数据和元数据；按来源可分为自建资源、商业资源和共享资源等。

设施是公共数字文化服务系统运行的技术条件。设施包括支撑公共数字文化服务运行的一切硬件和软件技术，如数据存储、数据处理、数据传输、资源服务、接受终端、机房等各种设备设施和软件系统。设施的部署和使用具有多种选择，一个单位一个系统可以单独购买部署硬软件设施，也可以共享或租借其他单位或系统的设施，特别是通过云计算服务可以共享或租用硬件设备而不用建立自己的计算中心，可以共享或租用软件应用服务而不需要部署软件。

标准规范是公共数字文化服务系统正常运行、系统之间实现数据交换共享的保障。标准规范包括技术标准规范和工作标准规范。技术标准规范有数据采集、加工、存储、交换、传输、发布等应用层标准规范，如共享工程《视频资源数字化加工格式规范》、DC 元数据、CNMARC、国家图书馆《数字资源唯一标识符规范》、NCIP 协议等，技术标准规范的运用成果体现在数字资源产品和各种应用软件中；工作标准规范是指对公共数字文化服务的工作流程、步骤和方法等所做的规定要求，确保各项工作顺利进行和高效开展，如文献数字化工作规范、机房管理办法、参考咨询工作规范等。

消费者（需求者）是公共数字文化服务系统的服务对象，是数字文化产品和资源的消费者及需求者。由于公共文化服务的对象是社会所有的人，因而决定了公共数字文化服务的对象也是社会所有的人。但由于种种原因，目前还有一些公众没有能力接受或接受不到公共数字文化服务，特别是经济落后地区、农村地区、社会弱势群体的公共数字文化服务还存在着盲区，因而公共数字文化服务不仅仅是满足现有需求者的需求，还要考虑和力争满足许多潜在需求者的需求，潜在需求者的情况和需求应该受到特别的关注。在一些公共数字文化服务系统中，需求者同时也是数字资源的创作者和提供者。另外我们还应该认识到，当前我国国民的信息素质相对不高，信息意识和获取信息的能力还有待提高。

　　服务者（工作者）是公共数字文化服务系统中的各种工作人员。在公共数字文化服务系统中需要包括资源建设、技术支持、需求服务、组织管理等多方面的人才。资源建设需要资源采集、采购、加工、标引人员，技术支持需要计算机网络维护、软件应用甚至软件开发人员，需求服务需要资源推广、需求分析、解答咨询、用户培训等方面的人员，组织管理需要精通公共数字文化服务的管理人员。

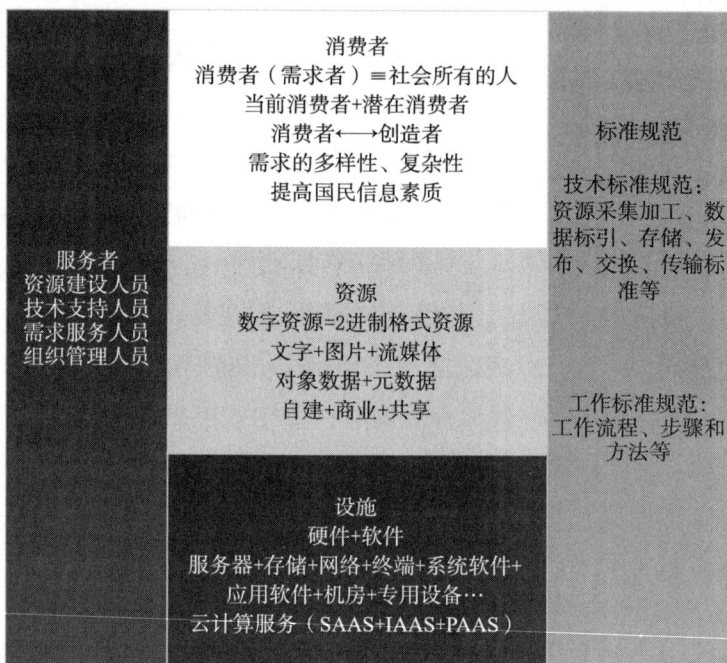

图2　公共数字文化服务系统的构成要素

（三）公共数字文化服务中的机构

1. 公共数字文化服务组织管理者

　　我国政府是公共文化服务的第一责任人和主导者，也是组织管理者。根据我国一级政府一级文化的管理体制，从国家到乡镇为五级文化管理部门、五级财政投入和五级文化服务机构。文化部是最高管理机构，负责制定国家公共文化总体发展规划，负责全国性基础性的公共数字文化工程项目的设立和监管；

省、市、县（区、市）三级文化主管部门承上启下、层层推进，组织落实国家工程项目在本地区的实施开展，负责制定本地区的公共文化发展规划，设立和监管本地区的公共数字文化工程项目，推进本地区的公共数字文化服务体系建设。各级公共文化服务机构是公共数字文化服务的承担者和实施者。

2. 公共数字文化资源产品拥有者

公共数字文化资源的拥有者具有多样性：一是拥有公共文化实体资源的公共文化服务机构，如图书馆、博物馆、文化馆、非遗中心、文保单位等，将这些机构的部分实体资源数字化形成的数字资源产品，是公共文化服务资源的主要来源；二是出版发行商、媒体等企业，如出版社、影视公司、数字资源商、电视台等，这些企业机构自己出版发行或收集加工各种数字资源，这些资源大部分需要购买才能成为公共数字文化服务资源，部分资源也可以通过征集的方式成为公共文化服务资源；三是社会民间团体和个人，这些团体和个人自己收集、制作数字资源，政府通过征集购买的方式将这些资源转变为公共服务资源，这也是地方特色文化资源的一个重要来源，应该予以重视和鼓励。

3. 公共数字文化服务承担者

我国公共数字文化服务的承担者和实施者主要是政府部门主办的各类服务机构，少数是社会力量设立的公益性文化服务机构。政府主办的公共文化服务机构中以文化广电新闻出版部门主办的为主，包括图书馆、博物馆、文化馆（站）、美术馆、纪念馆、非物质文化遗产馆（传习所）、文物保护单位、广播电视台（站）、出版社等，以其他部门主办的机构作为补充，如科协、共青团、教育、档案等部门主管的科技馆、青少年宫、学校图书馆、档案馆、方志馆等。全面建设公共数字文化服务体系，需要打破部门行业的界限，调动各个部门的积极性，充分发挥各部门的技术、人才和资源优势，汇聚整合各部门的现有资源，在更大范围内实现资源共建共享。在欧美等西方国家，社会力量是公共文化服务的重要资助者和承办者，这与国家的鼓励和优惠政策有关，值得我国学习借鉴。

在公共数字文化服务体系中，各个专业公共文化服务机构以自己特有的资源和服务承担着不同的任务、起着不同的作用、满足广大人民群众不同的文化需求。 但是不得不承认，由于各个机构社会职能的不同、数量规模的不同、公共数字文化发展水平的差异，各专业机构在公共数字文化服务体系中发挥的作用有所不同，隶属公共文化事业部门的各级图书馆、博物馆、文化馆、美术馆和基层文化服务机构起着核心作用，其他服务机构，如科技馆、档案馆、青少年宫、方志馆等起着辅助性作用。

三、 公共数字文化服务体系建设典型案例

（一）江苏省公共数字文化系统基本建设情况

1. 江苏省三大工程的总体建设情况

江苏省三大工程的总体建设水平大约处于全国的中等偏上。文化共享工程已建成 1 个省级中心，13 个市级中心，86 个县级中心，4084 个乡镇、街道基层点，与省委组织部共建 2.5 万个"党员远程教育"服务点，基本实现了全省城乡五级服务网络全面覆盖。但共享工程的运行管理、资源供给和服务效益等方面还有待于进一步完善提高。

数字图书馆推广工程处于推进发展阶段。省馆（南京图书馆）建立比较完善的数字图书馆系统，13 个地市级图书馆中 11 个建立数字图书馆，96 家县级图书馆中 30 个建立了规模不等的数字图书馆。在数字资源总量方面，42 家图书馆（含省馆）采购了 43 个品牌的 77 种数字资源，累计 198 个数据库，不重复的资源量约 100TB；省馆自建资源 22 种，10 个市级馆自建资源 40 种，13 个县级馆自建资源 50 种，自建的存储级资源超过 100TB，服务级资源总量不少于 15TB。

公共电子阅览室建设计划正在实施推进中，我省 1500 多个乡镇社区文化活动中心根据标准配置了电脑设备，2014 年将基本完成全省公共电子阅览室技术平台搭建工作，实现全省 100% 基层文化服务中心全覆盖。

在全省三大工程的总体规划和设计方面，为全面落实国家数字图书馆推广工程的精神，2011 年，从江苏实际情况出发，提出以建设"两网、三库、多平台"为主要内容的江苏数字图书馆建设计划。"两网"是指连接全省各图书馆的

数字资源生产网络和覆盖全省范围满足各种终端设备连接访问的数字资源服务网络;"三库"是指自建的江苏特色数据库、购买的各种资源数据库和共享的各种来源的共享数据库;"多平台"是指面向全省不同用户群体、不同的终端类型而建立的多层次、多样化、专业化、个性化的数字图书馆服务平台。2013年,我省根据文化部《关于进一步加强公共数字文化建设的指导意见》的指示精神,与江苏省财政厅联合发布了《江苏省文化厅、江苏省财政厅关于开展公共数字文化建设的实施方案》,同时综合三大数字文化工程的技术内涵和内在联系,考虑我省三大文化工程建设的领先要求,从建设国内一流的全省公共数字文化体系的高度,统一规划、统筹兼顾,制定了我省统一的《江苏省公共数字文化系统建设标准》。这一标准提出了省、市、县公共图书馆和基层文化活动中心在公共数字文化建设中的职能和要求,并对各级中心三大工程的硬件基础设施、软件服务平台、数字资源采购、数字资源生产和系统维护方面提出了统一的标准。这个标准为我省公共图书馆系统建设三大工程、构建公共数字文化服务体系提供具体的要求。

在地区性公共数字服务项目方面,我省建立了江苏省公共图书馆联合参考咨询网和江苏省公共图书馆馆际互借系统平台。

在跨系统合作方面,省馆与江苏省科技情报所、南京大学等10家单位合作建设了江苏省工程技术文献信息中心。

在文化系统内部合作方面,省馆与省文物局的合作建设江苏省不可移动文物多媒体资源库数据库,南通、泰州、常州、徐州等市级图书馆与当地非遗管理部门合作建设非遗方面的流媒体资源。

2. 江苏省博物馆、文化馆等机构公共数字文化服务情况

为全面了解全省各个公共文化服务机构的公共数字文化服务情况,课题组对全省13个地级市各类公共文化服务机构的门户网站进行实时在线调查,逐一点击访问,并对其建设现状、组织结构、服务群体、问题不足、发展趋势等方面进行了分析。

各类网站的量化分析。本次调研,主要是在全省范围内的13个地市,就广义上的各类公共文化服务机构的网站、主页建设情况进行在线调研。其中各类

公共文化服务机构，重点针对除公共图书馆网站以外的，诸如博物馆、美术馆、文化馆、非物质文化遗产保护中心、广播电视台、科技馆等网站。

按照六类公共文化服务机构的调查范围，利用"百度"（Baidu）检索平台对全省13个地市的相应情况进行检索、罗列，理论测算应建成网站数量共80个，实际建成并正常在线运营54个，占到总数的67.5%，应建而未建或未建成的网站16个，占到总数32.5%。

依照网站实际建成情况来看，六大类公共文化服务机构网站的建成率不一。在建成运营普及率方面，各地市广播电视台悉数建成各自门户网站（共13个），博物馆网站建成数量位居其次（12个），继而是非物质文化遗产保护网站（7个，南京、盐城两地分别在各自市文化馆网站中设有专栏），而美术馆网站（8个）、文化馆网站（8个），科技馆网站数量建设最末，仅有3家建成（另无锡市科技馆主页链接在市博物馆网站）。

在此基础上，苏州、无锡、连云港等地市已经出现4个综合、统一的专门网站，即将各类公共文化服务机构网站或是按照文化行政管理，或是按照公共文化服务整合等不同思路，在不同程度上实现访问网址链接、门户网站集成，形成统一网址、统一门户、统一平台的同一化趋势，继而与未来一段时期我国公共数字文化服务体系基础建设的发展趋势相吻合。

此外，就各公共文化服务机构网站建成的地区分布来看，我省内部的地区差异十分明显。苏州地区作为我省公共文化服务机构数字化程度较高的地区，市级层面的各类网站，均已经建成，并形成了公共文化服务数字化综合的网站建设特色。与之相比，位于江苏北部的宿迁地区除广播电视台、公共图书馆网站外，其他五类公共文化服务机构的网站或主页尚处于空白。就全省平均水平而言，其余11个地市分别有1—2类公共文化服务机构网站建设尚未启动，尤其以科技馆、非物质文化遗产两类为主。

各类网站的定性分析。各地市各类公共文化服务机构的实体性，奠定了其网站建设的主要特性，根据其实体机构的文化行政管理、公共文化事业抑或两者兼而有之的行业特征，从而在以网站建设为契机的数字化建设推进过程中，如何体现公共性、服务性以及数字化特征，成为其公共数字文化服务建设进行考量的重要指标。

目前，我省已经建成运营的公共文化服务机构的网站架构，主要是以实现对外宣传、社会教育、信息服务、在线互动等四大基本功能为导向，进而在网站各栏目中常见有：新闻动态、本馆简介、关于本馆等外宣栏目，政策法规、培训辅导、网上展厅等社教栏目，参观指南、展览资讯、资源下载等信息服务栏目，以及联系我们、在线互动、留言板等互动栏目。

在以基本功能实现为导向的资源组织方面，目前各类网站常见资源类型主要有文字、图片、音频、视频等，基本上是图文为主，兼有音频、视频。音频资源常见于广播电台网站中，视频资源除为电视台网站必备资源外，通常在博物馆网站、文化馆网站中较为常见。然而，从资源类型的组织程度以及多媒体技术的应用程度来看，博物馆网站的建设水准在各类公共文化服务机构网站中，相对而言较为领先。除视频资源外，随着 3D 技术的广泛应用，多个博物馆网站已经能够在线实现虚拟导览，增加了虚拟体验感受的真实性。

普遍存在的问题。大部分网站内容以宣传介绍、活动通告等内容为主，数字资源很少；部分网站栏目建设不完整，有些栏目为空，或尚在建设中；网站信息资源老化，更新维护不及时。

总的说来，各个服务机构网站的主要功能还是对实体馆的宣传推广，是实体馆的一种网络媒体宣传工具。还没有真正成为一种以数字资源内容服务为主的新的服务业态，还不能称之为数字博物馆、数字文化馆、数字美术馆。相对而言，大部分图书馆的网站已成为数字图书馆的门户和服务平台，并且扩展到移动终端平台而形成了移动数字图书馆。

（二）国内公共数字文化服务体系建设典型案例

1. 贵州省数字图书馆

贵州是西部经济欠发达地区，由于经费不足，各级公共图书馆文献资源十分匮乏，为了改善落后状况，贵州省委、省政府高度重视，经过论证决定建立贵州数字图书馆，2009 年 9 月 28 日贵州数字图书馆初步建成并投入运行，前两年的累计访问量突破 2000 万人次。经过几年的建设，贵州数字图书馆已形成包括 290 万种中文电子图书、近 10000 种中文电子期刊、3 万多部视频讲座、

100多万篇硕博论文、4000余部工具书、各类资格考试题库、中小学课程试题库、古典音乐资源库、少儿科普知识库和中华连环画库等数字资源的大型数字图书馆，资源总量已达70TB以上。2011年10月开通了"掌上贵图"，公众通过手机、平板电脑等移动终端可以获取贵州数字图书馆丰富的数字资源。

贵州数字图书馆是最典型的公共数字文化服务系统，任何人在贵州省范围内通过简单的注册就能成为数字图书馆的读者，在省内任何地点任何时候都可以通过互联网免费查阅、下载数字资源。贵州数字图书馆开创了在一省范围内所有人无障碍访问数字图书馆的先河，真正做到服务于全省人民，较好实现了公共文化服务的公益性、基本性、均等性和便利性原则。

从贵州数字图书馆的成功经验我们可以获得如下几点启示：

第一，公共数字文化服务系统建设关键是要靠政府的重视和财政的支持。经济欠发达地区在公共数字文化服务体系建设方面也能实现超前和领先。

第二，公共数字文化服务系统作为一种新的文化服务业态，在一定程度上可以补充和弥补传统文化服务能力的不足。

第三，公共数字文化服务系统建设相比传统文化服务系统建设，具有投入少、见效快的特点。这对于经济欠发达、经费不足、文化设施基础差的地区快速提升文化服务能力是一个很好的发展思路。

第四，公共数字文化服务系统建设应以中心化建设模式为主，应该集中经费进行规模化建设，才能达到功能和效益最大化。试想如果贵州省把经费发给各个地区分散建设若干个地区数字图书馆，其服务能力和产生的效益将无法达到建设一个省级数字图书馆所产生的服务能力和效益。

2. 浙江网络图书馆和浙江"文化通"

浙江网络图书馆是国内第一家建设的全省性数字图书馆，全省公共图书馆都是其成员馆，浙江网络图书馆面向所有成员馆的持证读者提供各类数字资源的检索、浏览、文献传递和下载服务。与桂林数字图书馆面向全省任何网络注册用户服务不同，浙江网络图书馆是通过全省公共图书馆的读者联合统一认证，为全省公共图书馆读者和文化共享工程基层服务点用户提供公益性的数字资源服务。浙江网络图书馆自2009年开通到2011年底，点击量已达到1734万余次，电子图书全文下载 32.4 万余册次，电子文献传递 27.3 万余次，电子期刊论文下载 1280 万余篇，在浙江省公共数字文化服务体系建设中发挥了重要的作用。

浙江"文化通"系统是以移动无线通信网络为支撑，以数字图书馆的资源为主要数字资源，集成了浙江省文化馆、博物馆、影剧院等公共文化单位信息资源，通过手机、Pad 等手持移动终端设备，为公众提供搜索和数字阅读、图书查询、订阅以及推送最新公共文化资讯等公益服务的综合服务系统，这个系统被列入 2013 年第二批公共文化数字支撑平台特色应用系统项目。主要功能包括：数字移动阅读服务实现包括图书、期刊、报纸、论文、视频等多种资源的一站式移动检索、在线阅读和下载等功能；文化信息资讯服务实现省内博物馆、文化馆、科技馆、展览馆、剧院等文化单位的活动信息发布推送功能，如博览会信息、展览会信息、大型演出信息、剧院演出活动等。从服务平台来看，浙江"文化通"系统是浙江网络图书馆向移动平台的拓展；从服务内容来看，浙江"文化通"系统是向全面的公共数字文化服务的拓展。

浙江网络图书馆和浙江"文化通"的实践告诉我们：共享工程多年来建设形成的组织机制、服务网络、人才技术等方面的成果是建立各个专业公共数字文化服务系统、整合多个机构资源，全面实现公共数字文化服务体系的重要基础。以省一级为单位建设专业化的公共数字文化服务系统是比较科学合理的、可行的方案，在经费投入、人才支持、组织管理、协作共享等方面都具有优势。不同专业的公共文化服务机构之间合作建设统一的服务平台的方法和模式目前还不成熟，还需要进一步开展研究和实践。

3. 上海数字文化地图

上海数字文化地图系统以 3D 技术为核心，关联电子地图，提供上海地区公共文化机构的在线地图展示能力，同时结合手机定位提供公共文化机构的公众查找功能。这个系统被列入 2013 年第二批公共文化数字支撑平台特色应用系统项目。这个项目在一个移动应用平台上，整合了一个地区各种公共文化服务机构的情况信息，并能够利用移动定位技术帮助社会公众迅速获取所关注的和需要的公共文化机构的详细位置和服务信息，可以称作为公共文化服务的电子导航系统。

上海数字文化地图系统是一个文化设施数量较多、分布较广的城市在统一的平台上向公众提供文化导航服务的成功案例，是地理信息系统（GIS）在公共文化服务中的一个典型应用。

4. 江苏三大工程一体化建设

2013 年，江苏省依据国家公共数字文化三大工程的标准要求，并结合江苏实际，制定了《江苏省公共数字文化系统建设标准》。这一标准提出了共享工程省、市、县各级中心和基层文化活动中心等四级机构在三大工程建设中的职能和要求，内容涵盖三大工程的硬件基础设施、软件服务平台、数字资源采购、数字资源生产和系统维护等方面。这一标准成为江苏省三大工程建设的统一标准。为了更好地建设江苏公共数字图书馆，江苏省立足全省服务体系建设，制定了《江苏公共数字图书馆省级中心三年建设规划》（2014 年—2016 年），作为江苏省数字图书馆服务体系省级中心建设规划，已于 2013 年 11 月通过了专家论证，这是今后三年江苏数字图书馆省级中心建设的指导性文件。

在硬件设施方面，标准充分考虑到三大工程在服务器、存储、网络等方面的要求，对服务器的物理数量不作具体要求，而是提出了服务器总处理能力、存储总容量的要求，如地级市中心的配置 CPU 总核数 ≥128 个、内存总数 ≥512GB、千兆网口 ≥40 个、专业存储总裸容量 ≥100TB，这样更有利于灵活选配硬件设备、更有利于云计算和虚拟化技术的应用。

在软件服务平台方面，十分重视软件服务系统的统一规划和统一部署。要求各级中心尽量使用上级中心统一提供的应用软件或云服务，列入国家图书馆可提供的软件系统或软件服务有推广工程用户认证系统、唯一标识符系统、中国政府公开信息整合服务、版权信息管理系统、网页资源获取系统等 5 种，列入省中心提供的软件系统或软件服务有全省用户统一身份认证服务、网站内容管理服务、公共电子阅览室管理系统或服务、联合虚拟参考咨询服务、馆际互借服务、数字资源整合检索服务等 6 种，这种顶层设计有利于实现全省数字资源的共建共享和传输调度、有利于构建全省性的一体化应用服务体系。

在数字资源建设方面，商品化数字资源以省级中心为全省购买为主、市级中心购买为辅，鼓励各级中心参与和承担地方特色资源建设。

江苏三大工程一体化建设思路是一个省统一规划、统筹兼顾三大工程建设的典型案例，从中可以提供如下经验：

三大工程具有各自建设目标和建设要求，但系统构成因素有交集，三大系统相互支持、互为条件，需要统筹规划、协同发展、整体推进。

在地区公共数字文化服务体系建设工作中，各级中心应该以全地区的服务体系建设为着眼点，不能局限于各级实体馆的服务范围和服务对象，换句话说，省级中心为全省服务、市级中心为全市服务、县级中心为全县服务。在硬软件设施支撑、数字资源服务权限等方面许可的情况下，省级中心的远程网络服务应该覆盖全地区范围，对于大众化的、普及性的数字资源服务，应该由省级中心负责，各市县中心着重开展受限访问资源服务、服务宣传推广、地方特色资源建设等工作。

由此可见，省级中心的科学规划和指导协调对于公共数字文化服务体系建设十分重要，省级政府及相关部门的高度重视和省财政的投入更为重要，贵州数字图书馆的成功建设就是典型的范例。

5. 苏州公共文化中心

苏州市公共文化中心是苏州市重点建设的重大公共文化设施项目和重要的文化标志性工程，于 2011 年 9 月正式成立并投入使用。是隶属于苏州市文化广电新闻出版局的公益类事业单位。中心设苏州市文化馆、苏州美术馆、苏州市名人馆、吴作人艺术馆（苏州书法篆刻艺术院）、颜文樑纪念馆（苏州油画院）、苏州版画院（苏州桃花坞年画博物馆）、苏州粉画艺术院（杭鸣时粉画艺术馆）、苏州公共艺术研究院等艺术场馆。主要职责有：组织、策划全市城乡群众文化活动，开展群众性文艺培训和群众文化学科的理论研究；开展艺术创作、典藏、展览、教育和学术建设，开展专业和群众性的美术培训和美术、艺术的科学研究、传承和创新；负责全市名城名人资料的搜集、保护、展示、修复和研究；开展全市非物质文化遗产的普查、保护、抢救、展示、传承推广和研究；组织开展境内外各项文化艺术交流活动等。

苏州市将文化馆、美术馆、艺术馆等多个公共文化服务机构进行整合形成一个公共文化中心，为市民提供了"一站式"多功能文化服务，其服务网站也成为集大成者。这种整合多个实体馆为一体的模式也许无法普遍推广，但是整合多个实体馆的网站信息和数字资源是完全可以实现和值得推广的。

（三）我国公共数字文化服务体系建设中存在的问题

当前我国在公共数字文化服务体系建设方面还存在诸多问题，从总的服务能力看，我国公共数字文化建设还不能满足人民群众日益增长的精神文化需求，特别是在地方政府重视和投入、制度设计、组织机制、顶层设计、工程可持续发展、资源供给、运行维护、绩效评估、机构之间的合作与联合、社会力量参与等诸多方面均有待加强。

总体上看，政府在公共数字文化服务体系建设方面的投入还显不足。尽管近几年来，各级政府不断加大对文化事业的投入，但由于政府对文化的欠账太多，短期内政府投入还难以满足文化发展的需求，许多地方政府投入仅能满足改善馆舍条件，而无力进行公共数字文化建设。有些地区虽然经济比较发达，但由于领导认识不到位，投入同样不足，造成公共数字文化发展水平与经济发展水平不协调的状况。

在制度设计方面，由于一级政府管一级文化，从而难以从社会需要出发来设计理想的公共数字文化服务体系，也无法有效整合和合理调度多个地区的人力、财力和物力，大部分情况是通过协调协作方式来实现跨地区之间的业务共建和服务体系的建设。另一方面，我国目前还缺少法律层面的制度保障，各项工程的实施都是通过下发行政文件来推进的，没有强制约束力，造成可完成可不完成的现象。

在各级机构服务职能定位方面，我国对每一级公共文化服务机构在公共数字文化方面的服务职能和服务范围还没有一个明确的规定和要求。

在多元化力量参与建设方面，我国公共数字文化建设的资金主要来源于中央财政和地方财政，社会团体和个人参与较少，需要鼓励社会资本与民间力量参与公共数字文化建设。

在组织实施方面还不够协调和完善，如三大文化工程存在密切的内在联系，但分属两个国家中心管理，在工程建设的标准和实际内容上有交叉和重复之处。

公共数字文化服务体系仍存在着数字资源总量小品种少，数字资源生产规模小没有整体规划，自建数字资源不开放不提供服务等问题。博物馆、文化馆、美术馆、科技馆等公共文化服务机构的资源数字化工作有待于加强。

全面的公共数字文化服务体系建设还需要各个专业公共文化服务机构之间更大范围和更大规模合作共享，目前还缺少各个文化机构之间广泛深入、持久常态的合作与联合，如图书馆、博物馆、文化馆等机构合作建设数字资源在同一个平台上提供服务。

在工程建设方面需要有更全面、更科学、更先进、更完善、更合理的顶层方案设计，如技术路线、实施方案、产品规格要求应更有弹性和广泛的适应性。

在工程建设标准和具体工程建设实施中，还存在着重视服务器、存储、网络等硬件设施的先进性和资金投入，而忽视最能影响功能、产生效益的应用软件系统的建设。

在工程建设中还存在重工程建设轻系统维护的现象，一旦系统发生故障将无法及时得到解决和恢复。

在工程建设中还存在工程建设与社会需要相脱离的现象，一些公共数字文化工程建设中存在项目设置不合理、设备配置不合理现象，造成不必要的浪费或者性能不足、设备缺漏，在软件和资源配置方面不经过科学论证和需求调查，造成软件功能低下、资源无人利用的现象。

公共数字文化系统存在可持续发展问题，有些地方存在着为应付检查而突击建设、检查过后就撤走，为应付检查而开放、检查过后就关闭的现象；有些地方将公共数字文化服务阵地设在地点偏僻、环境条件差的地点，群众不知道或者不想去；有些地方公共数字文化服务场所无人管理、设备陈旧、网络不畅不通、没有资源、没有维护从而无人问津。

公共数字文化服务体系还缺少全面的和完善的绩效评估体系，在实际工作中存在指标内容太原则、指标数据不太合理、容易弄虚作假等情况。

四、 公共数字文化服务体系研究

（一）制度和政策保障研究

1. 政府主导下的多元化体系架构

我国公共文化服务体系的理想模式一般描述为是由政府主导的、民间团体和社会企业参与的多元化体系，但事实上，目前政府还是绝对的或是唯一的主体，多元化的格局还远未形成。即使社会力量的成分在多元化体系中有所增加，政府依然是公共文化服务的第一责任人，必须负责公共文化服务的制度安排、政策制定和监督管理，必须是公共文化服务设施的主要建设者、服务产品的主要供给者和文化活动的主要组织者。

公共数字文化服务作为公共文化服务的组成部分，其制度模式与公共文化服务一脉相承，目前我国实施的公共数字文化三大工程、各地方建立的数字图书馆、数字博物馆、数字文化馆等都是由各级政府投资主办的。

民间团体、社会企业等可以适当的方式参与提供公共文化服务，成为公共文化服务供给有益的补充，政府通过对公共数字文化重大项目、活动实行政府采购、项目贴息、定向资助、贷款贴息等政策鼓励和吸引多种经济成分投入。

在多元化体系中，有可能被我们忽视的一个主体是广大人民群众，社会大众既是公共文化的需求者和消费者，同时也是公共文化产品的创造者和生产者。特别是群众文化艺术、美术、工艺、收藏等方面是公共数字文化资源丰富的源泉。

在发达的信息时代，大众的深度参与和全面的信息交互变得十分便捷，美国著名的"古登堡计划"就是用户全面参与的成功案例。"古登堡计划"是发动用户通过互联网将大量版权过期而进入公有领域的文化作品数字化并存储归档的一项协作计划。"古登堡计划"的理念是"推倒愚昧与无知的藩篱，让所有的进入公有领域的数字资源能够为最广大的公众所拥有"。"古登堡计划"强调项目与用户的互动，特别注重用户的积极参与。用户的参与方式有 4 种：

捐赠资金。"古登堡计划"建立了古登堡文学档案基金会（Project

Gutenberg Literary Archive Foundation），以便读者捐赠。根据美国国内税收法典（the United States Internal Revenue Code）的规定，古登堡文学档案基金会是免税非营利组织下的公益机构，这样使得读者的捐赠处于免税的法律范围之内，有助于提高捐赠者的积极性。捐赠的方式有一次性捐赠和按月捐赠两种。一次性捐赠数额不限。另外还有按月捐赠，数额有 1 美元/月、10 美元/月、25 美元/月、100 美元/月不等。

读者数字化图书。读者对自己拥有版权的图书或进入共有领域的图书进行数字化并上传给古登堡项目。

读者录制有声读物并上传给古登堡项目。

读者报告电子图书的相关错误并上传给古登堡项目。

相比较而言，我国公共数字文化项目用户参与度较低。政府及相关部门应当积极推进开展这项工作。建议如下：一是努力开展公共数字文化服务，让更多的社会大众享受公共数字文化服务，这是用户参与最有利的前提条件；二是开展活动宣传，让更多大众了解公共数字文化服务，了解自己既是资源利用者也是资源的贡献者；三是搭建友好的互动平台、提供先进的工具，让用户方便地采集生产和传递资源；四是采取各种激励措施，如通过有偿征集、服务优惠、荣誉奖励等方式，吸引鼓励用户参与进来；五是尽快将用户提供的数字资源加工成服务产品，发布在公共数字文化服务平台上。

2. 公共数字文化服务的经费保障

我国公共数字文化建设的经费主要来源于政府各级财政，虽然近几年来财政投入有所增长，但总的来说还不能满足公共数字文化服务体系建设的实际需求，为此建议：

建立多级财政支持制度，确保公共数字文化建设的有序运行。多级财政应相互分工，紧密配合，采取相关配套措施。其中，中央财政主要用于建设全国性示范意义的具有基础性和全局性价值的大型公共数字文化建设项目，构建国家范围内的公共数字文化服务体系；省级财政主要着力于建立全省范围内的公共数字文化区域中心和服务体系；以市级、县级财政为代表的地方财政，应重点突出与支持基层的公共数字文化建设，加强具有地方特色的数字资源的开发和应用。建设公共数字文化服务系统，关键是建设省级中心系统，省级中心起着上连国家中心、下连市县中心的承上启下的枢纽作用。从贵州数字图书馆和浙江网络图书馆的案例可以看出，一个性能优异资源开放的省级公共数字文化服务系统可以替代全省范围内市县同类型的数字资源服务系统，从而避免重复建设，减少浪费。因而，政府首先集中资金建设省级资源服务平台或者是省级应用软件平台，从而实现全省应用平台共享、资源服务覆盖全省的目标。

加大各级财政对公共数字文化建设的投入，确保公共数字文化投入占财政总支出的比重达到一定比值。要确保公共数字文化的投入，首先需要确保政府对公共文化的投入，根据 2013 年文化部全国文化发展情况统计数据，2013 年全国财政支出 13.97 万亿元，比上年增长 10.9%，其中全年全国文化事业费 530.49 亿元，比上年增加 50.39 亿元，增长 10.5%，对文化事业的投入增幅基本等于财政总支出的增幅；尽管同步增长，但全国文化事业费占财政总支出的比重只有 0.38%。2010 年蔡武部长在接受新京报等媒体采访时曾指出文化事业费占国家财政总支出的比重太低，希望比重能达到 1%。如果能达到 1% 的比重，全国文化事业总费用将达到 1400 亿元。从实际情况来看，公共数字文化投入占公共文化总投入的比例也是比较低的，公共数字文化经费更多的是以工程项目的方式一次性投入的建设资金，公共数字文化系统的运行维护费、数字资源建设费等保证系统正常运行和持续发展的经费太少，有的部门单位基本没有公共数字文化的预算。由于不同专业部门公共数字文化服务系统的建设要求不同，不同专业部门的公共文化服务机构的公共数字文化投入占总费用的比重也不同，公共数字文化投入包括系统运行维护费、资源建设费、人员经费、活动经费等，正常的比重范围大约在 5% 到 15% 之间，如数字图书馆投入大约占图书馆总费用的 10%，其他专业机构的投入比重要低于这个数。目前一些机构的公共数字文化投入占总费用的比重低于 5%，考虑到公共数字文化服务体系建设还处于增长发展期，随着公共数字文化服务系统规模的进一步扩大，这个比例还将会提高。假设全国文化事业投入的比重增加 1 倍，从 0.38% 增长到 0.76%，同时公共数字文化投入的比重提高到 5%，则全国公共数字文化比较理想的年资金投入为 53 亿元，平均每个省 1.56 亿元，其中大部分费用将用于数字资源建设。

中央财政应建立公共数字文化专项转移支付制度，重点确保我国广大中、西部地区和农村地区公共数字文化产品供给的必要投入。例如中央财政建立了用于公共电子阅览室建设计划的专项资金，重点用于中、西部地区乡镇、街道和社区公共电子阅览室补充设备和建设技术平台。

在国家层面上设立公共数字文化事业的专项资金，如设立公共数字文化发展基金，用以收集、整理与创造有关我国民族与传统的优秀公共数字文化。

总的来说，目前我国社会资本与民间力量参与公共数字文化服务体系建设的积极性不高，社会基金与社会捐赠的比重太小，也缺乏吸引社会资本参与公共数字文化建设的有利环境。国外特别注重公共数字文化建设的社会力量注入，例如"美国记忆"就是美国各个公共部门和私人部门密切合作的典范。"美国记忆"在建设过程中，采取了多元主体建设方式，以公益为目标，吸收不同的基金来共同建设。国外吸引基金与社会力量参与公共数字文化建设主要有两个原因：发达国家的公益理念与公益文化观深入人心，公益观已成为一种标志性的文化，内化于人们的行为自觉中；发达国家在对公益事业的支持上，建立了相关的税收制度作为保障。

国外的经验值得我们借鉴：一方面需要加强对公益观的宣传推广，形成全民性的公益理念；另一方面还需要建立相关的税收优惠政策，加大税收优惠支持力度，支持更多的社会力量与基金参与公共数字文化建设。

3. 公共数字文化服务的政策保障

公共数字文化服务体系建设需要有强有力的国家宏观政策的保障和微观政策的支撑。在宏观政策方面，近几年，国家层面出台了一系列关于发展公共文化事业改善文化民生的政策，相关的文件有：《国民经济和社会发展第十一个五年规划纲要》《国家"十一五"时期文化发展规划纲要》《2006—2020年国家信息化发展战略》《国家中长期教育改革和发展规划纲要（2010—2020）》《国家"十二五"时期文化发展规划纲要》《全国公共图书馆事业发展"十二五"规划》等；在地方层面，全国各地也结合实际制定了本地"十一五""十二五"文化发展规划，有的还颁布了关于公共文化服务方面的地方性法规，如《广东省公共文化服务促进条例》，这对于我国公共数字文化服务体系的建立和发展起着决定性的作用。

在微观政策方面，主要有各级政府制定与公共数字文化相关的公共数字文化工程项目、制定公共数字文化工程项目的建设标准和规范。文化部和财政部联合发起的国家级三大公共数字文化工程项目是典型的微观政策案例。相关的文件有：《全国文化信息资源共享工程"十二五"规划纲要》《文化部关于实施全国文化信息资源共享工程的通知》《城市社区文化中心（街道文化站）设备配置标准》《城市社区文化活动室设备配置标准》《全国文化信息资源共享工程资源建设指南》《"公共电子阅览室建设计划"实施方案》《公共电子阅览室管理规范》《省级公共电子阅览室技术平台配置标准》《省级公共电子阅览室技术平台集成方案》《乡镇、街道（社区）公共电子阅览室增补配置标准》《乡镇、街道（社区）公共电子阅览室系统集成方案》《文化部、财政部关于实施"数字图书馆推广工程"的通知》《"数字图书馆推广工程"建设方案》《省级数字图书馆硬件配置标准》《市级数字图书馆硬件配置标准》等。这些微观政策为三大工程的科学、有效和标准化实施提供了保障。

我国开展文明城市创建、公共文化服务体系示范区创建、文化机构评估定级等包含了对公共数字文化服务的要求，如在文明城市创建、公共文化服务体系示范区创建、图书馆评估定级、文化馆评估定级指标中设置了文化共享工程建设达标要求，这对公共数字文化服务体系建设起着积极的推进作用。

在各级政府公共文化政策的保障下，我国的公共数字文化建设取得了一定的成绩。但同时我们也应看到，相对于具有强制性力量的法律法规来讲，这种政策手段的非强制性所带来的保障力毕竟有限。相比较而言，美国的三部法律《国家艺术及人文事业基金法》《联邦税收法》《博物馆图书馆事业法》从制度安排上赋予了公共数字文化建设的法律意义，为美国公共数字文化建设提供了全方位的保障。我国应该尽快制定和颁布专业性的图书馆法、博物馆法或者是综合性的公共文化服务法规，同时，应制定更加优惠的能够吸引和激励企业和个人捐助公共文化服务项目、提供公共文化服务产品的税收政策，尽可能简化税收优惠与减免申报程序，加强相关的财政与税收政策的支撑力度，努力构建公共文化服务主体的多元化体系，使公共数字文化服务体系更全面、更强大。

（二）基础设施建设研究

公共数字文化服务体系的基础设施包括支撑公共数字文化服务系统运行的一切硬件和软件。由于不同专业公共数字文化服务机构拥有不同的资源和应用特征，各个专业的公共数字文化服务系统的基础设施存在差别；由于不同层次的服务机构在公共数字文化服务体系中所扮演的角色和承担的任务不同，需要从系统的角度研究各个专业的各个层次上的基础设施的布局方案。在新的技术应用方面，需要研究云计算技术、虚拟化系统、大数据技术在公共数字文化服务体系建设中的应用。

1. 基础设施建设的影响因素

基础设施中包括硬件和软件，硬件是为软件服务的，一般来讲软件的技术类型和服务规模决定了硬件类型和硬件规模。依据应用的不同，公共数字服务系统的应用软件系统主要分为两大类别，一类是用于数字资源生产的软件，一类是用于数字资源服务的软件；硬件系统主要包括服务器系统、储存系统、网络系统、终端设备和一些专业设备。一个公共文化服务机构的基础设施配置主要受以下因素的影响：

本专业的公共文化资源类型和应用特点。如图书馆的数字资源以电子图书、电子期刊等数字化文献为主，且各图书馆的资源基本相同；数字博物馆以虚拟展厅和数字化的馆藏为主，各个馆的资源具有唯一性。资源类型和应用特点决定了选用不同的数字资源生产和展示设备，也决定了选用不同的加工处理软件和用户服务软件。

新技术的应用、新平台的出现。事实证明技术的力量可以改变世界，由于公共数字文化服务系统是建立在各种技术基础之上的，因而每一种新技术的出现都会带来基础设施的变革和创新。小到二维码、触摸屏技术，大到移动通信、云技术都直接影响和推动着公共数字文化服务系统的基础设施的更新和发展。

数字资源的数量规模。数字资源的比特数量决定了存储设备的选择；数字资源的数据库的数量也决定了资源集成整合软件的选择。

公共数字文化服务系统的用户规模。用户数量越多对网络带宽和性能的要求就越高。

本机构在多层次的服务体系中所处的地位。我国公共文化服务体系的层次与行政层次基本对应，从中央到行政村共有六级。每一级在公共数字文化服务体系中都发挥着作用，但功能有所不同，对基层设施的要求也不同。

投入的经费。经费的多少对基础设施影响很大，再好的规划和方案没有经费保障都是纸上谈兵。

2. 基础设施布局研究

公共文化服务体系建设要求图书馆、博物馆、文化馆等公共文化服务设施的布点数量和位置应该遵循便利性原则，在文化部颁布的《公共图书馆建筑用地指标》标准中明确规定了公共图书馆的服务半径。从这个意义上讲，一个地区的实体馆规模不是建得越大越好，而是空间位置越靠近群众越好、数量越多越好。但对于公共数字文化基础设施建设来讲，布局的方法和模式将不相同。

公共数字文化基础设施可分为数据中心设施（或称服务端设施）、客户端设施、弱电基础设施和专业数字化设施等，服务端和客户端设施之间通过网络实现连接，形成完整的系统和运行体系。

（1）数据中心设施。数据中心设施包括用于处理数据的服务器、用于存取数据的存储设备、用于传输数据的网络设备、用于保护数据的安全设备，还有各种服务端软件系统，一个公共数字文化服务系统的数字中心设施是系统的大脑和核心。数据中心设施有自建模式、托管模式和租用模式等三种。自建模式在我国是最常见的模式，需要建立自己的机房网络环境；托管模式和租用模式通常是利用上级部门或网络运营商的机房和网络环境。随着新技术的发展，特别是云计算技术的应用，数据中心设施趋于虚拟化。

（2）客户端设施。客户端设施可分为用户使用的客户端设施和工作人员使用的客户端设施。用户客户端设施是指公共数字文化服务系统中用户接受服务、参与互动等使用的各种终端设备，包括普通计算机、各类手机、触摸屏系统等。各类公共文化服务机构应在服务场所提供足够多的客户端设备供用户使用。

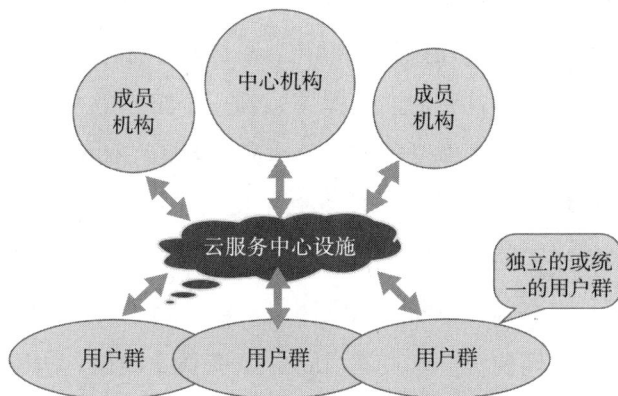

图 3　多中心云服务型系统

（3）弱电基础设施。主要是指公共文化服务机构内的局域网系统、互联网接入及机房环境设备等。公共文化服务机构要有布点合理、数量充足、带宽足够、有线无线相结合的局域网系统，要有足够宽的互联网接入带宽和标准的机房。公共文化服务机构应根据专业特点和服务的需要制定相关的局域网、互联网接入带宽的标准。

（4）专业数字化设施。各专业公共文化服务机构拥有专业特色的数字化设施，这些设施包括数字资源采集处理设备、数字化服务设施等。公共图书馆拥有专业文献扫描设备、音视频采集和编辑设备、音视频播放设备、RFID 自助服务设备等专业数字化设施；博物馆、文化馆、美术馆、科技馆等拥有数字化展厅，包括数字沙盘、大屏显示、环幕/弧幕/球幕影厅、互动地幕、互动展台、触摸互动、多媒体显示、智能播控等各种多媒体展示系统。

3. 资源生产和供给体系研究

（1）资源建设规划。公共数字文化服务的数字资源主要由政府购买或组织生产，多元化主体中的其他主体仅仅是一种补充。对政府和公共数字文化服务机构来讲，数字资源生产是公共数字文化服务体系建设的基础性的和主要的工作，无论是共享工程建设，还是数字图书馆、数字博物馆、数字文化馆的建设都是以资源建设为核心的。由于文化数字资源涉及面广、内容极其丰富、技术要求高、数字化工作量巨大，对数字资源建设进行系统规划尤为重要。

从国内外数字资源建设实践经验看，国家级的资源建设顶层设计和国家级的资源工程建设是保证资源建设的规模化、系统化、标准化和持续化的关键，国家级数字资源的顶层设计和建设工程关系到一个国家的文化保护和继承、关系到公共数字文化服务体系在全国范围的全面发展和整体推进。

我国的文化资源共享工程经过 10 多年的发展，在服务体系建设方面取得了巨大成就，初步建成了国家、省、市/县、乡镇/街道、村/社区五级服务网络，在资源建设方面一直在坚持不懈地探索建设，到 2011 年资源总量达到 108TB，但在顶层设计方面还需要进一步完善和改进。美国、英国、法国、日本等国家都积极开展国家级数字资源项目建设，如"美国记忆"、"古登堡计划"、法国国家数字图书馆 Gallica、世界数字图书馆、加拿大遗产信息网络、日本全球数字博物馆等。

资源建设规划分为宏观建设规划和微观建设计划。宏观规划主要由国家相关部门制定，这些部门可能包括文化部、国家新闻出版广电总局、国家文物局、中国科协等，这些部门将分别制定有关文献、文物、非遗、美术、科普等方面的数字资源建设总体规划，总体规划可以是专业性的也可以是综合性的。宏观规划主要包括总体目标、体系框架、选题范围、建设标准等方面内容。在国家宏观规划的指导下，各省区市结合本地文化资源特色，制定 3—5 年或更长时期的数字资源建设规划，包括选题内容、实施步骤、组织保障、资金保障等方面的内容。

国家层面的顶层设计和工程立项是数字资源建设的关键，省一级的落实规划和组织实施则至关重要。省级中心起着承上启下的作用，一方面需要把握理解国家中心的政策精神，认真执行国家中心的标准要求，另一方面需要结合本地区的实际情况，制定全省的资源建设规划和具体实施方案，特别是充分发挥全省各级公共文化机构的作用，动员组织、协调指导全省各级公共文化服务机构共同参与数字资源建设，要有全省一盘棋的观念，切忌把全省范围的资源建设工作当成仅是省级机构的工作。

建设规划必须转化为具体的建设项目，才能获得必要的组织保障和资金保障，才能得以落实和实施。因此文化部门的资源建设规划必须获得政府领导的重视，必须向政府计划部门提出项目计划并获审批。

　　数字资源生产的选题主要是具有文化内涵和文化价值的选题，数字资源的数据来源主要是各个专业公共文化服务机构所拥有的或所管理的馆藏资源和服务资源，只有少部分资源来自其他机构团体和个人。如图书馆的历史文献、博物馆的馆藏文物、美术馆的馆藏作品、文保部门管理的不可移动文物、文化馆组织的群众文艺作品、非遗保护部门管理的非遗项目等。

　　2012年国家图书馆的"中国记忆"是一个很好的资源建设策划。项目以建设专题记忆资源为主要内容，主要着眼于重要历史事件、重要人物和濒危民族记忆与传统技艺的抢救性记忆收集工作；着眼于中华民族的长久发展与国家核心利益，对国内或国际的重要、敏感事件或领域进行抢救性的记忆收集工作。资源来源包括挖掘馆藏文献，采集口述史和影像资料，收集照片、手稿、物品等相关记忆承载物。项目对传承中华文明、弘扬民族文化具有重大意义。项目还需要在广泛调研的基础上进行设计和规划，并争取立项。

　　（2）资源生产系统和资源服务系统的独立性。资源生产系统和资源服务系统是公共数字文化服务体系中两个既相对独立又密切关联的系统。两个系统在系统目标、基础设施建设、组织管理、标准规范、人员技术要求等方面不同。

表1　资源生产系统和资源服务系统的差异

	资源生产系统	资源服务系统
建设目的	为公共文化服务生产资源；保护历史文化遗产。	为社会大众提供公共数字文化服务。
基础设施	以多中心系统为主，各个机构拥有独立的资源采集、加工处理、存储系统。以局域网为主。	可采用单中心系统，可集成整合各种资源，基于互联网、移动终端、数字电视等多种网络平台，可托管租用。
组织管理	需要周密的规划、科学的组织和激励管理，高效高质的生产。	创新应用新技术，宣传和推广组织，开展各种活动，开拓新用户市场。
标准规范	元数据标准、唯一标识符，操作规范、工作制度。	资源整合、调度、传输、展现等标准。
人员技术	音视频拍摄、制作，文献数字化、资源标引加工等方面的人员。	平面设计、参考咨询、技术支持、市场推广等方面的人员。

（3）资源采购。公共数字文化服务需要购买商业数字资源，由于公共图书馆以公开出版的文献服务为主，同样数字图书馆中的文献数字资源也是以购买商业数据库为主，如电子图书、电子期刊等。其他专业机构以特有的藏品和展品（如博物馆、美术馆）、文化活动（如文化馆）为主，可获取的商业数字资源很少，因而购买的数字资源也很少。以下的建议和设想主要以公共图书馆为例，其他专业机构可参考。

资源采购的核心问题是服务范围问题。理论上，没有权限控制的数字资源可以全球共享访问，全国购买一套就可以服务于全国，但实际上是行不通的，这样做不利于调动各地区参与公共数字文化服务体系建设的积极性，中央财政也不可能拿出经费买断一个资源的全国的使用权，这无异于国家承包一个数字资源企业，这是违背市场经济规律的，不利于资源开发商的生存和发展。那么，是否每一级每一个公共图书馆都要购买相同的数字资源（如电子图书），就像每一个实体图书馆都要购买基础性的大众服务的纸质图书一样，而这些数字资源的服务范围仅是实体图书馆的服务范围，用户仅是图书馆的读者，这显然违背了信息技术条件下，数字资源可以跨时空传播共享使用的特点，这种重复投入是一种浪费，但事实上这是目前我国大部分地区公共图书馆的做法。因此，在建设公共数字文化服务体系中，谁来购买数字资源，服务覆盖范围有多大是一个值得研究的问题。

目前，我国对每一级公共图书馆在数字图书馆方面的服务职能和服务范围还没有一个明确的规定和要求，一个省级、市级、县级公共图书馆数字资源的服务范围是实体图书馆的现有读者，还是所在城市的市民，各地做法并不相同。这与政府服务理念、文化政策和经济实力有关。从公共数字文化服务体系建设的基本性、均等性要求，以及江苏实际情况出发，我们的建议是：省市县三级尽可能由高一级的政府投入进行数字资源的统一购买和数字图书馆的统一建设，省级集中建设的作用和意义要大于各市级分头建设，市级统一建设的作用和意义又要大于各县级分头建设。

资源采购的方式。由于公共数字文化服务体系中购买的数字资源多以大众普及的资源为主，具有广泛的社会适用性和推广性，从公共数字文化服务体系建设的资源服务覆盖面广、资源数量全、规模大、资源性价比高等方面的要求考虑，数字资源采购宜采用集团采购、共享采购、统一采购等三种方式。

集团采购方式是指在一个区域或系统范围内，由一家或几家机构发起，区域内机构自愿参加组成集团，共同推举谈判代表与数字资源商进行价格和使用条款的谈判，形成一个统一的价格或最高限价以及具体的使用条款，再由资源商与各成员馆，分别签订最终购买合同，购买费用由各个成员馆自行支付。集团采购的优点是：可以避免资源商对图书馆"各个击破"，争取到更优惠的价格、节省了经费，减少每个成员分别与资源商讨价还价的精力和时间，提高了资源商的服务质量，促进了参与馆之间的业务交流和合作，提高了图书馆工作人员的业务水平。集团采购方式在高校图书馆系统已得到应用，如 CALIS、JALIS 等联合采购集团。对于公共图书馆来讲，集团采购的缺点是：成员馆都要购买自己的资源，没有形成区域共享，是一种重复建设。

共享采购方式指在一个区域范围内，由几家机构参加形成共享采购联盟组织，联盟内任何一家机构购买的或共同合资购买的数字资源可以让联盟内的所有成员平等共享使用，即一家购买或合资购买大家共享，联盟成员共同协商和分配各成员馆的资源购买任务，共同与数字资源商进行价格和使用条款的谈判。共享采购这种集中经费联合购买的方法，很好地解决了一个区域内各个机构各自为政重复购买数字资源的问题，使各成员有限的经费发挥更大的作用，有效地扩大了地区数字资源的品种数量和资源总量。目前，江苏省的苏州地区、南通地区的公共图书馆采用了共享采购方式，达到了比较好的效果。

统一采购方式是指在一个地区由最高一级政府统一出资，负责购买服务覆盖本地区的数字资源，地区内各级机构共享使用。从快速全面有效地构建公共数字文化服务体系的角度来看，这是一种十分理想的方式。目前，浙江网络图书馆和贵州数字图书馆就是采用的这种方式。采用这种方式需要打破一级财政管一级文化的观念，需要改变对各级机构公共数字文化建设的评价标准，需要与数字资源商进行艰难的权限和费用问题谈判，核心的问题是政府特别是省一级政府在公共数字文化服务资源供给方面要有宏观的和战略的思想。

（四）运行管理和人才保障体系研究

1. 运行管理机制

公共数字文化服务体系的运行管理涉及多个层次、多个行业、众多机构的组织协调、监督管理，具体涉及工程项目的层层落实和实施推进，涉及数字资源的整合共建，因而需要科学的组织分工和有效的协调管理。

科学的管理需要全面了解系统的运行机制，运行机制是指公共数字文化服务体系工作运行模式，反映了系统各个构成要素之间的关系，社会公众数字文化需求是基础，政府行政主管部门引导是前提，公共文化服务机构合作是主流；而人员配置、硬件支撑、政策配套、法律保障、经费支持是系统正常运行不可或缺的因素，三网合一、服务终端体系虚实结合的建设策略则是推进服务体系面向基层、面向公众不断延伸的主要渠道。

公共数字文化服务体系的组织结构分为纵向层次结构和横向分工结构。在横向方面可分为政府管理者、执行管理者、文化服务机构，在纵向方面分为国家、省、市、县、乡镇五级。

政府管理者负责制定本级和传达上级政府有关公共数字文化的发展规划，负责公共数字文化工程项目设立和监管。文化部、国家新闻出版广电总局、国家文物局、中国科协等是本行业的最高管理者，其中文化部是最主要的管理者，到市县级则合并为文广新局、科协等部门。执行管理者一般为各级政府管理者在主要文化服务机构中专门设立的公共文化管理执行机构或部门，如文化部全国公共文化发展中心、各省相应成立的省级分中心（原共享工程省级分中心）、各市县成立的支中心，执行管理者协助政府管理落实各项政策和制定规划，指导和协调各下级公共数字文化服务机构的工程项目的具体实施。各级文化服务机构是公共数字文化服务的具体承担者和实施者。

2. 各层次、各专业、各地区机构的合作共建

我国公共数字文化服务体系运行管理面临的主要问题是不同层次、不同专业、不同地区的公共文化服务机构之间的资源整合、服务组合、平台共建等方面的协作协调问题。在纵向上，各级同一个专业的公共文化服务机构的合作比较容易，如各级公共图书馆、博物馆、文化馆之间，但这种合作的疏密与上下

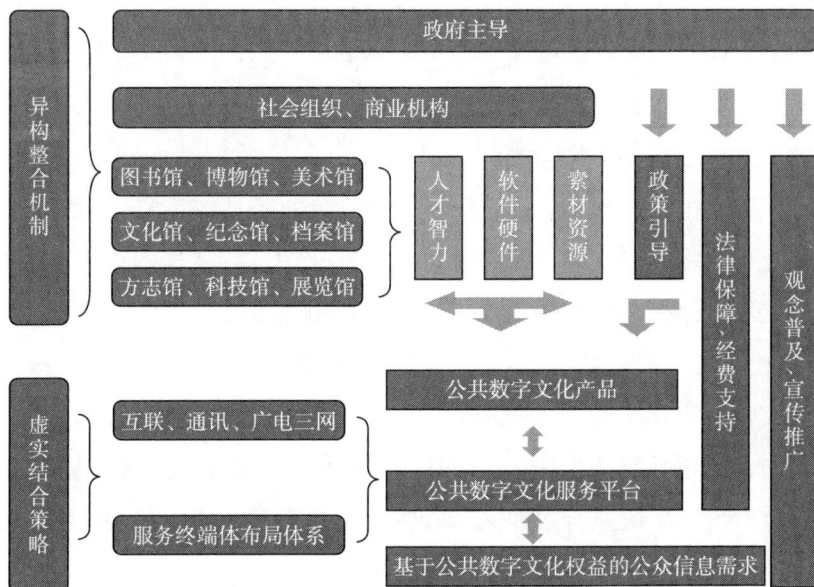

图4　公共数字文化服务体系运行机制示意图

馆际之间的业务联系和合作的紧密程度有关。在横向上，同属一个政府主管部门和同一个城市的机构合作比较容易，如同一个主管部门或同一座城市的图书馆、博物馆、文化馆之间；不同主管部门机构之间的合作相对较难，如图书馆、档案馆、科技馆之间，这可能需要通过各自的政府管理部门之间的协调才能实现全面的合作。为此提出如下建议：

省级文化部门从已形成规模和取得建设成果的三大公共数字文化工程入手，对三大工程统筹兼顾。实现三大工程的统一规划、统一标准、统一服务平台和统一管理，形成完整的资源加工体系和资源服务体系。在组织机制方面，成立统管三大工程的管理执行机构或部门；在资源规划方面，要进行全省顶层设计，明确资源建设的具体内容、具体步骤，对全省各地区、各层次的资源建设任务进行分解和分工；在建设标准方面，统一制定各级中心的三大工程的硬件、软件和资源的建设标准；在系统平台建设方面，尽可能集中建设统一的服务平台，如数字资源服务平台、联合参考咨询平台，尽可能采用云服务模式建立全省各个机构性质、相同功能相似的云服务系统，如数字资源标引云服务系统、流媒体资源云服务系统、网站内容管理云服务系统等。

加强国家层面的工程数字资源建设顶层设计，发挥文化主管部门的协调作用，在共享工程的组织体系和技术力量的基础上，抓住一两个历史文化资源主题，全面系统地建设全国规模的资源数据库，如全面建设全国非物质文化遗产资源或全面建设全国不可移动文物资源。

除数字图书馆外，国家层面应制定其他各专业公共数字文化服务系统的发展规划，特别是尽快制定数字博物馆、数字文化馆、数字美术馆等发展规划，提出具体的发展目标和建设要求。在制定规划和建设过程中要吸取国家三大公共数字文化工程的建设经验和教训。以数字博物馆为例，应该尽快启动各级博物馆馆藏文物数字化工程，统一规划、统一标准，在国家和省级馆指导下，全面推进地方馆文物数字化工作。争取几年内形成一定规模的博物馆馆藏文物数字资源，以省级为单位整合本地区博物馆的数字资源，建立起地区级的数字博物馆，在统一的平台上为社会大众提供数字博物馆服务。

加强文化主管部门领导下的主要公共文化服务机构的合作，特别是图书馆、博物馆、文化馆和美术馆之间的合作，四者同为收藏公共文化资源的主要部门，在服务内容、服务对象、发展方向、资金来源、行政管理等五个方面具有共通之处，均以收藏、传承知识和文化遗产为主要服务内容，均面向同一区域居民免费开放，均以馆藏数字化、网络化为主要发展方向，均以各级政府的财政拨款作为资金来源，均受文化行政主管部门管理，四馆合作的可行性、必要性是显而易见的。在目前其他馆的数字资源还不丰富的情况下，建议以数字图书馆的数字资源为基础，整合其他几家机构的活动信息、服务宣传信息，进行联合发布，类似于浙江"文化通"的合作建设。将来，在各个专业公共文化服务机构都已建成一定规模数字馆的基础上，由省市级文化主管部门进行统筹协调，联合数字图书馆、数字博物馆、数字文化馆、数字美术馆的数字资源在统一的平台上共享。

在与公共文化事业单位之外的跨系统机构合作方面，最有可能合作的是档案馆。档案馆是国家档案保存机构，同时也是半开放的公共服务单位，档案馆部分解密的公开档案通过数字化可以成为公共数字文化服务的数字资源，在数字资源加工标引和发布服务方面，数字档案完全可以采用数字图书馆的标准规范。为此，档案馆可以利用图书馆的资源加工平台对开放档案进行标引加工，利用数字图书馆的资源服务平台向社会提供数字档案的检索和阅览服务。

3. 人才队伍建设

注重人才培养和队伍建设。完善人才培养机制，夯实公共数字文化建设提供人力资源基础。充分发挥中央和地方文化单位积极性，通过分级培训的方式，不断提高从业人员的思想水平和业务素质，培养一支既具备较高技术素质和专业知识，又具备实际技能的人才队伍。文化部和全国文化信息资源建设管理中心要组织力量编制教材，面向省级公共文化服务机构开办骨干培训班；各地要组织好本地区的培训工作，重点建设一批爱岗敬业的专业队伍；要拓宽视野，把社会工作者、志愿者作为人才队伍建设的有机组成部分。

各个公共数字文化服务机构要从本专业数字资源生产加工和数字资源服务两大方面加强人才的培养和配备。要注意重信息技术、轻应用操作的错误倾向，尽管公共数字文化是信息技术与文化结合的产物，但需要的主要不是软件开发人才和计算机技术人才，而是懂得计算机应用，并精通文化专业的人才。

（五）绩效评价体系研究

公共数字文化服务绩效评估体系的设计，在参照国家及部分省市相关实践经验，以及一般公共服务绩效评估的研究成果的基础上，具体可从以下五个方面予以考查：

发展规模：公共数字文化服务必须透过一系列成规模的设施、载体实现。把公共数字文化服务体系的发展规模作为基本的绩效评估维度之一，可以客观正确地评估公共文化服务的绩效。

政府投入：政府作为公共数字文化服务的唯一责任主体，承担制定公共数字文化发展战略、规划，制定并执行相关政策，保证公共数字文化服务必要的经费投入等职责。政府经费投入及其使用情况，是绩效评估的重要内容。

运作机制：侧重人员素质、工作质量、办事效率、整体形象等方面。为此，可设置服务效益和公众满意度两个基本指标，以突出公共数字文化服务的"公共性"。

服务效益：将一般公共服务绩效评估体系和公共数字文化服务的特殊性结

合起来。公共数字文化服务具有开放性：一是公共数字文化服务内容的社会化、市场化；二是公共数字文化服务本身是否符合民众的需要，可从社会参与程度上得到体现。

公众满意度：公共数字文化服务水平的高低、体系是否完善，最直接、最客观的反映就是公众的满意度，其目的是体现公共数字文化服务以人为本、服务于公民文化权利的根本宗旨。

表2　公共数字文化服务绩效评估预选指标表

评估维度	基本指标	指标要素
发展规模	公共数字文化服务机构总数	定量指标
	公共数字文化服务机构的布点规模	定量指标
	公共数字文化服务从业人员占整体从业人员比例	定量指标
	公共数字文化服务基础设施建设	定量指标
	每百万人公共数字文化电子阅读终端数	定量指标（台/百万人）
	人均公共电子文献占有量	定量指标（册、件/人）
	公共数字文化电视频道覆盖率	定量指标（%）
	互联网、广电网、电信网资源量	定量指标（GB/TB）
政府投入	政府公共数字文化事业财政拨款	定量指标
	政府公共数字文化事业财政拨款经费占政府总财政支出的比重	定量指标（%）
	人均公共数字文化事业财政投入	定量指标（元/人）
运作机制	法律政策保障	定性指标（有/无）
	从业人员素质	定量指标（学历、专业、职称）
	工作质量	定性指标（服务数量、服务效益）
服务效益	公民对公共数字文化决策的参与程度	定性指标（很高、高、一般、低、很低）
	年均到馆数字阅读人数	定量指标（人次/年）
	年人均公共数字文化娱乐、消费时间	定量指标（小时/人）
	年人均访问公共数字文化服务网次数	定量指标（次/人/年）
	年人均下载/借阅电子文献次数	定量指标（次/人/年）

续　表

评估维度	基本指标	指标要素
公众满意度	公共数字文化服务的公益性	定性指标
	公共数字文化服务的公平(公正)性	定性指标
	公共数字文化服务的丰富(多样)性	定性指标
	公共数字文化服务的便利(快捷)性	定性指标
	公共数字文化服务成果获奖情况	定性/定量指标
	公共数字文化服务投诉情况(逆指标)	定量/定性指标

五、　总结

公共数字文化服务体系建设由政府主导，各级各类公共文化机构实施，联合其他行业信息服务机构和社会力量参与，以各种公共数字文化工程、公共数字服务项目为建设主体，以运行管理体系、硬件支撑体系、软件平台体系、数字资源体系、效益评价体系为建设内容，建成内容丰富、形式多样、覆盖城乡、传播快捷的数字服务体系。公共数字文化服务体系是公共文化服务体系的重要组成部分，构建覆盖全社会的公共数字文化服务体系有利于保障公共文化服务的公益性、基本性、均等性、便利性，有利于解决当前制约公共文化服务体系发展的突出矛盾和问题，对公共文化服务体系建设具有十分重要的意义。

本报告第一部分对项目的背景和研究意义进行了陈述，针对我国公共数字文化服务体系建设存在的诸多问题和不足：我国公共数字文化服务的总体水平和服务能力还不能很好地满足广大人民群众不断增长的精神文化需求；公共文化服务机构和部门的公共数字文化建设还存在着各自为营、互相分割、发展不平衡的现状；公共数字文化资源有待全面开发和整合；业内对公共数字文化服务方面的研究还欠系统深入；社会及相关部门对公共数字文化服务的认识还不完全到位。报告试图对公共数字文化及其服务内涵、构成要素、体系架构、制度设计、运行机制、资源供给、宣传推广和绩效评估等诸多方面进行探讨和研究，以期为政府及其相关部门制定政策、推进工作提供参考。

报告第二部分对公共数字文化服务体系的相关概念、内涵和外延、服务系统的构成要素等进行了概括和梳理，分别从现行的公共文化服务体系示范区建设标准、国家三大公共数字文化工程的要求和全面的公共数字文化服务体系建设三个不同的角度对公共数字文化服务体系的内涵进行了分析，提出了全面系统的公共数字文化服务体系建设的目标和要求。本部分还对各专业公共文化服务机构的公共数字文化服务系统的构成要素进行了分析，提出了资源、设施、标准规范、消费者、服务者五个基本的构成要素，并对数字图书馆、数字博物馆、数字文化馆等专业机构服务系统的构成要素差异进行了比较分析。

报告第三部分先对江苏省的三大工程和各专业机构的数字文化服务现状进行分析，得出了除数字图书馆外，各个服务机构的数字馆的功能主要还是对实体馆的宣传推广，是实体馆的一种网络媒体宣传工具，还没有真正成为一种以数字资源内容服务为主的新的服务业态，还不能称之为数字博物馆、数字文化馆、数字美术馆的结论，同时指出当前我国公共数字文化服务体系建设中存在的若干问题。在此基础上分析了国内公共数字文化服务体系建设的典型案例，分别是贵州数字图书馆、浙江网络图书馆和浙江"文化通"系统、上海数字文化地图、江苏三大工程一体化建设和苏州公共文化中心。通过这些案例，探索省级数字图书馆、多专业公共数字文化服务系统的平台建设、三大工程的统筹建设等方面的路径，对全国公共数字文化系统建设具有一定的参考价值。

报告第四部分从制度和政策保障体系、基础设施体系、资源生产和供给体系、运行管理与人才保障体系、绩效评价体系等方面对公共数字文化服务体系进行了全面的研究，指出了各个体系建设中的要点，提出了相关观点和建议。

报告的附件《江苏公共数字图书馆省级中心三年建设规划》（2014年—2016年）《江苏省公共数字文化系统建设标准》是两个阶段性研究性成果，也是江苏省公共数字文化服务体系建设的两个具体的指导性文件。

报告形成了如下主要观点：

完整的公共数字文化服务体系是以国家三大公共数字文化工程为核心，以政府公共文化服务部门建立的数字图书馆、数字博物馆、数字文化馆、数字美术馆和基层数字文化服务设施为主体，以其他部门提供的数字科技馆、数字档案馆、数字青少年宫、数字方志馆等为辅助，以社会团体提供的数字文化服务为补充的有机体。

完整的公共数字文化服务系统由资源、设施、标准规范、消费者、服务者等基本要素构成的有机统一体。

我国各行业各专业的公共数字文化服务系统发展还很不平衡，其中数字图书馆发展比较领先，其他行业的公共数字文化服务系统相对滞后。

在公共数字文化服务体系的多元化构建中，政府起主导作用，公共数字文化服务体系建设必须依靠政府的重视和财政的支持。

公共数字文化服务系统建设相比传统文化服务系统建设具有投入少、见效快的优势，这对于经济欠发达、经费不足、文化设施基础差的地区快速提升文化服务能力是一个很好的发展思路。经济欠发达地区在公共数字文化服务体系建设方面也能实现超前和领先。

与实体馆建设位置越靠近群众越好、数量越多越好有所不同，数字馆建设与空间位置无关，服务系统建设和数字资源购买应以中心化建设模式为主，应该集中经费进行规模化建设，才能达到功能和效益最大化，省级中心建设是关键。

公共数字文化服务体系建设需要打破一级政府管一级文化的观念，应该树立一级政府管所辖区域文化的观念，需要改变对各级机构公共数字文化建设的评价标准。

资源采购的核心问题是服务范围问题，省市县三级尽可能由高一级的政府投入进行数字资源的统一购买和数字图书馆的统一建设，省级集中建设的作用和意义要大于各市级分头建设，市级统一建设的作用和意义又要大于各县级分头建设。

政府文化主管部门应该加强各专业、各层次、各地区公共数字文化系统的协调和管理，各级同一个专业的公共文化服务机构的合作比较容易，同属一个政府主管部门和同一个城市的机构合作比较容易，不同主管部门机构之间的合作相对较难。

　　群众资源是无限的，社会大众既是公共文化的需求者和消费者，同时也是公共文化产品的创造者和生产者。特别是群众文化艺术、美术、工艺、收藏等方面是公共数字文化资源丰富的源泉。政府应该通过扩大服务面、开展宣传推广、有偿征集、奖励鼓励、搭建交互平台等方式，吸引更多的大众参与资源建设。

文化部 2013—2014 国家公共文化服务体系制度设计研究立项课题

江苏省公共图书馆服务均等化测评与分析
——基于泰尔指数法的实证研究

伴随着经济发展与收入提高，人民对于公共文化的需求日趋丰富与多样，但是现有的公共文化资源分配的不公平显著存在，难以平等满足地区之间、城乡之间、不同收入群体之间的文化需求。因此，自十六届六中全会以来，包括推动文化服务在内的公共服务均等化上升为政府最为重要的社会职责之一。公共图书馆在我国公共文化体系中占有关键地位，是我国公共文化服务的主要提供方，其均等化程度至关重要。但现阶段而言，我国公共图书馆资源分配与服务供给等方面的均等化程度不容乐观，"普遍平等""惠及全民"的公共图书馆精神并未充分体现。

江苏作为经济发达省份，在公共文化服务领域发展水平普遍高于全国平均水平，但是并不代表已达到合理的均等化程度，公共图书馆领域同样如此。许多学者针对江苏省公共文化服务均等化的研究取得一定成果，但具体到江苏公共图书馆，尤其是均等化水平测度方面的研究并不充分。本文将以此为重点进行探讨，通过较详细的微观层面的均等化测度得出结论，并在中观与宏观层面有针对性地提出相关建议。

一、研究综述

现阶段关于图书馆服务均等化的研究主要在背景与政策层面，主要内容包括均等化意义与背景，政策解析与建议等方面。就图书馆公共服务均等化的理论意义与社会价值而言，从社会学与经济学的角度看，实现图书馆服务均等化将增加人民分享社会文明成果的机会，提高参与知识经济的竞争力，有利于我国国民素质的提高，其正向外溢作用将广泛有益于我国社会与经济建设的各方面。梁志晖进一步从理论层面探讨了图书馆公共服务均等化的背景，从实现公共财政基本目标、推动区域经济与文化发展、推动图书馆事业发展、建设和谐社会的角度探讨了其重要性。

更多学者根据不同的研究需要探讨了推动公共图书馆服务均等化的相关政策。王聪聪认为我国公共图书馆服务不平等问题仍较为严重,解决的前提是实现服务的标准化与指标化,实现管理与服务口径的对接,解决资源流转不顺畅的问题;王自洋、岳慧艳、沈光亮等学者的研究也支持这一观点。许多学者从国家或区域角度出发提出一些具体政策,主要可以概括为建立经费保障机制、完善服务体系、提高信息化程度、扩大服务受众、建立资源共享协作网络、改革图书馆运营模式等。方标军、丁宏从图书馆免费开放的困难出发,认为免费开放背景下的公共图书馆面临着服务量上升、经费紧张、支撑人才不足等诸多困难,需要采取进一步的综合保障措施。

上述成果基本是基于全国层面、特定领域或某一区域展开研究,目前针对江苏省的研究较为有限,其中蔡晓川的研究较具有代表性,他通过第一手资料,分析了江苏公共图书馆的均等化水平以及区域差异,在回顾已做的努力与成就的基础上,进一步提出了若干政策建议。该文对于本文的借鉴意义较为突出,但是其论文的数据运用更多是描述分析,而缺少精确的均等化测算,这也为本文的研究提供了空间。

二、 江苏图书馆服务均等化的实证测评与分析

公共图书馆服务均等化的实质是公平,主要含图书馆公共资源分配公平与服务供给公平两方面内容。其中资源分配公平是基础,服务供给公平是目的;二者相互统一,共同构成了图书馆公共服务均等化。本文将从两个方面出发,根据江苏省实际,构建江苏省公共图书馆服务均等化指标体系,在此基础上运用泰尔指数进行均等化测评,以更加细致、客观、详实地了解其均等化水平。

1. 实证方法与数据描述

(1) 实证方法

目前,对于公平性问题的测度方法主要有以下三类:一是根据研究需要建立指标体系,进行数据统计与分析;二是建立特定数理模型,运用数学方法推导与计算;三是运用具体系数进行测评,主要有变异系数、基尼系数、集中系数、阿特金森指数、泰尔系数等指标。就本文的研究目的而言,第一种方法略显主观与片面，第二种方法更侧重于理论研究，实际测评意义不大，因此拟选用第三种方法。在具体的测算指数选用上，考虑到本文需要对城市、区域以及全省的相关指标进行测评，因此将选择能够进行组内与组间指标分解的泰尔指数作为测算方法。

泰尔指数（Theil index）又称为泰尔熵指数，最初被泰尔用于测算收入公平水平；泰尔指数越大，则差距越明显，公平性与均等化水平越低。泰尔指数的主要优势在于能够将整体差异分解为组间与组内差异，组内差异还可进一步分解为各内部单元差异之和，即 $T = T_w + T_b = T_{w1} + T_{w2} + T_b$；在区域性差异测评中运用广泛，同样适合本研究的需要。泰尔最初设计的计算公式较为复杂，且仅适用于样本数据。在随后的研究中，逐步发展起来适用于分组计算的通用泰尔公式，即：

$$T = \sum_j \sum_i \sum \frac{Y_i}{Y} \quad \sum \ln \sum \frac{Y_{ij}/Y}{N_{ij}/N} \quad \sum \tag{1}$$

$$T_b = \sum_i \sum \frac{Y_i}{Y} \quad \sum \ln \quad \sum \frac{Y_i/Y}{N_i/N} \quad \sum \tag{2}$$

$$T_w = \sum_i \sum \frac{Y_i}{Y} \quad \sum T_{ui} = \sum_i \sum_j \sum \frac{Y_i}{Y} \quad \sum \sum \frac{Y_{ij}}{Y_i} \quad \sum \ln \sum \frac{Y_{ij}/Y_i}{N_{ij}/N_i} \sum \tag{3}$$

$$T_{ui} = \sum_j \sum \frac{Y_{ij}}{Y_i} \quad \sum \ln \sum \frac{Y_{ij}/Y_i}{N_{ij}/N_i} \quad \sum \tag{4}$$

公式（1）为整体泰尔指数，衡量研究对象的整体差异水平；公式（2）为组间泰尔指数，本文中用以衡量苏南、苏中、苏北的区域间均等化水平；公式（3）为组内泰尔指数，用以测度各分组内部的差异水平，本文中为三大区域内部的城市间均等化水平；公式（4）为计算每一个基本单元的泰尔指数，其加总即为各组内泰尔指数。Y、N 分别代表整体的均等化指标与总人口，Y_i、N_i 代表第 i 基本分组的均等化指标与总人口，Y_{ij}、N_{ij} 表示基本分组中各单元的均等化指标与人口。根据经验，当泰尔指数大于 0.2 时说明不公平情况严重，小于 0.2 时，不公平情况相对较轻。

（2）指标选取与数据来源

本文以江苏省为研究对象，将江苏 13 个地级市作为基本研究单元。根据研究需要，从公共图书馆资源分配均等化与服务提供均等化两个方面进行测度分析。资源分配均等化测评指标选择各地公共图书馆年收入、财政拨款、建筑面积、总藏量、新增藏量、计算机台数与资产总计作为测评指标;服务提供均等化选用书架长度、从业人员数、坐席数、活动总量与总流通人次作为测评指标,其中活动总量为图书馆举办的讲座、展览与培训班的数量之和。

由于研究重在体现实践性与现实性,因此,只对 2010 年与 2011 年的均等化水平进行测度与对比分析,具体指标数据来源于 2010 年、2011 年《江苏省文化统计年鉴》。在实际计算中,按照泰尔指数进行区域间与区域内的分解分析。

2. 检验结果与分析

按照泰尔指数计算方法,对均等化水平进行的测度结果如表 1、表 2。

表 1　公共图书馆资源分配均等化指数

	收入	财政拨款	建筑面积	总藏量	新增藏量	计算机数	资产总计
2010 年							
组内泰尔指数	0.0347	0.0253	0.0428	0.0210	0.1677	0.0673	0.0978
组间泰尔指数	0.1439	0.1314	0.0549	0.0761	0.1970	0.0712	0.1906
泰尔指数	0.1786	0.1567	0.0977	0.0971	0.3647	0.1384	0.2884
2011 年							
组内泰尔指数	0.0382	0.0299	0.0469	0.0389	0.1043	0.0617	0.1249
组间泰尔指数	0.1439	0.1314	0.0549	0.0761	0.1970	0.0712	0.1906
泰尔指数	0.1822	0.1612	0.1018	0.1150	0.3013	0.1329	0.3155

表 2　公共图书馆服务提供均等化指数

	书架长度	从业人员	坐席数	活动总量	流通人次
2010 年					
组内泰尔指数	0.4237	0.0317	0.0432	0.1455	0.0984
组间泰尔指数	0.1860	0.0484	0.0849	0.1325	0.1154
泰尔指数	0.6097	0.0801	0.1282	0.2781	0.2139
2011 年					
组内泰尔指数	0.3746	0.0383	0.0477	0.1658	0.1216
组间泰尔指数	0.1860	0.0484	0.0849	0.1325	0.1154
泰尔指数	0.5606	0.0867	0.1327	0.2983	0.2370

就公共图书馆资源分配均等化而言，整体上资源分配较为均匀，但也不容乐观。建筑面积、总藏量、计算机台数三个指标相对较低，均等化程度较为理想；但新增藏量与资产总计超过0.2，不公平现象较为严重；其余指标均分布于0.2周围，都在0.15—0.2的高位区间，表明分配方向仍需进一步调整。其中收入、财政拨款与资产总计等最能反映资源均等化程度的指标的泰尔指数均相对较高，说明近年来，政府在公共图书馆资源配置方面仍存在较明显的区域偏差，尤其在财政拨付均等化方面存在较大改善空间。

观察泰尔指数分解情况可以看出，近两年，组内泰尔指数中除新增藏量与资产总计在0.1左右外，其余指标基本在0.05以下，而组间泰尔指数均在0.1以上，表明近两年造成资源分配不均匀的主要原因是区域间的资源分配不平衡。具体原因一方面由于苏南、苏中、苏北原先资源总量基础上就存在明显差距，另一方面，也是政府对于平衡公共资源方面的努力仍存在不足。进一步观察区域间资源分配具体情况，可以看出资源分配不公主要体现在苏南、苏中与苏北的差距。虽然苏北与苏中资源保有量基本相当，但人口总量差距明显，而苏南与苏北在总人口相差无几的情况下，苏南的公共图书馆资源明显高于苏北，主要指标数值基本维持在2—3倍的差距。

观察2010年、2011年的对比情况，可以看出，除新增藏量与计算机台数外，其余指标的泰尔指数存在一定程度的提升，表明资源分配不均衡存在一定程度的恶化。值得注意的是，近年来，江苏省已经逐步提高对于公共服务均等化的重视，但事实结果与其相悖，这表明，相关措施的针对性、方向需进一步调整，力度仍需加强。

在服务提供均等化方面（详见表2），总体而言不公平情况较为严重。虽然从业人员与图书馆坐席数的泰尔指数较小，但此二者指标主要反映的是人员配置与基础硬件情况，并非直接与服务水平相关联，尤其是在图书馆信息化革命的时代，此二者指标甚至与图书馆服务效率与信息化程度呈反比。书架长度、活动总量以及流通人次三个最能反映服务供给水平与质量的指标测算结果均高于0.2，其中书架长度高达0.56，服务供给严重不平衡。

从泰尔指数分解情况来看，服务不公平的构成在两年内存在一定差异。

2010 年服务不公平同样主要来自区域间差异，除活动总量与书架长度外，其余指标组间泰尔指数明显高于组内泰尔指数；而 2011 年，除从业人员与坐席数外，其余指标组内指数大于组间指数，区域间与区域内均等化水平出现此消彼长的现象。

究其原因，近两年各级政府已经加大区域层面对于公共服务均等化水平的努力，虽然区域间服务提升水平在两年内的变化并不明显，但仍产生了一定积极效果。不过，区域内具体城市在服务提供水平上产生了一定波动。一方面受制于各地经济发展水平与对公共服务需求的不同，各地具体措施存在一定差异；另一方面，各市服务提供的推进措施也存在一定盲目性；此外，各市在图书馆基础资源方面的显著差异，也影响服务供给的能力，造成组内差异。

3. 实证结论

通过实证测度与分析，可以得出以下结论：江苏省公共图书馆均等化总体水平不容乐观，尤其是苏南、苏北、苏中区域间差距明显，虽然各区域内差距有限，但事实上说明江苏省城市图书馆服务均等化水平显著呈现明显三个层次；江苏公共图书馆资源分配存在较明显的不平衡，主要资源集中于苏南，苏中资源保有量适中，资源人口比与苏南基本一致，苏北则严重稀缺；由此造成的服务供给水平也存在明显差距，苏南苏中明显高于苏北；江苏已有的公共服务均等化政策，尤其是图书馆服务均等化政策存在明显不足，未有效发挥对服务资源与服务供给的平衡作用；在具体措施的针对性与执行上可能存在一定的盲目性，以及脱离实际情况的现象；地方政府在政策制定相应方面的态度、力度以及采取的具体措施也可能存在不同。

三、总结与建议

1. 政策着力点

（1）平衡资源分配，实现公共资源与服务真正的"公共产品"特性

分析结果表明，江苏省图书馆资源分配较不均衡，苏南、苏中、苏北资源保有量，尤其是经费存在明显差距，可见江苏目前公共图书馆资源分配基本与经济发展水平呈正相关。这一结果有悖公共服务的公共资源性质，也不符合国家对于公共资源与公共服务分配的公平性要求。因此，江苏省公共图书馆实现

服务均等化的前提就是加快资源分配的均等化，从而保证各地图书馆拥有基本相当的服务开展能力，打牢服务均等化的基础。重点就是从全省的角度进行顶层设计，调整公共图书馆资源的区域间分配比例，创新经费来源渠道创新，以及建设高效的资源使用体制。

（2）转变服务模式，提高图书馆服务管理、运营与服务模式的创新

与资源分配相似，江苏图书馆服务也存在较明显的区域间分配不均衡，尤其活动数量、流通人次等关键指标所体现的不均等化尤其明显，且不均等性不仅体现在区域间，同样在区域内的城市间也有体现。说明江苏省在图书馆服务质量与效率层面的差距十分明显，不同地区的图书馆运营模式存在较大差异，管理方式较为混乱，全省图书馆服务与资源使用的一体化程度明显欠缺。因此，从服务角度来看，推动均等化的重点是在加快全省图书馆资源共享与运营模式标准化，在此基础上，根据各地特点，有针对性地开展服务，从而保证效率与质量、标准与特色的多层次统一。

2. 具体政策建议

（1）调整公共图书馆资源分配比例，建立以人口为基础的资源投入机制

目前江苏省公共图书馆资源分配基本与各地经济发展水平相当，表明图书馆并未成为真正意义上的"公共产品"，区域间资源分配不均衡。因此，政府应当承担更多的资源分配平衡者的角色，将地区人口作为资源分配的重要考虑指标，以图书馆资源服务对象平等化与最大化作为分配标准。2011年江苏省共有公共图书馆112个，其中苏南51个，苏中22个，苏北38个；但苏南共获得财政拨款16712.5万元，苏中为4027.4万元，苏北为4604.3万元；苏南图书馆资产总计82213.3万元，苏中19573.4，苏北15807万元，图书馆单位财政拨付与资产方面差距明显。因此在地方性财政拨付有限的情况下，省财政应当加大对苏中与苏北的财政支持力度，省级其他相关政府机构应当逐步提升对于苏中、苏北的资源分配水平，平衡区域间差距。

（2）建设多渠道的资源投入模式，实现图书馆经费来源多元化

目前，江苏省图书馆经费与其他资源都主要来源于财政拨付，且地方性财政拨付比例较大。受制于地区经济发展水平与全省现有拨付比例的影响，各地

图书馆发展面临一定的资源瓶颈，因此，应当逐步建立以财政拨付为主体，多种资源投入方式相统一，鼓励社会资金进入的资源投入模式。

拓展经费筹集渠道，扩大民间资本投入比例，一方面可以扩大经费获得规模、提升获得效率，另一方面有助于图书馆服务模式的创新与内容的丰富，更好地满足社会实际需求，从而推动图书馆文化服务品牌的打造。具体操作可以考虑以下几种模式：引用社会资本投资建馆，在一定时期内有条件地享有独立运营权；与社会资本合作投资办馆，采用民办公助、联合投资、股份合作、资源共享等模式实现图书馆的多元化管理与运作；在现有图书馆的基础上，拓展项目合作，创新服务内容与模式，如建设数字图书馆，开展专业性培训、信息服务、图书资源共享等服务。上海图书馆与电视运营商合作，实现家庭电视的图书馆文献信息点播服务是一个有益的尝试。

（3）在降低服务门槛的基础上，提高对于弱势群体的重视程度

"十一五"期间江苏省就已经提出图书馆公共服务零门槛，并取得了显著成果；但是，对于弱势群体的关注，以及经济发展相对落后地区的服务提供仍需要进一步改善，不仅要降低准入门槛，更要降低服务心理门槛、区域服务供给门槛等；否则既提升资源共享壁垒，又降低了当地对图书馆服务的需求，从而不利于公共图书馆服务开展。降低服务门槛，扩大服务受众，提高对弱势群体的重视程度是服务均等化的大势所趋其重点是保障公民平等地享有文献图书资源、平等阅读等相关权利，尤其是对于农民工、残疾人等弱势群体的关注。具体来说，一是遵循文化部要求，免费供给基本文化服务，保证低收入群体能够无障碍进入图书馆阅读；二是完善服务特殊群体的软硬件条件，如盲人、残障人士等专门的阅读空间与设施。

（4）加强信息化技术对图书馆公共服务模式的改造，加快服务模式创新

江苏具有较高的信息化水平，同时拥有庞大的教育与科研资源，通过与图书馆平台的有效结合，能够实现多方面知识资源共享的最大化。具体来说应当做好以下几方面工作：提升图书馆管理与运作的信息化水平，针对实际需要引进或开发相应的信息系统与数据管理平台，从而提高图书馆服务效率与质量；加快数字图书馆建设，实现图书、文献资源的数字化，并建立统一的数字图书

馆管理平台，实现数字资源高效交流与扩散；多角度扩展数字图书资源的传播渠道，包括传统多媒体设备、移动通信设备、智能终端等渠道，实现网络与平台的无缝链接；借鉴广州与深圳图书馆的模式，发展类似于 ATM 机的图书自助借还系统，扩大实体图书资源的空间服务范围。

（5）转变图书馆管理模式，推进实现全省范围图书馆资源共享

转变图书馆管理模式的核心是建设完善的图书馆服务体系，重点为形成高效的图书馆组织结构。目前江苏省图书馆服务体系与管理模式的转变已取得一定成果，但是仍需进一步深化与细化，向更小区域渗透。在区域层面，应当调整图书馆分布格局，合理安排图书馆网点，尤其重视苏北地区图书馆建设，提高图书馆密度；进一步推动总分馆制改革，遵循"整合资源、统一管理、共建共享"的建设与运营理念，在统一标准化的管理平台下，提高资源使用效率，实现图书资源的全省共享；在统一的前提下，各地图书馆应当根据不同的地区特点与文化需求，开展特色鲜明的公共文化服务，从而在高效率的前提下实现服务的针对性。

文化部 2013—2014 国家公共文化服务体系制度设计研究立项课题阶段性成果，发表于 2014 年第 3 期《新世纪图书馆》

公共数字文化服务体系的组织建设研究

近 10 年来，随着信息技术、数字技术、网络技术等现代科学技术和传播手段在我国公共文化服务体系建设过程中的广泛应用与深入发展，图书馆、博物馆、美术馆等公共文化机构面向社会公众提供数字服务的理念、能力不断增强。在各地、各级、各类文化事业的发展过程中，一大批国家、地方层次的数字文化建设、数字服务推广项目实践不断推进。在此基础上，文化部在 2010 年研究制定"十二五"发展规划过程中，提出加强公益性数字文化建设的思路。

2011 年 12 月，文化部、财政部在《关于进一步加强公共数字文化建设的指导意见》（以下简称《意见》）中明确提出，公共数字文化建设作为公共文化服务体系建设的重要组成部分，是数字化、信息化、网络环境下文化建设的新平台、新阵地，是利用信息技术拓展公共文化服务能力和传播范围的重要途径，对于消除数字鸿沟，满足人民群众不断增长的精神文化需求，提高全民族文明素质，构建社会主义核心价值体系具有重要意义。

这一系列政策思路的形成，不单是概念范畴上从"公益性数字文化"向"公共数字文化"的深层转变，而且是对现阶段公共数字文化的建设内涵与服务外延提出新要求，也体现出今后一段时期国家层面对数字文化事业建设、发展的重新定位。

一、从"公益"到"公共"

针对各类型公共文化事业中的数字文化项目建设，业界、学界在早期的实践与研究中通常以"公益性数字文化"的概念加以泛指。就其具体涵义而言，公益性数字文化，是公益文化与数字文化的有机结合体，是指以国家财政投入为主，以满足广大人民群众基本数字文化需求为目标，以资源数字化、传播网络化、技术智能化、服务泛在化、管理实体化为表现形式，具有公益、普惠、均等、公开、透明、互动等特点的一种文化形式。

　　各级政府财政投入的主体性，在奠定非营利性文化事业公益性质的同时，也造成公益文化的"散落与被分割"。相应地，在日常管理实际中形成了条块分割、各自为政、管理松散的"属地管理"体制，即公益性数字文化建设及其服务的实施主体——各地、各级、各类公益文化事业单位（机构）——博物馆、图书馆、美术馆、纪念馆、文化馆等，尽管同属上级文化行政部门主管，但是在分别面向社会提供非竞争性、非排他性的数字文化产品、数字文化服务的同时，则囿于各自管理实体的体制以及各体制之间的分化倾向，往往难以形成合力，难以形成整体规模和服务效益，因此目前尚不具备作为一项独立的公共文化事业的可能性。

　　时隔一年之后，文化部在"公益性数字文化"的基础上，正式提出"公共数字文化"的概念，将其正式纳入公共文化服务范畴，作为公共文化服务体系的重要组成部分。新概念的提出，亦即从"公益性"向"公共性"的转变，本质上是从政府公共数字文化服务刚性供给向公众数字文化弹性需求的转变，也是对公共数字文化服务及其体系建设转型的内在要求。

　　公共数字文化服务建设，在肯定既有公益性数字文化产品及其服务的同时，着意突显其"利用信息技术拓展公共文化服务能力和传播范围的重要途径"的理论意义和现实作用，从而超越了单纯技术层面上公益性数字文化的传播网络化，而是以网络媒体为介质，尽可能广泛地覆盖、到达目标受众——强化公民生活中数字文化的存在影响，开拓公共领域中数字文化的传播范围，并对其公共权力关系、虚拟化社会空间等加以体系化。

二、异构整合的分析

　　有关公共数字文化服务体系的建设目标和任务，《意见》明确指出："构建海量分级分布式公共数字文化资源库群，建成内容丰富、技术先进、覆盖城乡、传播快捷的公共数字文化服务体系，为广大群众提供丰富便捷的数字文化服务，切实保障信息技术环境下公共文化服务的公益性、基本性、均等性、便利性。"这种大规模、全覆盖、集约化的公共数字文化建设及服务体系，要求单一系统、单个机构的公益文化事业单位（机构）的数字文化建设及其服务能够实现不同系统、不同机构之间的合作、协作，使得跨系统、机构间的异构整合成为可能。

现阶段异构整合的主要模式为三大工程协调发展，至于公共文化服务机构协作以及跨系统的机构合作，则有待展开。

在三大工程协调发展方面，文化部组织实施的"文化信息资源共享工程、数字图书馆推广工程、公共电子阅览室建设计划"三大工程，是公共文化服务体系的基础性工程，是政府提供公共文化服务的重要手段，是实现广大人民群众基本文化权益的重要途径，也是改善城乡基层群众文化服务的创新工程，一系列建设过程为更大范畴和规模的公共数字文化服务体系建设积累了丰富的经验。根据《意见》对三大工程"加强统筹、协调发展、提升效能"的建设要求，江苏省文化厅对三大工程统一规划、统筹兼顾，综合三大工程的技术内涵和内在联系，在全国范围内率先制定三大工程统一的《江苏省公共数字文化系统建设标准》，成立江苏省公共数字文化建设发展中心，具体负责三大工程基础设施建设、数字资源建设、数字服务推广等方面的协调发展。

在公共文化服务机构协作方面，图书馆、博物馆与美术馆，三者同为收藏公共文化资源的主要部门，在服务内容、服务对象、发展方向、资金来源、行政管理等五个方面具有共通之处——均以收藏、传承知识和文化遗产为主要服务内容，均面向同一社区居民免费开放，均以馆藏数字化、网络化为主要发展方向，均以各级政府的财政拨款作为资金来源，且均受文化行政主管部门管理。三馆合作的必要性显而易见，且易在公共数字文化建设与服务方面可以率先实现。近年来，博物馆、美术馆、文化馆等其他公共文化服务机构纷纷建立专业数字服务网站，以数字博物馆、网上美术馆、数字文化馆等形式在互联网上向公众提供数字信息服务、展现数字文化资源，实现网上观展观演。在此基础上，通过平台集成、网络对接、数据关联等技术手段，完全可以实现数字资源开放共享、读者群体共享，联合开展多种形式的公共数字文化服务。

跨系统的机构合作，主要是指政府、社会和市场等多元主体关系的协调与合作，通常涉及公共数字文化资源建设、服务推广等方面，诸如专业机构之间的合作、社会参与合作、商业合作等。2008 年国际图联在《公共图书馆、档案馆和博物馆：合作趋势》的专业报告中指出了图书馆、档案馆和博物馆进行专业机构合作的前景。目前，我国实行档案馆、局合一的半开放政策，三馆合作是档案、文化的跨系统合作。三馆的成功合作将促进整体服务水平、品质的提升、优化，确保社会公众有效获取文化资源，拓展共同用户群体的整体规模，满足文献文物的保存需要。因此，三馆合作开拓网络信息技术平台，实现资源全面整合与共享。至于社会参与合作、商业合作，可以通过政府购买的形式实现，而高校、科研院所等智力机构以及数据库商等商业组织的外部力量的参与，将为公共数字文化资源建设及其服务推广，提供有效的智力资源与外部控制。

三、 服务体系的建构

异构整合机制为公共数字文化服务的体系化建设方案提供了可选性、灵活性。这一建设策略的形成，既兼顾了当前我国各地区公共数字文化服务体系的建设内容相对集中在平台、资源、网络等三要素的实际情况，以三大工程的实施为推力，又参照了公共文化服务体系建设嵌入城乡文化空间过程中各地公共文化服务体系示范区的相关建设经验，在地方政府引导下重新建构各公共文化服务机构之间的社会空间关系。

在具体实施过程中，公共数字文化服务体系的异构整合，由低级到高级呈现出数字文化工程整合、公共文化服务机构协作、跨系统机构合作的三种不同模式。综合三种异构整合模式来看，社会公众数字文化需求是基础，政府行政主管部门引导是前提，公共文化服务机构合作是主流；而人员配置、硬件支撑、政策配套、法律保障、经费支持是推动异构整合进程不可或缺的因素，三网合一、服务终端体系虚实结合的建设策略则是推进服务体系面向基层、面向公众不断延伸的主要渠道。

作为社会空间关系的一种生产机制，异构整合的组织设计，旨在促进公共数字文化建设项目、各公共数字文化服务机构之间形成合力；并在政府主导的前提下，充分调动政府部门、社会组织、商业机构等社会多元主体关系在公共文化服务、公共数字文化服务的体系建设框架内的积极性，展开博弈，拓展彼此协调合作的深度与广度。

由此可见，从顶层国家编入的核心价值到基层群众解读的文化需求，公共文化服务体系、公共数字文化服务体系处于中间层次，成为社会范围内上下沟通的渠道。因此，基于异构整合机制而形成的公共数字文化服务体系在其建构过程中，还应对当前公共文化服务中存在的顶层设计与基层需求、城市空间与乡村文化、虚拟化与实体化、基础服务与个性服务等四组关系予以考察，因地制宜、因时制宜采取符合实际的公共数字文化服务体系组织建设模式。

四、结语

公共数字文化服务体系以信息技术为支撑，由各级、各类公共文化服务机构参与建设，全面整合各种优秀文化数字资源，通过多个平台向社会大众提供丰富多彩的数字文化服务。

公共数字文化服务体系建设涉及文化系统各个方面，涵盖国家、省、市、县（市）、乡镇（街道）、村（社区）各级文化服务机构。各级公共文化服务机构在组织结构、数字资源、技术力量和基础设施等各方面既有共性又有差异，既相互独立又有协作融合，但共同面向具有多样性文化需求的社会大众，因而需要对公共数字文化服务体系进行整体规划和科学设计。在组织实施上，共同策划，统筹兼顾；在资源建设上，各有侧重，突出特色；在基础设施建设上，做好协调，共享利用；在标准规范上，统一规划，相互兼容，从而形成合力，建立健全公共数字文化服务体系，共同在公共数字文化建设中发挥重要作用。

文化部 2013—2014 国家公共文化服务体系制度设计研究立项课题阶段性成果，发表于 2013 年第 11 期《新世纪图书馆》

公共文化单位免费开放与公益性服务研究

一、缘由与背景

（一）我国公共文化单位免费开放的意义分析

1. 完善公共文化服务体系的必然途径

党的十七届六中全会把"推动社会主义文化大发展大繁荣、进一步兴起社会主义文化建设新高潮"作为"十二五"时期国民经济和社会发展的重要任务之一，并明确提出了到 2020 年"文化事业全面繁荣，覆盖全社会的公共文化服务体系基本建立，努力实现基本公共文化服务均等化"的目标。大会通过的《中共中央关于深化文化体制改革、推动社会主义文化大发展大繁荣若干重大问题的决定》指出，满足人民基本文化需求是社会主义文化建设的基本任务。党的十八大报告中进一步提出了"推动社会主义文化大发展大繁荣，兴起社会主义文化建设新高潮"在我国全面建设小康社会进程中的重要作用，并在报告中明确提出要"继续推动公共文化服务设施向社会免费开放"。必须坚持政府主导，按照公益性、基本性、均等性、便利性的要求，加强文化基础设施建设，完善公共文化服务网络，让群众广泛享有免费或优惠的基本公共文化服务。加强公共文化服务是实现人民基本文化权益的主要途径，公共文化服务体系是政府公共服务体系的组成部分，是旨在实现和维护公民基本文化权利、保障文化发展的社会主义方向，满足公民公共文化需求的公共文化产品和文化服务提供的公共服务体系。公共文化服务体系是政府为全体公民所创造的文化福利，社会公众享受基本的文化服务，不需要也不应该付出任何额外的费用。美术馆、公共图书馆、文化馆（站）是政府举办的公益性事业单位，是开展公共公文服务的重要场所。推进公共文化单位免费开放是按照体现公益性、基本性、均等性、便利性的要求，加快构建和完善公共文化服务体系的必然途径。

2. 提高国家文化软实力战略的重要举措

党的十八大报告指出，"文化实力和竞争力是国家富强、民族振兴的重要标志"，并提出了"推动社会主义文化大发展大繁荣，兴起社会主义文化建设新高潮，提高国家文化软实力"的重大战略。当今世界日趋激烈的综合国力竞争，既包括由经济、科技、军事等实力所体现出来的"硬实力"，也包括由文化、意识形态等吸引力所体现出来的"软实力"。国与国之间，10 年比经济，50 年比制度，100 年比文化。文化在当今世界综合国力竞争中的地位和作用越来越突出，特别是随着知识经济、信息经济时代的来临，文化与经济融合产生的竞争力正成为一个国家最根本、最持久的竞争优势。文化是"软实力"，更是发展的"硬任务"。推进公共文化单位免费开放，以满足人民群众精神文化需求为出发点和落脚点，有利于建设中华民族共有精神家园，持续用社会主义核心价值体系增强中华民族凝聚力，弘扬中华文化，是提高全民族文明素质，增强国家文化软实力，努力建设社会主义文化强国的重要举措。

3. 实现人民基本文化权益的切实保障

党的十七大提出要"满足人民基本文化需要，保障人民基本文化权益，让人民共享文化发展成果"。文化权益是广义人权的重要组成部分，人民基本文化权益实现的程度是体现社会文明进步程度的重要标志。长期以来，我国图书馆等公共文化单位一直定位在意识形态机构和上层建筑领域，扮演着进行思想政治宣传教育和传播科学文化知识的施教者和赐予者的角色，而实行免费开放则是让广大民众共享改革开放、社会进步的成果，明确了政府有满足公民或纳税人基本文化需求的义务，公民从公共文化的被动接受者转变为主动参与者，对于建设宪政民主和民生社会有着重要的现实意义。推进公共文化单位免费开放，有利于拓展公共文化服务阵地，逐步增加公共文化服务产品，丰富服务形式，增强服务能力，是实现人民群众基本文化权益的切实保障，体现了"文化民生"的发展理念。

4. 提升整体国民素质的关键战略

提高国民素质是发展先进文化的根本任务，是增强我国综合国力和国际竞争力的决定性因素，是把我国巨大的人口资源转变为人才资源的重要途径。公共图书馆、文化馆（站）等公共文化单位汇聚了中华文明乃至世界文明的精华，是人们学习知识、欣赏艺术、参与创造、开阔眼界、陶冶性情、提高素质、升华境界的最好课堂。推进公共文化单位免费开放，是提升整体国民素质的关键战略和重要途径。实行免费开放，有利于满足广大人民群众接受素质教育、追求和欣赏高品位文化的诉求，有利于营造终身学习的环境和氛围，完善现代国民教育体系，建设学习型社会。通过免费提供的公共文化服务，可以使更多的人民群众从公益性文化设施接受社会主义核心价值观的教育，享受文化发展成果，拉近公众与文化的距离，增强对优秀民族文化的归属感、认同感和自豪感，提高广大群众的文明素质，树立良好的社会风尚，从而提高我国国民整体素质，对经济社会的发展产生根本性的推动作用。

（二）我国公共文化单位免费开放的背景分析

当今世界正处在大发展大变革大调整时期，世界多极化、经济全球化深入发展，科学技术日新月异，各种思想文化交流交融交锋更加频繁，文化在综合国力竞争中的地位和作用更加凸显，维护国家文化安全任务更加艰巨，增强国家文化软实力、中华文化国际影响力要求更加紧迫。

1. 全面建设小康社会、率先实现基本现代化的快速推进期

"十二五"时期是我国全面建设小康社会的关键时期，东部等一些发达

省份已开始了建设更高水平全面小康进而率先实现基本现代化的新征程。全面小康不仅是物质小康，更是文化小康、精神小康；文化建设为全面建设小康社会提供精神动力、智力支持和思想保证。党的十七大把"推动社会主义文化大发展大繁荣"作为新的起点下全面建设小康社会的具体要求，无疑比十六大提出的"六个更好"中的"文化更加繁荣"更进了一步，更具战略性和全局意义。文化现代化是现代化内涵不可或缺的组成部分，也是其中最复杂、最深层、最艰难的变迁；历史证明，缺少文化支撑的现代化变迁必然失败或难以维续。有学者形容中国的现代化可以采用"运河路径"，它相当于在工业文明与知识文明、工业社会与知识社会、工业经济与知识经济之间，发掘一条"现代化运河"，文化把握和指引着运河中航行的方向。因此在全面建设小康社会、率先实现基本现代化的快速推进过程中，必然把文化的小康、文化的现代化放在更为重要的地位，提出更高的标准和要求，以此建构新的中国现代文明秩序，使全体人民始终保持昂扬向上的精神状态，进一步调动全社会全民族的积极性和创造性，借助于社会意识的相对独立性而成为经济社会发展的先导，为全面建设小康社会和基本实现现代化提供强大的动力支持。

2. 国家综合实力增强、政府公共服务能力提升的黄金发展期

改革开放以来，我国国民经济呈现出持续、快速、健康的良好发展态势，经济活力和国家综合实力不断增强。在世界经济论坛（WEF）公布的《2011—2012 全球竞争力报告》中，中国排名第 26 位，比上一年度上升一名，大幅领先金砖五国（BRICS）其他成员。综合国力的提升为推进公共文化单位免费开放奠定了坚实的经济基础；同时也对我国加强文化建设提出了更高的要求。WEF报告指出，在支撑国家竞争力的 12 个维度中，与文化最为相关的"更高的教育和培训"指标中国仅排行 58 位，仅高于"技术准备"指标（77 位），成为中国全球竞争力排行的短板。国家实力的提升也对我国政府的职能转型提出了更为现实和迫切的要求。在社会主义市场经济体制已初步建立新的历史条件下，政府必须适时实现角色的转型，由原来长期担当经济发展主体力量的经济建设型政府转变为以公民需求为导向、提供公共产品和服务的公共服务型政府。推行

公共文化单位免费开放正是在此导向下政府由优先于经济目标向优先于社会目标、由关心政府政绩向关心民本幸福转变的政策选择。

3. 市场体制改革深入、公共财政体制逐步确立的重要转型期

公共财政是指国家（政府）集中部分社会资源，用于为市场提供公共物品和服务，满足社会公共需要的分配活动或经济行为。构建公共财政体制，是推进基本公共服务均等化的体制保障，是完善社会主义市场经济体制的重要途径，更深刻地影响到中国政治体制改革的方向。公共财政的目标是要提供公共产品来满足人民的需求并逐步使其均等化，同时使财政体制更加公平、公开、透明。在我国现阶段，公共财政最迫切的是要以保障和改善民生为导向，满足与群众利益关系最密切、群众最希望解决的基本公共服务需求，这里面就包括如何让人民群众享受到更普遍更优质的公共文化服务。2010 年，我国用于文化体育领域的公共财政支出共 1542.70 亿元，比 2009 年增长 10.7%，占全国公共财政支出的 1.7%，其中包括了扩大向社会免费开放的公共博物馆、图书馆等范围；相比于其他领域的财政支出，文化体育支出不管是在占比还是在增幅上都是比较低的，有必要进一步提高。2011 年我国用于文化体育领域的公共财政支出共 1893.36 亿元，增幅有所上升，但占比基本持平。

表 1.1　2010 年中国政府用于保障和改善民生的公共财政支出情况

支出项目	金额（亿元）	比上年增长（%）	占公共财政支出比重（%）
教育	12550.02	20.20	14.00
医疗卫生	4804.18	20.30	5.30
社会保障和就业	9130.62	20.00	10.20
住房保障和	2376.88	31.80	2.60
农林水事务	8129.58	21.00	9.00
文化体育	1542.70	10.70	1.70
交通运输	5488.47	18.10	16.10
城乡社区事务	5987.38	21.40	6.70
环境保护	2441.98	26.30	2.70

表 1.2　2011 年中国政府用于保障和改善民生的公共财政支出情况

支出项目	金额（亿元）	比上年增长（%）	占公共财政支出比重（%）
教育	16497.33	31.50	15.10
医疗卫生	6429.51	33.80	5.89
社会保障和就业	11109.40	21.70	10.17
住房保障	3820.69	60.70	3.50
农林水事务	9937.55	22.20	9.10
文化体育	1893.36	22.70	1.73
交通运输	7497.80	36.60	6.86
城乡社区事务	7620.55	27.30	6.98
环境保护	2640.98	8.10	2.42

资料来源：财政部 2010 年、2011 年全国公共财政支出决算表

4. 社会矛盾凸显、社会主义和谐社会建设的难点突破期

当前中国既处于发展的重要战略机遇期，又处于社会矛盾凸显期。在经济体制改革、经济持续快速增长的推动下，我国经济结构已经达到了工业化社会中期阶段水平，但社会结构明显滞后于经济结构，经济发展和社会发展呈现发展不平衡的状况，各种社会矛盾明显增多。社会不和谐的最深层次的原因在于利益关系失衡。要促进不同群体的利益关系的和谐，必须强化政府的公共服务职能，畅通社会利益诉求表达渠道，注意倾听和反映人民群众的社会需求，切实维护社会公平正义，保障公民的基本权利。作为公民生存权与发展权的有机组成部分，文化权利是民生和谐的重要内容，对于维护社会的公平公正，实现社会的均衡稳定，有着十分重要的意义。能否满足公民的基本文化需求，促进公民文化权利的充分实现，已经成为现代社会衡量一个政府能否有效履行自己职责的重要标准。

（三）国际公共文化单位开放的经验和启示

1. 美国公共文化单位开放的经验和启示

以"丰富生活"为核心拓展公共服务。美国共有 16600 所公共图书馆，是一个提倡"图书馆丰富生活"庞大的社会公益服务体系。每一个居民都可以利

用图书馆来获取技能培训、从事娱乐活动、进行学术研讨交流等。一是教育培训。开展技术培训、支持终身学习是美国公共图书馆的一项重要职能，图书馆会根据不同居民的需求提供相应的教育培训服务。如42％的城市图书馆开办过求职课程，为求职者提供培训。大多数美国人已习惯利用图书馆去获得技能培训并寻找新的工作机会。二是资讯服务。在美国，63％的成年人拥有公共图书馆读者证，美国人年平均借阅量为7.3册，图书馆每一台电脑都通过网络免费与其他很多图书馆的查询系统和专业资料库连通。每月公共图书馆为商业雇主和雇员提供的服务次数约为280万次。三是活动中心。美国公共图书馆兼具社区活动中心的功能，为居民举办各类免费讲座、提供会议室以及各类文件供大家免费索取。

以"欢迎每一个人"为理念真正做到全面开放。在最能体现获取自由的美国公共图书馆里，每个读者都可以免费利用图书馆的资源。不管是长是幼、是贫是富，不管是美国公民还是他国移民，图书馆欢迎所有人。任何人可以不受阻碍地走进图书馆，出示有效证件即可办理借书证，无需缴纳押金，借阅数量也不受限制。如果读者所需的图书暂缺，图书馆将通过网络与其他图书馆进行联系，通过馆际互借为读者提供服务。为方便读者下班时间还书，公共图书馆的门前一般会设立还书箱，开车还书的读者甚至不用下车，直接将书投进还书箱即可。为更好实践图书馆"欢迎每一个人"的服务理念，这类方便读者的小细节在整个公共图书馆的服务过程中随处可见：如为老年读者设置大字号的书籍，为残疾人设置无障碍通道，为新移民准备外文书籍，为监狱和养老院定期送书上门等。

以星级为标准进行定期绩效评估。出于扩展服务、改善经营、了解服务和计划的影响力及对资助单位及时反馈的目的，美国公共图书馆会定期开展评估活动。图书馆评估通常是从投入、过程、产出及效果等4个方面进行。关于图书馆的评估标准，美国各州暂未统一。从2008年起，美国《图书馆杂志》开始每年发布美国星级图书馆排名，各图书馆可依据星级标准来衡量本馆工作。评分主要是基于4项人均服务产出指标：读者来馆访问情况、流通情况、规划实施情况与网络用户利用情况。这4项指标密切关联，简洁有力，易于操作。

2. 英国公共文化单位开放的经验和启示

立法保证公共文化单位开放水平。早在 1850 年英国就通过了《公共图书馆法案》，许可各地筹建公共图书馆，向居民免费开放，这是世界上第一部由国家政府颁布的公共图书馆法案。1964 年修订的《公共图书馆和博物馆法案》规定，地方政府应通过税收支持公共图书馆的建设，并由地方政府管理和维持运作。各地方政府应"面向所有需求者，提供广泛而有效的图书馆服务"，同时"确保出借的图书等在数量、范围、质量上满足成人和儿童的需求，通过馆际合作或其他方式保证足够的馆藏量"。在 1999 年颁布的《地方政府最佳价值法案》中，劳工党也对地方政府提出了文化部门绩效评估的具体指标和要求。

大力推进公共文化服务均等化。英国非常重视公共文化服务建设，建立了比较完善的公共文化服务体系。尽管英国也存在地区发展不平衡问题，但英国在公共文化服务建设方面非常重视文化服务的公平性和有效性，保障各种群体都能享受到相对公平的公共文化服务。比如，在图书馆建设方面，英国目前实现了每一个城镇和社区都建有公共图书馆，方便公众就近阅读，全国共有公共图书馆 5183 家，平均每 1 万居民就有一家图书馆（平均法国 2.2 万人、意大利 2.6 万人、德国 6600 人、芬兰 5000 人、奥地利 4000 人、挪威 4000 人、瑞士 3000 人，美国 2000 人就有一家图书馆）；公民可以在图书馆免费借阅图书和上网。英国的博物馆非常发达，英国成年人中有 32％ 的人是博物馆的常客。从 2001 年开始，英国实现了博物馆、美术馆和画廊免费开放，吸引了大量公众参观。据英国文化传媒体育部调查，目前最受游客欢迎的英国十大旅游景点中，有 7 个是博物馆和画廊。

多渠道供给保证经费投入。英国公共图书馆的经费来源，一部分来自地方税收和国家补贴，一部分是慈善抽奖活动、欧共体文化发展基金给予的相应赞助；国家文化传媒和体育部筹集部分资金，用于宏观规划的实施。图书馆的一些经费困难问题，主要依靠规划中预算拨款解决，政府充当规划的发起者并在初期拨出部分资金给予资助，但规划的最终实现还要靠地方机构自筹资金解决，预算内的拨款可用于发展图书馆的各项服务。除以上经费来源渠道外，有偿服务也是各馆收入的一大来源。英国是图书馆有偿服务开展得比较普遍的国家。在一般情况下，英国公共图书馆的经费中有将近90％源于地方政府的直接财政支持，而大约10％的开支源于图书馆的有偿服务或其他资金来源，如图书逾期罚款、图书预借费、馆际互借费、声像资料的外借、图书馆资料复印费、活动场地的租用费以及各类基金会的赞助。

3. 日本公共文化单位开放的经验和启示

加大投入保证全面覆盖。二战前日本颁布的《图书馆令》以天皇"敕令"的形式规定图书馆作为"官僚机构的一部分"；1950年《图书馆法》授权地方政府建立公共图书馆，并禁止公共图书馆收费。早在1960年日本政府就提出，一个5万人的城市必有一个图书馆，12个馆员，每年增加5570本书。日本图书馆界提出图书馆分布上的原则，是每家图书馆的服务范围一般不应超过1—1.5公里，并提出了"把图书馆办在身边，办到生活中去"的口号。日本公立图书馆近2000家，并下设若干分馆，而分馆是不在这2000家的统计之列的。每个城市几乎所有区都有区级馆，而且有许多区还有区级中央图书馆和分馆，此外还有许多大学图书馆可以利用。

协力借贷优化服务效率。日本图书馆的协力借贷，又称为"自上而下"逐级开展的运作模式。当村一级图书馆不能满足读者需求时，就向市一级图书馆提出馆际互借要求；如果市一级不能满足要求，则向都道府县图书馆提出要求；如果再满足不了，则向国立国会图书馆提出请求。这样做的好处是可以最大限度减轻都道府县图书馆和国立国会图书馆的压力，以减少馆际互借的费用。而国立国会图书馆必须面对全国各种类型的图书馆开展馆际互借工作，这是日本《图书馆法》明确规定的。居民可以通过OPAC对县立馆和各地域分馆的藏书进行检索，并对感兴趣的图书进行预约。流动图书车每周都会定期奔波于县所辖范围内的市、町、村立图书馆之间，将馆际互借的图书和预约申请单传递到各个分馆。

大学图书馆推行社会化服务实现共享。日本大学图书馆将服务社会作为其基本职能，强调以用户为中心的图书馆服务理念，就是在"任何时候""任何地点"，为"任何人"提供所需要的信息服务，为社区用户提供终身学习的机会，为所有的人提供学习交流的场所、知识共享的空间；使图书馆成为全社会的教育中心、学习中心、信息中心、知识中心。2005 年日本总计 701 家国立、公立、私立大学图书馆中共有 685 家对外开放，开放实施率达到 97.7％，其中 87 所国立大学和 71 所公立大学图书馆的开放实施率均达到 100％，543 所私立大学图书馆中对外开放实施率达到 97.1％。

二、 内涵与目标

文化既是凝聚人心的精神纽带，又是民生幸福的重要内容。当前，我国人民的生活已从温饱进入小康，精神文化需求更加突出、更加强烈。改善民生，公共文化是一个重要的组成部分；提升生活质量，公共文化是一个显著的标志；提高社会公共服务水平，公共文化服务是一个不可或缺的重要方面。公共文化事业的发展水平，不仅是一个国家国力的体现，而且也是一个国家文明程度的象征。全面推进公共文化单位免费开放是实施文化惠民工程、加强公共文化设施建设、促进基本公共文化服务均等化的具体举措，是把美好的精神食粮提供给亿万人民，让人民群众共享文化发展成果，是全面建设小康社会的内在要求，也是实现基本现代化的重要内容。

（一）公共文化单位免费开放的内涵分析

1. 对于公共文化的认识

一般来说，文化产品与文化服务主要有两个方面，即公共文化服务和市场文化服务。凡是由国家政府提供的，面向社会全体公民的、非营利性的，就是公共文化产品与公共文化服务；凡是由私人组织提供的、面向社会部分群体的、营利性的，就是市场文化产品与市场文化服务。简言之，公共文化以国家政府为主导，市场文化服务以私人组织为主导，两者共同构成了一个社会庞大而完整的文化产品与文化服务体系，共同推动着整个文化产品与文化服务的发展和繁荣。

公共文化指的是由政府主导、社会参与形成的普及文化知识、传播先进文化、提供精神食粮，满足人民群众文化需求，保障人民群众基本文化权益的各种公益性文化机构、产品和服务的总和。其主要特征在于：

一是公有性，指的是公共文化资源（场所、设施、设备等）应该为社会全体成员共同拥有的属性，为国家和各级地方政府所有的物质和非物质文化资源。公共文化产品的内容是积极健康的，能够体现一定社会的主流意识形态导向和共同价值准则，符合一定社会在文化上的共同、根本和长远利益。公共文化产品是面向社会公众普遍提供并为社会全体成员普遍享用的。

二是公益性，指的是公共文化不以营利为目的，服从和服务于社会全体成员的共同利益。和追求经济利益的市场文化不同，公共文化以普遍实现公共文化权益为准则，把社会效益放在首位，始终坚持公益的原则，追求的是社会效益的最大化，体现的是国家政府的公共利益。

三是公众性，指的是应该面向社会普遍提供基本的无差别的公共文化。既包括内容的同质性，即向公众普遍提供基本同质的公共文化，也包括服务对象的全体性。即不管是城市还是乡村，无论是男女长幼，还是身份贵贱、职务高低等，都可以无差别地享有所有的公共文化。所有公共文化服务设施，作为公共文化活动场所，也应该无条件地向公众开放，接纳公众参加各种活动，为社会公众提供各种文化服务，同时接受社会公众的管理和监督。

四是共享性，指的是政府所提供的公共文化要惠及全体人民，为全体人民所普遍享有。文化生活是人的基本需要之一，是人类社会生活的重要组成部分。享受基本的公共文化服务是现代社会公民的基本权利之一。提供公共文化服务，满足人们不断增长的文化需要，是现代国家政府公共服务的重要内容，也是现代国家政府的主要职责。

在社会主义市场经济条件下，市场通过有偿的方式向人们提供了绝大多数文化产品和文化服务。但是，市场以盈利为导向，导致一些最基本的、社会公众普遍需要的、能够体现社会长远和根本利益的公共文化产品和公共文化服务因为缺乏足够的盈利能力而无法有市场予以满足。事实上，对于一个健康的社会来说，公共文化产品、公共文化服务是维护社会的公平和公正、实现社会的均衡和稳定必不可少的一项精神内容。

公共文化单位是为了弥补市场供给缺位或者不充分而由政府举办的公益性

文化事业单位，是政府开展公共文化服务、丰富人民群众精神文化生活、保障人民群众基本文化权益的主要载体，主要包括博物馆、美术馆、公共图书馆、文化馆（站）等。公共文化单位是为了弥补市场供给缺位或者不充分而由政府举办的公益性文化事业单位，是政府开展公共文化服务、丰富人民群众精神文化生活、保障人民群众基本文化权益的主要载体，主要包括博物馆、美术馆、公共图书馆、文化馆（站）等。公共文化单位免费开放，这里的"免费"指的是以博物馆、美术馆、公共图书馆、文化馆（站）等为主要形式的公共文化单位无障碍、零门槛地允许公民进入，向人民群众提供公共空间设施，以及与各自职能相应的基本文化服务项目。

2. 公共文化单位免费开放的内涵分析

基于以上研究，公共文化单位免费开放的基本内涵是指，主要由政府提供经费保障，充分发挥以公共图书馆、美术馆、文化馆（站）、博物馆等为主体的公共文化单位的公益性，免费向公民提供基本公共文化服务。"免费"是在坚持公共文化单位公益性基础上，由政府保障落实专项经费向公民提供基本公共文化服务项目，包括这些公共文化单位日常的办公经费和活动经费也主要由政府投入。对于公共文化单位来说，提供基本公共文化服务以外的文化服务项目，则要坚持公益性，降低收费标准，不得以营利为目的。

公共文化单位的免费开放包括两个方面：一是指公共空间设施场地的免费开放，二是指与其职能相适应的基本公共文化服务项目健全并免费向群众提供。在此，公共文化单位开放的基本公共文化服务项目也将随着社会的不断发展、政府财力的增长和人民群众精神文化需求的不断增长而发展变化。

公共文化单位免费开放对公民的文化生活消费来说至少有两个方面的积极蕴含：

一是取消现有公共文化单位的部分收费项目，主要包括取消公共图书馆办证费、验证费、自修室使用费、电子阅览室上网费，取消博物馆、公共图书馆、文化馆（站）存包费，限期取消文化馆（站）群众文化艺术辅导和培训费，业余文艺骨干培训费，公益性讲座、展览收费等。

二是降低非基本服务收费，如在财政经费予以保障的前提下，公共图书馆应降低深度参考咨询服务（为读者收集专题信息，编写参考资料，或者进行代查、代译、复印书刊资料等服务）、赔偿性收费和文化馆（站）的高端艺术培训服务等。

显然，对博物馆、公共图书馆、文化馆（站）等公共文化单位来说，其主要职能在于开展基本公共文化服务；而基本公共文化服务以外的公益性服务，也要与市场价格有所区分，降低收费标准，按照成本价格为群众提供服务。

关于免费开放的主体。公共文化免费开放是一项公益性文化事业，要以政府投入为主。在实际操作时，主管部门应针对各个公共文化单位的具体情况灵活处理。政府可以利用财政拨款聘请专职管理人员，也可以将公共文化单位承包给某个企业或组织，甚至是热衷公益事业并有能力的个人。换句话说，免费公共文化单位的问题不在于归谁拥有，而在于谁来管理和管理水平的高低。总的来说，免费公共文化单位的主营体制应该是以公有制为主体的多种所有制形式并存。

专栏 2.1　日本公共文化的指定管理者制度

指定管理者制度的目的是能有效应对市民多样化的要求，利用民间的资源来管理公共设施，以便提高为市民服务的质量以及节约经费。它与以前的外包和委托的根本不同之处在于，政府只在原则上规定需要达到的指标，整个图书馆运作全部由承包者负责，包括职工的人事权以及运作方式。政府通过竞标，并与中标者签订合同后，对以后具体的管理运作不再干涉，承包合同确定的政府资金在合同期内不会改变。与以往外包或委托管理相比，各级地方政府彻底让渡了最终的管理权。

免费开放的资金来源。在公共文化单位实行免费开放前，门票收入一般占公共文化单位收入的20％—30％，一些专类公共文化单位的门票收入还要高，往往占到公共文化单位总收入的60％—70％。免费开放后，公共文化单位所承受的经济压力进一步加大。为补偿公共文化单位实行免费所造成的经济损失，政府部门首先必须给予补贴，为其提供基本的管理、维护资金和发展经费。中

央级公共文化单位免费开放经费主要由中央财政负担，地方所属公共文化单位免费开放所需资金按照一定原则由中央和地方财政共同负担。

从世界各国公共文化单位的发展经验看，公共文化单位的融资渠道并不是单一的，呈现出政府支持、自身运营和社会捐助的多元化投入特征。参考借鉴国外的有益做法，在加大财政经费保障力度的同时，还要研究制定适当的财税政策，鼓励社会力量捐赠，拓宽公共文化单位的经费来源渠道，更好地满足公共文化单位的改革与发展需要。

（二）公共文化单位公益性服务的性质分析

从上述分析中可以看出，公共文化单位提供的公益性服务目的在于保障公民基本文化权益，丰富公民精神文化生活需求，是一种典型的公共物品。

1. 文化权利理论

正如现代公民具有不可剥夺的政治、经济和社会权利一样，20 世纪 90 年代以来，"文化权利"问题日益引起关注和重视。作为一种基本人权，公民文化权利的实现也同样来自政府主体作用的发挥，它构成了政府最基本的职责之一。主要包括四个方面的内容：

一是享受文化成果的权利，二是参与文化活动的权利，三是开展文化创造的权利，四是文化创作成果得到保护的权利。

1966 年，有关文化权利的主要法律文书《经济、社会和文化权利国际公约》经联合国大会通过，1975 年 1 月 3 日开始生效；我国政府于 1997 年 10 月 27 日签署了该公约，2001 年 2 月 28 日获得第九届全国人大常委会正式批准，2001 年 7 月在我国开始生效。

就公共文化的文化权利意涵而言，构建公共文化平台的关键是"公共"，实质是尊重公民的文化平等权。谈文化权利平等，并不是重新陷入平均主义的陷阱，而是在承认差别的基础上谈平等；不是分配平等、结果平等，而是更看重文化权利的起点平等、机会平等。

2. 公共文化服务体系理论

公共文化服务指由公共部门与准公共部门共同提供的，以满足社会成员的基本文化需要，提高其文化素质、文化生活水平为目的的公共文化产品和服务行为的总称。公共文化服务体系即提供公共文化产品与服务的制度和系统的总称，是公共服务体系的有机组成部分。随着政府由传统管制型向现代公共服务型的转变，公共文化服务将在一定的历史条件下成为政府最基本的职能之一，构建公共文化服务体系因此也成为公共服务型政府建设的重要内容和目标之一。

公共文化服务体系的理论基点和终极目标就是维护和实现公民的文化权利，同时也是公民文化权利的实现方式和有效保障，其核心任务是有效配置公共文化资源，组织并向公众提供文化产品及文化服务，保障公民文化权利的实现。加快建立覆盖全社会的公共文化服务体系，是维护好、实现好、发展好人民群众基本文化权益的主要途径，反映了广大人民群众的意愿，体现了社会主义制度的优越性，对于促进人的全面发展、提高全民族的思想道德和科学文化素质、建设富强民主文明和谐的社会主义现代化国家，具有重大意义。

3. 公共物品理论

萨缪尔森（Samuelson）对公共物品作出的经典定义指出：每一个人对这种产品的消费并不减少任何他人也对这种产品的消费。客观存在的"市场失灵"使得市场机制难以在一切领域达到"帕累托最优"，特别是在公共物品方面。如果公共物品由私人通过市场提供就会不可避免地出现"免费搭车者"，从而导致休谟所指出的"公共的悲剧"，难以实现全体社会成员的公共利益最大化。解决市场机制本身难以解决的"搭便车"难题就需要由政府来出面提供公共物品或劳务。此外，由于外部效应的存在，私人不能有效提供也会造成其供给不足，这也需要政府出面弥补这种"市场缺陷"，提供相关的公共产品或劳务。

由此，政府成为公共经济活动的中心，为社会提供越来越多的公共产品和劳务；而财政筹集收入和分配支出的活动，不再是一般意义的分配，也是为社会提供公共产品和劳务，进行资源配置和市场需求的调节。公共物品具有两大特性，即消费的非竞争性与非排他性。消费的非竞争性意味着每增加一个单位公益物品所需要的供给，不需要增加生产一个单位公益物品所需要的成本；消费的非排他性意味着某物品的消费要排除其他人是不可能的，对于任何一个消费者来说，他可支配的公益物品数量就是该公益物品的总量。典型的纯公共物品有国防、公共安全等，这些物品一旦被国家提供，该国的居民都能享用，同时增加居民一般也不会降低其他居民的国防或公共安全服务。

4. 对免费开放条件下公共文化单位公益性服务的性质分析

公共文化单位提供的公益性文化服务是政府公共服务体系的组成部分之一，公共文化与人民群众的基本权益紧密结合，体现了文化发展以人为本的特征，凸显了党和政府执政为民的本质。对于公共文化单位提供的文化产品与公益性服务来说，有两个核心概念：公民文化权利、公共服务型政府。其中，公民文化权利是公共文化服务体系的核心观念。公民参与文化生活，分享文化发展的成果，享有文化创造的自由和保障文化权益的权利，都是公民应有的文化权利。而公共服务型政府是现代政府建设的基本理念，与计划经济年代管制型政府相对，要求以人为本、为人民服务，让政府成为真正意义上的人民公仆，它的主要职能包括制度供给服务、良好的公共政策服务、提供公共产品和公共服务。

就公共物品属性及其定义可以看出，公共文化单位的文化产品具有鲜明的公共性。首先，博物馆、美术馆、公共图书馆、文化馆（站）等公共文化单位在相当大程度上是由政府财政拨款来支持其运作的。由此，这些公共文化单位所免费提供的文化产品也就理所当然地具有公共性。其次，就各类公共文化单位的消费特征来看，同样具有公共物品的非竞争性与非排他性。无论是图书馆、文化馆（站）或者是博物馆、美术馆，其提供的基本文化服务项目都不会因为增加额外的消费者而影响其他消费者的消费水平，也就是说，这些公共文化单位增加消费者的边际成本为零。此外，对基本公共文化服务项目的消费也不可能排除其他人的消费。第三，政府支持的各类公共文化机构其目的在于保障公民基本文化权益，丰富公民精神文化生活需求。显然，对于各类公共文化机构来说，营利性并非其本质要求，相反，公益性才是其首要属性。公共文化单位提供的文化产品和公益性服务必须遵循政府主导，由政府承担着提供公共文化的主要责任，要防止和纠正现在我国不少公益性文化机构"过渡市场化"、改变了文化"公共"性质的情况。

然而，图书馆、文化馆（站）等公共文化单位提供的公益性服务也并非完全纯粹的公益物品。在服务供给充分，即服务需求小于供给的情况下，公益性文化服务确实具有非排他性和非竞争性的特点；但这种特点到一定程度就会消失，出现排他性和竞争性的问题。如在图书馆看书，在出现拥挤效应之前，每增加一个消费者的边际成本为零，但出现拥挤效应之后，每增加一个消费者，就会给其他消费者带来负效应，因而其边际成本不为零。文化馆（站）提供的公益性服务也具有相类似的情况。原来这种物品可以低成本地实现排他性，也即布坎南等美国学者所说的俱乐部物品（club goods），或可称之为私有局部公益物品。

表 2.1　物品的类型

	可竞争性（私益）	非竞争性（公益）
可排他性 （低成本）	私有私益物品或纯粹的私益物品：面包、鞋子、汽车、书籍等	私有局部公益物品或俱乐部物品：电影院、图书馆、收费公路等
不可排他 （高成本）	公有私益物品或公共池塘资源：水资源、地下水、地下石油、公共草场资源等	公有公益物品：国防、治理空气污染、消防、航标灯、电视台等

俱乐部物品本来通过低成本的排他解决拥挤效应的问题，但在免费开放条件下的公共文化单位提供的公益性服务由政府"买单"实现了对所有公众开放的"零成本"进入，在理论上必然出现拥挤效应、搭便车、公共事物悲剧（the tragedy of the commons）等问题，从而导致公益性服务的低效率。因此必须通过制度安排来寻找和实现公共文化单位公益性服务的公平和效率的均衡点。

另外，图书馆、文化馆（站）等公共文化单位提供的公益性服务又具有地方性公益物品的性质：公益物品相应于一个特殊的地理位置，消费者在确定了位置后，才能对所供应的公益物品的数量和类型进行选择。地方性公益物品可以由中央政府提供，在此中央政府的优势是其财力雄厚，能够集中全国的资源来解决某些地方政府无力解决的问题，其弱势则在于中央政府在技术上不可能提供所有地方性的公益物品，并在测定地方社会性需求方面比较弱势。而中央政府的弱势就是地方政府的优势。在这里，必须通过适当的集权和分权，在中央政府提供统一的指导和支持的前提下，由地方政府具体主导公共文化单位的免费开放路线和进度，从而进一步实现公共文化资源配置的有效性和分配的公平性。

（三）公共文化单位免费开放的定位和目标

推进公共文化单位免费开放，是公共文化服务体系建设的重要任务，是一项文化惠民工程。对于公共文化单位来说，要把文化惠民落到实处，免费开放应该既要努力提供更多更好的文化产品和服务，又要扩大覆盖面惠及更多的群众。

1. 总体定位

根据党的十七届六中全会的决定、胡锦涛总书记在中央政治局第 22 次集体学习时的重要讲话精神和全国文化体制改革工作会议精神，温家宝总理在《2010 年国务院政府工作报告》中提出的"推进美术馆、图书馆、文化馆、博物馆免费开放，丰富人民群众的精神文化生活"的要求以及《关于推进全国美术馆、公共图书馆、文化馆（站）免费开放工作意见》文件的具体精神，公共图书馆、文化馆（站）等公共文化单位免费开放的总体定位是：

在坚持以马克思主义为指导，坚持社会主义先进文化的前进方向，坚持以人为本，坚持把社会效益放在首位，坚持改革开放的方针指导下，以公共财政为支撑，以公益性文化单位为骨干，以全体人民为服务对象，以保障人民群众看电视、听广播、读书看报、进行公共文化鉴赏、参与公共文化活动等基本文化权益为主要内容，完善覆盖城乡、结构合理、功能健全、实用高效的公共文化服务体系。加强文化馆、博物馆、图书馆、美术馆、科技馆、纪念馆、工人文化宫、青少年宫等公共文化服务设施和爱国主义教育示范基地建设并完善向社会免费开放服务，鼓励其他国有文化单位、教育机构等开展公益性文化活动，各类公共场所要为群众性文化活动提供便利，从而推动文化建设与经济建设、政治建设、社会建设的协调发展，促进社会全面进步，共享先进文化的发展成果。

2. 全国目标

公共文化单位免费开放的全国目标为：2011 年底之前国家级、省级美术馆全部向公众免费开放；全国所有公共图书馆、文化馆（站）实现无障碍、零门槛进入，公共空间设施场地全部免费开放，所提供的基本服务项目全部免费。

到 2012 年底，与深化文化体制改革、提升公共文化服务能力相结合，实现博物馆、美术馆、公共图书馆、文化馆（站）规章制度健全，职责任务清晰，服务内容明确，保障机制完善，实现免费开放，健全与其职能相适应的基本文化服务项目并免费向群众提供，设施利用率明显提高，使免费服务成为政府的重要民生项目和公共文化服务品牌。

公共图书馆、文化馆（站）免费开放的两个阶段：第一阶段，到 2011 年底，全国所有公共图书馆、文化馆（站）实现无障碍、零门槛进入，公共空间设施场地全部免费开放，所提供的基本服务项目全部免费。第二阶段，到 2012 年底，全国所有一级馆、省级馆、省会城市馆、东部地区馆站免费提供的基本公共文化服务质量和水平不断提升，形成 2 个以上服务品牌。其他图书馆、文化馆（站）实现基本公共文化服务项目健全，并免费提供。

3. 江苏目标

就全国公共文化单位免费开放而言，其主要目标可以概括为前后相继的两个阶段：以规模扩张、全面覆盖为主要特征的第一阶段；以质量提升、品牌创建为主要特征的第二阶段。这一目标为江苏"十二五"期间公共文化单位免费开放提供了可资借鉴的参考视角。无论是从经济实力，还是从文化资源，抑或设施建设上来说，在"两个率先"指引下的江苏全面推进公共文化单位免费开放时机已经成熟、条件已经具备，江苏能够而且也应该继续在作为全国文化民生工程的扩大公共文化单位免费开放上取得更大成绩。具体来说，除了从规模上扩大公共文化单位覆盖面，而且还要从质量上全面提升公共文化单位的服务能力，不仅要从横向上全方位推进公共图书馆、文化馆（站）等公共文化单位免费开放，而且要从纵向上把公共文化的免费开放推向深入，不断向基层拓展，全面建立城镇居民免费开放街道文化中心和乡镇综合文化站。

近期目标（至 2011 年底）：

对于江苏来说，当前目标主要是和国家同步，首先要从规模上确保公共文化单位的覆盖面，确保全省各个公共文化单位全面免费开放。由于经济社会发展的地域性差距，全省的公共文化单位免费开放的目标设置应该针对苏南、苏中、苏北的各自情况，而不应一刀切。具体而言：

实现全省范围内市、县图书馆、博物馆、文化馆、美术馆全部免费开放；

重点确保经济社会发展相对落后的苏北地区城乡基层公共文化设施建设，构建苏北地区城乡全面覆盖的公共文化服务网络，建成一批标志性文化设施和基层文化场馆；

实现全省1312个乡镇综合文化站全部实行免费开放，这是确保公共文化单位全面免费开放的重点和难点；

结合全国、省公共文化服务示范区建设，示范城市率先推进全面免费开放步伐，探索深化方案和体制机制创新。

中期目标（至2013年底）：

和以规模覆盖为主要的近期目标不同，对于中期目标来说，江苏公共文化单位免费开放的方向和中心是全面提升免费开放的层次与质量，确保免费开放不是简陋开放、低水平开放，而是全面开放、较高水平的开放。具体而言，就是要进一步完善所有免费开放单位的服务设施，增加服务项目，提升服务质量：

对于主要市县来说，要按照公益性、基本性、均等性、便利性的原则，面向基层、重心下移，把更多的资源向公共文化资源相对匮乏、公共文化建设相对滞后的苏北倾斜，向苏北的乡村倾斜，构建城乡一体化的公共文化服务网络。苏北公共文化单位免费开放的远期目标是打造地区性公共文化品牌，确保每个市县至少有1个全省知名的公共文化服务品牌；

对于公共文化资源充裕、公共文化建设较为发达的苏中和苏南地区来说，其远期目标是确保每个市县至少有2个全省知名的公共文化服务品牌，并为打造国家级知名公共文化服务品牌项目奠定初步基础；

全国公共文化服务示范区城市形成5个以上公共文化服务品牌，省级公共文化服务示范区城市形成3个以上公共文化服务品牌，及时全面总结免费开放经验和创新体制，向全省其他城市推广。

远期目标（至2015年底）：

围绕省委、省政府提出的文化强省建设的战略构想，建立健全公共文化服务体系，深入推进公共文化单位免费开放，全面提升公共文化服务水平和质量，推进公共文化服务化均等化，形成具有江苏特色、全国领先的公共文化单位免费开放和公益性服务品牌和经验路径，为江苏全面建成小康社会并向基本实现现代化迈进提供强大的思想保证、精神动力和文化条件。

三、经验与挑战

（一）江苏公共文化单位免费开放的主要经验

1. 决策先行，率先推进全面免费开放

改革开放以来，尤其是刚刚过去的"十一五"，是文化建设大发展大繁荣的时期，也是公共文化设施加快建设并得到极大改善的时期。以江苏省级文化设施建设为例，"十一五"期间，江苏省先后新建了南京图书馆、江苏省美术馆和南京博物院二期工程，总投资达 15 亿元，新增面积达 15 万平方米。然而，这些文化设施和场所，每天参观的人数并不多，少则几十人，多则几百人。究其原因，主要是观众必须花钱买票才能参观。作为学习实践科学发展观活动试点省份之一，江苏省委、省政府高度重视文化惠民工程，召开常委会专题研究部署，并将其作为学习实践科学发展观试点活动中为全省人民办的十件实事之一。2008 年初，在省委、省政府的重视支持下，南京博物院、南京图书馆和江苏省美术馆实现免费开放，江苏省美术馆在全国是最先免费开放的美术馆。此后，在总结省级三大馆免费开放工作的基础上，江苏省不断扩大公共文化单位免费开放的范围。2008 年，江苏省公布了 174 家公共博物馆、纪念馆和爱国主义教育基地免费开放名单。2009 年，省政府又明确要求全省 109 个公共图书馆全部免费开放，117 个文化馆除社会艺术培训外，其他基本服务项目全部免费。截至目前，全省共有 109 个公共图书馆、117 个文化馆以及 180 个博物馆、纪念馆和爱国主义教育基地实施免费开放，免费开放机构总数达到了 400 个，占应免费开放单位的 90.3％。全省公共图书馆、文化馆、综合文化站的覆盖率分别达到 91.6％、98.3％和 99.7％。

表 3.1　"十一五"期间江苏省主要公共文化单位财政拨款情况（千元）

年份	图书馆	文化馆	文化站
2006	310827	112695	108631
2007	244594	140240	183580
2008	313257	157579	230422
2009	330875	117297	265663
2010	342402	196662	304010

数据来源：《2006—2010 年江苏文化统计年鉴》

2. 设施支撑，实现城乡一体均衡分布

依托雄厚的经济基础和人文资源，江苏省近年来一直积极推进公共文化设施免费开放。通过实施城乡文化统筹工程，江苏省构建了城乡一体分布合理的公共文化服务设施。文化设施是基层群众参与文化活动的物质载体，近年来，江苏省突出均衡普惠，建立和完善起以市县级综合性文化中心为龙头，以乡镇文化活动中心为依托，村（社区）、企业文化活动室等为基础的城乡文化阵地。在资源利用上，充分发挥城市的辐射带动作用，建立起以城带乡、城乡联动机制，促进城乡文化资源优化配置、科学整合和综合利用，实现城乡文化资源的优势互补。自 2006 年起，江苏已连续 7 年向财政转移支付县和黄茅老区送书送戏，省文化馆等公共文化单位每年向全省各地送去精彩的节目，组织各种展览送到基层老百姓身边。

免费开放对文化设施提出了新的更高的要求。卫生设施、讲解设备、残疾人通道以及安保设备等，是免费开放提供必备的物质条件。公共文化服务设施的完善离不开经费保障。经费保障是免费开放单位的设施设备进行充实、改造和完善的基础。财政部门主动上门进行调研和核算，确定对省级三大馆给予近三年门票收入的平均数予以经费补贴。几年来，江苏省用于免费开放的经费达 8.5 亿元，其中国家 1.8 亿元，省级 1.8 亿元，市县 4.9 亿元，基本形成"省有四馆、市有三馆、县有两馆、乡有一站、村有一室"五级文化设施网络体系，公共文化设施万人拥有面积由 2002 年的 330 平方米，增加到 2011 年的 896 平方

米，公共文化设施的数量和质量均居全国前列。建成南京图书馆新馆、省美术馆新馆等一批省级标志性文化设施，开工建设南京博物院二期工程，各地投资亿元以上的大型文化设施项目 16 个，在全国率先完成乡镇文化站和村文化室达标建设任务，全省国家一级图书馆、文化馆、博物馆总数居全国第一。基本完成文化信息资源共享工程，建成县级支中心 90 个，基层服务点 1098 个。

3. 全面动员，保障免费开放服务效果

公共文化设施免费开放，是文化惠民的重要举措，是提高公共文化设施和文化资源利用率、发挥两个效益的有效途径，是构建公共文化服务体系的目的所在，也是公益性文化事业单位增强服务功能、完善内部机制、扩大社会影响、加快自我发展的重要契机。

江苏省从实际情况出发，制定了免费开放工作的时间表：第一步，2011 年上半年，市、县图书馆、博物馆、文化馆、美术馆全部免费开放；第二步，到2011 年底，全省 1330 多个乡镇综合文化站全部实行免费开放；第三步，明后年，所有免费开放单位进一步完善服务设施，增加服务项目，提升服务质量，达到免费开放的高标准、高质量要求。

为确保免费开放工作健康有序和可持续地发展，江苏省制定了《公共文化设施免费开放标准化意见》《公共文化设施免费开放经费保障办法》《公共文化设施免费开放工作条例》《江苏省公共文化设施免费开放工作绩效考核暂行办法》，从制度上保障免费开放工作的长效运行。2011 年，全省公共图书馆总流通人次 3542 万人次，同比增长 18％；全省文化馆组织开展文艺演出、展览展示和各类培训达 6.2 万次，全省文化馆（站）直接指导的基层业余文艺团队达1.2 万支，公共文化服务资源的社会效益成倍放大。

4. 创新活动，提升公共文化服务质量

免费开放，不是简单的"免费"两字，而是以"免费"为契机，全面提升公共文化设施的服务内容和服务质量。实行免费开放，群众最担心内容减少、质量降低。江苏省在免费开放一开始就明确提出，免费不减内容，不降质量，并且要随着参观人数的增加，不断增加开放的内容。江苏在免费开放和公益性服

务方面作出了有益的探索和实践。从 2008 年起，江苏省文化馆启动"欢乐家园"基层巡演，集中全省优秀文艺节目，奔赴全省各地乡镇、街道，免费为广大人民群众进行演出。江苏省文化馆每年多次组织大型展览。2010 年，第九届江苏省"五星工程奖"美术书法摄影作品展在江苏省美术馆展出，每天都吸引观众 2000 人次。除了增加各种展览、阅览等传统项目外，还开设了对公众的各类讲座，组织开展与公众的各种互动活动，增设基层服务点。江苏省美术馆去年以来，提出实施"三个免费"，即所有展览对公众免费开放，为有成就的艺术家免费举办展览，为青少年美术爱好者免费举办现场美术培训。三是优化服务。针对免费开放后人数增多、人员结构复杂的新情况，免费开放单位新增了许多服务项目，如讲解服务、资料查询、茶水供应、信息预报等，并注意改善服务质量。在服务方式上，公共文化服务的重心进一步下移，吴江市的"区域文化联动"，张家港市的"网格化公共文化服务"，无锡市的"全年无休，免费开放"等服务模式，为江苏乃至全国创造了很好的经验。

（二）江苏公共文化单位免费开放面临的挑战

1. 区域差距明显

目前，江苏省公共文化单位免费开放存在区域发展不平衡的问题，苏南各市得益于雄厚的财政支持，在公共文化单位免费开放上起步较早，也积累了较多的经验，而苏北一些市则由于经费、人员编制等问题在免费开放上遇到了一定的困难。以 2010 年的统计数据为例：

表 3.2　2010 年江苏省图书馆服务区域对比[1]

	财政投入		新购书数		活动次数[2]	
	总量 （千元）	人均[3] （元/人）	总量 （千册）	人均 （册/千人）	总量 （次）	人均 （次/千人）
苏南	167125	5.135	1611.43	49.51	2263.00	0.069
苏中	40274	2.461	268.14	16.39	947.00	0.058
苏北	46043	1.548	354.73	11.92	555.00	0.019

表 3.3　2010 年江苏省文化馆服务区域对比

	财政投入		活动次数[4]	
	总量 （千元）	人均 （元/人）	总量 （次）	人均 （次/千人）
苏南	110768.00	3.403	7406.00	0.227
苏中	34492.00	2.108	2864.00	0.175
苏北	46678.00	1.569	4035.00	0.136

表 3.4　2010 年江苏文化站服务区域对比

	财政投入		活动次数[5]	
	总量 （千元）	人均 （元/人）	总量 （次）	人均 （次/千人）
苏南	200195.00	6.151	22449.00	0.690
苏中	55129.00	3.370	9942.00	0.608
苏北	48686.00	1.164	13151.00	0.442

注 1. 在进行对比时，去掉省级图书馆的数据，仅比较各地级市情况。下同。
　　2. 图书馆活动次数指组织各类讲座、举办展览和举办培训班次数之和。
　　3. 表 3.1—3.4 人均计算如无特殊说明，都以区域常住人口数为基数。
　　4. 文化馆活动次数指组织各类讲座、组织文艺活动、举办展览和举办培训班次数之和。
　　5. 文化站活动次数指组织文艺活动、举办展览和举办培训班次数之和。

2. 供需矛盾加大

公共图书馆、文化馆（站）免费开放包括两个方面：一是指公共空间设施场地的免费开放，二是指与其职能相适应的基本公共文化服务项目健全并免费向群众提供。免费开放后业务流量大幅增加，但与之相适应的硬件资源和软件服务未能及时同步增长，无法满足迅速增长的公共文化消费者需求。而就近期趋势来看，随着免费开放公共政策影响逐渐扩大，群众参与公共文化建设的热情日益提升，公共文化单位免费开放的接待量和需要提供的基本公共文化服务量还将大幅增加；并且基本公共文化服务项目将随着社会的发展、政府财力的增长和人民群众精神文化需求的增长而发展变化。免费开放的供需矛盾在很长一段时间内仍将存在。

表 3.5　江苏省主要公共文化单位 2010 年接待服务统计情况

单位	个数	人均保有量 （个/万人）	人均藏书拥 有量（册/人）	人均活动次数 （次/万人）	人均计算机拥有量 （台/万人）
图书馆	111	0.014	0.556	0.54	0.75
文化馆	118	0.015	0.006	0.83	0.16
文化站	1324	0.168	0.238	3.31	0.87

数据来源：《2010 年江苏文化统计年鉴》

3. 经费普遍紧张

根据《关于推进全国美术馆、公共图书馆、文化馆（站）免费开放工作的意见》（以下简称《意见》）规定，美术馆、公共图书馆、文化馆（站）免费开放后，其人员、公用等基本支出由同级财政部门负担，开展基本公共文化服务项目支出由中央和地方财政共同负担。公共文化单位免费开放将导致设施运营成本的增加，目前经费的缺口主要通过财政补贴的办法解决。南京图书馆免费开放 3 年来直接经济损失达 1131 万元，平均每年 377 万元。目前尚无任何经济补偿，全部靠自筹解决。而一些条件较差的文化馆（站）在维持自身生存方面都存在资金缺口，更不用提靠自身拿出额外的经费来提高免费开放服务范围和水平了。江苏全省文化馆年均资金缺口达 20％左右。江苏省文化馆每年的同城待遇、生活补贴、奖金以及几个自收自支编制人员的工资福利、离退休人员的福利等，共有 150 万元左右的缺口，占全年支出总额的 30％。经费不足，必然制约着公共文化单位免费开放。

表 3.6　江苏省主要公共文化单位 2010 年经费收支情况统计

单位	收入 （千元）	支出 （千元）	财政拨款占收 入比重	财政拨款增幅	人均财政拨款 （元/人）
图书馆	387627	379641	88.33％	3.48％	11.391
文化馆	254451	242162	77.29％	10.92％	2.500
文化站	359448	359772	84.58％	14.43％	3.865

数据来源：《2010 年江苏文化统计年鉴》

4. 管理难度增加

随着文化场馆陆续实施免费开放，超量人流将成为图书馆、文化馆、文化站免费开放过程中的"常态"现象。以南京图书馆为例，实行免费开放后，日均接待读者达6000余人次，双休和节假日读者突破万人，高峰期近1.5万人。公共文化单位的免费开放，在考验公民素质的同时，对公共文化单位的管理也提出了更大的挑战。在供给空间不变的情况下，免费开放后进入的人数大幅增加，造成了设施设备及资源有限带来的矛盾，随着运行费用大幅增加，对于公共设施保护和人员安全保障等方面也提出了更高的要求，而我们在自动化、数字化、信息化等高科技服务方式的欠缺，更加大了管理的难度，进而影响了公共服务的质量。

表 3.7　"十一五"期间江苏省图书馆总流通人次情况

年份	总流通人次 （千人次）	流通人次增幅	财政拨款/总流通人数 （元/人）
2006	17527.1 17	0	17.734
2007	19156.826	9.298％	12.768
2008	23834.707	24.419％	13.143
2009	27866.200	16.914％	11.874
2010	30058.380	7.867％	11.391

数据来源：《2006—2010年江苏文化统计年鉴》

5. 支撑人才缺乏

免费开放后观众、读者大量增加，这就要求相应增加工作人员。如何在财政允许的范围内新增部分工作人员，是当前公共文化单位面临的问题。此外，《意见》所规定的品牌服务项目对工作人员的专业化、知识化提出了更高的要求。目前，江苏各公共文化单位缺少专业人才，并且大都没有形成较为成熟和稳定的志愿者队伍，一些文化馆（站）的业务干部普遍存在年龄老化、知识结构不合理等问题，由于免费服务带来的工作强度增加，还导致职工工作积极性下降等现实问题。这些都严重制约了公共文化服务能力的提升，难以满足新时代对公共文化单位免费开放的工作要求。

表 3.8　"十一五"期间江苏省图书馆从业人员服务情况统计

单位	机构数	从业人员数	人均劳动强度		
			人均管理总藏书数量	人均接待流通次数	人均负责书架单层总长度
2006	104	2429	14039.52	7.216	355.29
2007	105	2527	13813.61	7.58	349.003
2008	106	2717	13896.94	8.77	756.989
2009	109	2787	14606.96	9.999	757.011
2010	111	2838	15402	10.591	743.878

表 3.9　"十一五"期间江苏省文化馆从业人员服务情况统计

单位	机构数	从业人员数	人均劳动强度		
			人均管理总藏书数量	人均组织文艺活动次数	人均组织培训班次数
2006	115	1963	136.02	2.378	1.718
2007	116	1971	211.92	2.820	2.332
2008	117	1986	207.96	2.607	2.379
2009	117	1970	204.72	3.481	2.504
2010	118	1955	229.68	3.337	2.956

表 3.10　"十一五"期间江苏省文化站从业人员服务情况统计

单位	机构数	从业人员数	人均 1 劳动强度		
			人均管理总藏书量数量	人均组织文艺活动次数	人均组织培训班次数
2006	1369	3371	5116.02	5.785	1.722
2007	1313	3786	3827.87	6.934	2.167
2008	1294	3746	4286.97	5.385	3.25
2009	1330	4258	4027.08	5.926	2.93
2010	1324	4502	4157.32	5.789	2.92

四、 内容与评估

全面推进公共文化单位免费开放，无论是中央还是省级地方政府都予以高度重视，并拨付专项财政资金予以支持，但是，如何调动变身为公益性的公共文化单位的积极性，使之不断丰富公共文化产品、提供公共文化服务质量成为一个突出问题。基于此，不仅要进一步明确当前各类公共文化单位提供的产品与服务的层次与结构，确保各类公共文化单位提供的产品与服务能够满足群众基本的公共文化需求，而且要对各类公共文化单位免费开放绩效进行具体指标的测评，使其免费开放具有更为客观的绩效评估标准，确保免费开放能够渐次推进、不断深入。

（一）公共文化单位文化服务内容分析

公共文化具有公平性、均衡性的基本特征，让人民群众享受公平文化服务是政府的重要职责，但无论是就历史还是现状来说，公共文化单位的文化服务项目内容是多层次、多领域的，除了面向大众的基本文化服务项目这一主体性的文化服务内容外，还一直在提供更高层次的文化服务项目。因而在讨论公共文化单位免费开放时，首先应当对当前各类公共文化单位提供的产品服务的层次与结构有一个明确的认识。实际上对于公共文化单位来说，其提供的产品与服务并不仅仅局限于基本公共文化服务，相反，它还会提供拓展性文化服务内容和延伸性文化服务内容，这两者都属于非基本文化服务内容。

1. 基本文化服务内容

公共文化活动是为了实现人民群众的公共文化权利而主办的，公民的公共文化权利是构建公共文化服务体系的理论基础和终极目标，也就是说，公共文化活动应该以人民群众、以实现公众的文化权利为第一目标。

对于公共文化单位来说，其首要的属性是公共性，它们应该普惠性地向社会公众提供基本文化服务项目。具体到公共图书馆、文化馆（站）等公共文化单位来说，就是要实现无障碍、零门槛地允许公民进入，向人民群众提供公共空间设施，以及与各自职能相应的基本文化服务项目。

表 4.1   公共文化单位基本文化服务内容

公共图书馆	一般阅览室、少年儿童阅览室、多媒体阅览室（电子阅览室）、报告厅（培训室、综合活动室）、自修室等公共空间设施场地免费开放；文献资源借阅、检索与咨询、公益性讲座和展览、基层辅导、流动服务等基本文化服务项目健全并免费提供；为保障基本职能实现的一些辅助性服务如办证、验证及存包等全部免费。
文化馆	多功能厅、展览厅（陈列厅）、宣传廊、辅导培训教室、计算机与网络教室、舞蹈（综合）排练室、独立学习室（音乐、书法、美术、曲艺等）、娱乐活动室等公共空间设施场地的免费开放；普及性的文化艺术辅导培训、时政法制科普教育、公益性群众文化活动、公益性展览展示、培训基层队伍和业余文艺骨干、指导群众文艺作品创作等基本文化服务项目健全并免费提供；为保障基本职能实现的一些辅助性服务如办证、存包等全部免费。
文化站	多功能厅、展览厅（陈列厅）、辅导培训教室、计算机与网络教室等公共空间设施场地的免费开放；书报刊借阅、时政法制科普教育、群众文艺演出活动、数字文化信息服务、公共文化资源配送和流动服务、体育健身、青少年校外活动等服务项目健全并免费提供；为保障基本职能实现的一些辅助性服务如办证、存包等全部免费。

2. 拓展性文化服务内容

拓展文化服务内容是公共文化单位在向社会公众提供免费服务项目的基础上，满足不同人群的特殊的文化消费需要而额外提供的服务，如公共图书馆在提供免费借阅图书的基础上，可以向某些读者提供收集专题信息、编写参考资料，或者进行代查、代译、复印书刊资料等深度参考咨询服务，这些服务不属于公共文化单位免费性的基本公共文化服务范畴，可以向读者收取一定的费用。公共文化单位这一部分的拓展文化服务内容之所以收费，其原因在于超出了政府财政支持的免费服务范畴，但是，应考虑到这类服务是公众接受免费的基本文化服务项目的自然滋生性服务，应该从公共文化单位的公共属性出发，以成本价而非市场价收取费用。

3. 延伸性文化服务内容

延伸文化服务内容是公共文化单位为满足一小部分特殊人群特定的文化需求而提供的更高层次的文化服务。由于延伸文化服务内容已经远远超出了普通大众正常的基本文化服务需求，它需要公共文化单位的工作人员提供额外的高端专业性服务，如博物馆、美术馆、文化馆（站）提供的高端藏品鉴赏、艺术培训服务等。因而，尽管仍然是由公共文化单位所提供的服务，但是，由于其已经超出了公共服务的范畴，可以考虑以市场化调节机制来收取相关费用。相关公共文化单位也可由此增加收入并以此补充基本公共文化服务的经费，以更好地服务公众的基本公共文化需求。

表 4.2　公共文化单位文化服务类型

服务类型	针对需求	定价策略
基本文化服务	基本公共文化服务需求	零定价
拓展性文化服务	与基本公共文化服务内容相关的衍生性需求	成本定价
延伸性文化服务	少数特殊人群的高端专业文化服务需求	市场定价

公共文化单位提供的这三种文化服务内容范围并不是绝对和不可变的；随着时代的变迁、居民收入增长和文化消费需求的提高，以及政府公共服务供给能力的提升，原来的拓展性和延伸性的文化服务也可能纳入基本文化服务内容里面去。所以公共文化服务内容发展总的趋势是基本公共文化服务项目不断健全，服务范围不断扩大，服务水平不断提升。

课题组就江苏现阶段公共文化服务建设的状况和水平，对公共图书馆的"基本公共文化服务项目"和"非基本公共文化服务项目"内容进行了初步探讨，并形成了一定的实践指导标准，其中按成本收费的即属非基本服务中的拓展性文化服务，按协议或市场收费的即属非基本服务中的延伸性服务。

表 4.3　公共图书馆基本与非基本服务项目表

基本项目	非基本项目		
基本服务项目	非基本服务项目		标准
办证	资料复制	纸张复印	收取纸张成本费
公益讲座		数码翻拍	收取数码设备、
公益展览		光盘刻录	光盘成本费
普通文献资源借阅、检索、咨询	图书馆业务软件推广应用		双方协议

续　表

基本项目	非基本项目		
基层辅导	深度参考咨询	专题咨询	双方协议
业务培训		课题服务	
流动服务		音视频制作加工	
读者活动		数字资源制作加工	
电子阅览室	文献传递	委托费	参考同类图书馆
		邮寄费	按邮局标准计
		传真费	按成本
	资料翻译		双方协议
	书目数据加工		参考同类图书馆
	历史文献有偿服务	古籍复制	按照古籍定级级别收取
		民国文献复制	按报纸、书刊类别
		出版资料费	双方协议
		仿制	双方协议
		数据加工	双方协议
	文献修复	拆装费	参考市场价格
		修补费	按材料成本收取
	社会培训		参考市场价格

（二）免费开放服务绩效评估标准体系研究

推行公共文化单位的免费开放是一项利国利民的政府公共决策；为进一步规范免费开放公共文化服务行为，提升免费开放效率，必须对其进行绩效评估，即由就是政府自身或社会其他组织通过多种方式对公共文化单位免费开放的决策和管理行为所产生的短期和长远的影响和效果进行分析、比较、评价和测量。而构建免费开放服务绩效评估体系是开展绩效评估的首要环节和核心任务，其科学性和有效性直接影响着对于免费开放绩效评估的成败。

建立科学有效的绩效评估标准体系，一是有利于进一步明确各个层面在免费开放服务中的责任。评估标准体系建设通过固化的形式将各方在免费开放服务体系建设中的责任量化、细化、标准化，从而促使各方更好地发挥作用。二是有利于促进免费开放服务的规范化、制度化。建立长效、畅通、便捷的免费开放产品和服务的供给机制，使更多公众受益，就必须为免费开放的战略规划、投入规模和结构、具体服务方式和内容等设计科学、全面、具体的评估标准作为工作依据，并将这种规范通过制度加以固化，使免费开放服务有依据、有标准。三是有利于提高公共文化单位的免费开放服务水平。评估标准体系建设为公共文化单位推进免费开放服务工作提供了一套科学、合理的工作机制与流程，从而避免了盲目性和随意性。

免费开放的绩效评估标准体系既要涉及客观的免费开放服务绩效，又要涉及主观的免费开放公共服务绩效，这两者缺一不可。客观的基本公共服务水平是指在一定经济发展水平下，政府、社会和市场供给的免费开放公共文化服务的数量和质量；主观的基本公共服务绩效是指人们对于一定经济发展水平下，政府、社会和市场供给的免费开放服务的数量和质量的主观感受和满意程度。客观供给和主观感受在个体身上最终得到体现，基本公共文化服务目标也在此得以实现。

由于本报告涉及 3 个不同的公共文化单位，其免费开放的要求、范围和具体服务项目都有所不同，因此我们在这里构建的公共文化单位免费开放服务的绩效评估标准体系更多是一种理论上的引导和框架的确定，在对图书馆、文化馆（站）进行具体绩效评估时，需要另立课题进行专门性的研究。

本研究主要从输入、过程、输出、结果等四个方面构建公共文化单位免费开放绩效评估体系。

输入，即为提供免费开放服务所需投入的资源，包括财力、人力、物力等。其中特别是政府财政投入的免费开放专项经费，应当是免费开放服务绩效评估的重点内容。

过程，即免费开放服务不同类别的不同流程及其绩效评估。由于免费开放服务包括图书馆、文化馆（站）等众多类别，其服务流程差异较大，在实际应用中，只能根据不同流程设计专门的评估内容。

输出，即免费开放服务部门或机构提供的产品，如图书馆借阅服务、文化馆（站）培训服务等。在实际生活中，这类输出表现为免费开放机构的种类、数目，免费开放产品与服务的品种、规模等。

结果，主要指免费开放服务部门或组织提供的产品或服务所产生的影响。这种影响往往体现为免费开放服务对民众价值观、审美倾向的影响或具体服务的市民满意度等方式。

在具体构建指标体系时，本研究主要从 5 个方面构建公共文化单位免费开放指标体系，包括政府投入、设施规模、队伍规模、免费开放覆盖面、免费开放满意度等 5 个一级指标。根据重要性不同，下设若干二级指标，具体情况见下表。

表 4.4　公共文化单位免费开放绩效评估标准体系

一级指标	二级指标	指标单位
公共文化单位免费开放政府投入	公共文化事业费占地方财政预算支出比重	%
	公共文化事业费同比增长率	%
	人均公共文化事业费	元/人
公共文化单位免费开放设施规模	每万人拥有公共文化设施建筑面积	平方米
	县(市、区)图书馆、文化馆面积	平方米
	乡镇(街道)综合文化站平均面积	平方米
	村(社区)文化室平均面积	平方米
	公共文化设施达标率	%
	人均拥有公共图书册数	册/人
	千人阅览座位数	座/千人
公共文化单位队伍规模	大专学历以上占公共文化事业从业人员所占比重	%
	中级以上职称占公共文化事业从业人员比重	%
	参加业余文艺团队人数占总人口的比重	人/万人
公共文化单位免费开放覆盖面	公众知晓度	%
	年度观众人数	万人
	年度观众增长率	%
	年度免费对外开放天数	天
	免费开放项目在公共文化单位占比	%
	年度收费项目降低收费数量占比	%

续　表

一级指标	二级指标	指标单位
公共文化单位免费开放服务满意度	环境满意度	％
	设施满意度	％
	服务满意度	％
	观众投诉率	％
	社会影响力	％

课题组就江苏现阶段公共文化服务建设的状况和水平，对文化站的标准等级评估进行了初步探讨，并形成了一定的实践指导标准。

表 4.5　文化站标准等级评定表

评定条件	高等标准	中等标准	低等标准
站舍建筑面积条件	面积不小于 1800 m²	面积不小于 1200 m²	面积不小于 600 m²
文化活动室功能齐全	面积 30 m² 以上活动室不少于 8 个	面积 30 m² 以上活动室不少于 6 个	面积 30 m² 以上活动室不少于 4 个
建有共享工程基层服务点	建有服务点并每天开放	建有服务点并每天开放	建有服务点并每天开放
标识清楚	标牌醒目，各类厅室有统一标识	标牌醒目，各类厅室有统一标识	标牌醒目，各类厅室有统一标识
配有专职站长	有专职站长	有专职站长	有专职站长
人员办公业务经费全额保障	经费全额保障	经费全额保障	经费全额保障
免费开放全年无休	每周免费开放时间不少于 56 个小时	每周免费开放时间不少于 42 个小时	每周免费开放时间不少于 36 个小时
免费开放活动项目数	项目数不少于 6 项	项目数不少于 5 项	项目数不少于 4 项
评估分值	不小于 90 分	不小于 75 分	不小于 60 分

五、 对策与建议

公共文化单位向公众免费开放，利在当代，功在千秋。如何顺利地迎接公共文化服务发展过程中的这一新变化，妥善消除免费开放带来的负面影响，这需要各公共文化单位努力探索，慎重处理好新问题和新情况，提升公共服务管理水平，满足观众需求，增强公共文化服务吸引力，以及进行适当的机制改革和运营方式创新。

（一）加快立法，建立持续规范评估体系

我国公共文化管理正处于以政策指令为主向法制规范为主的转型过程中，国家依据法律法规来调控文化，具有规范性、约束力强的显著特点。对于目前推进的公共文化单位免费开放政策而言，法制保障是最强有力的保障，规范的体制是最有效率的管理手段之一。国外文化发展成熟的国家中，具体的文化活动往往是通过一些具有普遍意义的文化行政、文化法规加以规范的。目前，我国的图书馆、文化馆（站）的免费开放还是依靠文化部、财政部的一纸意见和各级政府、文化部门的行政自觉在推进，而相关的法律和体制的欠缺势必影响到免费开放政策的持续性和落实性。必须大力加强相关的文化法制建设，尽快完善免费开放相关的法律法规。应尽快出台《公共图书馆法》《文化馆（站）法》等相应法律，明确国家和政府在公共文化单位免费开放中的职责，明确公共文化单位免费开放的财政保障持续投入机制，用法律手段切实保障公众的基本文化权益，使免费开放的公共文化政策做到有法可依、规范有序、健康合理、循序渐进地得到发展。

各级政府、文化财政部门要加强对免费开放工作的组织领导，将免费开放作为公共文化服务体系建设的重点工作，纳入各级政府工作目标和文化建设总体规划，纳入政府年度考核内容。要建立统筹协调、密切配合、分工协作的工作机制，加强对免费开放工作方案的制度设计和科学研究，保证免费开放工作科学有序地开展。加快完善免费开放服务规范化建设，开展评估定级，加强分类指导，对各级政府在免费开放投入的执行情况进行监督，同时对文化馆开展免费开放公益性文化服务运行情况和资金使用情况进行监督，评估监督的结果应与下一年度对该文化单位的免费开放财政拨款相关联，以此不断改进免费开放政策执行的质量和效果，提高政府公共文化管理水平和服务能力。

江苏实践：苏州市出台《创建国家公共文化服务体系示范区建设规划》，明确各项公共服务标准和要求

苏州市按照国家公共文化服务体系示范区创建标准，结合本地实际，于2011年3月出台《创建国家公共文化服务体系示范区建设规划》，落实党中央、国务院关于公共文化服务体系建设的部署要求，集中力量解决公共文化服务体系建设中的重点、难点问题，提出用两年时间（2011—2012年）完成创建国家公共文化服务体系示范区任务，力争到2012年底基本建成设施网络广覆盖、服务供给高效能、组织支撑可持续、保障措施管长远的基本公共文化服务体系，使苏州市公共文化服务体系建设工作总体水平处于全国领先位置，各项工作均达到文化部、财政部规定的国家公共文化服务体系示范区建设标准。从设施网络、服务供给和人员编制三个方面明确规定了苏州公共文化服务体系建设的主要指标标准，保证了公共文化服务体系建设和免费开放服务的推进和落实。2010—2012年，苏州全市文化建设支出占财政支出比例位列全省前茅，投入总量共计约47亿元，公共财政对文化建设投入年均增长幅度超过20%，高于财政经常性收入增长幅度，全市人均拥有公共文化设施面积达0.24平方米。

（二）深化改革，形成良好运行机制

从满足人民群众不同层次的文化需求和文化权益出发，更加明确公共文化单位的功能和定位，明确公共文化投入以政府为主导的发展导向，各级政府把发展公益性文化事业作为重要职责，着力加大公共文化投入，更加重视普通民众能共享文化发展成果，更加重视公益性文化事业建设与经济社会的协调发展。

按照中央关于深化文化体制改革的总体部署，推动公共文化服务体制机制创新，创新公共文化服务体系管理体制和运行机制，建立公共文化服务体系建设评价指标体系，健全公共文化服务绩效评估考核机制，确保公共文化设施发挥应有功能，促进公共文化服务质量不断提高。建议以现有文化站改革为突破口，将文化站作为文化馆的分馆进行统一管理、资源共享，改变现有文化站人员不到位、不在位、人力资源流失的不利局面，提高文化馆（站）的公共文化服务和运营效率。

进一步深化公共文化单位内部机制改革，按照"增加投入、转换机制、增

强活力、改善服务"的方针，不断推进图书馆、文化馆（站）等公益性文化事业单位内部的人事、分配和社会保障制度改革，激发工作活力，提高服务水平，在人事、分配制度等方面大胆创新，形成讲实绩、重贡献、向优秀人才和关键岗位倾斜的分配机制。建立健全各项规章制度，积极推行聘用制度和岗位管理制度，健全岗位目标责任制，不断完善工作评价和绩效考核评价机制，健全科学的财务管理和经济核算制度，规范建立社会保险制度等，形成良好运行机制，增强发展活力，不断提高公共文化单位的管理水平和服务效率。

（三）财政确保，鼓励社会多元化投入

建立和发展公共文化单位，推行免费开放是国家和各级政府的责任，国家和各级政府应切实履行对免费开放服务发展所需经费的保障责任，按照"增加投入、转换机制、增强活力、改善服务"的原则，建立免费开放经费保障机制，保证免费开放后正常运转并提供基本公共文化服务。一是对免费开放后取消的一些收费项目，减少的事业收入需要财政予以全额补偿；对于资金投入不足，导致应纳入免费开放范围的基本 47 服务项目缺项，不能正常提供或是变成有偿提供的，财政应予以补足；对适应群众需要，逐步扩大和增加的免费开放的内容、范围与项目，财政应建立投入相应逐步增加的可持续机制。虽然在现今市场经济条件下应当努力提倡社会各种形式资金投入公共文化建设，但是与社会性文化投资和捐赠的偏好性和不确定性相比，只有稳定的国家财政支持才能够成为公共文化服务繁荣发展的坚实后盾，因而在公共文化单位免费开放的过程中，国家和政府的投资始终应该处于最重要的主体地位。应明确规定各级财政对于公共文化事业发展资金投入比例，东部发达地区确保每年财政一般预算收入的 2％，全国平均应高于 1％，公共文化财政投入增速应高于一般预算收入增长速度。参照"无锡经验"，加快建立公共文化服务人均经费预算制度，安排公共文化单位免费开放专项扶持和奖励资金，以基层和农村为重点，并加大对公共文化设施建设的财政资金支持力度。

除了政府的财政投入外，公共文化单位应该创新融资渠道，增强自我造血功能，吸收多元的经营理念，推动公共文化单位灵活地顺应市场和观众的需

求。免费并不代表完全的不收费，图书馆、文化馆（站）在向群众提供免费的基本文化服务项目外，可以通过拓展性和延伸性的文化服务以非营利为目的，按照成本或市场的定价策略收取一定费用，用以弥补因免费开放而造成的资金缺口。在举办具有一定社会影响的文化服务时，可以与其他政府部门、企事业单位进行合作，在不影响免费开放和提供基本文化权利服务性质的前提下，通过冠名权或公益广告获得一定活动经费，这不仅有利于提升文化服务品质，打造文化服务品牌，也实现了一定程度的自我造血，更好地为社会进行了服务。在健全政府财政保障机制外，应积极探索建立公共文化多元化投入机制，鼓励社会力量对公共图书馆、文化馆（站）进行捐赠和投入，拓宽经费来源渠道。政府对于公共文化的管理不能仅仅停留在直接"输血"的层面上，而应该逐步将重点转移到有效的间接控制上来。对于免费开放政策而言，应在不断增加政府投资的同时，采取一系列配套措施来完善文化经济政策，进一步开放社会文化资金市场，努力拓宽资金流动渠道，鼓励各种形式的公共文化投资，鼓励社会团体和个人对公共文化单位的捐赠和赞助，为各种形式的社会资金畅通进入公共文化建设领域提供政策支持；鼓励民间参与图书馆等公共文化设施建设，对重大的公共文化服务项目除实行政府采购、项目外包外，还可以采取项目补贴、定向资助、贷款贴息等方式给予支持，以增强供给能力，扩大面向范围，提高服务质量，形成有利于免费开放和公共文化发展的投资环境，逐步建立和健全由政府主导的、社会多方力量共同参与的多元化社会化公共文化投资新格局，形成公共文化事业发展的社会合力。

专栏 5.1　纽约公共图书馆资金来源构成

世界闻名的纽约公共图书馆每年运营所需经费为 7600 万美元，其中 66% 来自三级政府的财政拨款：纽约市 82%，纽约州 16%，联邦政府 2%；而另外的 34% 约 2600 万美元全部来自社会各界的赞助或捐赠，其中公司捐助 20%，各类基金 20%，个人捐助 60%（意味着超过 1500 万美元）。2010 年在 4 万名各类私人捐助者（包括公司、基金和个人）中，捐助金额超过 100 美元的捐助者在数量上其实只有不到 1 万，图书馆最庞大的捐助人群是那些捐助额在 100 美元以下的小额捐助者，约有 3 万。这些也许不起眼的小额捐助每年为图书馆提供的资金以百万计。

江苏实践：镇江图书馆打造"文心讲堂"品牌，探索社会多元化投入之路

镇江市图书馆与市科协、南大校友会、新华书店、镇江日报、广电局等单位进行合作，通过自办与联办相结合的方式，以报告厅为阵地，以公益讲座为平台，通过对讲座内容、讲座形式、讲座师资的精心策划，树立精品意识，深化图书馆文化内涵，构筑面向不同层次读者需求新阵地，打造免费向市民开放的"文心讲堂"文化服务品牌，先后邀请了易中天、王石等各界名家来镇讲演，社会影响巨大，充分发挥了镇江市图书馆公益性机构的社会教育职能，并通过活动赞助费的形式，实现了讲堂的自我发展，减轻了财政的压力。

（四）完善网络，加强免费开放阵地建设

文化设施是开展公共文化服务的基本阵地和必备空间，加强公共文化设施建设，是完善公共文化服务体系建设的重要基础工作，也是更好地推行免费开放的必要前提。免费开放公共政策的目的是以人为本的科学发展观，让更多的人民群众享受更好的基本文化权益服务。如果没有覆盖城乡、快捷充分的公共文化设施网络作保障，则会大大增加人民群众享受免费开放服务的时间成本和交通成本，进而影响其参与公共文化服务的热情和积极性，与日益增长的公共文化消费相比明显不足的现有公共文化设施的"拥挤效应"也会提前到来；这样免费开放则可能成为提供其服务的公共文化单位就近少数人群的"福利"而成为一句空话。近年来我国大力加强覆盖城乡的国家、省、市、县、农村乡镇（城市社区）、农村行政村基层六级公共文化设施的建设已取得了突出的成绩，但部分地区有机构无场馆，或现有场馆设施陈旧的现实情况仍然远远不能满足免费开放的基本需求，与发达国家图书馆等公共文化设施的完备情况相比更有较大的差距。如英国公共图书馆把"确保读者能方便快捷到达"定为现代化公共图书馆的首要标准，在其 2001 年制定《全面高效的现代化公共图书

馆——标准与评估》中第一条就强调 1—2 英里距离范围内公共图书馆的家庭覆盖率，这一标准在后来的历次修改中始终被作为第一条标准而被相关图书馆机构严格遵守。

表 5.1　英国公共图书馆 2001 年标准摘录

评估目标	衡量指标	评估标准
目标一：图书馆管理机构应确保读者能方便快捷到达	特定图书馆一定距离范围内的家庭覆盖率，适用：（1）所有的图书馆；（2）在便捷时间内开放的图书馆。	衡量标准，2001 年 4 月开始的三年规划期内，所有的图书馆管理机构中处于领先地位的 25％ 家应达到：内伦敦区，100％的家庭在方圆一英里范围内能到达图书馆；外伦敦区，99％的家庭在方圆一英里范围内能到达图书馆；大都会区，95％（100％）的家庭在方圆一英里（两英里）范围内能到达图书馆；自治区，88％（100％）的家庭在方圆一英里（两英里）范围内能到达图书馆；郡治区，85％（100％）的家庭在方圆一英里（两英里）范围内能到达图书馆。

各级政府应将新一轮公共文化设施建设纳入"十二五"国民经济和社会发展规划，纳入土地利用总体规划和城乡建设规划，列入基本建设投资计划和财政预算。大力完善公共文化服务网络，全面建成省、市、县（市、区）、乡镇（街道）、村（社区）五级文化设施体系，实现"省有四馆、市有三馆、县有两馆、乡有一站、村有一室"。加快基层公共文化服务网点建设，重点支持中西部地区建设一批综合性、多功能、具有地方特色的公共文化设施。保证"两馆一站"建设水平和质量。各地公共图书馆、文化馆全面达到国家等级馆标准，东部地区国家一级图书馆、文化馆不低于总数的 60％。

我国上海、东莞等城市先后提出打造城市"15 分钟公共文化服务圈"或"2 公里公共文化服务圈"的文化阵地网络建设规划，东莞还提出实施全市图书馆 24 小时自助服务推广计划，大力推广自助图书馆和图书馆 ATM 建设，实现全市镇（街）24 小时自助图书借阅全覆盖，形成辐射广泛、布局合理、协调统一的图书馆自助服务网络，这些都可为其他城市完善免费开放阵地建设提供先导和借鉴作用。以图书馆为例，则可采取多种形式加强其对市民免费开放服务的网络建设：一是建设流动图书馆，定期或不定期地为馆外的读者送书上门，或在交通不便的边远地区设立图书馆流动站，为当地读者提供图书借阅服务；二是建立总分馆制，以市图书馆为中心馆，以区县、乡镇、街道、社区图书馆及高校图书馆、专业图书馆为分馆，实行总分馆"一卡通"，实现各馆之间的资源互补，提高整体服务能力；三是建立自助图书馆，类似银行的 ATM机，提供 24 小时的借还书和查询服务；四是建立网络图书馆，读者通过网络访问图书馆网站，借助自助服务平台完成查询、下载、续借、预约等服务。

江苏实践：张家港市率先提出"网格化"公共文化服务新模式

张家港市把公共文化建设放在重要位置，在加快经济社会发展的同时，坚持重心下移、资源下移、服务下移，积极构建县域公共文化服务体系。针对当地公共文化服务体系建设实际，张家港市积极实施网格化公共文化服务，出台了《关于张家港市开展"网格化公共文化服务"的实施意见》。张家港市将以"网格化"为文化服务理念，充分发挥市、镇、村（社区）三级公益性文化设施的功能和作用，建立以专业人员、文艺爱好者、基层文化工作骨干、社会志愿者等为服务力量的文化服务队伍，以阵地服务、流动服务、数字化服务为方式，有效整合各种资源，增加公共文化产品和公共文化服务的供给，变一般服务为精细化服务，变普遍服务为对象化服务，将公共文化服务送到每位新、老市民身边，着力推动公共文化服务均等化，进而开拓文化产品生产、文化慈善、创意文化、文化遗产保护传承等领域新的发展模式，实现文化大发展大繁荣。根据这一新模式，张家港市将在现有市、镇（区）、村（社区）三级公共文化服务体系的基础上，把村（社区）按照一定的标准再分割成更细化的网格，网格成为政府公共文化服务的基本单元，全市所有人口都成为服务对象，至2011 年底，全市划分为 1000 个左右网格，平均每个网格 900 人左右，每个网格配备 1 名网格文化员。

（五）设备升级，提高免费开放服务水平

免费开放条件下公共文化单位的服务理念急需得到转变，公共文化单位不再收取门票，而是公平公开地向社会开放，真正成为一个让公众享受公共文化权益的服务机构，这改变了与观众之间的买卖关系。必须以人为本，树立服务意识，不断更新知识，吸收先进理念，改进工作方法，整合业务流程，合理调配资源，改善服务效能。对待观众不应该仅仅是一种管理心态，而应该用一种服务的心态来接待观众，完成从"施与者"向"服务者"的角色转换。

应加强免费开放政策的媒体宣传，并在图书馆、文化馆（站）显著位置公示免费开放管理办法、服务项目、开放时间、文明参观须知等制度措施，方便公众了解和监督，引导观众有序、文明享受基本公共文化服务。针对免费开放后人流量增加的现实情况，努力改善安全保护和观众服务设施条件，增加安全、保洁、讲解咨询等服务人员，强化内部管理，加强安全防范，为广大观众创造安全、舒适、温馨的文化环境，满足观众的求知欲和愉悦的心理需求，切实保证免费开放的安全、规范、有序。

准确把握免费开放后观众及其精神文化需求呈现出多层次、多方面、多样式的特点，把贴近实际、贴近生活、贴近群众作为不懈的追求，不断拓展服务领域、方式和手段，提供更加人性化的服务设施和服务项目，将专业性、学术性和知识性、趣味性、观赏性有机结合，打造公众喜闻乐见的文化品牌，努力增强文化的感染力和辐射力，最大限度地缓解因免费开放带来的供需矛盾，真正把公共文化单位打造成公共文化教育、培训和传播中心，成为公众流连忘返的文化乐园。尊重和贴近服务对象的文化需求，在实现均等普惠的公共服务基础上，逐步增设多样化服务，重点增加对未成年人、老年人、农民工等特殊人群的对象化服务。

加快数字公共文化服务建设，推进文化信息资源共享工程基层，实现基层服务点全覆盖，充分发挥其在公共文化服务中的基础性作用。利用文化共享工程工作网络，依托公共文化单位，实施公共电子阅览室建设。加快数字图书馆、网上文化馆（站）建设，努力形成覆盖城乡的数字公共文化服务体系，提高公共文化免费开放服务的信息化、网络化和科学化水平。

江苏实践：江阴市图书馆倡导"五全"服务模式，提升免费开放服务水平

江阴市图书馆于 2010 年逐渐形成特有的"五全"服务模式，即基本服务全免费、场馆开放全年化、读者活动全公益、服务体系全覆盖、数字资源全共享。基本服务全免费：从 2009 年 4 月起实行"免费阅览"，2009 年 12 月，取消借阅证办理费用，全面实现免费借阅；2011 年 12 月，取消阅览证，实现"免证阅览"；场馆开放全年化：2008 年起实现 365 天，天天开放。读者活动全公益：自 2009 年起，逐步探索出把"全民阅读推广"全面贯穿至读者活动之路，形成了"好生活好读书"成年人阅读推广活动，"幸福的种子"儿童阅读推广活动等品牌活动，提出了"365 天，服务不缺席""市民身边的 24 小时图书馆"等宣传理念，受到读者欢迎与肯定。服务体系全覆盖和数字资源全共享：在全市范围内建立起公共图书馆服务体系，借助数字化技术拓展图书馆服务平台。2010 年，覆盖全市城乡、拥有 17 家分馆的江阴市总分馆体系通过资源共享、服务共享的方式，让图书馆的资源和免费服务从城市总馆走向全市乡镇。2011 年，江阴数字图书馆建成，尝试不受时间、空间限制的馆外 24 小时全天候知识服务模式。

（六）增强后劲，加强人才队伍建设

推动社会主义文化大发展大繁荣，队伍是基础，人才是关键。公共文化单位服务门类众多，专业技术性强，需要一支专门的人才队伍保障其发展和运营。免费开放条件下公共文化单位提供的基本文化服务，是否被群众所接受、认同，与其公共文化产品质量和服务特色有直接的关系，更与其这些产品和服务的直接提供者有着不可分割的关系。随着免费开放需求和供给水平的逐渐提高，对图书馆、文化馆（站）的从业人员的业务水准、综合素质也有着越来越高的要求。

建立全方位、多层次的公共文化服务人才培养机制，实施文化名人带动战略，加强高层次人才、重点专业人才、基层文化骨干的培养，加快培养造就德才兼备、锐意创新、结构合理、规模宏大的高素质文化人才队伍。以激发创造力为重点，转变文化管理和文化人才培养管理的模式，促进人才队伍建设的进一步加强，以较强的业务素质提供更加优质的公共文化服务。

积极探索从业人员职业资格制度，推行图书馆员、文化馆（站）员的准入制度和认证制度，逐步实现持证上岗。建立健全公共文化人才的发掘、扶持、培育机制，形成人才引进、培养、使用的信息库和人才跟踪系统，逐步建立面向全社会的统一、规范、平等的人才激励机制，加大公共文化人才培训力度。要进一步深化公共文化单位内部机制改革，在人事、分配制度等方面大胆创新，形成讲实绩、重贡献、向优秀人才和关键岗位倾斜的分配机制。

积极探索建立公共文化志愿服务队伍的机制和路径。公共文化单位属于公益事业范畴，在有限的经费和人力下，若要满足越来越多读者的需求，仅靠正式从业人员的努力是远远不够的。在国外公共文化服务过程中，志愿者一直都扮演着重要的角色，他们已经建立了一套完整的志愿者服务体系，并能将其精准地运用到日常管理中去。我国近几年来志愿者虽有所发展，但志愿者的不稳定性，服务内容的单一性，使得我国志愿者工作有待进一步规范化、系统化。可以借鉴西方发达国家经验，建立并尽快完善公共文化志愿服务队伍，以应对免费开放后越来越多的人潮，越来越重的工作量。

文化部 2010—2012 国家公共文化服务体系制度设计研究立项课题

对江苏率先全面构建公共文化服务体系的思考

一、加深对公共服务和公共文化服务体系的理解

国内学者认为，公共服务是指提供公共设施、发布公共信息、发展公共事业，为社会公众参与社会经济、政治、文化活动提供保障和创造条件。在我国，公共服务是进入 21 世纪以后正式提出的。2002 年 11 月，党的十六大报告第一次把政府职能归结为四个方面：经济调节、市场监管、社会管理和公共服务。2004 年 2 月，温家宝总理在中央党校省部级主要领导干部培训班的讲话中，鲜明地提出了建设服务型政府的要求。

公共文化服务体系是政府举办的、非营利性的、传播先进文化和保障大众基本文化需求的各种文化机构、产品和服务的总和。2005 年 10 月，党的十六届五中全会《关于"十一五"规划的建议》醒目地出现了"加大政府对文化事业的投入，逐步形成覆盖全社会的比较完备的公共文化服务体系"的内容。2006 年全国人大十届四次会议、2007 年全国人大十届五次会议《政府工作报告》都有表述。2007 年 6 月，中共中央政治局专门召开会议，研究公共文化服务体系建设问题，公共文化服务体系问题被提到空前的高度。随后，2007 年 8 月，中共中央办公厅、国务院办公厅下发了《关于加强公共文化服务体系建设的若干意见》。2007 年 10 月，在党的十七大上，胡锦涛总书记又把基本建立覆盖全社会的公共文化服务体系作为全面建设小康社会奋斗目标的新要求提了出来。

公共文化服务体系的提出，是社会主义市场经济体制新形势下实现政府职能转变的必然结果，充分反映了在构建社会主义和谐社会中，党和政府以及全社会对发展公益性文化事业的深刻认识，它将文化建设与人民群众的基本权益紧密结合起来，体现了我们党"以人为本"的执政理念在不断强化。

构建有中国特色的公共文化服务体系，必须了解它的主体构成。合理的、

科学的公共文化服务体系主体应该有四个：政府、文化事业单位、非政府组织和企业。

构建有中国特色的公共文化服务体系，必须了解它的本质属性。我归纳为三性：

一是公益性。公益性是公共文化服务体系最本质的特征。从公共文化事业本身看，它是一种向全社会每一位成员提供文化需求的服务。公共文化服务的对象是全体人民。从政府公共服务看，公共文化事业是政府公共服务的重要内容。随着政府职能的转变，更加重视公共服务和社会管理，发展公共文化事业，建立公共文化服务体系，政府责无旁贷。从社会发展看，衡量一个国家社会文明进步的程度，重要标志之一就是看其公共文化事业的发展和公共文化服务体系的完善程度。在社会主义市场经济条件下，构建公共文化服务体系，提供公共文化服务，是政府在文化服务上弥补市场缺失的实际举措，是政府为全体公民所创造的文化福利，是政府给予全体公民的文化回报，也是政府全心全意为人民服务的具体体现。公共文化服务坚持公益性质，社会公众享受基本的文化服务，一般来说是不需要付费的。公益性文化服务单位如图书馆、博物馆、纪念馆、文化馆、文化站应为社会提供公益服务。通过合理配置公共文化服务资源，公平分配公共文化产品和提供公共文化服务，以保证不同地区、不同群体的人们享有大致相等的基本公共文化产品和服务。

二是公共性。公共性即公共文化服务资源为社会全体成员共同拥有。公共性有三个显著特点：一是服务内容的同质性。公共文化服务单位无论在什么地方、什么时候，都应该向公众普遍提供基本同质的公共文化服务。二是服务对象的全体性。不管区域、城乡，不管种族、肤色，不管性别、年龄，不管身份、职务，都可以无差别地享有所有的公共文化服务，而不能有任何地域、城乡等的差别和种族、身份等的歧视。三是服务方式的开放性。所有公共文化服务设施，作为公共文化活动场所，都应该无条件地向公众开放，接纳公众参加各种活动，为社会公众提供各种文化服务，同时接受社会公众的管理和监督。

三是均等性。党的十六届六中全会《决定》明确提出，逐步实现基本公共服务均等化。这是逐步形成惠及全民的公共服务体系的基础，是构建社会主义和谐社会的内在要求。目前，我国的基础教育、公共医疗、社会保障等基本公共服务在地区之间、城乡之间和不同群体之间的差距逐步拉大，特别是城乡基本公共服务的不均等，已成为影响社会公平公正的焦点问题之一。均等性具体体现在四个方面：第一，充分保障人民群众享有基本公共文化服务的机会和权利；第二，切实保证人人享有基本相等的公共文化产品和公共文化服务；第三，政府要提供足够的公共文化服务资源满足需求；第四，在提供大体均等的基本公共文化服务的过程中，尊重社会成员的自由选择权。逐步实现基本公共文化服务均等化，就是要逐步使全体公民在基本公共文化服务方面的权利得到基本实现和维护，特别是使困难地区和困难群众尽快享受到社会平均水平的基本公共文化服务，其实质是政府为全体社会成员提供基本而又有保障的公共文化产品和服务。

二、 明确在全国率先全面构建公共文化服务体系的思路

前面已经提到，十七大报告把基本建立覆盖全社会的公共文化服务体系作为全面建设小康社会奋斗目标的新要求提了出来。实现全面建设小康社会奋斗目标的时间是 2020 年。根据中共中央办公厅、国务院办公厅《关于加强公共文化服务体系建设的若干意见》提出的东部及有条件的地区率先发展的要求，江苏有条件、有能力也应该在全国率先全面构建公共文化服务体系。如果省里制定时间表，我认为可以考虑 2015 至 2018 年。"两个率先"包括文化的率先，在全国率先全面构建公共文化服务体系，这才与文化江苏、文化强省相匹配。为此，需要认真研究全面构建公共文化体系的主要指标，在已有 10 年建设文化大省的基础上，再经过 10 年的努力，争取把江苏建设成为文化综合实力位居全国前列的高标准的文化强省。建成文化强省之日，就是全面构建公共文化服务体系之时。

三、 要对公共文化服务体系的现状有清醒的认识

改革开放以来，特别是"十五"以来，江苏在经济持续、快速发展的同时，各级党委、政府和宣传、文化部门加快了文化大省、文化强省建设步伐，形成了全省政治、经济、文化建设的合力。以建设文化大省、文化强省为总抓手，不断巩固全省人民团结奋斗的共同思想基础，大力弘扬以"创业创新创

优"为核心的新江苏精神，增加公共文化投入，繁荣文学艺术生产，活跃群众文化生活，保护文化遗产和民间文化，发展文化产业，推进文化体制改革，取得了丰硕成果，文化在促进经济社会全面进步和人的全面发展中发挥了巨大作用。

文化建设摆上全局工作重要位置。1996 年，省委、省政府召开全省文化工作会议，在全国率先提出建设文化大省的战略目标。2001 年，省委、省政府再次召开全省文化工作会议，进一步制定了《江苏省 2001—2010 年文化大省建设规划纲要》。2006 年，在省委、省政府召开的第三次全省文化工作会议上，又提出了建设文化强省的战略目标。省委、省政府要求，到 2010 年，全省 60％以上的县（市、区）成为省级以上文化先进县，其中全国文化先进县的比例达到 30％。实现"县有两馆、乡有一站、村有一室"的目标，全省国家一级图书馆、文化馆的比例达到 40％，县（市、区）图书馆、文化馆建设标准不低于 2500 平方米，乡镇文化站建设标准不低于 500 平方米，村文化室建设标准不少于 20 平方米。同时，省委、省政府把农村文体工程列为农村十大工程和新五件实事之一，设立专项资金，重点对乡镇文化站建设、"送科普、送电影、送戏"下乡、农村有线电视进村入户和"农家书香"工程进行扶持。全省现有国家级的文化先进县 36 个，民间文化艺术之乡 65 个，一级图书馆 47 个，一级文化馆 55 个，古籍重点保护单位 6 个，珍贵古籍 314 部，总数均在全国名列第一。

文化建设经费投入大幅增加。"十五"时期，全省文化事业经费收入累计 57.99 亿元，年均增长 10.33％，其中苏南五市 40.28 亿元，苏中三市 8.41 亿元，苏北五市 9.3 亿元，分别年均增长 9.79％、11.63％、11.34％。财政拨款累计 38.78 亿元，年均增长 15.65％，其中苏南五市 26.92 亿元，苏中三市 5.31 亿元，苏北五市 6.55 亿元，年均分别增长 14.82％、16.13％、18.3％。省财政对全省农村文化建设的投入，"九五"为 3750 万元，"十五"为 7730 万元，"十一五"已达到 1.66 亿元，其中乡镇文化站建设 8200 万元，"三送" 8400 万元。

文化设施正在不断改善。作为十运会主赛场，占地 1500 亩的南京奥体中心总造价超过 20 亿，是新中国成立以来我省投资最大的社会公益事业项目，也是南京历史文化名城的标志性建筑，成为我省举办重大体育赛事和大型文艺演出的重要舞台。南京图书馆新馆投资 5 亿元，省美术馆新馆投资 3 亿元，南京博物院老馆改造预计投资 7 亿元。此外 10 多年前就规划建造的江苏大剧院，被提上议事日程，目前正在选址，预计投资 20 亿元。各地文化设施建设也是突飞猛进。苏州图书馆新馆、苏州博物馆新馆、苏州科技文化艺术中心、镇江市博物馆、扬州市博物馆、连云港市博物馆、宿迁市文化艺术中心、江阴市文化艺术中心、昆山市图书馆等一批公益性大中型文化设施，不仅采用了国内外现代科技成果，而且设计风格力求独创与美观，成为当地城市建设的亮丽新景观。目前，张家港市文化艺术中心正在建设之中，太仓市文化艺术中心也在规划之中。遍布城市社区和农村乡镇、行政村的文化站、文化室，近几年得到恢复性发展。2005 年，省委宣传部、省文化厅开展乡镇文化站标准化建设工程试点工作；2006 年，省文化厅、财政厅全面实施乡镇文化建设工程，乡镇文化站标准化建设工程试点也因此荣获文化部文化创新奖。

群众文化活动日趋丰富。省委宣传部每年从省文化事业建设费中拿出 500 万元，支持苏北五市的重点精神产品生产、特色文化保护开发、优秀人才培养和先进载体创建等文化建设项目。已资助全省文艺院团 30 多辆流动舞台车，要求院团每年送戏下乡不少于 100 场。省委宣传部、省教育厅主办的高雅艺术进校园，深受大学生的喜爱。省文化厅以"群星奖""五星工程奖"和"四特"评选为抓手，积极组织开展形式多样的群众文化活动。2006 年我省承办了首届中国少年儿童合唱节，2008 年我省承办了首届中国农民文艺会演。由于各地文化部门的高度重视，全省已经打造出一批如南京市"金陵合唱节"、无锡市"激情周末"、南通市"濠滨夏夜"、镇江市"欢乐家园"、连云港市"在海一方"、张家港市"长江文化艺术周"、常熟市"尚湖国际艺术节"、姜堰市"溱潼会船节"等有较大社会影响的文化品牌。

文化的影响力不断扩大。文化产业开始兴起，广播电视、出版发行、动漫游戏、文化创意等产业加快发展。先后组建了广电、出版、报业、演艺、文化产业等省级文化集团。近几年成功举办了十运会开闭幕式文艺演出、第 28 届世界遗产大会、中国昆剧节等一系列重大活动，进一步扩大了江苏文化的影响力。从 2005 年开始，江苏文化产业发展的理念与重心发生了变化，更多以"创意产业"来支撑文化产业或文化产业中的某些领域，并着手规划和建设"创意产业园"，形成了一股发展创意产业的热潮。南京市计划到"十一五"末，软件产业规模总额达到 800 亿元，将南京打造为"中国软件名城"。无锡市提出了打造"最适宜创造的设计名城"的发展目标，并在全省率先启动了无锡工业设计园。而在苏州市，投资文化产业的民营企业就有 3000 多家。

我省公共文化服务体系建设虽然取得一定成绩，但与建设文化江苏、文化强省的目标比还有差距，苏南和苏北、城市和农村，文化事业发展很不平衡，苏北文化设施基础差，公共文化服务设施的人均建筑面积虽有增长，但水平仍比较低，农民群众的精神文化生活有待继续改善。

财政投入仍显不足。"十五"时期，江苏地方财政收入年均增长 31.73%，地方财政支出年均增长 29.72%，而文化事业的财政拨款年均增长 15.65%，其年均增幅低于本省地方财政收入与支出的增长势头。就政府投入而言，2007年，全国文化事业费 198.91 亿元，增加 40.88 亿元，增幅 25.9%，人均 15.04元，增幅 26.3%；江苏文化事业费 11.18 亿元，增加 7375 万元，增幅 7.1%，在全国排第 16 位，人均 14.66 亿元，在全国排第 14 位。

乡镇机构改革后农村文化建设出现的新问题值得关注。近十年来，全省乡镇经过了几次合并，数量大为减少。合并后许多乡镇文化设施随之流失。前几年，一些乡镇文化站因党委、政府不重视和财政困难等原因而被随便拍卖、出租，出现了许多无房站、不达标站。乡镇一级可用财力有限，文化站人员工资和运行经费难以落实，缺少必要的设备，存在空壳现象。体制不顺和多部门管理带来文化站名称五花八门、编制被占用、专职不专业、在职不在岗和后继无人等现象，建设乡镇综合文化站要求难以落实。

符合农民文化消费需求的文化产品相对匮乏。面对农民结构的变化和不断增长的文化消费需求，文化产品的针对性不强，适合农民阅览的图书和反映农村生活的电影太少。农民家庭文化娱乐生活基本上以看电视、打麻将等为主。针对留守儿童、妇女、老人开展的文化活动还很少。农民工文化生活没有保障，偶尔看电影和演出，赌钱、闲逛、聊天是他们打发空闲时间的主要方式。在苏南，偷窃现象也比较严重。

上述问题存在的主要原因是体制不顺、机制不活，认识和实际工作不到位也是重要原因。

四、 认真研究全面构建公共文化体系的主要指标

省委宣传部、省文化厅目前都在组织研究，我在《江苏省"两个率先"文化指标体系研究报告》《文化江苏建设的战略思考》曾探讨过，现再次提出下列主要指标：

文化投入：政府文化经费支出占财政总支出的 1.2%（国际参考标准 1.5%），全社会文化投入经费占 GDP 的 2%（国际参考标准 4%）。

文化设施：万人公共文化设施面积城市 1000 平方米（国际参考标准 1200 平方米），农村 400 平方米，实现公共文化设施免费开放。

文化产品：获奖总数和金奖数居全国前 3 位。

文化活动：有国际性、全国性影响的重大文化品牌活动 10 个左右。

文化遗产：世界文化遗产、世界非物质文化遗产、国家文物保护单位、国家非物质文化遗产数居全国前 3 位，文化遗产经费投入占文化经费比重不低于 15%。

文化信息：人均图书馆藏书 2 册（国际参考标准 3 册），电视人口覆盖率 100%，百人报刊订阅 50 份。

文化消费：家庭文化教育支出占家庭消费总支出的 20%（国际参考标准 33%），每百户文化耐用品拥有量综合指数 90%。

文化交流：国际文化交流每年不少于 1 万人次。

文化科技：高科技文化设备总值占文化固定资产原值的 50%，高级职称和研究生学历的人才占文化技术人员的 40%。

文化产业：文化产业增加值占 GDP 的 5%。

文化法制：已立法的文化门类达 80%。

文化影响：群众文化素质和文明水准综合评分 90 分，群众对文化服务满意度 90%。

五、 切实贯彻落实好已有的政策法规

党中央、国务院、省委、省政府高度重视文化建设，先后出台了加强文化

建设的一系列政策法规。对这些政策法规，我们要全面梳理，加强学习，加深理解，并认真落实。

《公共文化体育设施条例》（以下简称《条例》）。《条例》经 2003 年 6 月 18 日国务院第 12 次常务会议通过，自 2003 年 8 月 1 日施行。这是涉及农村文化建设的一部重要的行政法规。对这部重要的行政法规，我们学习、运用得都很不够。按照《条例》第 4 章第 27 条规定，我们一定要下决心落实好拆除或改变图书馆、文化馆、文化站等功能、用途的必须报批、重建的规定，依法办事，对存在问题进行一次全面清理，在全国率先全面建立审批制、问责制。

《条例》第 4 章第 27 条规定：因城乡建设确需拆除公共文化体育设施或者改变其功能、用途的，有关地方人民政府在作出决定前，应当组织专家论证，并征得上一级人民政府文化行政主管部门、体育行政主管部门同意，报上一级人民政府批准。涉及大型公共文化体育设施的，上一级人民政府在批准前，应当举行听证会，听取公众意见。经批准拆除公共文化体育设施或者改变其功能、用途的，应当依照国家有关法律、行政法规的规定择地重建。重新建设的公共文化体育设施，应当符合规划要求，一般不得小于原有规模。迁建工作应当坚持先建设后拆除或者建设拆除同时进行的原则。迁建所需费用由造成迁建的单位承担。

《中共中央办公厅、国务院办公厅关于进一步加强农村文化建设的意见》。这份文件在 2005 年 11 月 7 日印发，是加强农村文化建设的最重要的文件，有几个重要论述前所未有：

县文化馆、图书馆、乡镇综合文化站等属于公益性事业单位，不得企业化或变相企业化，不得以拍卖、租赁等任何形式，改变其文化设施的用途；已挪作他用的，要限期收回。对乡镇文化站如此定性，是文化部门特别是乡镇文化站盼望已久的政策规定，对加强农村文化建设具有极其重要的意义。

坚持以政府为主导，以乡镇为依托，以村为重点，以农户为对象，发展县、乡镇、村文化设施和文化活动场所，构建农村公共文化服务网络。到 2010 年，实现县有文化馆、图书馆，乡镇有综合文化站，行政村有文化活动室。这对农村文化设施建设提出了明确的要求。而在此之前，乡镇、村文化设施建设普遍出现了大滑坡。

县级文化馆、图书馆的改革主要是增加投入，转换机制，增强活力，提高公共服务水平。这既对两馆改革提出了明确要求，也确保了其公益性。

各级财政要统筹规划，加大对农村文化建设的投入，扩大公共财政覆盖农村的范围，不断提高用于乡镇和村的比例。中央和省、市三级设立农村文化建设专项资金，确保农村重点文化建设的资金需求。以前我们争取农村文化建设扶持资金很难，争论的焦点是财政分灶吃饭，一级管一级。现在我们要很好地落实这一规定。我认为，省里对农村文化建设的投入仍要进一步加大。

要把农村文化建设纳入各级党委和政府的重要议事日程，纳入经济和社会发展规划，纳入财政支出预算，纳入扶贫攻坚计划，纳入干部晋升考核指标，确保农村文化建设各项目标任务的实现。"五纳入"的规定很硬，关键是要建立考核机制。

《国家"十一五"时期文化发展规划纲要》（以下简称《纲要》）。由中共中央办公厅、国务院办公厅印发，新华社 2006 年 9 月 13 日公布。文化部部长孙家正指出《纲要》具有 3 个显著的特点：

一是强调文化属于人民。《纲要》坚持以邓小平理论和"三个代表"重要思想为指导，以科学发展观为统领，体现了科学发展观、构建和谐社会的要求，进一步明确了文化发展的目的、地位、方向、思路和格局。《纲要》特别注重以人为本，把保护好、实现好、发展好人民群众的基本文化权益、不断满足人民群众日益增长的精神文化需求放在突出位置，对建设公共文化服务体系、繁荣文化事业、发展文化产业、促进城乡区域间文化协调发展、维护低收入和特殊群体的基本文化权益等关系人民群众，尤其是基层群众精神文化生活的各项工作，提出了明确具体的要求，进行了全面细致的安排。

二是强调文化重在建设。《纲要》立足当前，着眼长远，把今后五年的文化发展放在全面建设小康社会、构建社会主义和谐社会的进程中谋篇布局，使 5 年阶段性的发展目标、任务与我国文化建设长远目标和战略任务相衔接。《纲要》从当前文化建设的现状和条件出发，科学合理地确定目标和任务，既提出了总体目标，又确立了近期的重点，并尽可能地进行量化和分解，增强针对性和可操作性，注意通过重点环节突破、重大工程建设项目支撑和政策保障，把文化发展的各项指标和任务落到实处。

三是强调改革创新。深化文化体制机制改革，为文化发展注入新的动力和活力。《纲要》明确了政府在文化建设中的责任，同时指出，文化的发展要充分依靠全社会的文化自觉，充分调动文化艺术工作者的积极性和创造性。

《关于加强公共文化服务体系建设的若干意见》。2007年8月21日由中共中央办公厅、国务院办公厅印发。其中有两点尤其需要我们了解、把握：一是明确要把社区文化中心建设纳入城市规划，从城市住房开发投资中提取1‰，用于社区公共文化设施建设；二是明确要建立健全有关文化发展的各类专项资金和基金，用好公益性福利彩票分成，加大对公益性文化事业的扶持力度。目前这两个规定在全国各地都未得到有效落实。

《中共江苏省委、江苏省人民政府关于发展先进文化，建设文化江苏的决定》（以下简称《决定》）。经全省文化工作会议讨论，于2006年10月4日印发。《决定》有两个亮点：一是首次提出建设文化江苏和文化强省，并初步概括了文化强省的轮廓，即发展理念科学、公民素质领先、文化产品丰富、文化人才荟萃、文化设施配套、文化服务完备、文化产业发达、文化市场有序、文化体制先进、文化综合实力位居全国前列。从1996年提出把江苏建设成为与经济发展相适应的文化大省，到提出建设文化强省，正好走过了10年的历程。二是提出把好方向、鼓励探索，以点带面、循序渐进，积极稳妥地推进文化体制改革，在试点地区探索调整市县文化行政机构，组建文化市场综合执法机构。省长梁保华在全省文化工作会议的讲话中进一步明确，归并文化、广电、新闻出版行政管理部门，统一履行文化行政管理职能；根据属地管理的原则，整合执法力量，分级组建文化市场综合执法机构，统一行使文化市场行政执法职能。省委常委、省委宣传部部长孙志军也在全省文化工作会议上介绍，省委常委会已经研究通过了我省文化体制改革试点工作方案。

对加强农村文化建设，《决定》强调，按照建设社会主义新农村的部署，逐步增加农村公共文化资源总量。加大文化资源向农村的倾斜，实施"送科普、送电影、送戏"下乡工程，推动城市公共文化服务向农村延伸。倡导科学、文明、健康的生活方式，培育有文化、懂技术、会经营的新型农民。坚持以政府为主导构建农村公共文化服务网络，壮大基层文化工作队伍，鼓励农民自办文化，发挥农村中小学在开展文化活动方面的作用。建立健全对苏北欠发达地区的文化援助机制。

《省政府关于加快文化事业和产业发展若干经济政策的通知》（以下简称《通知》）。省政府2006年9月19日印发。《通知》提出"十一五"期间9个方面43条文化经济政策，着力点在4个方面：一是加大对文化事业的投入力度；二是加大公共财政向农村文化建设的倾斜力度；三是加大对文化产业的扶持力度；四是加大对文化体制改革的支持力度。文件明确，培育有文化、懂技术、会经营的新型农民。各级政府要进一步加大文化事业投入，做到"两个高于"，即每年财政文化事业支出增幅高于财政一般预算支出增幅，"十一五"文化事业投入占财政支出的比重高于"十五"时期。公共文化设施建设、维修、管理经费要列入基本建设投资计划和财政预算。对具有江苏特色和重要艺术价值的民族民间艺术以及高雅艺术的生产、传播给予扶持。采用政府购买、补贴等方式，向基层、低收入和特殊群体提供免费文化服务。同时，积极引导社会资金以多种方式投向文化事业，逐步形成多渠道多元化的文化投入格局。文件还明确，把农村文化建设纳入经济社会发展规划，纳入财政支出预算，扩大公共财政覆盖农村的范围，文化领域新增加的财政投入应主要用于农村。省财政设立专项资金，支持经济薄弱地区农村公共文化事业建设，加快乡镇综合文化站、村文化室、农家书屋建设步伐。对重点项目和产品可采取政府采购的方式，直接送到农村。

《江苏省"十一五"文化发展规划》（以下简称《规划》）。2006年12月30日，省委、省政府下发。《规划》从我省新世纪新阶段经济、政治、文化、社会协调发展的客观需要出发，明确了文化江苏建设的实施蓝图。《规划》共分10大部分40项，有4个特点：强调文化江苏重在建设，强调思想道德建设是文化江苏建设的中心环节，强调文化创新在文化江苏建设中的关键作用，强调"文化为民"是文化江苏的出发点和落脚点。《规划》提出的重点推进十大文化建设工程、重点建设十大文化设施和十大文化产业项目是十分鼓舞人心的。

这里重点介绍一下《规划》第三部分"公共文化服务"。第9项"完善公共文化服务网络"明确，加强农村文化设施建设，到2010年，全省60％以上的县（市、区）成为省级以上文化先进县，其中全国文化先进县的比例达到30％。全面实现"县有两馆、乡有一站、村有一室"的目标，全省国家一级图书馆、文化馆的比例达到40％，县（市、区）文化馆、图书馆建设标准不低于2500平方米，乡镇文化站建设标准不低于500平方米，村文化室建设标准不少于20平方米。"十一五"期间，重点解决111个无房、509个面积不达标文化站建设问题。加快推进文化信息资源共享工程，到2010年，实现县有分中心、所有乡镇有服务点。

第10项"创新公共文化服务方式"明确，建立和完善公共文化电子政务系统，提供公共文化信息服务。综合利用全省公共图书馆、高校图书馆和科研院所图书馆，实现信息资源共建共享，鼓励有条件的城市公共图书馆实行通借通还，推动公共文化服务向社区和农村延伸。采用政府购买、补贴等方式，向基层、低收入和特殊群众提供免费文化服务。加快建设数字电视多媒体网络系统、数字电影院线、网上图书馆、网上博物馆、网上剧场和群众文化活动的远程指导网络，大力发展流动舞台车、流动图书车等新型文化服务载体，建设流动服务网络。

第11项"丰富农村群众的精神文化生活"明确，实施"送科普、送电影、送戏"下乡工程。加强对农村题材文艺作品创作生产的组织策划，推出一批形式多样、群众喜爱的优秀文艺产品。购买适合农村的优秀剧本版权，免费供基层文艺院团使用，为农民演出。组织群众开展自编自演、自娱自乐的文化活动。开发农村特色文化资源。鼓励和扶持农民自建文化大院、文化中心户、文化室等文化阵地。扶持一批民营艺术表演团体、农村业余剧团和个体电影放映队。

第12项"建立农村文化建设的长效机制"明确，把农村公共文化建设纳入当地经济社会发展规划和各级政府目标管理，纳入创建文化先进县（市、区）、文化先进乡镇和创建文明村镇等相关评价体系。政府保证文化馆（站）开展业务必需的经费、基层公共图书馆（室）购书经费和农村电影放映补助经费。建立健全基层文化单位服务农村、服务农民的业绩考核和评价体系。加强基层文化队伍建设，充分发挥各级文化馆（站）的组织与辅导职能。鼓励和支持离退休文艺工作者、艺术院校学生和各界人士为群众提供志愿者服务。

第 13 项"鼓励社会捐助和兴办公益性文化事业"明确，鼓励社会力量捐助和兴办图书馆、博物馆和文化馆等，同时制订相应的管理规范和申办程序，并在用地、税费等方面给予政策优惠。推进资源整合共享，鼓励机关、部队、学校、企业等单位现有文化设施向社会免费或优惠开放。

六、 扎实推进经济薄弱地区农村公共文化服务体系建设

我国波澜壮阔的改革，是率先在农村起步并取得突破的。在改革开放 30 周年之际，党的十七届三中全会对农村改革发展作出新的战略部署。30 年前起步的农村改革，使我国广大农村的面貌发生了历史性巨变。但我国农村的改革发展仍然面临不少挑战和问题：城乡二元结构矛盾仍然突出，农业发展方式依然粗放，农民持续增收的机制尚未完全建立，实现城乡基本公共服务均等化任重道远。

党的十七届三中全会对繁荣发展农村文化提出明确要求。对照中共中央办公厅、国务院办公厅《关于进一步加强农村文化建设的意见》和《关于加强公共文化服务体系建设的若干意见》，我们注意到，这些要求前两个文件都有所涉及，某种意义上说，是对前两个文件的集中概括，但十七届三中全会也有一些新阐述和强调的重点：首次强调繁荣发展农村文化，首次提出建立稳定的农村文化投入保障机制，首次明确乡镇文化站和村文化室建设为重点文化惠民工程，明确提出引导城市文化机构到农村拓展服务，明确提出重视丰富农民工文化生活，帮助他们提高素质。

我省区域、城乡差距非常明显，实现"两个率先"、建设文化江苏、构建公共文化服务体系的难点在经济欠发达地区。文化部副部长周和平认为，我国农村文化建设亟待解决四大问题：一是投入明显不足，二是文化基础设施落后，三是为农村群众服务的公共文化机构运转存在较大困难，四是文化产品和服务供给不足，为基层提供的公共文化资源总量偏少、质量不高。在我省经济欠发

达地区，农村文化建设同样存在类似的问题。

当前，必须继续采取有力措施，加大文化资源向农村特别是经济欠发达地区的倾斜力度。省政府制定的"十一五"文化经济政策，以及省委、省政府主要领导在全省文化工作会议上的讲话都明确，每年财政文化事业支出增幅高于财政一般预算支出增幅，"十一五"文化事业投入占财政支出的比重高于"十五"时期。按照统筹城乡发展的要求，把农村文化建设纳入经济社会发展规划，纳入财政支出预算，扩大公共财政覆盖农村的范围，文化领域新增加的财政投入应主要用于农村。我认为，现有的政策规定已经基本到位，但落实还不到位。

为了进一步推进城乡文化发展一体化，最近，我们正在向省委、省政府建议，实施农村文化繁荣工程，包括设立繁荣发展农村文化保障资金，继续推进重点文化惠民工程，实施进城务工人员文化扶贫计划等。建议省级繁荣发展农村文化保障资金每年不少于一个亿。使用范围为：保障全省重点文化惠民工程的实施，扶持农村题材文化产品创作生产，引导农民开展乐于参与、便于参与的文化活动，鼓励农民兴办演出团体和其他文化团体，保障农民工的合法文化权益，引导城市文化机构到农村拓展服务。

七、大力推进乡镇综合文化站建设

乡镇文化站是农村最基层的公益性文化事业单位，是党和政府密切联系农村、活跃农民群众文化生活的重要阵地和纽带。加强社会主义新农村建设，需要不断提高乡镇文化站的服务能力。

一是尽快全面实现乡镇文化站 500 平方米达标建设任务。省政府明确，用三年时间，全面完成 446 乡镇文化站新建、改扩建任务。2008 年这一任务虽然完成了，但由于多种原因，少数地区 2005 年乡镇文化站统计时没有如实上报，因而仍有部分不达标文化站未能列入省补助和建设范围。在宿迁市乡镇文化站建设现场会上，省财政厅表态，妥善解决瞒报漏报的不达标文化站建设问题，以市为单位，采取以奖代补的方式，进行一次性补助。这一计划正在实施，全省有望在今年全面实现乡镇文化站达标建设任务。

二是出台《江苏省乡镇综合文化站管理办法》。针对农村文化建设的新情况、新问题，我们正在争取出台《江苏省〈公共文化体育设施条例〉实施细则》《江苏省公共图书馆管理办法》《江苏省文化馆管理办法》《江苏省乡镇综合文化站管理办法》。《江苏省乡镇综合文化站管理办法》已列入省政府今年立法项目，省人大对这项工作也很重视，决定在适当时候由政府规章上升为地方性法规。目前《管理办法》送审稿起草工作已经完成，分总则、职责、设施、活动、人员、经费、罚则、附则8章36条。

三是设立省级农村文化活动引导奖励资金。建议2008年至2012年期间，每年安排5000万元，对经济薄弱地区734个建成达标文化站的乡镇，每个站按照5万元标准配送设备；对苏中、苏北841个乡镇文化站开展活动达到要求的每站给予2万至3万元的引导资金；对苏南214个乡镇文化站活动开展得好的也将给予适当的奖励。同时继续实施"三送工程"，让经济薄弱地区农民有书读，有电影和戏看，与城市居民享受同等公共文化服务权益。

四是评比命名省级文化先进乡镇。目前正在制定评比标准和评比办法，将以省文化厅名义发文和表彰。

五对乡镇文化站进行评估定级。这项工作有难度，但如能实施对促进乡镇文化站建设将有重要意义。

六是对乡镇文化站从业人员实行准入制度。在通州、苏州试点的基础上，尽快在全省推广。

七是加大培训力度。用三年时间，对乡镇文化站长和县（市、区）文艺骨干轮训一遍。

八是宣传表彰一批农村基层文化工作者。今年在全省评选表彰一批长期在艰苦岗位上默默无闻工作而又作出较大贡献的文化站长。

九是理顺文化管理体制。为了更好地保障乡镇文化站阵地的巩固和业务工作的开展，保障乡镇文化站基本经费的落实和专职文化干部的配备、使用和交流，我们建议经济欠发达地区乡镇文化站由县级文化部门垂直管理，乡镇文化站人员编制3—5人，人员工资和运行经费由县级财政统一拨付。事实上我省一些地方也是这样做的。

十是建立健全考核机制。我们已建议在省小康社会主要指标中增加文化考核指标：一是以县为单位，政府文化经费支出占财政总支出的 1%；二是乡村基层文化设施 2010 年全部达标。根据《江苏省"十一五"期间新农村建设"十大工程"评价指标体系》考核要求，每年年初，省文化厅都将组织考核，并及时公布考核结果。

文化部 2010—2012 国家公共文化服务体系制度设计研究立项课题前期成果，发表于 2009 年第 3 期《艺术百家》

文化江苏建设的战略思考

1996 年提出建设文化大省，2003 年开始文化江苏行动，2006 年又提出由文化大省向文化强省迈进的更高目标，一步步走来，江苏文化建设经历了一个全面推进、成就斐然的十年发展佳期。而今，面对国家现代化建设的更高要求，面对"两个率先"的江苏发展大势，也面对外省市你追我赶的文化建设热潮，今后一段时期，文化江苏建设如何再上新台阶，再求大发展，便成了摆在江苏各级党政领导和全省人民面前的一个必须作出战略思考、必须拿出扎实举措、必须抓紧付诸行动的课题。

一、 文化江苏建设的时代要求

十年，用历史的眼光看是短暂的。然而就在这短短的十年中，江苏文化建设的速度超过了以往的几十年，江苏的人文面貌发生了巨大而深刻的变化。诚如《2005 年江苏文化发展蓝皮书》描述的那样：

一种以科学发展观和"三创"精神为主导价值观，沿着先进文化的发展方向，承继着江苏优秀文化传统，积极汲取世界优秀文化精华，以"两个率先"、构建江苏和谐社会为目标取向，在苏南、苏中、苏北区域文化共同发展中，不断推进自身文化创新发展的江苏新文化业已初步形成；一个文化体制和政策环境有了根本性转变，以公共行政主体来推进文化建设和文化发展，以公共文化服务体系来保障和实现公民的文化权利，以文化产业的不断发展来满足人民群众日益增长的精神文化需求，以经济、文化的一体化发展来推进江苏率先发展、科学发展、和谐发展的文化新江苏业已初显雏形。江苏将以新的文化内涵、现代文化体系和新的文化形象迈入新的经济与社会发展时期。

具体讲，经过"九五""十五"两个五年的努力，江苏文化建设取得的主要成就可以概括为以下六个方面：

一是人文精神得到升华，科学发展观和"创业、创新、创优"深入人心，江苏人的主体精神特质日渐鲜明；

二是文化体制改革不断深入，文化建设的科学体系初见雏形，文化发展的制度和政策环境有了较大改变；

三是文化事业持续繁荣，惠及全民的公共文化服务体系初步建立，人民群众的精神文化生活更加丰富多彩；

四是文化产业星火燎原，形成了一批特色文化企业，开始成为江苏经济的新的增长点；

五是精神产品生产硕果累累，文学艺术精品佳作和有创意的大型文化活动全国领先，文化大省形象得到了较为充分的展示；

六是社科研究成果多多，若干基础学科走在全国前列，一批应用研究为江苏"两个率先"作出了贡献。

在充分肯定江苏文化建设已经取得很大进展的同时，我们也应该看到，由于历史上文化欠账太多，由于一些主事人的认识还有偏差，由于一些地方的经济基础还比较薄弱，江苏文化建设还存在许多问题和困难。主要是：保障文化建设的制度和政策还不很有力，文化体制改革的步子还有待加大，文化产业发展的思路还有待拓宽，推进文化建设的财政投入仍然偏少，城乡居民的文化消费水平仍然偏低等。

十年成就，令人鼓舞；存在问题，催人奋进。作为省委、省政府提出的"五大建设"之一的"文化江苏建设"将会以更大的规模展开，向更高的目标推进，以求获得更有成效的发展。

在邓小平理论和"三个代表"重要思想指引下，党的十六大以来逐步形成了建设有中国特色社会主义的新思路、新精神、新要求。强调人本思想、构建和谐社会、落实科学发展观，标志着中国执政理念的三大进步，是统领现代化建设各项工作的出发点和落脚点，自然也是文化江苏建设必须始终遵循的指导思想和基本要求。

1. 强调以人为本，文化江苏建设必须以保障人民群众的基本文化权益、让广大人民群众共享文化建设成果为最大目标

为广大人民群众谋利益是中国共产党人的最高宗旨，搞文化建设是为了满

足广大人民群众日益增长的精神文化需求。对此，人们在理论上不会有异议，但在日常的工作和生活中能不能忠实地、全面地践行就是另一回事了。党的十六大以来，中央所以反复强调一切工作要以人为本，是有其明显的现实针对性的。以人为本中的"人"，首先指的是广大人民群众，以人为本的实质就是以人民群众为本，就是以实现大多数人的根本利益为一切发展的根本，就是要引导人们更好地协调个人与社会的关系、个人与大众的关系，促进个人利益与广大人民群众利益的共同发展。"以人为本"意味着要尊重人，把人当成一切制度安排和政策措施的起点和归宿。也就是说，要从人的特点或实际出发，一切制度安排和政策措施"要体现人性，要考虑人情，要尊重人权，不能超越人的发展阶段，不能忽视人的需要"。用这样的观念考察以往的文化工作，我们发现在许多方面还有很多不足乃至偏差。联合国于 1966 年 12 月 16 日通过的《经济、社会、文化权利国际公约》，其文化方面的内容为："人人有权参加文化生活，享受科学进步及其应用所产生的利益，对其本人的任何科学、文学或艺术作品所产生的精神上和物质上的利益享受被保护之利。"这就是说，国家的每个公民都可以而且应该享受公共文化服务权，享受文化科技进步成果权，参与文化生活权，接受教育培训权、享有文化创意权等。对照这些要求，总体上看，江苏人民群众的基本文化权益是有一定保障的，特别经过这十年的努力，人民群众享受到了越来越多文化权益，这一点必须充分肯定。存在的问题是，在处理精英文化和大人文化的关系上，在对待城市文化和乡村文化的重视程度上，往往侧重前者而对后者相对放松，以至一些地方基层文化服务的功能有所萎缩，尤其弱势群体的文化权益很难得到保障。因此，今后文化江苏建设必须强化"以人为本"的观念，以保障人民群众的基本文化权益、让广大人民群众共享文化建设成果为最大目标，尤其要特别关注农村基层的文化服务工作，让广大农民群众从文化发展中得到实惠。

2. 构建和谐社会，文化江苏建设承担着打牢思想道德根基的特殊使命

文化建设与构建和谐社会的关系至少体现在三个方面：

第一，从文化的社会地位上看，文化与政治、经济一道是社会构成的三大基本形态，谋求政治民主、经济发达、文化繁荣是实现社会进步的三个主攻方

向，而只有三方面平衡发展，才能呈现社会和谐的最佳状态。很难想象，一个经济发达而文化落后的社会会是一个和谐的社会。是故文化江苏建设乃是构建和谐江苏的一项重大战略任务。

第二，从文化的社会功能上看，优秀的精神产品和周到的文化服务，可以丰富人的学识，提高人的素养，陶冶人的情操，开拓人的胸襟，愉悦人的心情，对于消除隔阂、化解矛盾，融洽人际关系、增进群体团结发挥着的直接影响或潜移默化的作用，而和善高雅的文化行为也是社会和谐的重要基因。文化江苏建设对于促进江苏的社会和谐是非常重要的。

第三，从文化的社会责任看，它又承担着打牢思想道德根基特殊重大使命。这一点对于文化工作者至关重要。坚持精神产品和文化服务的正确导向，引导人们树立进步的价值观、坚定崇高的理想信念，信守良好的道德规范，应该是所有文化工作者义不容辞的社会责任。在文化江苏建设中，我们要特别重视宣传那些与增进社会和谐关系密切的优秀传统文化元素，大力弘扬以扶贫济困为主要内容的"关爱文化"、以知恩图报为主要内容的"感恩文化"、以诚实守信为主要内容的"信用文化"、以谦恭礼让为主要内容的"礼仪文化"、以爱护自然为主要内容的"顺天文化"等体现传统道德的文化精华，也要大力弘扬体现时代精神和现代意识的"'三民'思想""红烛精神""龙江风格""鱼水情谊""人情化服务"等。把握了这样的主旋律，文化江苏建设就一定能在构建和谐江苏的伟大实践中作出应有的贡献。

3. 落实科学发展观，文化江苏建设也要走全面、协调和可持续发展之路

科学发展观，是我们党对社会主义市场经济条件下经济社会发展规律在认识上的重要升华，是党执政理念的一大飞跃。其基本内涵就是实现经济社会的全面、协调、可持续发展。文化江苏建设自然也要在科学发展观的统领下，走全面、协调、可持续发展之路。

这样说包含两方面的意思：一方面就文化建设与社会发展的全局而言，文化建设要有大局观念，坚持以经济建设为中心，努力为实现经济健康发展和社会全面进步作贡献，并且自觉协调好与政治建设、经济建设等各个方面、各个环节的关系，协调好与人口、资源、环境的关系，保证国家和所在地区一代接

一代的永续发展。

另一方面，就文化建设自身而言，也要全面，也要协调，也要瞻前顾后，长盛不衰。讲全面，就是要积极繁荣文化事业又要努力拓展文化产业，要抓好精神产品又要办好文化活动，要建好管好重点文化场所又要健全完善基层文化设施，要重视人才培养又要构建公共服务体系等，不能抓一头放一头，只顾出政绩不图见实效。讲协调，就是要处理好普及与提高、城市与农村、开放与管理、国办与民办、社会效益与经济效益、发达地区与欠发达地区等各个方面的关系，以利调动一切积极因素，为文化江苏建设添砖加瓦。讲文化建设可持续发展，主要是指要珍惜有限的财力、物力、人力和社会文化资源，增强成本意识，精打细算，细水长流，把每一点可用资源都用到刀口上，形成勤俭办文化、清廉办文化的良好风气。文化建设当然要有超前意识、创新意识和精品意识，因循守旧、按部就班、粗制滥造是不可能有所成就的；但是，超前不等于盲目跨越，创新并不是标新立异，图精品不能好大求洋。热衷讲阔气、摆排场只会令人生厌，动辄大投入、大制作必然难以为继。需知，勤俭节约、艰苦奋斗的好习惯、好风气本身也是一种文化，文化建设的可持续发展也需要节俭文化的支撑。

二、 文化江苏建设的战略目标

《中共江苏省委、江苏省人民政府关于发展先进文化，建设文化江苏的决定》提出，建设文化江苏，要坚持以邓小平理论和"三个代表"重要思想为指导，以科学发展观为统领，把握先进文化前进方向，以发展先进文化生产力为核心，以满足人民群众的精神文化需求为根本导向，解放思想、推进改革、加快发展、重在建设，集中力量实施若干重点文化建设工程和项目，大力发展先进思想文化，发展公益性文化事业，发展经营性文化产业，发展文学艺术生产，全面提升社会主义先进文化的引领能力、服务能力、竞争能力、创新能力，使江苏成为发展理念科学、公民素质领先、文化产品丰富、文化人才荟萃、文化设施配套、文化服务完备、文化产业发达、文化市场有序、文化体制先进、文化综合实力位居全国前列的文化强省，让全省人民共享先进文化的发展成果。这就明确提出了以更大的力度，建设与经济社会发展水平相匹配的文化江苏的目标要求。

我们理解，文化江苏涉及面十分宽广，它以全面提高人的文明素质为核心，以发达的教育、先进的科技为基础，以多出作品、多出人才，全面提高人民群众文化生活质量为目标，是一种战略构想和总体描述，是一个"大文化"的概念。文化强省则比较形象具体，可以通过一定的指标来衡量，范围一般定位在"中文化"上。文化强省的核心是要全面提升先进文化的引领能力、服务能力、竞争能力和创新能力，实现人文精神强、文化事业强、文化产业强和文化人才强。文化强省是文化江苏的具体体现。

下面，我们从社会主义初级阶段的实际出发，根据党中央、国务院对江苏"两个率先"的要求，以及省委、省政府建设文化江苏的决定，提出江苏建设文化强省的总体目标、分段实施要求和具体指标体系。

1. 总体目标和分段要求

我们认为，建设以文化强省为标志的文化江苏，在已有 10 年建设文化大省的基础上，再经过 10 年的努力，到 2015 年前后，可以把江苏建设成为发展理念科学、公民素质领先、文化产品丰富、文化人才荟萃、文化设施配套、文化服务完备、文化产业发达、文化市场有序、文化体制先进、文化综合实力位居全国前列的高标准的文化强省。具体分两个阶段来实施：

第一阶段（2006—2010 年）：研究确定并着手实施文化强省建设规划纲要，形成并不断完善目标框架及其考核评估体系。考虑到我省文化欠账较多，这期间重点解决文化发展中的薄弱环节，着力促进区域、城乡协调发展，初步建成覆盖全社会的比较完备的公共文化服务体系。

按照省委、省政府要求，"十一五"期间，全省文化事业投入坚持"两个高于"，即每年财政文化事业支出增幅高于财政一般预算支出增幅，文化事业投入占财政支出的比重高于"十五"时期。省里组织实施十大先进文化艺术工程、十大文化设施和十大文化产业等 30 项重点文化建设项目。参照省里的做法，各市也在具体组织实施 60 项文化设施、17 项精品生产、6 项特色文化、25 项文化遗产保护和 37 项文化产业等 145 项重点文化建设项目。

全省 60％以上的县（市、区）成为省级以上文化先进县，其中全国文化先进县的比例达到30％。实现"县有两馆、乡有一站、村有一室"的目标。全省国家一级文化馆、图书馆的比例达到40％，县（市、区）文化馆、图书馆建设标准不低于2500平方米，乡镇文化站建设标准不低于500平方米，村文化室建设标准不少于20平方米。实施农村文化建设工程，设立专项资金，重点对乡镇文化站建设、"送科普、送电影、送戏"下乡、农村有线电视进村入户和"农家书香"工程给予扶持。

至2010年末，江苏文化发展综合水平要位居全国前5名，接近中等发达国家水平，指标实现分值不低于70分。

第二阶段（2011—2015年）：区域、城乡之间的差距进一步缩小，先进的文化体制和机制已经形成，文化普惠于民，人民群众的文化生活质量显著提高，文化在和谐社会中的引导支撑作用开始得到体现。

在这一阶段，人民群众的文化素质和文化消费水平将有新的提高，日益增长的物质文化需求将达到一个更高的层次。文化事业的繁荣不再只是文化工作者努力的目标，而将成为全省人民为之奋斗的壮丽事业。为此，要求以政府为主导，进一步统筹规划，合理布局，加大投入力度，深入实施重大公共文化服务工程，加强城市文化建设，改善农村文化生活，健全公共文化服务网络。在全省大力弘扬"创业创新创优"的新江苏精神，巩固和发展为实现"两个率先"共同奋斗的思想基础。集中力量培育一批有影响力的文化产品、有创造力的文化队伍、有代表性的文化设施、有竞争力的文化产业、有针对性的文化服务。加大文化资源向农村倾斜的力度，扩大公共财政覆盖农村的范围。采用政府采购、补贴等方式，向基层、低收入和特殊群体提供免费文化服务。将图书馆、博物馆、纪念馆等公共文化设施免费开放落到实处。鼓励社会力量兴办公益性文化事业。建立文化援助机制。运用高新技术成果，加快载体的数字化、信息化、网络化建设，丰富文化表现形式，拓展文化传播方式。

至2015年末，江苏文化发展综合水平要位居全国前3名，超过中等发达国家水平，指标实现分值不低于90分。

2.指标体系设计

建设文化强省，是一项规模庞大的系统工程。为使这一工程得以顺利实施，必须设计出一套科学的、简明的、量化的、可比的指标体系。其主要作用在于，描述全省各文化领域、各地区、各阶段的发展状况，并及时作出评估，为各级党委、政府和文化部门提供分析资料，以利于在同全省的横向比较中估量本地文化发展态势，根据目标实现值的进展情况对各领域、各阶段的文化发展加以必要的调控，确保三个文明建设协调发展。

我们从大量可供考察文化发展水平的指标中，选择了下列 10 项，作为 2015 年实现文化强省的目标值：

（1）文化投入：政府文化经费支出占财政总支出的 1.2％，全社会文化投入经费占 GDP 的 2％。

（2）文化设施：千人公共文化设施面积城市 100 平方米，农村 40 平方米，实现公共文化设施免费开放。

（3）文化产品：获奖总数和金奖数居全国前 3 位。

（4）文化活动：有国际性、全国性影响的重大文化品牌活动 10 个左右。

（5）文化遗产：世界文化遗产、世界非物质文化遗产、国家文物保护单位、国家非物质文化遗产数居全国前 3 位，文化遗产经费投入占文化经费比重不低于 15％。

（6）文化信息：人均图书馆藏书 2 册，电视人口覆盖率 100％，百人报刊订阅 50 份。

（7）文化消费：家庭文化教育支出占家庭消费总支出的 20％，每百户文化耐用品拥有量综合指数 90％。

（8）文化交流：国际文化交流每年不少于 1 万人次。

（9）文化科技：高科技文化设备总值占文化固定资产原值的 50％，高级职称和研究生学历的人才占文化技术人员的 40％。

（10）文化产业：文化产业增加值占 GDP 的 5％。

（11）文化法制：已立法的文化门类达 80％。

（12）文化影响：群众文化素质和文明水准综合评分 90 分，群众对文化服务满意度 90％。

考虑到"大文化"的背景，下列 4 项指标一并列出：

（1）教育：高校和在校大学生数居全国前 3 位，全民人均受教育 12 年；

（2）卫生：城市社区卫生服务、新型农村合作医疗人口覆盖率达 100％；

（3）体育：在国际、国家比赛中获得的冠军数居全国前 5 位；

（4）科技：两院院士、研发机构和从事科技活动人员数居全国前 3 位，科技活动经费支出占全省 GDP 的 2％。

三、 文化江苏建设的战略思路

文化江苏建设任务重、要求高，必须进一步解放思想、开阔眼界，以创新的思路和扎实的措施强力推进。必须始终坚持以科学发展观为统领，更新文化发展理念，创新文化发展模式，优化文化资源配置，强化投入产出效益，实现科学发展，协调发展，和谐发展。必须始终坚持以满足群众文化需求为根本目标，以科学的理论武装人，以正确的舆论引导人，以高尚的精神塑造人，以优秀的作品鼓舞人，保障和实现人民群众的基本文化权益，使广大人民群众共享文化发展成果。必须始终坚持以发展为主题，重在建设，办实事、求实效，采取工程化、项目化的办法推进文化发展，使文化江苏建设的总体部署落到实处。必须始终坚持以构建公共文化服务体系为重点，大力发展公益性文化事业，以繁荣文化市场为目的，大力发展经营性文化产业，实现文化事业和文化产业相互促进、协调发展。必须始终坚持以改革创新为动力，着眼世界文化发展前沿，立足江苏文化发展实际，以体制机制创新为重点，深化文化体制改革，积极推进文化与经济、科技融合发展，提高文化自主创新能力。必须始终坚持一手抓繁荣、一手抓管理，大力发展先进文化，支持健康有益文化，努力改造落后文化，坚决抵制腐朽文化，维护文化安全，推动文化江苏建设健康快速发展。

在具体建设实践中，要重点实施五大战略：

1. 人文精神提升战略

先进思想文化是社会全面进步的号角，一流的人文精神是文化江苏和文化强省建设的内在支撑。《江苏省"十一五"文化发展规划》的一个重要特点，就是强调了思想文化建设是文化江苏建设的中心环节，是未来五年江苏文化发展的首要任务。因此，要把提升人文精神摆到文化江苏建设的首要位置，作为一个全局性、战略性的重大课题，认真加以研究，切实加强部署，大力培育富有民族特色、体现时代要求的良好人文精神，引导社会、团结人民、促进发展，为"全面达小康、建设新江苏"提供强大的精神支柱。

第一，大力弘扬"三创"精神。以"创业创新创优"为核心的"三创"精神，是新时期江苏人文精神的鲜明特质，是民族精神和时代精神在江苏的具体体现。前几年，在全省开展的"弘扬三创精神、推进两个率先、构建和谐社会"的主题教育活动，得到了干部群众的充分肯定和普遍认同。据抽样调查，有86.9%的人认为"三创"精神对推进"两个率先"、构建和谐社会有重要或较大作用，有70%以上的人认为弘扬"三创"精神正逐步成为干部群众的自觉行动，并已取得明显成效。要在已经取得重要成绩的基础上，把"三创"精神的弘扬和培育放到文化江苏建设的重要位置上，在全社会大力营造尊重劳动、尊重知识、尊重人才、尊重创造的良好文化氛围。弘扬和培育江苏精神，要密切联系"全面达小康、建设新江苏"的火热实践，紧密结合江苏人民的文化传统，通过新时代先进典型的宣传来引领，通过优秀文艺作品和艺术形象的创作来展现，通过城市重要景观和风貌的建设来塑造，最终使"三创"的思想观念深入人心，使"三创"的精神蔚然成风。

第二，切实加强思想道德建设。思想道德是人文精神生发的基础。全面落实《公民道德建设实施纲要》，实施公民道德建设工程，把家庭教育、学校教育、单位教育和社会教育紧密结合起来，以社会公德、职业道德、家庭美德为着力点，大力倡导爱国守法、明礼诚信、团结友善、勤俭自强、敬业奉献的基本道德规范。广泛深入持久地开展社会主义荣辱观的学习实践活动，集中解决公民行为习惯和社会风气中存在的突出问题，在文明礼仪、公共秩序、社会服务、城乡环境、旅游出行、文化市场、互联网管理等重要领域取得成效。大力倡导以人为本、和谐共生的理念，营造团结友爱、互助合作、和睦相处的社会氛围，特别是要深入挖掘、研究、弘扬传统文化中的和谐思想，立足新的实践，丰富时代内涵，发展和谐文化。坚持家庭教育、学校教育和社会教育相结合，切实加强青少年思想道德建设。要积极探索新形势下道德建设的特点和规律，创新形式、内容、手段和方法，增强针对性、实效性。

第三，深入推进精神文明创建。精神文明创建是提升人文精神、提高文化素养的重要载体和有效手段。要以培育新市民、新农民为目标，以群众性精神文明创建为载体，广泛开展文明城市、文明村镇、文明行业创建活动，使城乡环境面貌有较大改观、社会服务水平有显著改善、公民文明素质和社会现代文明程度有明显提高。城市要以社区为重点，开展科教、文体、法律、卫生"四进社区"和创建和谐社区等活动，不断提升城市文明水平。特别是要以社区学校、市民学校、新市民教育课堂和各种文体活动为载体，开展有针对性的文明素养、行为规范教育。村镇要以促进乡风文明、村容整洁为着力点，开展形式多样的创建活动，引导广大农民移风易俗、转变观念、提高素质。重点实施"新农民服务工程"，开展文明生态村、星级文明户、文明信用户、科技示范户、文化中心户创建，培育有文化、懂技术、会经营的新型农民。行业要大力加强诚信建设，开展百城万店无假货、共铸诚信、文明风景旅游区、做人民满意公务员等活动，树立行业文明新风。

2. 精品带动战略

优秀的精神产品是一个时代、一个地区文化建设水平和综合实力的集中反映。总体上看，江苏精神产品创作生产基础好、发展快，文学、戏剧、美术、民乐等门类在全国具有一定的领先优势，影视等艺术门类不断取得新进展。然而，与当前文艺发展的整体态势相比，与江苏经济社会发展特别是文化大省建设的内在要求相比，我省的文艺创作仍然需要进一步加强。具体表现为：具有全国重大影响、代表江苏形象的优秀作品不多，关注普通百姓生活、引起广泛共鸣的作品不多，富于时代气息、充满艺术魅力的典型形象不多，立足文艺前沿、引导发展潮流的艺术创新不多。因此，要大力实施精品带动战略，多出精品力作，带动普遍繁荣，不断提高江苏文化产品的影响力、竞争力和辐射力。

第一，着力打造精品力作。树立精品意识，倡导创新精神，努力推出一批体现时代精神、江苏特色，符合人民群众多元、多变、多样精神文化需要和审美需求的优秀作品。继续保持中篇小说、儿童文学创作在全国的领先地位，力争在长篇小说创作方面实现重大突破，进一步扩大"江苏作家群"在全国的影响。继续保持江苏戏剧、美术、书法、民乐、摄影、曲艺、民间艺术等门类在全国的比较优势，加快发展影视剧、音乐、舞蹈、杂技、动漫等文艺门类，力争进入全国先进行列。加大昆曲、苏州评弹、民乐等在国内外有较大影响的文化品牌和锡剧、扬剧、淮剧等江苏地方特色品牌的建设和保护力度。加强对群众文化需求和文化市场消费的调查研究，适应现代受众的审美需求特点，提炼独特、富有创意的文化内容，开发群众喜爱、市场占有率高的文化产品，满足不同群体的文化需求。

第二，着力完善多出优秀作品工作机制。尊重文化规律，发扬艺术民主和学术民主，大力营造良好的创作生产环境。精心组织实施精神文明建设"五个一工程"、舞台艺术精品工程、文学创作与评论工程、重大历史题材美术创作工程、品牌图书工程，推动各个门类创作出一批思想艺术性成就较高、深受群众喜爱的优秀作品。加强对重大作品和课题项目的规划与策划，突出重点，落实责任。设立专项资金，制定申报、审核和质量效益测评制度，对重点作品的创作生产给予资助，每年重点策划、扶持一定数量作品的创作生产，集中精力、精心打磨，力争成为体现文化江苏建设成就的代表性作品。增强开放意识，打破地域和行政界限，优化艺术生产和科研要素组合，提高重点精神产品创作生产的能力和水平。采取切实措施，鼓励支持作家艺术家深入生活、深入实际、深入群众。

第三，积极创新节庆活动品牌。创意新、起点高、影响大的品牌性节庆会展平台，是繁荣文艺创作的重要载体。在这方面，国内外都有很多的成功经验。如格莱美音乐节，全球175个国家、约200个城市电视转播，20亿观众收看，仅电视转播收入就达32亿美元。国内的上海国际艺术节、南宁国际民歌艺术节、长沙金鹰节等，实行政府办节、公司经营、社会参与的思路，都取得了较好的社会效益和经济效益。目前我省各地创办和举办的各种文化艺术节庆活动数量不少，但具有影响力和竞争力的品牌活动并不多。因此，要充分利用江苏人文资源，有重点地创办和承办全国性、国际性重大文化活动，聚集国内外的艺术大师和优秀文艺人才，多出精品力作。重点是继续办好中国百家金陵画展、中国曲艺"牡丹奖"评选颁奖活动、中国音乐金钟奖民乐评选颁奖活动、中国江苏文化艺术周、中国昆曲艺术节、中国评弹艺术节、中国（常州）国际动漫艺术周等重大文化活动，力争形成规模、办出影响，提升我省文艺创作整体水平，并逐步确立其在相关领域的优势地位。同时可根据发展需要，整合资源、多方联动，筹划创办更多集聚效应强、影响力大、知名度高的品牌活动。

3. 公共服务体系升级战略

改进公共文化服务，保障公民基本文化权益，是文化改革发展的重要目标之一。从江苏的具体情况来看，经过多年的不懈努力，公共文化服务体系虽已初步建成，但总体上水平还不高，体系还不完善。以图书馆为例，全省平均每74万人才拥有一座图书馆，人均藏书量仅达 0.4 册，与国际平均水平 2 万人拥有一个公共图书馆和国际图联人均 2 册的国际标准还有很大差距。在特殊群体比如进城务工人员方面，公共文化服务体系还存在重大盲区。城乡之间、地域之间以及不同社会群体之间拥有公共文化产品和服务的差别还很大。文化江苏建设，必须尽快建立和完善以政府提供服务为主导方式的，面向广大农村群众的，结构合理、发展平衡、网络健全、运营有效、惠及全民的公共文化服务体系，让文化发展的成果普惠于民。

第一，切实加强公共文化设施建设。以大型公共文化设施为骨干，以社区和乡镇基层文化设施为基础，统筹规划全省文化设施的数量、种类、规模以及布局，优先安排关系群众切身文化利益的设施建设。省里规划建设好江苏大剧院、江苏国际图书中心、江苏广电城等一批省级重大文化设施，各省辖市也要从本地实际出发，规划建设一批综合性、多功能、具有地方特色的标志性公共文化设施。要重点加强农村文化设施建设，力争到 2010 年，全面实现"县有两馆、乡有一站、村有一室"的目标，全省国家一级文化馆、图书馆的比例达到40%，所有行政村和 50 人以上的自然村基本实现有线电视"村村通"。按照"集成、综合、联网"的要求，整合农村各种宣传教育文化阵地，共建共用。城镇和新区、住宅区文化设施和文化服务网点要合理布局，拓展项目，丰富内容，规模发展，逐步连点成片，建成若干文化广场、文化街、文化带，方便城乡居民群众就近参加文化活动，享受文化服务。

第二，精心组织实施文化惠民工程。进一步完善国有图书馆、博物馆、美术馆等公共文化设施对未成年人等免费或者优惠开放制度，有条件的爱国主义教育基地的公共文化设施可向社会免费开放。认真组织实施送科普书籍、送电影、送戏下乡"三送"工程，重点支持苏北、苏中地区经济薄弱县（市、区），确保每个乡镇全年得到1万元科普图书、演出不少于4场，行政村每月放映一场电影。加强对农村题材文艺作品创作生产的组织策划，推出一批形式多样、群众喜爱的优秀文化产品。积极探索和完善政府采购和补贴制度，通过实行演出场次补贴，调动文艺院团到基层演出、低价演出的积极性，更好地服务基层、服务群众。从群众生产生活实际出发，广泛开展丰富多彩的群众文化活动，力争形成一批特色鲜明、影响广泛、深受群众欢迎的品牌群文活动。切实维护低收入和特殊群体的基本文化权益，采取政府采购、补贴等措施，开拓服务渠道，丰富服务内容，保障和实现城市低收入居民、残疾人、老年人和农民工等群体的基本文化生活需求。

第三，探索完善公共文化建设长效机制。把公共文化建设纳入当地经济社会发展规划和各级政府目标管理，纳入创建文化先进县（市、区）、文化先进乡镇和创建文明村镇等相关评价体系。加快公益性文化事业单位改革，县、乡文化机构要面向群众、面向基层，制订年度公益性文化项目实施计划，明确服务规范，改进服务方式，开展文化服务。积极鼓励社会力量和民间力量办文化，通过民办公助、政策扶持，开展各种文化经营活动，使公众成为公共文化建设的主体。建立健全文化援助机制，通过援赠设备器材和文化产品、共享文化资源、业务合作、人员培训、工作指导等方式，帮助农村和苏北地区解决文化产品和服务相对缺乏的问题，支持其文化建设。鼓励社会力量捐助和兴办公益性文化事业，引导和鼓励社会力量捐助和兴办文化馆、图书馆、博物馆等，在用地、税收等方面给予政策优惠。

4. 文化产业突破战略

文化产业是国民经济的重要增长点，也是满足人民群众多方面多层次多样性精神文化需求的重要方面。经过几年努力，我省文化产业虽然有了一定基础，但规模总体偏小。根据国家第一次经济普查资料，2004年我省文化产业实现增加值258亿元，占GDP的比重为1.7%，分别居全国第6位和第11位。而目前西方发达国家文化产业占GDP的比重普遍高于10%。要借鉴国内外的成功经验和有效做法，把文化产业发展纳入经济发展总体规划，加大工作力度，努力使全省文化产业增长速度高于国民经济增长速度，高于服务业增长速度，把文化产业培育成为全省国民经济的支柱产业。

第一，优先发展重点文化产业。立足江苏实际，确定重点发展的文化产业门类，认真组织实施具有战略性、引导性和带动性的重大文化产业项目，力争在重点文化产业领域取得跨越式发展。要以实施全省文化工作会议确定的十大重点文化产业项目为突破口，努力在影视制作、出版发行、印刷复制等优势产业领域形成强大竞争实力，在文化旅游、文艺演出、工艺美术、休闲娱乐等传统产业领域打造优势文化产业品牌，在数字视听及动漫、广告会展等新兴产业领域实现跨越发展，形成一批有竞争优势的主导产业，培育一批特色鲜明的产业区块，发展一批骨干文化企业。

第二，着力优化文化产业结构和布局。抓好文化产业体系建设，合理规划产业布局，提高文化产业规模化、集约化水平。通过市场机制和政策引导，完善有进有退、合理流动机制，推动国有文化资本向市场前景好、社会效益高的领域集中。以资本为纽带，实行联合重组，重点培育一批具有较强竞争力的大型文化企业和企业集团。支持广电、出版、报业、演艺、文化产业等省级文化集团做大做强，加快推进广电传输网络整合，培育跨媒体跨地区的综合性文化集团和战略投资者。支持中小型文化单位向"专、精、特、新"方向发展，形成富有活力的优势产业群。加快文化产业园区和基地建设，形成一批特色鲜明的文化产业创新集聚区。积极利用数字、网络等高新技术和现代生产方式，改造传统文化生产和传播模式，积极开发具有自主知识产权的原创性作品，打造一批具有核心竞争力的知名文化品牌和创新型文化企业。充分调动民营企业投资文化产业的积极性，培育一批重点民营文化企业。

第三，加快健全文化市场体系。培育各类文化市场，促进文化产品和生产要素在更大范围内合理流动，为发展文化产业创造良好的市场环境。重点发展文化产品市场，完善文化要素市场，培育和规范以网络为载体的新兴文化市场。大力发展连锁经营、物流配送、电子商务和电影院线等现代流通组织和流通方式。研究、确立市场退出机制，实现公平竞争、优胜劣汰。加快发展经纪、代理等中介机构,规范中介的经营行为。加快行业组织建设,加强行业自律,完善服务功能。探索建立文化企业信用档案和信用制度,推动建立依法经营、违法必究、公平交易、诚实守信的市场秩序。

5. 人才兴文战略

高素质的人才,是文化生产力中最主要、最活跃的因素,是发展文化的第一资源。要建设文化江苏,向文化强省迈进,关键在于建设一支具有正确政治立场、广博文化知识、崇高职业精神、过硬业务本领的文化人才队伍。江苏是人文荟萃之地,科技教育基础比较雄厚,高等院校和科研院所众多,人才资源比较丰富。如何把人才资源变为人力资本,把科教优势转化为文化发展优势,事关"文化江苏"建设全局。要把培养文化人才作为基础工程和战略工程来抓,着力营造环境,完善机制,开发人才资源,优化人才结构,加快造就一支高素质的文化人才队伍,努力以杰出的文化专门人才促进文化艺术繁荣,以优秀的经营管理人才推动文化产业发展,以文化名人名家提升江苏文化品位和影响力。

第一,重点抓好高层次人才培养。一个大家,就是一座高峰;一个大师,就是一座丰碑。要千方百计创造良好的环境和条件,着力培养出一批在国内外有地位、有影响的大师级的人才,提升我省文化建设发展的整体水平。要大力实施"五个一批"人才培养计划,到2010年,培养200名左右专业贡献突出、引领作用明显的哲学社会科学家、作家、艺术家、出版家以及名编辑、名记者、名主持人。要尊重艺术生产规律和艺术生命周期,不搞论资排辈,放手让有发展前途的青年人才在文化实践中担当重任,使其在精力高峰、艺术创造力高峰和进取心高峰时登台亮相,脱颖而出,成名成家。要适应文化体制改革和文化产业发展的需要,切实加强文化经营管理人才队伍建设,创新文化经营管理人才选拔机制,重点培养造就懂文化、会经营、善管理的优秀文化企业家。要加大引进人才工作力度,拓宽引进渠道,以签约、兼职、聘请等方式吸引海内外高层次文化人才来江苏创业。

第二,广泛开展文化人才培训工作。要按照中央和省委关于人才工作的战略部署,制定"十一五"时期全省文化人才培训规划,建立健全在职人员业务培训和继续教育制度，创新培训内容，完善培训机制，整合培训资源，针对不同领域和不同岗位人员的具体情况，分期分批进行专业培训。2010 年前，分期分批对全省哲学社会科学教学科研骨干进行马克思主义理论和党的方针政策的系统轮训，完成全省文化艺术、新闻出版、广播影视系统和文物工作人员的普遍轮训。要切实加强农村文化队伍的教育培训，稳定和发展专兼结合的农村文化队伍，提高整体素质。分期分批对全省 1200 多个乡镇文化站长和 300 多个县（市、区）文艺骨干进行培训。要积极创新培训的方法、手段、载体，探索市场化、社会化的培训工作机制。

第三，着力营造良好氛围。要大力营造尊重知识、尊重人才的良好氛围，确立以业绩为取向的人才价值观，在职称评聘、成果评奖、工作考核等方面，打破学历和资历的界限，以创新能力、创作研究成果和经营管理实绩为主要衡量标准。要充分发扬艺术民主和学术民主，支持学术上艺术上不同形式、不同风格的自由发展，使文化工作者的一切才华都有展示舞台、一切创造都有实现空间、一切贡献都得到社会尊重。要进一步加大优秀人才奖励力度，对在文化建设领域取得卓越成就的文化工作者授予荣誉称号，凡获国家级重要奖项的，除国家颁发的奖金外，相对应的部门应给予不低于国家标准的配套奖励。要深化分配制度改革，积极探索实践艺术、学术、技术要素和管理要素参与收益分配的办法，对取得重大成果、作出突出贡献者和高层次人才实行一次性奖励、成果入股等多种激励方式。

四、 文化江苏建设的保障措施

加快文化江苏建设，必须从江苏实际出发，按照新阶段、新任务的要求，在体制改革、政策扶持、市场管理和领导服务等方面加紧工作，多有作为，保障文化发展战略的实施，促进文化大省向文化强省跨越。

1. 深化文化体制改革

"十一五"期间是文化体制改革能否取得实质性进展的关键时期。江苏文化体制改革要抓住重点环节，力求取得新的突破：一是中央已经明确的转企改制单位，工作力度要加大加快；二是文化事业单位内部人事、收入分配和社会保障制度改革，要着力完善服务规范和服务标准，使改革的成效落实到服务水平的改善和服务质量的提高上来；三是政府职能转变，要着重解决好政事分开的问题；四是艺术表演团体改革，要从实际出发，一团一策，逐步过渡，成熟一个转一个；五是调整结构，加强政策引导和扶持，促进文化产业更好更快发展。

要通过深入的文化体制改革和创新，使江苏的文化建设形成四个新的格局：把深化改革同调整结构和促进发展结合起来，形成政府投入为主体，社会力量广泛参与和以公有制为主体，多种所有制共同发展的文化产业格局；把深化改革与促进对外文化交流结合起来，努力形成以民族文化为主体，吸收外来有益文化的文化市场格局；把深化改革与促进创新结合起来，努力形成继承弘扬优秀传统而又充分体现时代要求的文化发展格局；把深化文化体制改革与社会主义新农村建设结合起来，努力形成以城市文化为主体，以农村文化为基础的文化建设格局。

当前要突出抓好三个方面的工作：

第一，建立与社会主义市场经济体制相适应的文化管理体制。一是建立权威高效的省级文化管理机构。建设文化强省，是一个宏大的系统工程，必须尽快建立全省统一的文化管理机构，结束多头管理，政出多门，条块分割的现状。建议积极发挥省宣传文化领导小组的作用，适时成立省文化广播电视新闻出版厅。二是建立全省统一的文化大市场。要积极发挥行政调控手段，大胆应用市场化运作机制，建立规范、有序、开放的文化市场体系，营造良好市场环境，坚决打破条块分割、行业垄断和市场封锁；要利用政策杠杆，逐步缩小城乡差距，通过城市支援农村，农村配合城市，实现城乡互动双赢的良好局面；要建立和形成文化要素市场体系，遵循文化发展规律和市场规律，建立与物质市场配套互动的人才、资金、技术和知识产权市场，盘活文化资源存量，加大文化资源增量的有效投入，增强文化发展的物质基础。三是建立文化大市场的分类标准和统计指标体系。由于传统文化观念、意识形态和管理体制等方面的原因，现有的文化生产分属若干部门，难以形成完整一致的发展纲领和产业政策，以致分类混乱，统计困难。在国家尚无统一的文化市场分类标准和统计体系的情况下，我省可以先行一步，率先建立一套有利于文化发展的分类标准和统计体系。建议在省委、省政府的领导下，省社会科学院具体承担，省直有关部门参与，共同完成这项工作。

第二，实行战略性调整，推动专业化、集团化发展。一是按照"开展竞争和适度垄断"原则，合理规划产业结构和产品结构布局。在以苏南为中心的长三角建立完整系统的文化支柱门类，大力发展文化产业带和产业群。在南北两翼加大嫁接国内外先进科研成果和专利技术发明，发展一批文化名牌产品、一批文化企业集团和一批文化支柱产业。二是以产权为纽带，组建文化产业集团，提高集约化、专业化水平。可以实行强强联合、优势互补、形成规模效应；可以跨行业兼营发展，比如，组建省大型多媒体新闻集团，实现广播、电影、电视三位一体，省、市、县三级贯通；可以广泛吸纳国有资本、社会资本、境外资本，扩大规模、增强实力。三是加大对苏北地区的扶持力度，制定优惠的扶持政策，建立专项扶持资金，实行适度的文化财政支付转移。

第三，建立文化市场发展的若干促进机制。一是政治导向机制。文化的政治导向，必须坚持党的基本理论、基本路线、基本纲领，有利于促进改革、发展与稳定，有利于发展先进文化，有利于江苏全面建设小康社会和实现"两个率先"进程。二是建立多元化的投融资机制。要完善、规范文化市场的组织形式并逐步放宽市场准入，形成政府与市场兼容、市场在资源配置中的基础作用和政府在资源配置中的主导作用都能得到发挥的文化发展格局；要积极稳妥放开文化市场。除新闻媒体由国家主办经营外，凡是国家没有明令禁止的行业，应鼓励社会资本、境外资本进行投资，包括参与基础设施建设、技术装备以及文化企业（项目）的具体经营等；要将非公有制文化企业和民办文化产业项目统一纳入各地文化发展规划，坚持谁投资、谁所有、谁受益的原则，积极鼓励、引导民间资本以股份制、股份合作制、合伙制及个体私营等多种形式参与兴办文化企业，逐步形成政府投入和社会投入相结合，多渠道、多元化的文化投入机制。三是积极培育、发展文化行业协会和中介组织。要在成规模的文化行业内抓紧建立协会，以加强行业内各企业的自律和互助。要尽快制订出台《江苏省文化中介机构管理条例》，建立经纪机构、代理机构、仲裁机构等文化中介组织，培养发展经纪人队伍。

2. 完善文化政策法规

近年来，省政府先后出台了一批新的文化经济政策，制定和修订了一批新的文化管理法规，对于江苏文化建设起了很大的支撑作用。但在很多方面还需要进一步加强和完善。

第一，进一步完善对公益文化事业的投入政策。要规范有效的公益文化事业筹资机制，逐渐形成对公益文化事业多渠道投入的体制。省、市财政对文化事业的投入，要随着经济的发展逐年增加，增加幅度不低于财政收入的增长幅度。要制定具体的实施办法，确保《中共中央办公厅　国务院办公厅关于加强农村文化建设的意见》中明确提出的各项扶持政策落在实处。一方面要健全文化专项资金，并充分发挥现有各类文化专项资金的作用，争取专项资金数额逐年增长，以支持基层文化设施建设，确保重大文化项目的资金投入，发展非物质文化遗产保护事业。另一方面要完善公益捐赠和赞助优惠政策，鼓励对公益文化事业的捐赠，如境外企业和个人对公益性文化事业单位及体现民族特色和代表国家水准的艺术院团的捐赠，企事业单位向公益文化事业单位转让技术、专利、版权，赞助非营利性文化活动等。

第二，进一步完善公益文化事业的税收优惠政策。公益性文化事业单位进口图书、期刊、电子出版物、音像制品、专用设备，体现民族特色和代表我省水准的艺术院团进口演出器材和设备等，免征进口环节关税和增值税；对社会力量举办的公益文化项目，在融资、用地、税费等方面给予与国有单位相同的政策优惠。

第三，进一步健全文化产业政策。适时调整文化产业领域的准入、融资、税收等政策，为各类市场主体发展文化产业提供公平竞争的制度环境。对新兴文化产业、外向型文化产业和具有示范性、导向性的重点产业项目，给予借款贴息和补助。省财政设立奖励文化产品出口专项资金，鼓励并扶持进入海外市场的文化品牌和文化企业。

第四，大力推进文化领域依法行政。加快制定促进文化事业和文化产业发展、加强文化市场监管、完善公共文化服务体系和保护文化遗产等方面的法律法规，抓紧研究制定《江苏省〈公共文化体育设施条例〉实施细则》《江苏省文化馆管理办法》《江苏省图书馆管理办法》《江苏省乡镇综合文化站管理办法》和《江苏省文化从业人员资格认定办法》。推进政府职能转变和管理方式创新，加强宏观调控和实施依法监管，切实履行公共管理和公共服务职能。严格执行《行政许可法》，深化行政审批制度改革，减少行政审批项目，规范行政审批行为。明确执法权限，规范执法程序，落实行政执法责任制、行政执法评议考核制、行政执法过错责任追究制等各项制度。

3. 加强文化市场管理

文化市场作为文化产品和文化服务交换的场所，必须以和谐文化为指导进行建设和管理，才能保持先进文化的前进方向。面对建设社会主义和谐社会的伟大实践，建设和谐文化市场的意义显得更加深远。

第一，强化服务职能，建立文化市场的和谐关系。要坚持立党为公、执政为民的理念，将和谐文化的思想融入渗透到文化市场管理之中，处理文化市场的各种关系。一要实现文化管理由"刚性"向"柔性"转变，由强制向疏导转变。这是和谐思想在社会管理中的重要体现，文化市场管理工作必须率先确立这一管理观念，为经营者提供热情、周到、快捷的服务，使管理者和经营者关系更加融洽。二要创新文化市场公共服务体系和管理制度，为群众和基层提供方便快捷的优质服务。为了提高公共服务的质量，增强政府公信力，急需建立健全以下制度：公共经营场所行政审批公示制度、文化市场行政处罚告知制度、重大管理政策出台听证制度、行政执法责任追究制度、行政复议制度和行政赔偿制度等。通过这些制度，充分反映民意，广泛集中民智，切实维护民利。三要支持行业组织参与市场管理和公共服务。引导行业协会朝着组织网络化、功能社会化、服务产业化的方向发展，使之真正成为独立公正、规范运作，维护服务的重要力量。四要管理人员廉洁自律，以正确行使权力为重点，推进反腐倡廉制度建设。

第二，以实施"四大工程"为重点，创造和谐文化的市场环境。2006年召开的全省文化工作会议要求尽快实施江苏正版音像市场网络体系、网吧行业提升计划、全省民营表演团体优秀剧节目调演和文化市场行政执法联动机制"四大工程"，创造和谐文化的市场环境，推进文化产业又好又快发展。为此，一方面要全面开放市场，打破地区保护、部门保护和行业封锁，建立全省统一、开放、竞争、有序的文化市场体系。允许、支持外地资本进入本地市场，特别要支持连锁企业的发展，支持规模化经营，支持有市场竞争力的经营项目，并且简化审批手续，减少审批项目，为实施"四大工程"提供优质服务和政策保障。另一方面要坚持一手抓建设一手抓管理，对文化市场的突出问题坚决依法整治，创造公平的市场竞争环境。

第三，正确处理好"三个关系"，实现文化市场的和谐执法。如何在履行文化市场执法职责的同时，最大限度地争取群众对文化执法工作的理解和支持，实现执法的最佳社会效果，是我们必须积极应对的一个重要问题。要实现文化市场的和谐执法必须处理好以下"三个关系"：一是严格执法与维护社会稳定的关系。在执法过程中，不能情绪化、走极端，要尽量引导当事人自我纠正和整改，心悦诚服地接受教育和处罚，切忌武断粗暴，激化社会矛盾，影响社会的稳定。二是严格执法和和善疏导的关系。把管理和教育有机结合起来，执法和普法一道进行，谋取执法的最佳效果。三是严格执法与善待弱势群体的关系。文化执法的对象有不少是残疾人、城市无业人员、外来务工人员等等，对于这些弱势群体的违法行为，在依法查处的同时，应设身处地地多为他们着想，通过积极协调帮他们解决实际困难。

4. 加强组织领导

文化江苏建设任务繁重，涉及面广，不单是文化部门的事，而是各级党委、政府和全省人民的共同任务。只有全党动员，全民动手，政府主管，有关部门各司其职，才能确保文化强省目标的实现。

各级党委、政府要进一步解放思想、更新观念，充分认识文化建设的重要性、紧迫性，把发展先进文化、建设文化强省摆在重要的战略位置上。各地都要从实际出发，制定切实可行的文化发展规划，并纳入经济和社会发展总体规划之中。省里要成立文化强省建设领导小组，协助省委、省政府研究、解决重大问题，协调部门工作。各地也要相应成立领导小组，推动文化强省建设各项工作的落实。要建立科学的文化发展统计指标体系和文化工作考核指标体系，加强对各级文化建设工作的督促和考核。发扬求真务实的工作作风，真抓实干，力戒形式主义，不搞华而不实、劳民伤财的"政绩工程"和"形象工程"。

建设文化强省是一项宏大的社会系统工程，全社会方方面面都担负着重要责任。宣传部门和新闻媒体要大力宣传文化建设的重要作用，宣传各地文化建设的先进典型和成功经验。高等学校和社科研究机构要调整学科专业结构，加强人文社会科学的教学科研，培养大批发展文化事业和文化产业需要的专门人才；计划、经贸、财政、税务、工商、教育、科技、文化、卫生、体育、旅游等管理部门，要在文化发展规划、产业政策、资源投入、市场准入、市场开拓和监管等方面，加强宏观管理和指导；国土、建设、人事、劳动和社会保障等职能部门，要各司其职，大力支持文化事业和文化产业的发展；工青妇等群团组织和各种群众文化团体要发挥自身优势，开展各具特色、丰富多彩的群众文化活动；人大、政协在立法、监督和参政议政方面自然也要充分发挥作用。

文化部 2010—2012 国家公共文化服务体系制度设计研究立项课题前期成果，发表于省委宣传部 2007 年第 80 期《宣传工作动态》

对乡镇文化站标准化建设工程试点工作的调查与思考

从去年年初起，省委宣传部、省文化厅以乡镇文化站标准化建设工程试点工作为突破口，在全国率先实施乡镇文化站建设工程，着力构建农村公共文化服务体系，推进社会主义新农村建设，取得明显成效。今年以来，省政协、省委党校、省财政厅和省文化厅等部门先后就乡镇文化站标准化建设工程进行多次调研。现将调查的主要情况及其思考汇报如下。

一、试点工作的基本情况

去年4月，省委宣传部、省文化厅在广泛调研的基础上，在全省开展了乡镇文化站标准化建设工程试点工作。近两年来，在省委、省政府的正确领导下，在全省各级宣传、文化部门的积极关心、指导下，17个试点乡镇文化站已全部建成开放。试点工作得到中宣部、文化部和省委、省政府领导的肯定。省文化厅领导应邀在全国农村公共文化服务工作经验交流会上作了介绍。全国许多地方对江苏这一勇于探索、敢为人先的做法给予积极评价，试点工作及其成果应用也已入围文化部创新奖，受到专家领导和专家的充分肯定。

一是措施有力。试点工作开展以来，我省各级领导高度重视，省委常委、宣传部部长孙志军和副省长张桃林多次过问并作出重要指示。省文化厅对试点工作十分重视，厅长章剑华首先提出这一设想，在十运会开闭幕式紧张筹备期间，仍多次过问。副厅长王慧芬多次主持召开试点工作汇报会，推进试点工作。所有厅领导都亲临一线检查指导过试点工作。各地党委、政府和宣传、文化部门按照省委宣传部、省文化厅《关于开展江苏省乡镇文化站（活动中心）标准化建设工程试点工作的通知》要求，积极申报参与试点工作，在资金上给予积极扶持，并对涉及文化站建设的立项、征地、拆迁以及有关费用给予政策优惠。省委宣传部、省文化厅设立省专项扶持资金，对每个新建的乡镇文化站给予30万元资金扶持，同时评选奖励优秀试点乡镇文化站。省文化厅还与市级文化主管部门签订试点工作目标责任书，实行机关处室和直属单位挂钩联系点制度，由机关处室和直属单位与试点文化站直接联系，并由部门和单位主要负责人负总责，及时传达厅领导关于乡镇文化站试点工作的指示精神，了解试点乡镇文化站从建设之初到建设过程中各个环节的具体进展情况，掌握第一手资料，对建设中出现的困难和问题，及时协调解决，确保试点工作的顺利进行。同时，省文化厅加强试点乡镇文化站长的选拔和培训，以竞争机制聘用文化站长，举办试点乡镇文化站长培训班，研究解决试点工作面临的问题，使新建的乡镇文化站有一个良好的开端。据统计，在省扶持资金 510 万元的带动下，市、县配套资金 325 万元，乡镇自筹资金 5860 万元，吸纳社会资金 470 万元。

二是思路创新。针对农村文化工作中出现的新情况、新问题，去年初，省委宣传部、省文化厅多次召开座谈会，听取各方面的意见，研究制定了乡镇文化站标准化建设工程方案，确立了多元化、多渠道、多机制建设和运行的新思路，并立即进行试点。试点乡镇文化站分别采用公有民营制、股份合作制、目标责任制等运行机制。公有民营制就是政府将全额投资建设的乡镇文化站设施、设备和规定的公益性文化服务项目，通过公开竞争、风险抵押等方式，委托给懂文化、会经营、善管理的优秀人才管理。文化站内部实行市场化运作，对农村文化事业专项建设项目和大型公益性文化活动，政府通过"一事一议"的办法，定向购买文化站的服务。股份合作制就是政府投入并吸纳社会、民间、个人资金共同兴建乡镇文化站。文化站通过市场化运作，保证上级文化部门和政府规定的公益性活动项目正常开展，确保文化站资产保值。"目标责任制"就是在经济条件和文化站运行状况较好的地区，建立和完善现有的目标管理责任制，继续履行文化站管理职能，用人实行聘用制。

在挂钩部门、单位的指导下，各地积极进行了大胆探索。扬州市邗江区汊河镇文化站探索的是公有民营制模式，在确保公益性基本属性的基础上，引入竞争机制、市场机制，公开选聘了一名工作责任心强、文化工作经验丰富、经营管理能力拔尖的同志为文化站长，并全部由他聘用员工。镇政府与文化站签订了净资产承包经营协议，文化站长对资产承担保值、增值的责任，上交部分政府全额用于文化事业发展，不足部分全赔。镇政府要求文化站实行文化事业和文化产业双轨运行，保证事业、产业协调发展。根据协议，文化站每年举办大型文艺活动4次，配合党委、政府中心工作举办综艺活动6次，电影放映200场，镇政府下拨活动经费，大型文艺活动每次2.5万元，综艺活动每次8000元，电影放映每场补贴80元。

常州金坛市社头镇文化站探索的是股份合作制模式，省市县三级补助60万元，镇政府投资180万元，社会资本投入160万元。在确保公益性的前提下，按照股份合作制运行模式，成立由镇政府、市文化局和自然人三方组成的社头镇文化发展有限公司，并制定了章程和协议，针对该站的实际情况，实行了以下运行管理机制：一是明晰文化站的产权归属。省市县投入和镇政府投入的两部分产权归文化站所有。自然人投入的部分产权归属自然人，按其投入所占的比例，参与文化站的管理运营和保值、增值；二是实行阵地服务性质的多元化。根据省委宣传部、省文化厅文件要求，70％面积用于公益性服务项目，30％面积用于经营性服务项目。公益性服务项目全部免费开放，经营性服务阵地，面向社会实行多元化投入，以产生的经济效益保障文化站的运转费用、人员工资和设施维修支出；三是采用股份制的利润分配办法。即镇政府和省市县投入部分所产生的红利30％用于文化站的发展和再投入，40％用于留成，30％用于对文化站工作人员的奖励。汉河镇、社头镇实行新的运行机制后，文化工作初步形成了"公益事业订单化、娱乐活动市场化、人员管理社会化"的新的发展格局，活力开始凸现。

三是成效明显。在各级党委、政府领导的高度重视和宣传、文化部门的直接指导下，试点工作初见成效。全省建成了一批设施先进、功能齐全的乡镇文化站，并以完善的功能、优良的服务和丰富的内容开始满足广大农民群众多层次、多方面、多样化的精神文化需求。据统计，17个试点文化站总建筑面积达37839平方米，其中2000平方米以上的有9家，占一半以上，均成为当地标志性文化建筑。从运行机制来看，实行公有民营制的有6家，股份合作制的有7家，目标责任制的有4家。试行公有民营、股份合作和目标责任制的文化站，运行情况良好，在确保公益性和政府不断增加投入的前提下，有效依靠了社会力量，灵活运用了市场和企业机制。以前那种"死不了、活不好"的守摊子状况得到根本改变。由于办理了县级文化部门和乡镇政府共有的产权证，文化设施被随便变卖、出租和挪作他用的现象得到控制。这次试点所创造的一些经验，也已被写进最近召开的全省文化工作会议的文件之中。《中共江苏省委、江苏省人民政府关于发展先进文化，建设文化江苏的决定》要求，创新公共文化服务方式，倡导用市场和企业机制管理和经营公共文化设施，充分发挥其服务功能。

二、 通过试点得到的启示

其一，只有创新才能进步，才能发展。多年来，省委、省政府一直重视农村文化建设，制定出台了许多文化经济政策，省财政安排专项经费，大力扶持全省老区、经济欠发达地区的农村文化建设，在全面实现"县县有图书馆、文化馆"建设目标的基础上，乡镇文化站建设也得到加强。同时也要看到，农村文化建设还存在不少困难和问题，城乡之间、地域之间、群体之间发展不平衡，在经济欠发达地区，政府投入经费不足、农村文化基础设施落后的问题比较突出；乡镇文化站体制机制沿袭计划经济体制下的模式，缺乏自身的造血功能，在应对市场经济挑战中显得不太适应；由于乡镇合并、小城镇建设等众多原因，许多文化站被拍卖或挪作他用。在此情况下，省委宣传部、省文化厅积极探索适应经济薄弱地区农村文化事业发展的新路子，对几种运行模式进行大胆的、有益的尝试，这不仅是投入的突破、体制的突破，更是观念的突破。事实证明，哪里有改革、有创新，哪里就有发展。

其二，无论采用何种机制，乡镇文化站的公益性、事业性绝对不能改变。乡镇文化站是农村基层的公益性文化事业单位，是党和政府密切联系农村、活跃农民群众文化生活的重要阵地和纽带。中办27号文件明确规定，乡镇文化站属于公益性事业单位，不得企业化或变相企业化，不得以拍卖、租赁等任何形式，改变其文化设施的用途；对已拍卖的，必须限期用拍卖所得重建或构置；对已出租或挪作他用的，必须坚决限期收回。这是文化部门特别是乡镇文化站盼望已久的政策规定，对加强农村文化建设具有极其重要的意义。我们推进文化站体制机制创新，要以文化站是公益性事业单位为前提，政府要确保经费投入，不能甩包袱，不能放任不管。

其三，为乡镇文化站选好人是重中之重。做成一件事，物质条件很重要，体制机制很重要，但最终还要靠人去做。有的地方条件不好，体制机制也没有转变，然而文化站工作做得很好，靠的就是人；相反，有的地方条件很好，但没有合适的人去做，自然做不好。所以我们一定要选好人，同时还要注意对他们进行培养。当前，要认真解决乡镇文化站长年龄老化和专职不专用的问题。省委宣传部、省文化厅已决定从今年开始，用三年时间，将全省乡镇文化站长轮训一遍。省文化厅还将引进竞争机制，建立文化从业人员资格认证制度，并首先在乡镇文化站长中试行这一制度。

其四，必须进一步明确农村文化建设的主要责任在县、乡政府。乡镇文化站建设是省、市、县、乡共同的责任，但应以县、乡为主。省里拨出的资金主要是起引导和奖励的作用，主要是促使市、县、乡重视并且采取行动把乡镇文化站建设好。在经济欠发达地区，农村文化工作能否搞好在很大程度上要看乡镇党委、政府主要领导。"九五"期间，我省已全部解决了乡镇文化站没有站房的问题，但到了"十五"期末，竟然又出现了 111 个无房文化站。一些乡镇领导视文化站为可有可无，财政困难时首先变卖、挪用或出租文化站，文化站长更是经常被乡镇领导安排从事其他工作。因此，必须从制度和机制上解决问题。

三、 对进一步加强乡镇文化站建设的思考

省委、省政府在今年召开的全省文化工作会议上，作出了发展先进文化、建设文化江苏的决定，出台了《江苏省"十一五"文化发展规划》《关于加快文化事业和产业发展若干经济政策》，这是江苏实现从文化大省向文化强省跨越的一个新的起点。当前，我们除了要进一步总结推广乡镇文化站标准化建设经验，深化乡镇文化站体制机制改革外，还需要做好以下一些工作：

一是率先、全面构建农村公共文化服务体系。今年，乡镇文化站建设已被省委、省政府列入农村十大工程和新五件实事之一，必须坚持以政府为主导，加快建设农村文化设施，实现"县有两馆、乡有一站、村有一室"的目标，且建设面积均达省标，即县级文化馆、图书馆建设面积不少于 2500 平方米，乡镇文化站建设面积不少于 500 平方米，村文化室建设面积不少于 20 平方米。用三

年时间，全面建设 620 个无房和不达标文化站，同时解决少数瞒报、漏报的无房和不达标文化站建设问题。然后，再用一至两年时间，进一步加强村文化室建设。在 620 个无房和不达标文化站中，属于财政转移支付县的 432 个，其中无房文化站 101 个，不达标文化站 331 个。今年已建成 216 个，其中无房文化站 61 个，不达标文化站 150 个；剩下 226 个要在明后年建设。同时要积极组织实施"送科普、送电影、送戏"下乡工程、文化信息资源共享工程、非物质文化遗产保护工程、农村有线电视进村入户工程和"农家书香"工程，让广大农民享有更多、更好的文化服务。

二是理顺乡镇文化站管理体制。近年来，乡镇文化站人财物划归乡镇政府管理后，上级文化部门的指导力度明显弱化，乡镇文化事业的发展思路和项目，都是由乡镇说了算，以致一大批文化站，包括"九五""十五"期间省财政扶持建设的文化站被乡镇变卖或挪用。由于现行的财政体制，乡镇一级可用财力有限，经济薄弱地区不少乡镇赤字运行，文化站长生活待遇难以落实。为此，根据中办 27 号文件精神，在全省建设乡镇综合文化站，必须明确文化专职人员经费和业务活动经费由县财政统发，从业人员必须经文化部门考核，持证上岗。同时要调整经济薄弱地区乡镇文化站管理体制，将乡镇文化站仍划归县级文化部门垂直管理，或作为县级文化部门的派出机构。只有这样，才能保证活动阵地的存在和业务工作正常开展，才能保证基本经费的落实和专职文化干部的配备、使用和交流。

三是扩大公共财政覆盖农村的范围。要真正落实文化领域新增加的财政投入应主要用于农村的要求，省财政原定"十一五"期间对乡镇文化站建设的扶持经费为无房文化站每个 30 万元，不达标文化站每个 10 万元，分三年投入，虽已超过"九五""十五"的扶持力度，但还不能满足当前乡镇文化站建设的需要。从对各地调查了解的实际情况来看，大多数建设乡镇均因财政拮据、市县两级财政拿不出配套资金，只有通过贷款或拖欠工程款来建站，最终很可能因无力还贷而变卖、出租文化站。原"九五""十五"期间扶持建设的乡镇文化站阵地流失，这就是其中一个很重要的原因。今年的农村文化建设工程，省里明确市、县必须落实配套资金建设乡镇文化站，但 8 个市只有 3 个市、32 个县

（市、区）也只有 50％ 象征性地配套了一点资金，最少的只有 5000 元。为此，建议我省加大对乡镇文化站建设的扶持力度，解决经济薄弱地区乡镇文化站建设的主要资金。此外，扶持的范围也需要扩大。目前扶持对象是文化、财政部门 2004 年 4 月统计的无房和不达标文化站，扶持范围仅限于 34 个财政转移支付县。根据 2006 年 4 月最新统计，由于瞒报和漏报，全省实际无房和不达标文化站又有增加。为从根本上彻底解决全省乡镇文化站建设的空白点，建议从明年开始，将财政扶持范围扩大到黄茅老区和部分经济发展不充分的地区，包括部分管辖乡镇较多的新建城市区。并在认真调查核实的基础上，合理解决瞒报、漏报的无房和不达标文化站建设问题。同时，认真落实中央、省委、省政府有关文件精神，对已经拍卖、抵押和挪作他用的文化站房，由县级政府负责，尽快收回或自筹资金完成重建或置换。

四是努力推动社会办文化。要积极引导社会力量捐助农村文化事业，重点捐助苏北地区乡镇文化站、村文化活动室等农村文化基础设施建设以及公益性文化实体和文化活动。积极探讨苏南地区、城市和重点企业对苏北农村的帮扶办法。组织开展农村文化服务活动，鼓励应届大学毕业生深入广大农村从事文化信息传播、活动组织、人员培训等活动。探索农村文化设施运行管理新机制新办法，统筹文化、体育、教育、科技和青少年、老年活动场所的规划建设和综合利用，努力做到相关设施能够共建共享，着力解决农村文化设施分散、使用效率不高的问题。机关、学校内部的文化设施，要积极向社会开放、为农民开放。改革政府举办各类文化艺术活动的投入方式，实施政府采购和市场运作相结合，组织好各类文化活动。以各地具有地域特色的文化活动为基础，逐步打造一批具有鲜明民族特色、有广泛社会影响的文化活动品牌。加大对民办文化的扶持力度，鼓励和扶持农民自办文化，总结推广农村文化大院、文化中心户先进典型。通过各种有效活动，加快发展校园文化、企业文化、家庭文化。

五是将农村文化建设逐步纳入法治化轨道。目前我国、我省的文化体制改革滞后于经济体制改革，同样，文化法制建设也相对滞后。现有的文化法律法规主要偏重于行政执法类，而且数量不多，效力层次不高。针对农村文化建设的新情况、新问题，建议尽快出台《江苏省〈公共文化体育设施条例〉实施细则》《江苏省图书馆管理办法》《江苏省文化馆管理办法》《江苏省文化站管理办法》和《江苏省文化从业人员资格认定办法》。同时，切实抓好现有政策法规的贯彻落实。对拆除或改变文化馆、图书馆、文化站等功能、用途的必须报批、重建，要依法办事，对存在问题进行一次全面清理，在全国率先全面建立审批制、问责制，推动乡镇文化站建设逐步进入法制化、规范化轨道。

文化部2010—2012国家公共文化服务体系制度设计研究立项课题前期成果，发表于2006年第95期《江苏宣传工作动态》

免费开放要求下江苏公共文化单位
公益性服务的难点与重点研究

2011 年 1 月，文化部、财政部出台了《关于推进全国美术馆、公共图书馆、文化馆（站）免费开放的意见》（以下简称《意见》），对"三馆一站"免费开放的目标、步骤、举措及保障措施等都作出了明确的规定。全面推进公共文化单位免费开放是实施文化惠民工程、促进基本公共文化服务均等化的必然举措。在《意见》的指引下，全国各地以"免费开放"为突破口，逐步加强公共文化基础设施建设和运行经费保障，政府公共文化服务的主体地位显著增强，服务的覆盖面和质量都有较大提升，"免费开放"的公共文化政策取得了良好的初期效果。

免费开放只是公共文化单位"无门槛"走进社会大众的开端，如何通过完善服务方式、增强服务功能从而提高全民的科学文化素质，才是公共文化单位公益性服务的根本目的。与《意见》提出的"基本文化服务项目健全，免费向群众提供，公共文化服务能力明显增强"要求相比，各地在具体执行免费开放政策的过程中，不同程度地遭遇了一些诸如对公共文化单位公益性服务作为公共物品属性认识不到位，对基本与非基本、免费与非免费界限不清，公共文化财政支持机制未能彻底转变，免费开放工作制度有待完善，普遍服务观念淡薄等新情况和新问题。面对这些障碍和难点，有必要从理论上进一步阐释公共文化单位免费开放的实质，梳理其政策目标和实施手段，剖析阻碍其发展的关键问题，提出对策建议，以进一步落实和完善免费开放政策。

一、对免费开放条件下公共文化单位公益性服务的性质分析

1. 公共文化单位提供公益性服务是公共服务型政府的重要职责

公共文化与人民群众的基本权益紧密结合，体现了文化发展以人为本的特征，凸显了党和政府执政为民的本质。对于公共文化单位提供的文化产品与公

益性服务来说，有两个核心概念：公民文化权利、公共服务型政府。其中公民文化权利是公共文化服务体系的核心观念。公民参与文化生活，分享文化发展的成果，享有文化创造的自由和保障文化权益的权利，都是公民应有的文化权利。而公共服务型政府是现代政府建设的基本理念，与计划经济年代管制型政府相对，要求以人为本、为人民服务，让政府成为真正意义上的人民公仆，它的主要职能包括制度供给服务、良好的公共政策服务、提供公共产品和公共服务。没有公共服务就没有现代政府。如果公共物品由私人通过市场提供就会不可避免地出现"免费搭车者"，从而导致休谟所指出的"公共的悲剧"，难以实现全体社会成员的公共利益最大化。就现阶段的免费开放来说，政府既应该是"责任主体"，又应该是关键性的"实施主体"，并承担着免费开放政策的管理职能。

2. 公共性是免费开放要求下公共文化单位提供文化产品的首要属性

就公共物品属性及其定义可以看出，公共文化单位的文化产品具有鲜明的公共性。第一，博物馆、美术馆、公共图书馆、文化馆（站）等公共文化单位在相当大程度上是由政府财政拨款来支持其运作的。由此，这些公共文化单位所免费提供的文化产品也就理所当然地具有公共性。第二，就各类公共文化单位的消费特征来看，同样具有公共物品的非竞争性与非排他性。无论是图书馆、文化馆（站）还是博物馆、美术馆，其提供的基本文化服务项目都不会因为增加额外的消费者而影响其他消费者的消费水平，也就是说，这些公共文化单位增加消费者的边际成本为零。此外，对基本公共文化服务项目的消费也不可能排除其他人的消费。第三，政府支持的各类公共文化机构其目的在于保障公民基本文化权益，丰富公民精神文化生活需求。显然，对于各类公共文化机构来说，营利性并非其本质要求，相反，公益性才是其首要属性。公共文化单位提供的文化产品和公益性服务必须遵循政府主导，由政府承担着提供公共文化的主要责任，要防止和纠正现在我国不少公益性文化机构"过渡市场化"、改变了文化"公共"性质的情况。

3. 缺乏制度设计的简单免费开放有可能导致公益性服务的低效率

然而，图书馆、文化馆（站）等公共文化单位提供的公益性服务也并非完全纯粹的公益物品。在服务供给充分，即服务需求小于供给的情况下，公益性文化服务确实具有非排他性和非竞争性的特点；但这种特点到一定程度就会消失，出现排他性和竞争性的问题。如在图书馆看书，在出现拥挤效应之前，每增加一个消费者的边际成本为零，但出现拥挤效应之后，每增加一个消费者，就会给其他消费者带来负效应，因而其边际成本不为零。文化馆（站）提供的公益性服务也具有相类似的情况。原来这种物品可以低成本地实现排他性，也即布坎南等美国学者所说的俱乐部物品（club goods），或可称之为私有局部公益物品。俱乐部物品本来通过低成本的排他解决拥挤效应的问题，但在免费开放条件下的公共文化单位提供的公益性服务由政府"买单"实现了对所有公众开放的"零成本"进入，在理论上必然出现拥挤效应、搭便车、公共事物悲剧（the tragedy of the commons）等问题，从而导致公益性服务的低效率。因此必须通过制度安排来寻找和实现公共文化单位公益性服务的公平和效率的均衡点。

4. 免费开放供求与需求的平衡需要通过中央与地方政府的协调配合

图书馆、文化馆（站）等公共文化单位提供的公益性服务又具有地方性公益物品的性质：公益物品相应于一个特殊的地理位置，消费者在确定了位置后，才能对所供应的公益物品的数量和类型进行选择。地方性公益物品可以由中央政府提供，在此中央政府的优势是其财力雄厚，能够集中全国的资源来解决某些地方政府所无力解决的问题，其弱势则在于中央政府在技术上不可能提供所有地方性的公益物品，并在测定地方社会性需求方面比较弱势，而中央政府的弱势可能就是地方政府的优势。在这里，必须通过适当的集权和分权，在中央政府提供统一的指导和支持的前提下，由地方政府具体主导公共文化单位的免费开放路线和进度，从而进一步实现公共文化资源配置的有效性和分配的公平性。

二、 江苏推行和完善"免费开放"政策存在的难点分析

1. 公共文化服务需求快速上升与供给相对不足的矛盾

公共图书馆、文化馆（站）免费开放包括两个方面：一是指公共空间设施场地的免费开放，二是指与其职能相适应的基本公共文化服务项目健全并免费

向群众提供。免费开放后业务流量大幅增加，但与之相适应的硬件资源和软件服务却未能及时同步增长，无法满足迅速增长的公共文化消费者需求。而就近期趋势来看，随着免费开放公共政策影响逐渐扩大，群众参与公共文化建设的热情日益提升，公共文化单位免费开放的接待量和需要提供的基本公共文化服务量还将有大的增加；并且基本公共文化服务项目将随着社会的不断发展、政府财力的增长和人民群众精神文化需求的不断增长而发展变化。免费开放的供需矛盾在很长一段时间内仍将存在。

2. 公共文化服务均等化要求与江苏区域差距突出的矛盾

实现公共文化服务均等化是我党提出的促进社会公平正义，实现人民基本文化权益的必然要求，通过免费开放政策促进公共文化服务均等化是建设"美好江苏"，体现"文化民生"和社会进步程度的重要标志。而从目前的情况看，江苏省公共文化单位免费开放存在着较明显的区域发展不平衡问题。以苏州为代表的苏南各市得益于高度重视和雄厚的财政支持，在公共文化单位免费开放上起步较早，也积累了较多的创新经验，如张家港的"网格化公共服务"、吴江的"区域文化联动"、无锡的"全年无休免费开放"制度等在全国都具备了一定的影响力。而苏北一些县市则由于基础设施、经费、人员编制等问题在公共文化单位免费开放上遇到了一定的困难。

3. 公共服务水平提升要求和经费紧张人员不足等现实情况的矛盾

《意见》指出，免费开放要着眼于增强公共文化服务能力和管理水平，以健全和增强服务项目、服务能力为重点，使免费服务成为政府的重要民生项目和公共文化服务品牌。这些都需要必要的人力、财力投入来进行保障。江苏实行免费开放政策后，尽管总的公共文化经费有所增加，但相对于服务对象数量的快速增长速度而言，包括人员、设施、运营在内的经费增长仍然滞后，以到馆人数计的人均公共文化服务投入事实上呈逐渐下降的趋势。同时免费开放后观众大量增加和开馆时间的延长要求相应增加工作人员，而这一点目前也并未能很好地解决，江苏一些公共文化单位普遍存在着业务干部年龄老化、知识结构不合理等问题，由于免费服务带来的工作强度增加，还导致职工工作积极性下降等现实问题。经费投入和人才队伍建设的不足，严重制约了公共文化服务能力的提升，难以满足江苏新时期对公共文化单位免费开放的工作要求。

三、 免费开放要求下提升江苏公共文化服务能力的重点分析

1. 科学规划，制定江苏免费开放路线图

就全国公共文化单位免费开放而言，其主要目标可以概括为前后相继的两个阶段：以规模扩张、全面覆盖为主要特征的第一阶段和以质量提升、品牌创建为主要特征的第二阶段。这一目标为江苏"十二五"期间公共文化单位免费开放提供了可资借鉴的参考视角。无论是从经济实力，还是从文化资源，抑或设施建设上来说，在"两个率先"指引下的江苏全面推进公共文化单位免费开放时机已经成熟、条件已经具备，江苏能够而且也应该继续在扩大公共文化单位免费开放上取得更大成绩。

从近期目标而言，至 2011 年底，江苏的目标主要是和国家同步，首先要从规模上确保公共文化单位的覆盖面，确保全省各个公共文化单位全面免费开放。该阶段的重点和难点是全省 1330 多个乡镇综合文化站全部实行免费开放，这一目标目前已基本完成。和以规模覆盖为主要的近期目标不同，对于中期目标来说，江苏公共文化单位免费开放的方向和中心是到 2013 年底，全面提升免费开放的层次与质量，确保免费开放不是简陋开放、低水平开放，而是全面开放、较高水平的开放。该阶段的重点和难点是面向基层、重心下移，把更多的资源向公共文化资源相对匮乏、公共文化建设相对滞后的苏北以及乡村倾斜，构建城乡一体化的公共文化服务网络。这一目标正在进行。从远期来看，至 2015 年底，江苏要深入推进公共文化单位免费开放，全面提升公共文化服务水平和质量，推进公共文化服务均等化，形成具有江苏特色、全国领先的公共文化单位免费开放和公益性服务品牌和经验路径。

2. 厘清界限，区分基本与非基本公共服务

科学合理地界定基本服务的内容、范围和边界，是"免费开放"的前提条件。公共文化具有公平性、均衡性的基本特征，让人民群众享受公平文化服务是政府的重要职责，但无论是就历史还是现状来说，公共文化单位的文化服务项目内容是多层次、多领域的，除了面向大众的基本文化服务项目这一主体性的文化服务内容外，还一直在提供更高层次的文化服务项目。实际上对于公共

文化单位来说，其提供的产品与服务并不仅仅局限于基本公共文化服务，相反，它还会提供拓展性文化服务内容和延伸性文化服务内容，这两者都属于非基本文化服务内容。

首先是基本文化服务内容。对于公共文化单位来说，其首要的属性是公共性，它们应该普惠性地向社会公众提供基本文化服务项目。具体到公共图书馆、文化馆（站）等公共文化单位来说，就是要实现无障碍、零门槛地允许公民进入，向人民群众提供公共空间设施，以及与各自职能相应的基本文化服务项目。

其次是拓展性文化服务内容。拓展文化服务内容是公共文化单位在向社会公众提供免费服务项目的基础上，满足不同人群的特殊的文化消费需要而额外提供的服务，这些服务不属于公共文化单位免费性的基本公共文化服务范畴，可以向读者收取一定的费用。公共文化单位这一部分的拓展文化服务内容之所以收费，其原因在于超出了政府财政支持的免费服务范畴，但是，应考虑到这类服务是公众接受免费的基本文化服务项目的自然滋生性服务，应该从公共文化单位的公共属性出发，以成本价而非市场价收取费用。

最后是延伸性文化服务内容。延伸文化服务内容是公共文化单位为满足一小部分特殊人群特定的文化需求而提供的更高层次的文化服务。由于延伸文化服务内容已经远远超出了普通大众正常的基本文化服务需求，它需要公共文化单位的工作人员提供额外的高端专业性服务，如博物馆、美术馆、文化馆（站）提供的高端藏品鉴赏、艺术培训服务等。因而，尽管仍然是由公共文化单位所提供的服务，但是，由于其已经超出了公共服务的范畴，可以考虑以市场化调节机制来收取相关费用。相关公共文化单位也可由此增加收入并以此补充基本公共文化服务的经费，以更好地服务公众的基本公共文化需求。

公共文化单位提供的这三种文化服务内容范围并不是绝对和不可变的；随着时代的变迁、居民收入增长和文化消费需求的提高，以及政府公共服务供给能力的提升，原来的拓展性和延伸性的文化服务也可能纳入基本文化服务内容里面去。所以公共文化服务内容发展总的趋势是基本公共文化服务项目不断健全，服务范围不断扩大，服务水平不断提升。

3. 设计标准，进行免费开放服务绩效评估

建立科学有效的绩效评估标准体系，一是有利于进一步明确各个层面在免费开放服务中的责任。评估标准体系建设通过固化的形式将各方在免费开放服务体系建设中的责任量化、细化、标准化，从而促使各方更好地发挥作用。二是有利于促进免费开放服务的规范化、制度化。要建立长效、畅通、便捷的免费开放产品和服务的供给机制，使更多公众受益，就必须为免费开放的战略规划、投入规模和结构、具体服务方式和内容等设计科学、全面、具体的评估标准作为工作依据，并将这种规范通过制度加以固化，使免费开放服务有依据、有标准。三是有利于提高公共文化单位的免费开放服务水平。评估标准体系建设为公共文化单位推进免费开放服务工作提供了一套科学合理的工作机制与流程，从而避免了盲目性和随意性。

免费开放的绩效评估标准体系要涉及客观的免费开放服务绩效和主观的免费开放公共服务绩效，这两者缺一不可。客观的基本公共服务水平是指在一定经济发展水平下，政府、社会和市场供给的免费开放公共文化服务的数量和质量；主观的基本公共服务绩效是指人们对于一定经济发展水平下，政府、社会和市场供给的免费开放服务的数量和质量的主观感受和满意程度。客观供给和主观感受在个体身上最终得到体现，基本公共文化服务目标也在此得以实现。通过标准体系对免费开放的绩效实施有效控制，监督整改情况，反馈督导结果，提出持续改进和创新建议，实施考核评估。

4. 确保财政支撑，形成多元供给体系

在公共文化单位免费开放的过程中，国家和政府的投资应该始终处于最重要的主体地位。一是对免费开放后取消的一些收费项目，减少的事业收入需要财政予以全额补偿；对于资金投入不足，导致应纳入免费开放范围的基本服务项目缺项，不能正常提供或是变成有偿提供的，财政应予以补足；对适应群众需要，逐步扩大和增加的免费开放的内容、范围与项目，财政应建立投入相应逐步增加的可持续机制。应明确规定各级财政对于公共文化事业发展资金投入比例，东部发达地区确保占每年财政一般预算收入的 2%，全国平均应高于1%，公共文化财政投入增速应高于一般预算收入增长速度。参照"无锡经

验"，加快建立公共文化服务人均经费预算制度，安排公共文化单位免费开放专项扶持和奖励资金，以基层和农村为重点，并加大对公共文化设施建设的财政资金支持力度。

从我国现阶段情况来看，政府财力很难提供全部的公共文化服务，且完全由政府来提供公共文化服务会导致供给无效率。除了政府的财政投入外，公共文化单位应该创新融资管道，增强自我造血功能，吸收多元的经营理念，推动公共文化单位灵活地顺应市场和观众的需求。免费并不代表完全的不收费，图书馆、文化馆（站）在向群众提供免费的基本文化服务项目外，可以通过拓展性和延伸性的文化服务以非营利为目的，按照成本或市场的定价策略收取一定费用，用以弥补因免费开放而造成的资金缺口。在健全政府财政保障机制外，应积极探索建立公共文化多元化投入机制，鼓励社会力量对公共图书馆、文化馆（站）进行捐赠和投入，拓宽经费来源管道。政府对于公共文化的管理不能仅仅停留在直接"输血"的层面上，而应该逐步将重点转移到有效的间接控制上来，逐步建立和健全由政府主导的、社会多方力量共同参与的多元化社会化公共文化投资新格局，形成公共文化事业发展的社会合力。

四、结语

总体而言，推进公共文化单位由收费服务向免费服务的转变是加快建设覆盖全社会的公共文化服务体系的必然途径，也是人民群众基本文化权利理念的集中体现。从江苏等地的实施效果来看，免费开放政策有效地解决了原来制约公共文化发展的关键性问题，促进公共文化设施真正实现零门槛开放和免费提供基本服务，是我国公共文化服务体系建设实现历史性转折的标志，是公共文化服务真正走向"公共"的标志，其意义可谓重大。在免费开放范围已全面推开的基础上，如何总结在执行过程中出现的困难和问题，调整和完善免费开放的制度设计，强化政府公共文化服务的主体地位，从而健全服务项目、提升服务能力、提高服务质量，是进一步落实和完善免费开放政策的关键。

文化部 2010—2012 国家公共文化服务体系制度设计研究立项课题阶段性成果，发表于 2013 年第 2 期《艺术百家》

江苏省"十四五"时期打造"文艺高峰"思路对策研究

一、 课题研究背景

为了高质量编制"十四五"江苏省文化发展改革规划,省委宣传部委托省内有关单位和专家,开展"十四五"时期江苏省文化发展改革七个方面的课题研究,其中委托省文化和旅游牵头负责《江苏省"十四五"时期打造"文艺高峰"思路对策研究》。

党的十八大以来,以习近平同志为核心的党中央高度重视文艺工作,习近平总书记亲自主持召开文艺工作座谈会,出席中国文联十大、中国作协九大开幕式,看望参加全国政协联组会的文艺界代表,致信祝贺中国文联、中国作协成立七十周年,给内蒙古乌兰牧骑队员、老艺术家牛犇、中央美院老教授写信回信,深刻回答了新的历史条件下文艺工作具有方向性、全局性、战略性的重大问题。

江苏文化底蕴深厚，在中华文明的历史长河、中华民族伟大复兴和社会主义文化繁荣发展中，都作出了突出贡献。党的十八大以来，江苏全面贯彻习近平新时代中国特色社会主义思想特别是关于文艺工作的重要论述，全面落实党的十八大、十九大精神，高度重视文艺事业特别是艺术精品创作生产，围绕"三强三高"目标任务，出台了一系列加强文艺工作的重要政策措施，推动文艺事业不断迈上新台阶，有力推动了"强富美高"新江苏建设。

当前，正值编制"十四五"江苏文化发展改革规划关键时期。"十四五"是党的"两个一百年"奋斗目标的历史交汇期，将开启全面建设社会主义现代化国家新征程，历史节点特殊，意义十分重大，任务相当艰巨，具有新的时代特征和继往开来的里程碑意义。"十四五"时期，江苏打造"文艺高峰"是顺应新时代社会主要矛盾从"人民日益增长的物质文化需要同落后的社会生产之间的矛盾"转变为"人民日益增长的美好生活需要和不平衡不充分的发展之间的矛盾"的必然之举，是体现中华民族迎来了从站起来、富起来到强起来的伟大飞跃的时代需求，也是深刻反映江苏社会主义建设实践的现实需要。高质量完成《江苏省"十四五"时期打造"文艺高峰"思路对策研究》，努力把习近平总书记关于文艺工作的重要论述贯彻到规划工作的各个环节和规划内容的各个方面，对推动江苏构筑文艺精品创作高地和文化高质量发展走在前列，必将产生积极影响。

二、 全国各地做法

在多出精品力作、多出优秀人才方面，全国各地有不少好的做法，值得江苏学习借鉴。

（一）突出地域优势，强化主题创作

文艺精品必然具有鲜明的地域文化特色以及个性特点，各地都突出地域优势谋划主题创作。

上海市提出"打响上海文化品牌三年行动计划"，聚焦"红色文化、海派文化、江南文化"，抓"源头"搭"码头"。舞台艺术创作方面，鼓励国有文艺院

团内容创新，引进世界经典剧目，吸引国际一流创作人才，推行"上海首演"计划，扶持社会主体创作，通过多种途径提高上海舞台艺术的品牌影响力。影视艺术创作方面，发挥电影审查委员会的智库功能，遴选出一批重大题材作品，以名导作品、IP改编、新人新作为三大关注点，依托重点企业开发一批重点项目，举办"上海文学影视创投峰会"，促进优秀文学作品与上海本土影视公司签约，繁荣上海电影创作，提高"上海出品"电影的核心竞争力。

为实现文学创作从"高原"到"高峰"的跨越，北京市提出"出版前移、融入创作，扶植作者、培育新人，倡导阅读、普及文学，着眼未来、从小抓起，对接产业、融合发展，联结中外、沟通世界"的新发展理念，贯通《十月》杂志和出版社、文学院，聚合多年积累形成的优质原创品牌资源、作家资源和内容资源，探索创新文学创作发展两效统一的运营模式，着力打造"十月"品牌群，包括"十月签约作家""十月作家居住地""十月文学月"等项目。"十月"作为北京文学的标志性品牌，已形成集群效应，成为中国文学界和出版界具有较强综合实力与竞争力的文学品牌，逐步成为北京文学创作与出版的新高地和北京文化富有影响力的"金名片"。

浙江省提出要努力实现浙江文学从"高原"到"高峰"的突破和跨越，努力打造"全国当代文学重镇""全国网络文学重镇"。打造"全国当代文学重镇"方面，实施"浙江现实主义文学精品工程""文学解读浙江创作工程"，鼓励原创作品，深入挖掘重大革命和历史题材、当代现实题材、浙江本土题材，推出有思想深度、艺术高度的长篇巨著；实施"国际写作计划"、"经典浙江"译介工程，制订浙江当代文化作品对外翻译资助申请办法。

广东省实施"文学创作金质工程""网络文学金盘工程"，探索推动和构建科学规范的文学创作管理和创作生产机制，精心策划重大文学创作选题，切实提高文学创作生产的组织化程度。实施"本土重大题材突破计划"，重点策划"改革先锋题材""改革开放重大现实题材""海上丝绸之路题材""中国（广东）品牌题材"等四大本土重大现实题材文学作品，大力催生改革开放题材"扛鼎之作"。

陕西省从20世纪50年代起，作家艺术家赴基层挂职深入生活就已相沿成俗，"文学陕军"柳青、杜鹏程、王汶石、李若冰、胡采、赵望云、石鲁、刘文西、路遥、陈忠实、赵季平、贾平凹等一大批作家艺术家，一手伸向传统，一手伸向生活，创作了大批关注现实、关爱民众的优秀作品。近年来实施"文学陕军再进军"的文艺创作重点工程。采用签约作家考核奖励制度，推动中青年作家创作反映中国革命历史和现代经济社会发展新成就、新变化、新风貌的作品。

（二）创新投入方式，强化引导作用

北京市坚持"奖、补、贷、投"联动机制扶持优秀作品，建设融资孵化平台，以财政资金为引导，发起设立宣传文化引导基金、文化艺术基金、影视出版基金，每年投入 4 亿元，扶持重大题材创作，形成怀柔影视基地、东城戏剧创作、西城戏剧展演、丰台传统戏曲、石景山动漫游戏等特色创作基地，孵化优秀影视作品。

上海市加大对剧场公益票的补贴力度，吸引更多观众走进剧场。支持剧场、演艺机构与旅行社、旅游公司合作，策划制作反映上海城市文脉、体现海派文化特色、展示都市时尚风情、融合新技术体验的大型旅游驻场综艺秀。

广东省规范各类奖项评选，加大奖励力度，修订《广东作家全国名报名刊发稿奖励方法》，提升稿酬奖励幅度，重奖获得国际、国家级权威文学奖项的作家作品。建立健全公开透明的社会捐赠管理制度，拓宽资金来源渠道，吸引社会资金以多种方式投入文学建设，鼓励社会力量设立公益性文学基金，逐步形成以财政投入为主、社会力量积极参与的多元化经费保障体系。

北京市每年投入 1200 万元举办首都电视节目交易会，投入 6000 万元用于电视剧的剧本和拍摄扶持。上海每年投入 4500 万元扶持 30 个电视剧优秀剧本项目，对拍摄扶持实施"一剧一策"。浙江省杭州、东阳、宁波、海宁等地通过扶持政策招引、培育一流制作企业，杭州对获得全国精神文明建设"五个一工程"奖的影视剧给予 500 万元奖励，电视剧飞天奖、电视金鹰奖最高可获 300 万元奖励。福建设立规模 100 亿元的平潭文化产业发展基金，打造国际一流影视产业，对在中央电视台或省级卫视黄金时段首播的电视剧，分别给予每集 20 万元和 10 万元奖励。山东省设立省级影视精品推进计划资金，对重点优秀作品

进行支持扶持，青岛鼓励优秀作品创作生产，给予备案立项的影视剧作品最高30万元的立项扶持，摄制配套费达 100 万—500 万元，播映奖励最高 500 万元，获重要奖项的可得到最高 300 万元奖励，版权出口奖励最高 100 万元。天津市制定影视剧繁荣发展扶持政策，对单个项目最高给予 1000 万元的扶持。

（三）破除政策束缚，强化人才集聚

打造"文艺高峰"关键在人才，各地都实施了相关人才工程，取得了良好效果。

浙江省实施"文艺浙军"培育工程，合力建设"文学浙军""影视浙军""美术浙军""戏曲浙军"等文艺人才队伍。尤其加大对青年文艺人才的培育：一是实施舞台艺术"新松计划"，以"校团结合""名师带徒"等多种人才模式，培养戏曲、音乐类青年人才；二是实施视觉艺术"新峰计划"，采取业务培训、采风观摩等方式，培养美术、书法、摄影、民间艺术等 4 类中青年艺术人才；三是实施文学创作"新荷计划"，通过建立"青年作家人才库"、举办"新荷计划"研修班等方式，发现和培养一批有发展潜质的青年作家；四是实施影视艺术"新光计划"，在影视展播展映、图书出版等方面给予青年影视工作者帮助和支持。浙江省在引进人才方面制定青年文艺家发现计划，在西溪湿地创立了杭州文化创意产业园，从全球引进 100 多位文化名人，包括莫言、杨澜、余华、麦家等入住，并设立了工作室。

天津市实施"名家传戏——当代戏曲名家收徒传艺"工程，以天津地区戏曲名家为主，邀请部分国内名家，采取"一带一"的形式，按计划、按年度、分步骤地开展戏曲人才培训工作，每位名家向学生传授 1—2 出大戏或折子戏，计划培养 30 名左右优秀中青年演员。

北京市积极建设人才支撑平台，畅通非京籍和体制外人才职称申报渠道，在全国率先启动数字出版编辑职称评定，把文艺评奖纳入积分落户指标，郎朗、侯鸿亮、孔笙等一批文艺领军人才落户北京。

深圳市积极开展文艺智库建设，高层次文艺人才可以享受住房、医疗、配偶就业、子女入学等优惠政策。深圳"产业发展与创新人才奖"，每年安排专项资金 2 亿元用于奖励 1 万名创新型人才。在人才安居方面，深圳持续推进人才

安居工程，为文化创意等产业人才提供住房保障。

（四）加强文艺评论，强化文艺批评

创作、演出、评论三位一体，让优秀的文艺评论成为创作的领航灯，让文艺作品在评论的鞭策下走向精品。

广东省实施"文学评论金鼎工程"，构建"粤派批评"新体系，提升"粤派批评"话语权，推动广东文学评论走在全国前列；建立"签约文学评论家"制度，进行有重点、有计划、有步骤的评论、推介，形成评论与创作良性互动的局面；推出"高校评论计划"，创建"广东文学评论高校基地"，发挥专家评价、理论研究、规划发展的智囊作用；创办《网络文学评论》杂志，开展全方位、多角度艺术鉴赏和学术争鸣，客观探讨网络文学前进方向。设立"文艺评论基地"，基地成员享有各类文艺项目申报设定的优先权，在各类文艺评论研究、创作、展示或鉴赏活动中，从参与名额上给予优先照顾，并享有承接大型文艺评论活动优先权。

总结全国各地做法，我们从中得到的启示有：第一，要重视前瞻的顶层设计，聚焦文艺创作主题；第二，要创新投入方式，引导多方力量支持文艺创作；第三，要打造过硬的人才队伍，建立创作内生动力机制；第四，要营造良好的文艺批评环境，提供文艺发展生态保障。

三、江苏现状分析

"十四五"时期打造江苏"文艺高峰"，首先要科学认识已取得的成绩和经验，客观分析存在的问题及其原因，才能确保思路对策适应新形势、谋求新突破、实现新跨越。

江苏文化底蕴深厚，资源丰富，文艺门类齐全，力量雄厚，具有打造"文艺高峰"的坚实基础。党的十八大以来，江苏文艺创作生产成绩斐然，推出一大批文艺精品，在各艺术门类全国评选、国际竞争中脱颖而出，获奖种类多、层次高，稳居全国第一方阵。文艺知名度和美誉度不断提升，形成了各个文艺领域的"江苏现象"和文化品牌，在国内外具有广泛影响力。

在文学方面，江苏拥有一大批优秀作家，活跃在中国乃至世界文坛，"文学苏军"享誉海内外，领跑全国文坛，精品力作迭出，涉及体裁广泛，小说、诗歌、散文、翻译等各领域。苏童《黄雀记》获第九届茅盾文学奖，朱辉《七层宝塔》、胡弦《沙漏》、王尧《重读汪曾祺兼论当代文学相关问题》获第七届鲁迅文学奖，获奖数量创历届鲁奖之最。郭姜燕《布罗镇的邮递员》获第十四届全国精神文明建设"五个一工程"奖、第十届全国优秀儿童文学奖。韩青辰《因为爸爸》获第十五届全国精神文明建设"五个一工程"奖。

在戏剧、音乐、舞蹈、曲艺方面，江苏是"百戏之祖"昆曲的发源地，也是当年徽班进京启程的地方，目前拥有包括京剧、昆剧和地方戏曲在内的 20 个戏曲剧种。全省现有 108 个国有文艺院团、5700 多名专业人员。获"曹禺剧本奖"剧作家 4 位 9 人次，被誉为戏剧界的"江苏现象"。获"梅花奖"演员 47位 52 人次，其中 1 人为三度梅，3 人为二度梅。舞剧《丹顶鹤》、话剧《雨花台》、滑稽戏《陈奂生的吃饭问题》连续三届获得全国精神文明建设"五个一工程"奖。话剧《枫树林》、淮剧《小镇》、苏剧《国鼎魂》连续三届摘得国家文华大奖；淮剧《送你过江》、昆剧《梅兰芳·当年梅郎》连续两届入选国家舞台艺术精品创作扶持工程十大重点扶持剧目。越剧《柳毅传书》、儿童剧《青春跑道》获原文化部优秀保留剧目大奖。歌剧《运之河》《拉贝日记》《鉴真东渡》赴海外巡演反响热烈。国家艺术基金成立以来，江苏共获得立项 272 项，获得资助金额近 2.1 亿元，获得滚动资助共 6 项，位居全国第三。

在美术、书法方面，江苏堪称全国美术、书法重镇，其历史源远流长，曾经产生过影响巨大的吴门画派、娄东画派、虞山画派、金陵画派、扬州画派、新金陵画派，全省拥有 88 个艺术创作展览机构和 870 多名专业创作人员。第十三届全国美术作品展览江苏入选数量创江苏历届之最，第十二届全国书法篆刻展江苏入展作品数蝉联全国第一。

在影视方面，电影《一号目标》，电视剧《推拿》《青果巷》《海棠依旧》《黄土高天》，广播剧《雪域彩虹》先后入选第 13—15 届全国精神文明建设"五个一工程"奖。纪录片《奋斗时代》等多部电影获电影华表奖、金鸡奖，电影《白日焰火》获第 64 届柏林国际电影节最佳影片金熊奖，电视剧《春天里》等多部作品获电视剧飞天奖、电视金鹰奖，纪录片《东方主战场》、综艺节目《老妈驾到》等获电视文艺星光奖。电影市场发展迅速，截至2018年底，全省城市影院849家、银幕5388块、票房56.35亿元，全省电影票房列全国第二位。

在文艺活动方面，不断提档升级，强化活动品牌影响力，逐渐成为江苏打造"文艺高峰"的有效抓手。戏曲百戏（昆山）盛典，已升格为文化和旅游部、江苏省政府共同主办，将全国所有戏曲剧种集中到江苏昆山演出，是中国戏曲史上第一次。中国昆剧节永久落户苏州，已连续举办三届，正成为全国戏剧界重要品牌活动之一。中国音乐金钟奖（民乐）、中国曲艺牡丹奖、中国民间文艺山花奖等全国性活动，正成为江苏重要文化标识、全国知名文化品牌。紫金文化艺术节、百家金陵画展等江苏创办和组织的文艺活动，影响力不断提升。南京世界历史文化名城博览会、世界运河名城博览会、中国大运河文化旅游博览会等，正日渐成为文旅融合发展的重要平台。

总体来看，江苏文艺呈现出作品出人才有影响的可喜局面，展现了新时代江苏文艺繁荣发展的蓬勃生机和构筑文艺精品创作高地的最新成果，有力巩固和提升了江苏文艺在全国的地位和影响力。但是，在充分肯定全省文艺创作取得耀眼成绩、呈现众多亮点的同时，与人民群众日益增长的精神文化需求相比，与建设文化强省的目标相比，与"十四五"时期打造"文艺高峰"的要求相比，江苏文艺领域还存在一些问题和不足。主要体现在以下几个方面：

政策环境不断优化，但扶持激励力度仍需提高。"十三五"期间，江苏大力繁荣发展社会主义文艺，作出文化建设高质量发展走在前列等重大部署，出台《构筑文艺精品创作高地三年行动计划》《江苏文化人才高质量发展三年行动计划》《江苏省实施中华优秀传统文化传承发展工程工作方案》等政策文件，设立江苏艺术基金、优秀剧本创作扶持资金、优秀文艺成果奖励资金、电影事业发展专项资金等。但对照中央对江苏高质量发展走在前列的定位，与北京、上海提出建设全国文化中心，加大资金投入相比，我们的政策激励和扶持优势还需要进一步彰显。

精品力作不断涌现，但高峰之作仍显不足。连续推出《运之河》《郑和》《鉴真东渡》《拉贝日记》《周恩来》等5部原创歌剧，在国外产生较大影响。滑稽戏《陈奂生的吃饭问题》、苏剧《国鼎魂》等在全国精神文明建设"五个一工程"奖、国家文华大奖等全国奖项评选中收获颇丰，电视剧《父亲的身份》《最后一张签证》《春天里》接连登上央视黄金档，为"江苏出品"赢得了荣誉。但代表时代、引领风尚，在全国有重大影响的作品还不多，特别是叫好又叫座，既有艺术品质又受市场广泛欢迎的精品力作需要持续打造，具有全国影响的旅游演艺品牌项目也有待形成。

"文艺苏军"更加壮大，但人才支撑仍然乏力。评选表彰紫金文化奖章，实施江苏文艺"名师带徒"计划，组织紫金文化英才和文化优青选拔认定工作，组建江苏青年文艺人才库，在紫金文化艺术节、京昆艺术群英会上开设专门板块，为青年文艺工作者和在校艺术大学生提供展示和锻炼的舞台，"文艺苏军"整体实力不断提升。但相比于文艺"高原"攀"高峰"的需求，文艺人才对优质作品创作生产的整体支撑仍然乏力，特别是高端文艺人才匮乏问题较为突出，在全国有重大影响力、较强号召力的领军人才总体数量偏少，戏剧、影视等门类的导演、作曲、舞美人才相对较弱。文学创作一直在全国文坛占据重要地位，但大多数文学名家均为60后、50后。江苏从事文学创作人数近2万人，但60岁以上占了近一半，45岁以下的仅占四分之一多。

社会影响不断彰显，但领先优势仍不明显。创办紫金文化艺术节、紫金京昆艺术群英会、扬子江作家周等，平台影响力不断提升。组建苏州交响乐团、苏州民族管弦乐团，创办《新华日报·文艺周刊》，阵地保障能力不断提升。开展文艺志愿服务，组织文化进万家、戏曲进校园进乡村等活动，江苏文艺始终稳居全国第一方阵。但与中央对江苏领先率先的要求相比，江苏文艺领先优势并不特别明显，文艺精品的数量、领军型人才的集聚、代表国家走向国际的文艺品牌还不够多。话剧、舞剧等主流剧种的创作，中国画、油画、版画之外的其他画种，发展比较一般。电影、电视剧（片）成绩不是十分理想，以近三届全国精神文明建设"五个一工程"奖为例，七个类别中，电影（含纪录影片）共计48部，江苏1部，占比2%；电视剧、电视纪录片、动画片共计66部，江苏4部，占比6%；广播剧共计38部，江苏1部，占比2.6%。

究其原因，我们觉得主要在于江苏文艺创作政策支持力度还不够大，文化体制机制改革先行先试效果不够明显，人才培养和引进没有得到足够重视。

四、 主要对策建议

"十四五"时期，江苏应始终坚持以习近平新时代中国特色社会主义思想为指导，深入贯彻党的十八大、十九大精神，坚持党对文艺工作的全面领导，认真落实意识形态工作责任制，坚持"二为"方向、"双百"方针和创造性转化、创新性发展，紧紧围绕举旗帜、聚民心、育新人、兴文化、展形象的使命任务，把提高质量作为文艺作品的生命线，创作生产更多思想精深、艺术精湛、制作精良的优秀文艺作品，不断推出文艺扛鼎之作和名家大师，加快构筑文艺精品创作高地，努力打造"文艺高峰"，为建设"强富美高"新江苏提供强大的精神动力和文艺支撑。

在目标定位上，继续瞄准全国精神文明建设"五个一工程"奖、文华大奖、全国美展、茅盾文学奖、鲁迅文学奖、全国优秀儿童文学奖、华表奖、飞天奖、金鸡奖、戏剧梅花奖、文华表演奖、曲艺牡丹奖、荷花奖等全国性奖项，确保取得前3名好成绩，重点做大做强文学、戏剧、美术书法等优势门类，补足补齐影视、舞蹈、音乐等短板；推出一批在全国形成"现象级"影响的文艺作品，造就一批在全国具有"领军级"实力的文艺名家；打造在全国具有较高显示度、鲜明标识度的"紫金文化"品牌；把大运河文化、江南文化等作出更大特色和影响。

具体来说，"十四五"时期需要我们在以下五个方面重点发力：

（一）实施文艺创作攀登工程，推出更多高峰之作

一是加强重大主题创作规划引领。围绕重要时间节点和重大事件、重要人物，积极推动重大题材主题作品创作。以现实题材、爱国主义题材、重大革命和历史题材、青少年题材为重点，深入挖掘中华文化底蕴，积极反映新时代中国特色社会主义的伟大实践。以江苏历史上的重大事件、重要人物，周恩来精神、新四军铁军精神、雨花英烈精神、淮海战役精神，大运河文化、江南文化，以及高质量发展走在前列、建设"强富美高"新江苏的生动实践为重点，

推动江苏地域文化主题创作，体现江苏风格、凸显文化标识。

二是强化文艺创作题材管理。全面建设和不断完善江苏文艺创作题材库，定期开展题材发布、资源对接、创作孵化等活动，建立重大题材规划引导、提示发布机制，有效形成"规划一批、创作一批、储备一批"的文艺创作题材动态管理机制。

三是聚焦一剧之本创作。建立健全省市县三级戏剧文学创作机构，注重扶持县级以下基层文化机构的创作人才。定期开展戏剧文学剧本征集评选活动，发掘、扶持一批优秀剧本。打通文学作品向剧本转化的渠道，建立剧本改编资源库，重点推动优秀小说、报告文学、网络文学等向戏剧、电影、电视剧剧本转化。探索签约创作、招标创作和跨地跨界联合创作等机制，搭建优秀剧本推介交易平台。

四是加大对文艺精品创作扶持力度。建立文艺精品立项扶持评审机制，坚持精品思维，集中优势资源，实施重点资助。各文艺门类每年确定一批重点项目，给予重点投入和精心指导。力争文学、戏剧、影视等重要门类每年推出 50 部左右优秀作品，其中戏剧不少于 20 部，3—5 部在全国有较大影响，1—2 部在全国有重要影响。在全国范围内遴选 15—20 名顶尖文艺名家大师，以项目委托形式，每人领衔一个项目，专项投入资金，带领我省青年人才组建团队，争取用 3—5 年时间，推出一批在全国具有"现象级"影响的文艺作品。

五是完善优秀文艺作品奖励机制。更好发挥江苏省精神文明建设"五个一工程"奖、江苏省文华奖、江苏省文艺大奖、江苏省广播电视政府奖、江苏省戏剧文学奖和江苏省紫金文化奖章等激励作用，有效促进全省优秀文艺作品创作。出台《江苏省文艺精品扶持奖励办法》，不断完善《江苏省优秀文化成果奖励办法》《江苏省文艺精品剧目剧本扶持办法》《江苏省重点电影项目扶持奖励实施细则》。研究制定《广播电视和网络视听文艺精品项目扶持办法》。制定完善江苏省获得国家级奖项的优秀文艺作品奖励办法，对获得国家级奖项的创作人员、创作单位等给予必要奖励。

（二）实施文艺人才腾飞工程，推出更多拔尖人才

一是实施青年领军人才"托举"行动。对文艺英才中实力强、潜力大的

"关键少数"，如省戏剧文学创作院院长罗周、省演艺集团昆剧院副院长施夏明等，瞄准全国顶尖和领先位次，为他们量身定制培养计划，集中各方面资源给予扶持，力争在各个文艺门类，特别是艺术门类造就一批能够走在全国同行前列的名家大师。

二是实施文艺后继人才"强基"计划。"文艺苏军"青蓝相继、生生不息，需要艺术教育的支撑。北京有电影学院、舞蹈学院，上海有音乐学院、戏剧学院，浙江有音乐学院、中国美院等，江苏只有 1 所综合类艺术本科院校南京艺术学院，1 所职业类专科院校苏州工艺美术职业技术学院，其他虽然有 55 所大学设置的艺术类二级学院，但既小且弱。建议打通戏剧人才从初中到本科直升通道，将江苏省戏剧学校升格为江苏省戏剧学院，解决江苏戏剧发展人才培养瓶颈，夯实江苏戏剧发展基础；在艺术类院校增设或扩招编剧、导演、作曲、舞美等紧缺专业，提供科学稳定的专业支撑。

三是完善优秀文艺人才使用政策。为全国奖项获得者、紫金文化奖章等艺术名家，设立名家工作室、大师工作室，在媒体开设"名家专栏"，举办名家名作晋京展、名家名作专题研讨、戏曲大师驻校传承计划等活动。鼓励资助优秀文艺人才参加国际文化交流、全国性文艺评奖，提高文艺名家的知名度和影响力。延迟高层次艺术人才退休年龄，获得全国精神文明建设"五个一工程"奖、国家文华大奖的编剧、导演和主演且排名第一人员，获得全国美展金奖或入选 5 次以上人员，具有正高二级职称人员，根据工作需要和本人意愿，可以延迟 3 年退休；条件合适的，推荐担任省政府参事、省文史馆员等。进一步破除人才引进、培养、使用、评价、流动、激励等方面的体制机制障碍，放宽招聘和引进专业艺术人才的年龄限制，从副高 45 岁以下、正高 50 岁以下改为副高 48 岁以下、正高 53 岁以下。提高文艺创作生产单位的高级职称岗位设置比例，对省级艺术创作单位高中低职称岗位设置实行"倒金字塔"结构，探索特殊文艺创作生产单位不限制职称岗位制度。对需要引进高端拔尖人才实行绿色通道政策，可以不受单位岗位设置比例限制，为人才引进提供更多空间。设立文艺高端人才引进专项经费，用于解决高端引进人才的项目经费、安家补贴等问题。

（三）实施文艺活动提升工程，推出更多品牌项目

一是继续打响"紫金"文化活动品牌。通过创新节会模式、优化主题内容、加强宣传推介等举措，将紫金文化艺术节、紫金山文学奖、紫金合唱节、紫金京昆艺术群英会办成展示江苏文艺发展成就的艺术盛会，将江苏戏剧文学奖更名为紫金戏剧文学奖，不断提升"紫金"文化品牌力和国际影响力，使之成为引导性强、显示度高、影响力大的文艺活动平台。

二是做强全国性文艺活动品牌。推动戏曲百戏（昆山）盛典、中国昆剧节、长三角高新视听博览会、中国百家金陵画展、中国苏州评弹节、中国音乐金钟奖（民乐）、中国曲艺牡丹奖、中国民间文艺山花奖等全国性文艺品牌活动提档升级，打造具有国际化视野、国家级水平、江苏省特色的专业性活动品牌。

三是做优江苏文艺活动品牌。不断提升江苏省文华奖、江苏省五星工程奖、扬子江作家周、扬子江网络文学周、傅抱石风骨·中国画作品双年展、徐悲鸿杯·油画双年展、林散之杯·书法作品双年展、江苏省优秀美术家系列展、江苏中秋戏曲晚会等江苏重大文艺活动的影响力和带动效应，条件成熟时与国家级机构合办，面向全国征稿，使之成为江苏重要文化标识、全国知名文化品牌。

四是扶持地方文化活动品牌。重点扶持特色鲜明的中国苏州江南文化艺术·国际旅游节、南京森林音乐会、江苏省淮剧艺术展演月、长江音乐节、中国泰州梅兰芳艺术节等江苏地方文艺活动，打造各具特色的地方文化品牌，提升江苏地方文艺活动影响力。

五是打造文旅融合发展活动品牌。按照"宜融则融、能融尽融""以文彰旅、以旅促文"的要求，进一步打造中国大运河文化旅游博览会、南京世界历史文化名城博览会、世界运河名城博览会等文旅融合发展的重要平台，扶持"只有爱·戏剧幻城""太湖秀"旅游演艺项目成为有全国影响的品牌项目。

（四）构建文艺创作良好生态，有效形成整体合力

一是实施文艺基础设施建设工程。推动建设一批重点文艺基础设施，新建江苏戏曲博物馆，完整展示京昆和 18 个地方剧种深厚的文化底蕴，集传承研

究、演出推广等功能于一体。针对当前全省各地文艺场馆发展不平衡、资源不均衡以及不少剧场设施陈旧、功能落后等问题，推动每个县市和有条件的区"十四五"期间至少建成一座功能齐全、设备完善的标准剧场。支持南京建设国际和平主题文化交流展示馆，支持昆山建设戏曲百戏博物馆。

二是实施文艺宣传推广工程。整合现有的高雅艺术进校园、戏曲进校园、送戏下乡等项目，统一实施艺术普及教育工程。确保每个中小学生每个学期能够现场观看一场戏剧。将戏剧教育纳入美育教育范围，改变小学、中学只有音乐、美术两门美育课程的现状，在中学阶段普遍开设戏剧教育课程。组织免费观看地方戏曲表演，确保每个自然村每年能够演出一场戏剧。在广播电视普遍开设文艺频道或专门栏目，在报刊、网络开辟固定栏目，培育文艺观众，提升文艺社会影响力。

三是实施文艺评论提升工程。充分发挥江苏省文艺评论家协会、江苏省艺术评论学会作用，加大优秀文艺评论人才培养力度，推出一批有影响力的文艺评论骨干。在全省设立一批艺术评论基地，发现并培养一批45周岁以下的青年文艺评论家。增设江苏省文华奖·艺术评论奖，在《艺术百家》《剧影月报》等专业性刊物上开设艺术评论专栏，创办扬子晚报《艺术评论周刊》，组织知名文艺家、评论家在专业性文艺期刊上进行点评和推介，扩大优秀文艺作品在专业领域的影响力和知名度。定期遴选优秀文艺评论文章结集出版，推出一批高水平评论文集。

四是实施文艺市场建设提升工程。充分发挥基地（园区）集聚和规模效应，使全省文艺创作生产基地形成各具特色、错位发展的良好格局。支持和推动淮剧小镇等戏剧小镇建设，加强国家动画产业基地、国家影视网络动漫实验园、无锡国家数字电影产业园、石凇影视基地、常州西太湖影视基地、常州创意产业基地、江南戏曲影视基地等各级各类文艺市场基地建设。用好纪录片内容创投和跨界交流合作平台——新鲜提案真实影像大会、动漫创意项目产业交流交易平台——南京（国际）动漫创投大会，继续组织中国（常州）国际动漫艺术周、中国·江苏太湖影视文化产业投资峰会、长三角影视剧创作高峰论坛等文艺产业活动。着力推进文旅融合发展，加强全省旅游演艺业健康发展，打造一大批具有创新性、示范性、影响力的旅游演艺项目。推动小剧场建设，创作生产一批"小而精"的优秀演艺产品。推进全省演艺院线建设，打造"紫金院线"品牌。

（五）完善文艺创作保障机制，夯实健康发展基础

一是建立健全打造"文艺高峰"工作机制。成立打造"文艺高峰"组织领导机构，由省委、省政府分管领导任正副组长，省委宣传部牵头，省财政厅、省税务局、省文化和旅游厅、省广播电视局、省文联、省作协、省演艺集团、省广播电视总台等相关部门参加的打造"文艺高峰"领导小组，统筹规划打造"文艺高峰"重点工作，加强任务部署，促进政策落地。出台《关于打造"文艺高峰"的实施意见》，制定打造"文艺高峰"的政策措施。实施江苏省文艺资源普查工程，调查摸底江苏文艺资源。进一步开展"文艺高峰"课题调研，找准江苏文艺在全国精确位置，与北京、上海等先进地区全面对标找差，研究提出"文艺高峰"指标体系，为江苏打造"文艺高峰"提供参照系和路径图。

二是建立完善文艺创作考核评价体系。按照"五位一体"总体布局的要求，将文艺工作尤其是文艺精品创作生产纳入各设区市高质量发展考核体系，督促地方党委政府高度重视和有效推动文艺精品创作生产。建立各级文艺创作生产联席会议制度，推动相关部门加强配合、密切合作，形成部门协作、联动工作机制。

三是深化国有文艺院团改革。突出问题导向，坚持分类指导，以演出为中心环节，凝聚共识，激发国有文艺院团生机活力，重点解决五个方面问题：第一，明确功能定位。国有文艺院团是繁荣发展社会主义文艺的中坚力量，是提供公共文化服务、发展文化产业的重要力量。省级国有文艺院团和有条件的市县级国有文艺院团，要创作体现国家水准民族特色、具有国际影响力的优秀舞台艺术作品，承担国家和本省重大主题性创作演出任务，同时要充分挖掘地方特色资源，做强区域优势艺术门类，成为本省舞台艺术创作生产的引领者推动者；市县级国有文艺院团原则上以服务基层群众为主要任务，更多承担政策宣传、公共服务、惠民演出、艺术普及等工作。第二，分类推进改革。保留事业单位性质的国有文艺院团，突出和强化公益属性，完善财政、人事、收入分配等各项政策，进一步增强活力；已转企改制的国有文艺院团，完善法人治理结构，强化内部运行机制和经营管理的创新，形成体现文化企业特点、符合现代企业制度要求的资产组织形式和经营管理模式，充分发挥聚合优势，努力成为骨干文化企业。第三，完善激励机制。细化奖励性绩效工资发放的等级和档次，演出收入向作出突出贡献人才和一线演员倾斜。允许对紧缺急需人才实行协议工资、项目工资和年薪制分配形式。转企改制院团取得的上级表彰奖励资金和公益性演出收入可以发放人员劳务。第四，落实政策保障。加强公益性演出质量和效益的考核评价，以绩效为导向，动态调整政府购买公益性演出经费安排，加大优秀保留剧目政府购买演出力度。加强对转企改制院团的政策保障和资金扶持，继续拨付原有正常事业费不少于 20 年，并动态调整拨款水平。支持转企改制院团通过加快收入分配改革、建立企业年金、加发补贴等方式，提高退休人员生活待遇。第五，实行人才激励。将国有文艺院团人才队伍建设纳入宣传文化系统人才队伍建设统一规划，完善人才政治待遇、培养引进和管理保障奖励机制。在国有文艺院团试行艺术名家或首席演（奏）员制度。鼓励国有文艺院团与高等院校、职业院校开展人才联合培养。

四是加大财政资金支持力度。建议设立 10 亿元规模的打造"文艺高峰"专项扶持基金，对江苏文艺精品予以重点扶持资助；提高相关部门文艺创作专项资金和江苏艺术基金规模，增加文艺创作生产经费投入；增加江苏省演艺集团艺术创作经费不少于 5000 万元，增加江苏省国画院、江苏省美术馆典藏经费不少于 2000 万元。各设区市普遍设立艺术创作专项资金和艺术基金；各县市区普遍设立文艺创作专项经费。对重点艺术作品实行重点投入，必要时给予滚动资助，对获得国家级项目资助的给予配套资金支持。

五、结语

江苏"十四五"时期打造"文艺高峰"，是新时代背景下对江苏文艺创作的新定位、新要求和新期待。江苏应深入学习贯彻习近平总书记关于文艺工作的重要论述，牢固树立以人民为中心的创作导向，把多出精品、多出人才作为加强思想文化建设的突破口，以文艺人才支撑文化大厦，以文艺精品引领文化繁荣，为全面构筑文艺精品创作高地，打造新时代"文艺高峰"作出新贡献。

江苏省委宣传部 2020 年委托课题

常态化疫情对江苏文旅产业的影响及其应对措施研究

文化产业和旅游业简称为文旅产业，2020 年全国文化、旅游及相关产业增加值占国内生产总值（GDP）比重达到 8.44%，文旅产业为经济社会持续健康发展提供了强大动力。面对新冠疫情和众多不稳定不确定性因素，推动文旅产业高质量发展，对于扛起"争当表率、争做示范、走在前列"光荣使命，谱写"强富美高"新江苏现代化建设新篇章具有极其重要的意义。本文在综合分析世纪疫情、我国经济和文旅产业现状的基础上，提出了相关建议。

一、 没完没了的世纪疫情

新冠疫情是百年来全球发生的最严重的传染病大流行，也是新中国成立以来遭遇的最严重的突发公共卫生事件。2020 年 1 月，新冠疫情突如其来，严重威胁着人民的生命安全和身体健康。以习近平同志为核心的党中央坚持人民至上、生命至上，以坚决清零的最大政治智慧和勇气，举全国之力驰援疫区，应收尽收、应治尽治，只用 3 个月左右的时间，就取得武汉保卫战、湖北保卫战的决定性胜利，并取得全国抗疫斗争的重大战略成果。在此基础上，我国统筹疫情防控和经济社会发展各项工作，努力恢复生产生活秩序，是当年全球唯一实现经济正增长的主要经济体，为稳定世界经济和产业链供应链作出重要贡献。在这场没有硝烟的重大战役中，习近平总书记运筹帷幄、亲自指挥，充分彰显了一个大国领袖的责任担当和中国共产党领导、我国社会主义制度的巨大优势，赢得全中国、全世界的普遍尊重和赞誉。

2021 年 7 月，疫情卷土重来，由境外输入性病毒德尔塔引起的首批新冠肺炎确诊病例出现在南京禄口国际机场，随后德尔塔变异株在我国多源多点暴发。党中央、国务院对此高度重视，习近平总书记作出重要指示，李克强总理作出批示，孙春兰副总理先后两次赴江苏调研指导疫情防控工作。国务院联防联控机制多次召开电视电话会议，并派遣工作组奔赴全国重点地区指导科学精准地打好疫情阻击战。省委省政府果断应对，以最快速度、最有效措施阻断疫情蔓延并成功清零。时隔不久，我国再次出现较大范围疫情，其源头多、速度快、范围广，波及 20 余个省份。经过快速有效处置，基本用一个潜伏期就控制住疫情。

据国家卫健委权威统计，我国新冠疫情 2020 年发生 18 起，2021 年发生 30 余起。

病毒频繁变异，2022 年 2 月下旬，传播性、隐匿性更强的奥密克戎变异株在我国开始蔓延，仅两个多月时间，全国 31 个省份 261 个地市报告发现本土感染者，其中上海疏于防范和管理，至 5 月 4 日感染者累计 601942 例、死亡 503 例，市民生活受到严重影响，次生灾害也时有发生。为此全国 3 万余名医务人员和重症专家，以及解放军医疗队 5000 多人，全面支持上海疫情防控工作，许多省市日夜不停地给上海运送防疫物资和生活用品。习近平总书记一直关注疫情演变，两次主持召开中央政治局常务委员会会议，分析疫情防控形势，研究部署疫情防控重点工作。习近平总书记指出，我们的防控方针是由党的性质和宗旨决定的，我们的防控政策是经得起历史检验的，我们的防控措施是科学有效的。要深刻、完整、全面认识党中央确定的疫情防控方针政策，坚决克服认识不足、准备不足、工作不足等问题，坚决克服轻视、无所谓、自以为是等思想，始终保持清醒头脑，毫不动摇坚持"动态清零"总方针，坚决同一切歪曲、怀疑、否定我国防疫方针政策的言行作斗争。习近平总书记这一重要讲话，是对前期上海疫情引发的思想动荡的拨乱反正，进一步坚定了全国人民"坚持就是胜利、坚持才会胜利、坚持定能胜利"的信心，对摒弃"群体免疫、大号流感、与病毒共存"等错误观点，克服麻痹思想、厌战情绪、侥幸心理、松劲心态，坚持"外防输入、内防反弹"总策略和"动态清零"总方针不犹豫不动摇，进一步统一思想、凝聚力量，最大程度保护人民生命安全和身体健康，最大限度减少疫情对经济社会的影响，努力把各项防控举措抓细抓实指明了方向。

面对此轮疫情，深圳以快制快行动果断，上海打好清零攻坚硬仗，北京严格落实防控措施，吉林、广州及全国多地聚集性疫情得到有效控制，全国疫情呈波动性下降趋势。从武汉保卫战，到常态化疫情防控，再到迎战德尔塔、奥密克戎的全链条精准防控，实践反复证明，"动态清零"是我国疫情防控的制胜法宝，也是当前我们必须守住的底线，坚决贯彻党中央、国务院疫情防控决策部署，根据病毒变异和传播的新特点，高效统筹疫情防控和经济社会发展，坚定不移坚持"人民至上、生命至上"，坚持"外防输入、内防反弹"，坚持"动态清零"，最大程度保护人民生命安全和身体健康，最大限度减少疫情对经济社会发展的影响，不能有丝毫认识偏差和行动迟缓。

新冠疫情至今，正处于第四波流行高峰，截至 6 月底，全世界已有 5.4 亿人感染，632 万人死亡。情况最严重的美国，感染人数超 8700 万，死亡破 101 万。从国外现有情况看，美英一早就"躺平"了，但"躺平"没有"躺赢"，其结果是全民感染、大量死亡以及有可能伴随终身的后遗症发病风险。我国是唯一没有在防疫领域"躺平"的大国，感染人数、发病人数、重症人数和死亡人数都保持在较低水平。相反，如果我国不及时有效防控，势必形成规模性反弹，以我国 14 亿多的总人口基数、2.67 亿 60 岁及以上老年人群体的现实国情，我国医疗体系将面临被击穿危险，同时也会对人民生命健康安全和经济社会发展带来巨大冲击。按照美国的感染和死亡率计算，我国的感染和死亡人数将令人不敢想象。

当前全球疫情仍处于高位，日新增确诊病例多次突破 100 万例，奥密克戎 BA.5 亚分支已经成为全球主要流行毒株，陕西西安、北京、辽宁大连、天津、上海、山东青岛、广东珠海等地也已经陆续检出，我国外防输入压力不断增大。与国际社会携手抗疫，积极开展药物研发、诊疗手段合作，用好疫苗这个有力武器，确保疫苗公平分配，为国际社会提供更多公共产品，支持和参与全球科学溯源；从严从紧加固国内疫情防控防线，坚决防止疫情输入蔓延，坚持科学精准高效，避免防疫次生灾害，稳妥有序推进疫苗接种特别是老年人疫苗接种；坚持问题导向，加强核酸检测全链条监管，提高突发疫情处置效率，严格执行第九版防控方案和"九不准"要求，克服防疫松懈、层层加码等问题，筑牢保障经济社会发展的健康根基，就成为目前我国的不二选择。

在第七十六届联合国大会一般性辩论上，习近平总书记强调，我们必须战胜疫情，赢得这场事关人类前途命运的重大斗争。一部世界文明史，也是同瘟疫斗争的历史，人类总是在不断战胜挑战中实现新的更大发展和进步。这次疫情虽然来势汹汹，但我们终将战而胜之。

二、 顶住压力的我国经济

这场世纪疫情，从供需两侧冲击了各国经济，令全球经济陷入第二次世界大战结束以来最严重的衰退，呈现"高成本、高风险和低增长率"等特点。我国经济也受到严重冲击，包括沿海发达省份在内的大部分地区，经济运行严重受阻，稳经济大盘任务十分艰巨。

习近平总书记以宏大的全球视野，多次呼吁各国坚定信心、同舟共济、务实合作、互利共赢。在 2022 年世界经济论坛视频会议上，提出探索常态化疫情防控条件下的经济增长新动能、社会生活新模式、人员往来新路径，推进跨境贸易便利化，保障产业链供应链安全畅通，推动世界经济复苏进程走稳走实。强调加强宏观政策协调，主要经济体要树立共同体意识，强化系统观念，加强政策信息透明和共享，协调好财政、货币政策目标、力度、节奏，防止世界经济再次探底，而主要发达国家更要采取负责任的经济政策，把控好政策外溢效应，避免给发展中国家造成严重冲击。在博鳌亚洲论坛 2022 年年会上，提出关注发展中国家紧迫需求，围绕减贫、粮食安全、发展筹资、工业化等重点领域推进务实合作，着力解决发展不平衡不充分问题。强调中国经济韧性强、潜力足、回旋余地广、长期向好的基本面不会改变，将为世界经济企稳复苏提供强大动能，为各国提供更广阔的市场机会，将全面实施《区域全面经济伙伴关系协定》，积极推进加入《全面与进步跨太平洋伙伴关系协定》《数字经济伙伴关系协定》。

疫情暴发以来，以习近平同志为核心的党中央团结带领全党全国各族人民，保持战略定力，坚持用全面、辩证、长远的眼光分析经济形势，统筹疫情防控和经济社会发展，统筹发展和安全，努力在危机中育新机、于变局中开新局。

过去的一年，面对复杂严峻的国内外形势和诸多风险挑战，党和国家隆重庆祝中国共产党成立一百周年，胜利召开党的十九届六中全会，如期打赢脱贫攻坚战，如期全面建成小康社会，实现第一个百年奋斗目标。全国上下贯彻落实中央经济工作会议精神，扎实做好"六稳""六保"工作，保持宏观政策连续性、针对性，推动经济运行保持在合理区间，国内生产总值达到 114 万亿元，增长 8.1%，财政收入突破 20 万亿元，增长 10.7%，城镇新增就业 1269 万人，居民消费价格上涨 0.9%，企业研发经费增长 15.5%，粮食产量 1.37 万亿斤，高新技术制造业增加值 18.2%，市场主体总量超过 1.5 亿户，货物进出口总额增长 21.4%，居民人均可支配收入实际增长 8.1%，主要经济指标符合预期，财政赤字率和宏观杠杆率下降，经济增速继续位居世界前列。

今年以来，我国经济运行经历了很不寻常的过程，发展环境的复杂性、严峻性和不确定性上升，疫情影响超过预期，再加上乌克兰危机、中美博弈，导致风险挑战增多，对经济运行的冲击影响很大。由于疫情持续多点散发、局部暴发，我国很多城市被迫按下"慢行键"，封控管理区域部分停工停产，产业链供应链出现堵点，部分行业企业困难加大，消费特别是接触型消费恢复较慢，中小微企业、个体工商户和服务业领域面临较多困难，失业率上升，就业难度增加。俄乌战争造成全球石油天然气价格、粮食价格急剧上涨，而我国的石油、粮食在相当程度上依靠进口，这也必然会增加进口成本、影响经济发展。美国总统拜登上台后，变本加厉发动对我国的遏制和孤立行动，千方百计挑拨、干扰欧洲与我国的经贸合作。这也是国航、东航、南航一下子团购价值2500亿元空客飞机的重要原因之一。

面对极不寻常、极不平凡的复杂局面，全国各地区各部门坚持稳字当头、稳中求进，强化跨周期和逆周期调节，内需拉动作用提升，创新驱动成效显著，国民经济继续恢复，主要经济指标增速基本稳定，发展质量效益有所提高，一季度国内生产总值27万亿元，按不变价格计算，同比增长4.8%，高于去年第四季度4%的增速，经济增速在全球主要经济体中是最高的，而江苏同比增长4.6%，增量国内排名第一，经济运行总体实现平稳开局。

今年3月以来，我国经济下行压力加大，特别是面对需求收缩、供给冲击、预期转弱"三重压力"，以及疫情持续影响衍生的一系列新情况、新变化。关键时刻，党中央连续发布文件、召开会议，提出并实施一系列重要举措。4月10日，中共中央、国务院出台《关于加快建设全国统一大市场的意见》，这对国际环境一旦恶化，出现美国和西方国家制裁、封锁甚至发生战争，我国仍然能够保持经济发展不受影响或少受影响、人民生活基本正常具有重要意义。4月26日，中央财经委员会研究全面加强基础设施建设问题，这也是应对国内严峻经济形势，保障国家战略安全、扩大内需、推动高质量发展的必要手段。4月29日，中央政治局召开会议，分析研究当前经济形势和经济工作，强调要坚定信心、攻坚克难，确保党中央大政方针落实到位，做到疫情要防住、经济要稳住、发展要安全。5月25日，国务院召开全国稳住经济大盘电视电话会议，要求相关措施尽快落地，确保二季度经济实现合理增长。随后，国务院印发了《关于扎实稳住经济一揽子政策措施的通知》。

所谓经济要稳住，主要是稳政策，加大宏观政策调节力度，加快落实已经确定的政策，抓紧谋划增量政策工具，努力实现全年经济社会发展预期目标，保持经济运行在合理区间；稳内需，全力扩大国内需求，全面加强基础设施建设，发挥消费对经济循环的牵引带动作用；稳市场主体，对受疫情严重冲击的行业、中小微企业和个体工商户实施一揽子纾困帮扶政策；稳能源资源，做好保供稳价工作，抓好春耕备耕工作；稳民生，切实保障和改善民生，稳定和扩大就业，组织好重要民生商品供应；稳安全生产形势，确保交通物流畅通，确保重点产业链供应链、抗疫保供企业、关键基础设施正常运转。

我国经济稳中向好、长期向好的基本面没有改变，当前我国经济正在恢复，但恢复的基础还不稳固，稳经济还要付出艰苦努力。国家统计局最新公布，上半年国内生产总值 56.26 万亿元，按不变价格计算，同比增长 2.5％，其中二季度同比增长 0.4％，这是在主要经济指标 4 月深度下跌、5 月跌幅收窄、6 月企稳回升的情况下实现的经济正增长，基本稳住了经济大盘，成绩来之不易。值得一提的是，由于疫情影响，上海出现负增长，江苏也因上海疫情增速没有达到全国平均水平，只有 1.6％。随着科学精准高效防控疫情，以及稳经济一揽子措施逐步到位，我国经济已走过"至暗时刻"，触底反弹、全面回升态势基本形成。相信有党中央的坚强领导，我国一定能够正确应对两大超预期因素以及其他不稳定不确定性因素的冲击，以习近平新时代中国特色社会主义思想为指导，全面贯彻新发展理念，加快构建新发展格局，着力推动高质量发展，高效统筹疫情防控和经济社会发展，抓住经济恢复窗口期，进一步打通产业链供应链堵点，推动经济运行尽快回到正常轨道，坚定不移地稳就业、稳物价，保持国内经济健康发展，保持国内社会稳定，力争实现最好结果。

三、 寻求突围的文旅产业

新冠疫情对世界和我国经济发展带来巨大威胁和深刻影响，直接冲击的就是第三产业，由于我国的文旅产业多为中小型，对在场性要求较高，因而受到的冲击和影响更是显而易见。

旅游业。文化和旅游部公布的数据表明，受新冠疫情影响，2020 年度国内旅游 28.79 亿人次，比上年同期减少 30.22 亿人次，下降 52.1％；国内旅游收入 2.23 万亿元，比上年同期减少 3.5 万亿元，下降 61.1％。分季度看，由于疫情逐步得到控制，呈现降幅收窄趋势，其中一季度国内旅游 2.95 亿人次，同比下降 83.4%；二季度国内旅游 6.37 亿人次，同比下降 51%；三季度国内旅游 10.01 亿人次，同比下降 34.3%；四季度国内旅游 9.46 亿人次，同比下降 32.9%。

2021 年度国内旅游 32.46 亿人次，比上年同期增加 3.67 亿，增长 12.8%，恢复到 2019 年的 54%；国内旅游收入 2.92 万亿元，比上年同期增加 0.69 万亿元，增长 31%，恢复到 2019 年的 51%。由于疫情主要发生在下半年，故上半年数据较为亮眼，国内旅游 18.71 亿人次，比上年同期增长 100.8%，其中一季度国内旅游 10.24 亿人次，同比增长 247.1%，二季度国内旅游 8.47 亿人次，同比增长 33%；国内旅游收入 1.63 万亿元，比上年同期增长 157.9%。

2022 年上半年，由于 2 月底发生奥密克戎疫情以及随后出现的 BA.4 和 BA.5 亚分支，上海、北京以及全国范围内疫情趋于严峻。国内旅游抽样调查表明，国内旅游 14.55 亿人次，比上年下降 22.2%；国内旅游收入 1.17 万亿元，比上年下降 28.2%。分季度看，一季度国内旅游 8.3 亿人次，同比下降 19%；二季度国内旅游 6.25 亿人次，同比下降 26.2%。

受新冠疫情影响，我国入出境旅游在过去两年几乎处于停滞状态。入境旅游经历了过去 40 年从未有过的萧条，2020 年接待入境旅游 2747 万人次，同比下降 81%。排名前 10 的入境旅游客源市场依次为中国澳门、中国香港、缅甸、越南、中国台湾、菲律宾、蒙古、韩国、俄罗斯和日本。自 2020 年 8 月内地放宽澳门居民入境，允许符合防疫要求者免隔离进入，澳门来内地旅客当年达到 1364 万人次，撑起了入境旅游市场的半壁江山。

新冠疫情给旅游业带来前所未有的考验，影响特别大的当数旅行社、景区景点、酒店、餐饮以及交通运输。一方面，相关企业和从业者面临重重困境，特别是很多旅游企业处于需求中断、业务停顿、资金困难、经营亏损、人员流失的境地；另一方面，相关企业和从业者也在用好纾困政策红利，通过跨界融合、创新服务、数字转型等方式寻求突围。国家统计局核算，2020 年全国旅游及相关产业增加值为 40628 亿元，比上年下降 9.7%，占国内生产总值的比重为 4.01%，比上年下降 0.55 个百分点。2021 年数据尚未公布，估计也好不到哪里。旅行社的情况则是，2020 年度全国旅行社总数为 40682 家，比上年增长

4.47%，营业收入 2389.69 亿元，营业成本 2280.86 亿元，营业利润－69.15 亿元，利润总额－71.77 亿元；江苏旅行社总数全国排名第 3，三大市场人次（人天）全国排名第 4，主要经济指标全国排名第 8。2021 年度全国旅行社总数为 42432 家，比上年增长 4.3%，营业收入 1857.16 亿元，营业成本 1769.04 亿元，营业利润－55.34 亿元，利润总额－53.44 亿元；江苏旅行社总数全国排名第 3，三大市场人次（人天）全国排名第 3，主要经济指标全国排名第 10。这说明旅行社享受到了税收减免的普惠性政策，营业成本有所压缩，营业利润、利润总额亏损较上年收窄。从全国旅行社总数不减反增情况看，说明从中央到地方对文旅产业一揽子扶持政策发挥了作用。可以预见，随着国家层面多项疫情防控政策优化调整，全国各地放松低风险地区管控措施，以及各种纾困政策落地落实，旅游业也将会持续回暖、全面复苏。目前我们已经看到，跨省游加速升温，乡村民宿及特色酒店更受欢迎，微度假及露营持续走热。

文化产业。据对全国 6.8 万家规模以上文化及相关产业企业调查，2022 年上半年，上述企业实现营业收入 56052 亿元，按可比口径计算，比上年同期增长 0.3%。分行业类别看，新闻信息服务比上年同期增长 2.2%，内容创作生产增长 5%，文化装备生产增长 4.3%，创意设计服务下降 3.5%，文化传播渠道下降 2.9%，文化投资运营下降 2.4%，文化娱乐休闲服务下降 28.3%。新冠疫情对文化产业的影响，冲击最大的是演艺业、娱乐业、会展业等。中国演出行业协会通过综合调研票务平台、剧场、演出经纪机构等得出统计数据，今年一季度大约有 9000 场演出延期或取消。同样是中国演出行业协会的统计，疫情暴发之初的 2020 年一季度，全国各地演出延期或取消 2 万多场，占一季度总场次的 80% 以上，造成票房损失约 24 亿元。疫情反复无常、演出时断时续，上海因为疫情蔓延原因，演出场所和电影院关停 4 个月后才刚刚重启，且仍将采取限流 50% 的措施。

疫情对线下娱乐产业有严重的负面冲击，而对线上娱乐产业则有促进作用。院线、影视、歌舞厅、网吧、游乐园等线下娱乐活动遭遇较大损失，电子游戏略有下降，视频则大为增加，新文娱业态剧本杀、密室逃脱等有很大发展。娱乐业由于人员密集，疫情防控更需谨慎。前不久，上海一娱乐公司在

KTV 等娱乐场所暂缓开放的情况下，放任人员进出经营场所且未严格落实疫情防控措施，被责令停业、吊销经营许可证和营业执照并处罚款，教训是深刻的。

会展业因其具有聚集性特征，每逢疫情暴发，往往会成为"非必要、不举办"的首选行业。展会一旦延期或取消，必然带来经济损失。展会需要提前较长时间进行筹备，筹备周期内也需要投入大量资金。如果长期无法复产，或反反复复，都将会严重影响参展商的积极性。

总体而言，疫情对文旅产业的影响是全方位的，消极为主，也有积极一面，可以说挑战与机遇并存，是一次重新洗牌。线下造成的直接、间接经济损失目前很难估算，但也倒逼文旅产业加快数字化转型，重塑文旅产业链条，进一步推动文旅产业高质量发展。

四、 政策建议

疫情发生以来，省委、省政府高度重视，综合施策、靠前发力，结合中央要求，接连出台了《关于进一步帮助市场主体纾困解难着力稳定经济增长的若干政策措施》《关于有效应对疫情新变化新冲击进一步助企纾困的政策措施》《关于进一步释放消费潜力促进消费加快恢复和高质量发展的实施意见》，其中多条措施适用于文化和旅游企业。省文化和旅游厅针对疫情对文化和旅游企业带来的持续冲击，出台系列助企纾困政策特别是"江苏文旅十六条"，并全面梳理形成"政策工具包"，通过政策创新，助力文化和旅游企业度过疫情难关，为稳定全省经济增长展现担当作为。从省级文化和旅游发展专项资金中调剂安排 8500 万元，重点支持旅行社、旅游景区、演出经纪机构和小剧场、特色饭店等文旅市场主体恢复发展、创新发展。下调 2022 年度省级旅游产业发展基金利率 1 个百分点，安排 1000 万元对基金贷款项目利息给予贴息。今年以来特别是进入二季度以来，新推出文化遗产旅游精品 13 组、红色旅游精品线路 20 条，提前举办乡村旅游节，启动为期半年的非遗购物节，对近年来业务好的 120 家旅行社实施奖补。持续开展"水韵江苏·有你会更美"文旅消费推广活动，作为第一季和第二季的延续与提升，"水韵江苏·有你会更美"文旅消费推广活动第三季共推出 14 个主题、500 余项活动，通过联动长三角三省一市、携手媒体和行业平台，促进文旅消费提质扩容。联合中国银行江苏省分行、中国农业银行江苏省分行、省农村信用社联合社、省信用再担保集团、南京银行等金融机构，举行"水韵江苏·金融赋能"重点文旅项目集中签约，签约项目 113 个，总授信额 395 亿元。即将在苏州举办第四届大运河文化旅游博览会，正在研究制定《推进世界级滨海生态旅游廊道建设实施方案》。南京市发挥文化金融服务中心平台作用，入库企业 3302 家，去年 10 家文化银行及文化小贷公司共对全市文化和旅游企业发放贷款 567 批次，金额 17.71 亿元。随着专项补贴、减税降费、缓缴社保、金融支持等政策陆续实施，全省文化和旅游企业逐步复苏。

为深入贯彻党中央、国务院关于稳增长稳市场主体保就业的决策部署，认真落实全国稳住经济大盘电视电话会议精神，推动国务院《扎实稳住经济一揽子政策措施》落地生效，进一步稳定市场预期，提振行业信心，助力江苏文化产业和旅游业恢复发展，现提出如下建议：

一是举办全省文旅产业发展大会。今年 6 月，我省盐城市举办文化和旅游产业发展大会，邀请行业主管部门领导、专家学者、企业家等，为该市文旅产业布局和高质量发展出谋划策。会上，15 个文旅产业项目签约，总投资 116 亿元，涉及康养基地打造、景区扩容提质等。近年来，盐城突出以生态保护为核心的绿色转型，建成珍禽和麋鹿两个国家级自然保护区，推动中国黄（渤）海候鸟栖息地（一期）列入《世界遗产名录》，入选国际湿地城市，随之而来的休闲旅游产品正吸引越来越多游客走进这座美丽的滨海之城。江苏文化底蕴深厚、旅游资源丰富，近年来围绕助力社会主义文化强国先行区和世界旅游目的地建设，在构建现代文化产业体系上下功夫，尤其在推动文化和旅游高水平融合、高质量发展上不断探索实践，取得了显著成绩，全省文化和旅游产业发展水平处于全国第一方阵。为了进一步推动全省文旅产业内涵发展、特色发展、创新发展、持续发展，建议我省每两年一次，轮流举办全省文旅产业发展大会、大运河文化旅游博览会。全省文旅产业发展大会、大运河文化旅游博览会的联系和区别在于：前者为全省性工作会议，由党委、政府主导，以省委、省政府名义召开，邀请中央和国家机关部委领导到家讲话或作主旨演讲，侧重出台政策措施并作工作部署，举行重大项目签约和投融资需求对接，时间以一天为宜；后者为省内外区域性展会，由省文化和旅游厅联合相关部门举办，聚焦国内大运河沿线省份、国际大运河城市在文旅产业方面的交流合作，突出市场运营和展示展销，同时以平行论坛形式邀请行业领域内专家学者分享观点、碰撞智慧，时间不超过三天。

　　二是在全省范围发放文旅消费券。消费是经济发展的重要引擎。稳住消费基本盘，对于畅通国内大循环、保障和改善民生、推动经济运行保持在合理区间具有极其重要的意义。今年 4 月，国务院办公厅印发《关于进一步释放消费潜力促进消费持续恢复的意见》，要求综合施策释放消费潜力，促进消费持续恢复，并提出 5 方面 20 条政策举措。今年 6 月，根据省委、省政府决策部署，按照省领导批示要求，省发改委、省商务厅等部门起草形成我省《实施意见》，并由省政府办公厅印发实施。在疫情防控常态化和文旅行业长时间遭受疫情影响的背景下，发放文旅消费券可以让一段时间以来消费者积蓄的文旅消费需求得到释放，也可以让文旅企业恢复生机、增加动能，拉动数倍于消费券面额的消费，实现政策的乘数效应，带动整个经济链条复苏，充分发挥消费对经济发展的基础性作用。从全国范围看，截至今年 6 月底，超过 20 个省份发放了多领域消费券，累计发放金额 100 亿元以上，其中文旅消费券补贴金额达数 10 亿元，涉及北京、浙江、安徽、山东、河南、湖北、湖南、海南、四川、贵州、云南、西藏、陕西、青海等。北京市发放 1 亿元餐饮消费券和 3000 万元住宿消费券，贵州在去年发放 1100 万元冬季文旅消费券基础上再发放 5000 万元零售文体消费券、9000 万元餐饮消费券，云南发放 2 亿元文旅消费券、1 亿元加油消费券，浙江全省各地发放 4 亿元文旅惠民消费券，太原、沈阳、济南等城市发放文旅惠民券、文旅消费券、民宿消费券等。我省发放消费券不多见，扬州、淮安、无锡等市有过类似做法，扬州去年 12 月由市级财政出资 5000 万元、县级财政出资 3500 万元向市民和外地游客发放消费券，其中旅游消费券 1000 万元。建议我省文化和旅游部门省市联动，启动和加大文旅消费券发放力度，经济发达地区可采取现金和消费券共同发放办法，以达到最佳刺激效果。

三是加快推进数字赋能创新发展。党的十八大以来，习近平总书记多次强调做强做优做大我国数字经济，数字经济也已经上升为国家战略。今年2月，省委、省政府贯彻落实习近平总书记关于建设网络强国、数字中国、智慧社会的战略部署，出台了《关于全面提升江苏数字经济发展水平的指导意见》，提出建设数字技术创新体系、数字经济产业体系、数字化应用体系，健全数字化治理体系、数据要素市场体系，建强数字经济生态体系、数字基础设施体系等七个方面的重点任务。为加快建设现代数字政府，省政府进一步出台了《关于加快统筹推进数字政府高质量建设的实施意见》。省文化和旅游厅贯彻落实中共中央办公厅、国务院办公厅《关于推进实施国家文化数字化战略的意见》和省委、省政府关于数字江苏建设的部署要求，及时制定了《江苏文化和旅游领域数字化建设方案》，其重点任务主要是，加快文旅领域数字政府建设，推动数字技术在文旅行业广泛应用，构建开放共享的文旅数据资源体系。建议省文化和旅游厅坚持系统集成、融合创新的思路，强化顶层设计，研究制定《关于推动数字文化产业和旅游业高质量发展的意见》，加快文旅产业数字化布局；创造条件成立数字文旅智库和专家库，在年度文化和旅游科研课题中，委托国内数字文旅领军人才，挂帅研究文旅产业数字化瓶颈问题；建立文旅产业数字化重点实验室，推动技术创新和应用，加快文旅产业数字化转型升级；加大财政金融支持力度，在省级文化和旅游发展专项资金中增加对文旅产业数字化投入，推动文旅产业链优化升级和能级升级；进一步培育壮大各类消费新业态新模式，发展平台经济，引领和驱动数字文化和智慧旅游发展；以数字化推动文化和旅游融合发展，发展云演艺、云展览、沉浸式体验等新型文旅服务。

江苏省文化和旅游科技创新工作领导小组办公室 2021 年度委托课题

常态化疫情下江苏加快发展文旅产业的几点建议

疫情发生以来，省委、省政府高度重视，综合施策、靠前发力，结合中央要求，接连出台了《关于进一步帮助市场主体纾困解难着力稳定经济增长的若干政策措施》《关于有效应对疫情新变化新冲击进一步助企纾困的政策措施》《关于进一步释放消费潜力促进消费加快恢复和高质量发展的实施意见》，其中多条措施适用于文化和旅游企业。省文化和旅游厅针对疫情对文化和旅游企业带来的持续冲击，出台系列助企纾困政策特别是"江苏文旅十六条"，并全面梳理形成"政策工具包"，通过政策创新，助力文化和旅游企业度过疫情难关，为稳定全省经济增长展现担当作为。从省级文化和旅游发展专项资金中调剂安排 8500 万元，重点支持旅行社、旅游景区、演出经纪机构和小剧场、特色饭店等文旅市场主体恢复发展、创新发展。下调 2022 年度省级旅游产业发展基金利率 1 个百分点，安排 1000 万元对基金贷款项目利息给予贴息。今年以来特别是进入二季度以来，新推出文化遗产旅游精品 13 组、红色旅游精品线路 20 条，提前举办乡村旅游节，启动为期半年的非遗购物节，对近年来业务好的 120 家旅行社实施奖补。持续开展"水韵江苏·有你会更美"文旅消费推广活动，作为第一季和第二季的延续与提升，"水韵江苏·有你会更美"文旅消费推广活动第三季共推出 14 个主题、500 余项活动，通过联动长三角三省一市、携手媒体和行业平台，促进文旅消费提质扩容。即将在苏州举办第四届大运河文化旅游博览会，正在研究制定《推进世界级滨海生态旅游廊道建设实施方案》。南京市发挥文化金融服务中心平台作用，入库企业 3302 家，去年 10 家文化银行及文化小贷公司共对全市文化和旅游企业发放贷款 567 批次，金额 17.71 亿元。随着专项补贴、减税降费、缓缴社保、金融支持等政策陆续实施，全省文化和旅游企业逐步复苏。

为深入贯彻党中央、国务院关于稳增长稳市场主体保就业的决策部署，认真落实全国稳住经济大盘电视电话会议精神，推动国务院《扎实稳住经济一揽子政策措施》落地生效，进一步稳定市场预期，提振行业信心，助力江苏文化产业和旅游业恢复发展，现提出如下建议：

一是举办全省文旅产业发展大会。今年6月，我省盐城市举办文化和旅游产业发展大会，邀请行业主管部门领导、专家学者、企业家等，为该市文旅产业布局和高质量发展出谋划策。会上，15个文旅产业项目签约，总投资116亿元，涉及康养基地打造、景区扩容提质等。近年来，盐城突出以生态保护为核心的绿色转型，建成珍禽和麋鹿两个国家级自然保护区，推动中国黄（渤）海候鸟栖息地（一期）列入《世界遗产名录》，入选国际湿地城市，随之而来的休闲旅游产品正吸引越来越多游客走进这座美丽的滨海之城。江苏文化底蕴深厚、旅游资源丰富，近年来围绕助力社会主义文化强国先行区和世界旅游目的地建设，在构建现代文化产业体系上下功夫，尤其在推动文化和旅游高水平融合、高质量发展上不断探索实践，取得了显著成绩，全省文化和旅游产业发展水平处于全国第一方阵。为了进一步推动全省文旅产业内涵发展、特色发展、创新发展、持续发展，建议我省每两年一次，轮流举办全省文旅产业发展大会、大运河文化旅游博览会。全省文旅产业发展大会、大运河文化旅游博览会的联系和区别在于：前者为全省性工作会议，由党委、政府主导，以省委、省政府名义召开，邀请中央和国家机关部委领导到家讲话或作主旨演讲，侧重出台政策措施并作工作部署，举行重大项目签约和投融资需求对接，时间以一天为宜；后者为省内外区域性展会，由省文化和旅游厅联合相关部门举办，聚焦国内大运河沿线省份、国际大运河城市在文旅产业方面的交流合作，突出市场运营和展示展销，同时以平行论坛形式邀请行业领域内专家学者分享观点、碰撞智慧，时间不超过三天。

二是在全省范围发放文旅消费券。消费是经济发展的重要引擎。稳住消费基本盘，对于畅通国内大循环、保障和改善民生、推动经济运行保持在合理区间具有极其重要的意义。今年4月，国务院办公厅印发《关于进一步释放消费潜力促进消费持续恢复的意见》，要求综合施策释放消费潜力，促进消费持续恢复，并提出5方面20条政策举措。今年6月，根据省委、省政府决策部署，按照省领导批示要求，省发改委、省商务厅等部门起草形成我省《实施意见》，并由省政府办公厅印发实施。在疫情防控常态化和文旅行业长时间遭受疫情影响的背景下，发放文旅消费券可以让一段时间以来消费者积蓄的文旅消费需求得到释放，也可以让文旅企业恢复生机、增加动能，拉动数倍于消费券面额的消费，实现政策的乘数效应，带动整个经济链条复苏，充分发挥消费对经济发展的基础性作用。从全国范围看，截至今年 6 月底，超过 20 个省份发放了多领域消费券，累计发放金额 100 亿元以上，其中文旅消费券补贴金额达数 10 亿元，涉及北京、浙江、安徽、山东、河南、湖北、湖南、海南、四川、贵州、云南、西藏、陕西、青海等。北京市发放 1 亿元餐饮消费券和 3000 万元住宿消费券，贵州在去年发放 1100 万元冬季文旅消费券基础上再发放 5000 万元零售文体消费券、9000 万元餐饮消费券，云南发放 2 亿元文旅消费券、1 亿元加油消费券，浙江全省各地发放 4 亿元文旅惠民消费券，太原、沈阳、济南等城市发放文旅惠民券、文旅消费券、民宿消费券等。我省发放消费券不多见，扬州、淮安、无锡等市有过类似做法，扬州去年 12 月由市级财政出资 5000 万元、县级财政出资 3500 万元向市民和外地游客发放消费券，其中旅游消费券 1000 万元。建议我省文化和旅游部门省市联动，启动和加大文旅消费券发放力度，经济发达地区可采取现金和消费券共同发放办法，以达到最佳刺激效果。

三是做好数字赋能创新发展文章。党的十八大以来，习近平总书记多次强调做强做优做大我国数字经济，数字经济也已经上升为国家战略。今年 2 月，省委、省政府贯彻落实习近平总书记关于建设网络强国、数字中国、智慧社会的战略部署，出台了《关于全面提升江苏数字经济发展水平的指导意见》，提出建设数字技术创新体系、数字经济产业体系、数字化应用体系，健全数字化治理体系、数据要素市场体系，建强数字经济生态体系、数字基础设施体系等七个方面的重点任务。为加快建设现代数字政府，省政府进一步出台了《关于加快统筹推进数字政府高质量建设的实施意见》。省文化和旅游厅贯彻落实中共中央办公厅、国务院办公厅《关于推进实施国家文化数字化战略的意见》和省委、省政府关于数字江苏建设的部署要求，及时制定了《江苏文化和旅游领域数字化建设方案》，其重点任务主要是，加快文旅领域数字政府建设，推动数字技术在文旅行业广泛应用，构建开放共享的文旅数据资源体系。建议省文化和旅游厅坚持系统集成、融合创新的思路，强化顶层设计，研究制定《关于推动数字文化产业和旅游业高质量发展的意见》，加快文旅产业数字化布局；创造条件成立数字文旅智库和专家库，在年度文化和旅游科研课题中，委托国内数字文旅领军人才，挂帅研究文旅产业数字化瓶颈问题；建立文旅产业数字化重点实验室，推动技术创新和应用，加快文旅产业数字化转型升级；加大财政金融支持力度，在省级文化和旅游发展专项资金中增加对文旅产业数字化投入，推动文旅产业链优化升级和能级升级；进一步培育壮大各类消费新业态新模式，发展平台经济，引领和驱动数字文化和智慧旅游发展；以数字化推动文化和旅游融合发展，发展云演艺、云展览、沉浸式体验等新型文旅服务。

江苏省文化和旅游科技创新工作领导小组办公室 2021 年度委托课题研究成果,发表于江苏省哲学社会科学界联合会 2022 年 8 月第 34 期《决策参阅》,省委领导批示

免费开放背景下图书馆提升公共服务能力的对策研究

一、 图书馆免费开放的背景与意义

2011 年 1 月，文化部、财政部共同出台《关于推进全国美术馆、公共图书馆、文化馆（站）免费开放工作的意见》（以下简称《意见》），要求"于 2011 年底，全国所有公共图书馆实现无障碍、零门槛进入，公共空间设施场地全部免费开放，所提供的基本服务项目全部免费"。遵循公益性原则实现图书馆免费开放，既是对公共图书馆核心价值观的认同与回归，也是建设公共文化服务体系、落实公民文化权利、实现"文化民生"发展理念的必然途径。

1. 向公共图书馆核心价值的理性回归

公益性是公共图书馆的首要价值。免费开放是图书馆公益性价值的基本体现，收费事实上造成了图书馆服务的不平等，尤其是影响了打工者、农民等社会弱势群体平等利用知识资源的文化权利。长期以来，我国图书馆等公共文化单位一直定位在意识形态机构和上层建筑领域，扮演着进行思想政治宣传教育和传播科学文化知识的施教者和赐予者的角色，而实行免费开放是向公共图书馆核心价值的理性回归，是让广大民众共享改革开放、社会进步的成果，明确了政府有满足公民或纳税人基本文化需求的义务，公民从公共文化的被动接受者转变为主动参与者，对于建设宪政民主和民生社会有着重要的现实意义。

2. 完善公共文化服务体系的必然途径

公共文化服务体系是政府为全体公民所创造的文化福利，社会公众享受基本的文化服务，不需要也不应该付出任何额外的费用。我国《图书馆服务宣言》指出，"图书馆以公益性服务为基本原则，以实现和保障公民基本阅读权利为天职，以读者需求为一切工作的出发点"。将普遍均等、惠及全民的公共文化服务体系的构想应用在公共图书馆领域，就是《图书馆服务宣言》基本理念的"中国式表达"。推进公共图书馆免费开放将促进各级公共图书馆不断提高服务水平，更加充分地发挥职能作用，促使服务向规范化制度化方向发展，是按照体现公益性、基本性、均等性、便利性的要求，加快构建和完善公共文化服务体系的必然途径。

3. 是实施"文化强国"战略的关键举措

党的十七届六中全会提出了"坚持中国特色社会主义文化发展道路，努力建设社会主义文化强国"的重大战略。文化与经济融合产生的竞争力正成为一个国家最根本、最持久的竞争优势。实行公共图书馆免费开放，有利于满足广大人民群众接受素质教育、追求和欣赏高品位文化的诉求，享受文化发展成果，提高国民整体素质；有利于建设中华民族共有精神家园，持续用社会主义核心价值体系增强中华民族凝聚力，弘扬中华文化；从而有利于把我国巨大的人口资源转变为人才资源，从根本上增强我国综合国力和国际竞争力，是提高全民族文明素质，增强国家文化软实力，努力建设社会主义文化强国的关键举措。

4. 建设社会主义和谐社会的重要手段

作为公民生存权与发展权的有机组成部分，文化权利是民生和谐的重要内容，对于维护社会公平正义，实现社会均衡稳定，有着十分重要的意义。实行公共图书馆免费开放，扩大服务覆盖面，可以吸引和调动广大群众积极参与健康有益的社会教育与公共文化活动，拓展广大群众共享文化成果的渠道，有利于进一步促进政府公共文化服务水平的提高，实现以文化抚慰人心、和谐人心，保民生、促发展和维护稳定，更有利于传播社会主义核心价值观，满足公民的基本文化需求，促进公民文化权利的充分实现，为构建和谐社会提供强有力的智力支撑和价值引领。

二、 国内外图书馆免费开放的经验与借鉴

（一）国外图书馆免费开放经验

在发达国家，公共图书馆免费开放与公益性服务已经成为主流。如免费阅读、免费下载、免费上网、免费文献传递、免费饮用水等，并且免费服务越来越向纵深发展。主要开展的免费特色服务有：多种类型的课程班、数字图书馆的高速服务、移动直达快车、儿童服务、残疾人服务等。主要开展的免费特色服务有：成人学习课程、未成年人服务、邮寄一本书服务、特殊人群服务等。总体来看，主要有这几个特点：一是教育是公民享有平等的信息获取权的基础，二是弱势群体的信息获取基础需要得到保障，三是提倡主动服务，四是志愿者服务体系较为完整。下面将简要介绍美国、英国、日本等国家图书馆开放的相关经验。

1. 美国图书馆

（1）以"丰富生活"为核心拓展公共服务。美国共有 16600 所公共图书馆，是一个提倡"图书馆丰富生活"庞大的社会公益服务体系。每一个居民都可以利用图书馆来获取技能培训、从事娱乐活动、进行学术研讨交流等。一是教育培训。开展技术培训、支持终身学习是美国公共图书馆的一项重要职能，图书馆会根据不同居民的需求提供相应的教育培训服务。如 42％的城市图书馆开办过求职课程，为求职者提供培训。大多数美国人已习惯利用图书馆去获得技能培训并寻找新的工作机会。二是资讯服务。在美国，63％的成年人拥有公共图书馆读者证，美国人年平均借阅量为 7.3 册，图书馆每一台电脑都通过网

络免费与其他很多图书馆的查询系统和专业资料库连通。每月公共图书馆为商业雇主和雇员提供的服务次数约为 280 万次。三是成为社区活动中心。美国公共图书馆兼具社区活动中心的功能，为居民举办各类免费讲座、提供会议室以及各类文件供大家免费索取。

（2）以"欢迎每一个人"为理念真正做到全面开放。在最能体现获取自由的美国公共图书馆里，每个读者都可以免费利用图书馆的资源。不管是长是幼、是贫是富，不管是美国公民还是他国移民，图书馆欢迎所有人。任何人可以不受阻碍地走进图书馆，出示有效证件即可办理借书证，无需缴纳押金，借阅数量也不受限制。如果读者所需的图书暂缺，图书馆将通过网络与其他图书馆进行联系，通过馆际互借为读者提供服务。为方便读者下班时间还书，公共图书馆的门前一般会设立还书箱，开车还书的读者甚至不用下车直接将书投进还书箱即可。为更好实践图书馆"欢迎每一个人"的服务理念，这类方便读者的小细节在整个公共图书馆的服务过程中随处可见：如为老年读者设置大字号的书籍，为残疾人设置无障碍通道，为新移民准备外文书籍，为监狱和养老院定期送书上门等。

（3）以星级为标准进行定期绩效评估。出于扩展服务、改善经营、了解服务和计划的影响力及对资助单位及时反馈的目的，美国公共图书馆会定期开展评估活动。图书馆评估通常是从投入、过程、产出及效果等 4 个方面进行。关于图书馆的评估标准，美国各州暂未统一。从 2008 年起，美国《图书馆杂志》开始每年发布美国星级图书馆排名，各图书馆可依据星级标准来衡量本馆工作。评分主要是基于 4 项人均服务产出指标：读者来馆访问情况、流通情况、规划实施情况与网络用户利用情况。这 4 项指标密切关联，简洁有力，易于操作。

2. 英国图书馆

（1）立法保证公共文化单位开放水平。早在 1850 年英国就通过了《公共图书馆法案》，许可各地筹建公共图书馆，向居民免费开放，这是世界上第一部由国家政府颁布的公共图书馆法案。1964 年修订的《公共图书馆和博物馆法案》规定，地方政府应通过税收支持公共图书馆的建设，并由地方政府管理和维持运作。各地方政府应"面向所有需求者，提供广泛而有效的图书馆服务"，同时"确保出借的图书等在数量、范围、质量上满足成人和儿童的需求，通过馆际合作或其他方式保证足够的馆藏量"。在 1999 年颁布的《地方政府最佳价值法案》中，劳工党也对地方政府提出了文化部门绩效评估的具体指标和要求。

（2）大力推进公共文化服务均等化。英国非常重视公共文化服务建设，建立了比较完善的公共文化服务体系。尽管英国也存在地区发展不平衡问题，但英国在公共文化服务建设方面非常重视文化服务的公平性和有效性，保障各种群体都能享受到相对公平的公共文化服务。比如，在图书馆建设方面，英国目前实现了每一个城镇和社区都建有公共图书馆，方便公众就近阅读，全国共有公共图书馆 5183 家，平均每 1 万居民就有一家图书馆（法国平均每 2.2 万人、意大利 2.6 万人、德国 6600 人、芬兰 5000 人、奥地利 4000 人、挪威 4000 人、瑞士 3000 人，美国平均每 2000 多人就有一家图书馆）；公民可以在图书馆免费借阅图书和上网。

（3）多渠道供给保证经费投入。英国公共图书馆的经费来源，一部分来自地方税收和国家补贴，一部分是慈善抽奖活动、欧共体文化发展基金给予的相应赞助；国家文化传媒和体育部筹集部分资金，用于宏观规划的实施。图书馆的一些经费困难问题，主要依靠规划中预算拨款解决，政府充当规划的发起者并在初期拨出部分资金给予资助，但规划的最终实现还要靠地方机构自筹资金解决，预算内的拨款可用于发展图书馆的各项服务。除以上经费来源渠道外，有偿服务也是各馆收入的一大来源。英国是图书馆有偿服务开展得比较普遍的国家。在一般情况下，英国公共图书馆的经费中有将近 90% 源于地方政府的直接财政支持，而大约 10% 的开支源于图书馆的有偿服务或其他资金来源，如图书逾期罚款、图书预借费、馆际互借费、声像资料的外借、图书馆资料复印费、活动场地的租用费以及各类基金会的赞助。

3. 日本图书馆

（1）加大投入保证全面覆盖。"二战"前日本颁布的《图书馆令》以天皇"敕令"的形式规定图书馆作为"官僚机构的一部分"；1950《图书馆法》授权地方政府建立公共图书馆，并禁止公共图书馆收费。早在 1960 年日本政府就提出，一个5万人的城市必有一个图书馆，12个馆员，每年增加5570本书。日本图书馆界提出图书馆分布上的原则，是每家图书馆的服务范围一般不应超过1—1.5公里，并提出了"把图书馆办在身边，办到生活中去"的口号。日本公立图书馆近2000家，并下设若干分馆，而分馆是不在这2000家的统计之列的。每个城市几乎所有区都有区级馆，而且有许多区还有区级中央图书馆和分馆，此外还有许多大学图书馆可以利用。

（2）协力借贷优化服务效率。日本图书馆的协力借贷，又称为"馆际互借"，一般采取"就近"和"自上而下"逐级开展的运作模式。当村一级图书馆不能满足读者需求时，就向市一级图书馆提出馆际互借要求；如果市一级不能满足要求，则向都道府县图书馆提出要求；如果再满足不了，则向国立国会图书馆提出请求。这样做的好处是可以最大限度减轻都道府县图书馆和国立国会图书馆的压力，以减少馆际互借的费用。而国立国会图书馆必须面对全国各种类型的图书馆开展馆际互借工作，这是日本《图书馆法》明确规定的。居民可以通过OPAC对县立馆和各地域分馆的藏书进行检索，并对感兴趣的图书进行预约。流动图书车每周都会定期奔波于县所辖范围内的市、町、村立图书馆之间，将馆际互借的图书和预约申请单传递到各个分馆。

（3）大学图书馆推行社会化服务实现共享。日本大学图书馆将服务社会作为其基本职能，强调以用户为中心的图书馆服务理念，就是在"任何时候"、"任何地点"、为"任何人"提供所需要的信息服务，为社区用户提供终身学习的机会，为所有的人提供学习交流的场所、知识共享的空间；使图书馆成为社会的"教育中心""学习中心""信息中心"和"知识中心"。2005年日本总计701家国立、公立、私立大学图书馆中共有685所对外开放，开放实施率达到97.7％，其中87所国立大学和71所公立大学图书馆的开放实施率均达到100％，543所私立大学图书馆中对外开放实施率达到了97.1％。

（二）国内图书馆免费开放经验

2003年以来，我国部分图书馆也逐渐对外免费开放，开放力度逐步加大。尤其是上升到国家政策层面以来，全国公共文化设施加快向全面开放的时代迈进。其中杭州、广州、深圳等地是我国最早实现免费开放的图书馆，积累了较成熟的经验，下文将简要介绍相关情况。

1. 杭州图书馆

（1）2003 年开始规划、实施"图书信息服务一证通"工程。并以此为基础，构建以"中心馆—总分馆制"为模式的全市公共图书馆四级服务网络。即建立起以市馆为中心，区县（市）馆为分中心，乡镇（街道）、社区（村）为基层点的公共图书馆四级服务网络，实现统一技术平台、统一文献采购、统一文献加工。

（2）建立"一证通"工程考核评价体系。杭州市每年对"一证通"工程进行一次考核：先进单位给予 2 万元扶持经费，优秀基层服务点给予 0.4 万元扶持经费，基层扶持点给予 0.2 万元扶持经费。

（3）完善图书馆资金获得机制。为了广泛动员社会力量参与杭州图书馆建设，2003 年成立了杭州市图书馆基金会，这是我国第一家图书馆基金会。基金会由杭州图书馆和众多知名企业（家）担任理事，一期募集资金 68 万余元。这些企业（家）向基金会捐赠的资金，成为财政投入以外图书馆建设的重要补充。

（4）建立全面开放的基础设施与管理体制。杭州图书馆是全国第一家实现全面开放的公共图书馆，其开放对象包括乞丐与拾荒者，基本涵盖全部社会成员；为实现这一目标，自 2003 年开始，杭图一直致力于完善针对不同社会群体阅读习惯的基础设施配套，开发多种不同功能的主题阅读与音乐区。同时在此基础上完善相关软件体系，并创新管理方式，针对不同阅读群体建立不同引导方式，保证图书馆运行的和谐高效。

2. 广州图书馆

（1）创新服务理念与模式。首先，创新服务理念。各馆确定各自创新不同的发展方向，政府职能部门给予先行先试的政策。其次，创新服务模式。海珠区馆改变以往固有的分室管理模式，实行总服务台管理模式，将少儿室、期刊室、外借处、办证处等对外服务窗口集中到总服务台集中办公，广大读者咨询或借阅可一站式解决，提高图书借阅与读者服务工作的效率，增加开馆时间，为读者借阅书刊提供了便利。再次，促进交流合作。与相关省市图书馆学会联合举办暨学术研讨会，共同探讨服务创新等问题。

（2）完善基础业务建设推出服务新措施。第一，积极改善读者服务环境。调整功能布局，优化管理软环境；对各种标识进行统一规范，对无障碍设施进行全面梳理整治，对服务设施进行更新、系统升级。把读者至上，服务第一的服务宗旨贯彻到各项基础服务建设中。第二，引入自助图书馆系统。采取设备生产厂家提供免费试用自助图书馆机器，图书馆提供资源和服务的合作模式，根据个性化需求提供图书借还，新增期刊外借、信息查询、服务展示等功能。越秀区馆开通 RFID 自助借还系统，依托现代化、信息化技术实现了读者服务质的飞跃。第三，实施通借通还服务。通借通还是提高公共图书馆整体服务水平的有效措施，是实现公共文化均等化、可持续发展的有力保障。数据标准的统一及代码的唯一性是实现公共图书馆通借通还的必要条件，采取"统一数据标准、统一技术平台、统一服务规范"。第四，实施全市集约建网模式。推进面向基层街镇、社区村服务点的服务和管理，共享工程服务进机关、校园、军营、社区。组织共享工程评先，促进服务工作开展。共享工程基层服务点技术培训、业务指导常规化，帮助基层人员掌握资源更新和运用。利用全国文化信息资源共享工程在电子阅览室、培训室、各基层服务点、学校开展系列活动。

（3）突出品牌效应开展特色服务。例如，越秀区图书馆致力打造"平民大书吧"与书香越秀品牌，常年开展全民阅读系列活动，利用多种新颖手段和内容为活动注入强烈的吸引力和感染力，激发读者的阅读兴趣和参与热情，活动参与人群做到老、中、青、幼、盲"全覆盖"；推进"书香家庭、书香企业、书香军营、书香校园、书香机关、书香社区"建设。把图书馆打造成为一个优质的科普教育基地，满足广大青少年科普文化需求。同时，关心、关注、关爱弱势群体。重视外来务工人员和各类弱势群体的服务工作，保障弱势群体文化权益。制订残疾人服务指引，规范为残疾人服务的语言与动作，全市公共图书馆全部配置盲人专用电脑、盲人图书。

（4）开展丰富多彩的读者活动与讲座。开展全民读书活动，形成崇尚读书的良好风气。市图全年举办 3532 个专题的读者活动，参加读者 72 万人次。越秀区馆举办"阅读进万家"家庭读书活动。番禺区馆在市桥街开展"图书馆进社区"活动，开设"如何查询自己喜爱的图书"讲座和亚运知识知多少有奖问答、新书推介和现场办证等。

（5）完善岗位设置与规章制度。保证服务有序展开，及时调整工作岗位，完善图书馆岗位设置，加强计算机技术在业务管理中的应用。萝岗区馆在共享工程实施过程中，增加了新的工作岗位，积极应对增岗不增人，制订"人人有责，事事有序，科学化、现代化管理"的工作标准。市图深化人事制度改革，建立健全岗位管理制度和人事聘用制度，实现单位人事管理的科学化、规范化和制度化，制订岗位设置方案，采取奖励措施推进学术研究。

3. 深圳图书馆

（1）不断提高图书馆自动化、网络化水平，为免费开放提供技术支撑。深圳图书馆坚持"服务立馆、技术强馆"的办馆方针，早在 20 世纪 80 年代中期，深圳图书馆开馆之初就全面采用了条码借阅技术，推动开架服务，在国内开风气之先。80 年代后期，深图研发的 ILAS 把深圳图书馆带进了自动化时代。以 ILAS 的研发和运用为标志，深图走上了服务管理现代化的道路。在文化部的支持下，2005 年，深图把 ILAS 升级为 dILAS（数字图书馆体系结构与应用平台开发）。dILAS 在分布式体系结构、跨平台和跨数据库应用、系统实用性和功能完备性等方面达到了国内先进水平，为深圳图书馆新馆提供了智能化、数字化、人性化的应用环境和技术支撑，为深圳图书馆的免费开放提供了广阔的平台。

（2）引进 RFID 与自助服务技术，构建智能化、人性化的新型图书馆读者服务体系。2006 年，深圳图书馆在新馆开馆之际，全面引进无线射频识别技术（RFID），并在 RFID 基础上自主研发了"文献智能管理系统"，包括架位标识系统、文献定位导航系统和智能书车等。 RFID 文献智能管理系统在新馆的成功应用，使图书馆读者服务智能化水平得到极大提高，基于 RFID 和 dILAS 系统的自助查询、图书自助借还和自助打印、图书自助分拣、清点排架等服务方式在读者服务中普遍应用并取得显著效果。 以深图 2009 年基础服务数据为例，全年文献外借人次为 139.46 万，外借册次 417.32 万，开馆时间内平均每天文献外借册次为 1.33 万，95％以上都由读者自助完成，充分体现了自助服务的效益。

（3）创新数字图书馆公共服务模式，丰富免费开放内涵。深圳图书馆积极探索数字资源公共服务模式创新的方式方法，通过统一认证技术和授权访问系统软件的引进，解决了诸如用户身份认证、授权管理、访问流量控制等数字资源馆外服务的一系列重点和难点问题。2008 年开通了 20 多个中外文数据库的馆外访问服务，所有持证读者均能随时随地通过互联网访问深圳图书馆网页免费获取，同时，向不同的读者群体提供个性化服务，通过 email 传送数据，为读者提供"无处不在"、专业化的数字资源服务，图书馆的服务能力得到进一步提升。2009 年 6 月，由深圳图书馆联合深圳市科技图书馆、深圳大学图书馆联合创建的"深圳文献港"开通，通过电子资源整合和提供个性化、远程化的服务，读者可以享受原文传递、馆际互借、参考咨询、专题研究等丰富多样的免费文献信息服务，极大地丰富了传统公共图书馆的服务形式。更为重要的是，这种将图书馆服务延伸到市民读者的办公桌、家庭的服务方式，无论是在时间上还是在空间上都最大限度地延伸了公共图书馆的服务，丰富了免费开放的内涵。

（4）"城市街区 24 小时自助图书馆"系统——图书馆免费开放的突破性变革。城市街区 24 小时自助图书馆的研发及推广应用实现了虚拟型与物理型图书馆相结合的突破。百台服务机覆盖特区内外各大社区、工业区、交通枢纽，市民可以通过自助图书机自助办证、自助借书、自助还书、查询、预借图书、电子文献传输等服务，使图书馆的服务以物理的形式延伸到城市的各个角落，图书馆成为"家门口的图书馆""城市 24 小时免费书架"，极大地影响了市民的阅读行为，改变了市民的阅读习惯。

（5）构建全城统一技术平台和服务平台，打造全城流通、无差异无障碍的图书馆免费开放新格局。我国现有的城市公共图书馆分级财政分级建设分级管理的模式形成了公共图书馆之间各自为阵的弊端，资源共享、优势互补难以有效体现。深圳"图书馆之城"建设的一大目标就是突破这种模式的不足，实现全城公共图书馆之间服务一体化。深圳图书馆作为深圳"图书馆之城"建设的龙头和网络中心，积极推进"图书馆之城"统一技术平台的建设。2009 年下半年完成深圳市图书馆之城统一技术平台开发，并启动统一服务平台建设。在此平台上，全市已建成的 600 家公共图书馆和即将建成的 300 台自助图书馆，全部实现统一证号、统一条码号、统一技术应用标准、统一服务规则，向所有市民提供文献的全城流通、无差异无障碍服务，使全市图书馆的服务保持在统一的、较高的技术水平上运作，使读者真正感受到图书馆免费开放的均等化、便利化。

三、 江苏图书馆免费开放经验及面临困难

改革开放以来，尤其是刚刚过去的"十一五"，是江苏文化建设大发展大繁荣的时期，也是图书馆等公共文化设施加快建设并得到极大改善的时期。2009 年，省政府明确要求全省 109 个公共图书馆全部免费开放。由于各地经济发展和公共文化管理体制等情况不同，江苏全省各级公共图书馆免费开放与公益性服务程度高低不同，仍面临着许多困难，亟待逐步深入并解决问题。

表 1　全省公共图书馆基础情况

年份	公共图书馆数量（个）	财政拨款（万元）	藏书总量（万册）	省人均拥有藏书量（册）
2009	109	33088	4071	0.53
2010	111	34240	4370	0.56
2011	112	44475	5382	0.68

总体来看，江苏公共图书馆事业基础较好（表 1）。江苏现有市县图书馆110 个，在全国第四次公共图书馆评估定级中，全省有 99 个图书馆被评定为国家等级馆，上等级率仅次于上海列全国第二；其中国家一级馆 63 个，总数列全国各省（市）之首。2009 年，省、市、县三级图书馆的财政拨款达到 33037.5万元，比"十五"期末的 16075.3 万元增加了 105.5 ％；省、市、县、乡四级公共图书馆（室）藏书达到 5798.5 万册，全省人均拥有公共藏书 0.758 册；总体建设水平位居全国前列。在此基础上，部分地区在图书馆开放进程中已取得一定成果与经验。但是整体来看，与广东、山东、浙江等省相比虽然各有所长，但是与北京、上海等城市相比仍明显落后（表 2）；一方面说明仍有瓶颈需要进一步突破，另一方面则说明进一步发展空间较为广阔。

（一）江苏部分市县图书馆开放经验

1. 江阴市图书馆

江阴市图书馆于 2010 年逐渐形成特有的"五全"服务模式，即基本服务全免费、场馆开放全年化、读者活动全公益、服务体系全覆盖、数字资源全共享。基本服务全免费：从 2009 年 4 月起实行"免费阅览"，2009 年 12 月，取消借阅证办理费用，全面实现免费借阅。2011 年 12 月，取消阅览证，实现"免证阅览"。场馆开放全年化：2008 年起实现 365 天，天天开放。读者活动全公益：自 2009 年起，逐步探索出把"全民阅读推广"全面贯穿至读者活动之路，形成了"好生活好读书"成年人阅读推广活动，"幸福的种子"儿童阅读推广活动等品牌活动，提出了"365 天，服务不缺席"、"市民身边的 24 小时图书馆"等宣传理念，受到读者欢迎与肯定。服务体系全覆盖和数字资源全共享：落实到机制技术的创新，在全市范围内建立起公共图书馆服务体系，借助数字化技术拓展图书馆服务平台。2010 年，覆盖全市城乡、拥有 17 家分馆的江阴市总分馆体系通过资源共享、服务共享的方式，让图书馆的资源和免费服务从城市总馆走向全市乡镇。2011 年，江阴数字图书馆建成，尝试了不受时间、空间制的馆外 24 小时全天候知识服务模式。

江阴市图书馆通过"五全"模式践行免费开放，取得了显著成效。在服务效益上，2011 年该馆到馆读者达 104 万人次，借阅数量达 50.7 万册次，保持连续增长。2009 年举办读者活动 105 场次，参与人数 10 万人次，2011 年达到 318 场次，参与人数达 18.4 万人次。在总分馆免费服务模式上，促进了总分馆制的发展，促进了图书馆免费服务覆盖城乡的开展。2010 年分馆图书借阅 26643 册次、读者活动 100 场。2011 年达 57412 册次、130 场。

2. 张家港图书馆

张家港图书馆实现全年天天开放，全部实行免证入室、免费阅览、免费办证。至 2009 年底持证读者 7.2 万人，2009 年接待读者 85 万人次。年举办读书活动 30 多次，青少年读书节是全市有影响的读书活动品牌。在苏州各市（县、区）中，率先启用图书流动车，深入农村和边远地区，采取定时定点巡回服务的方式，为未成年人和新张家港人服务。"彩虹"行动，即红橙黄绿青蓝紫七色主题读书活动，被评为苏州市未成年人思想道德建设创新案例。

根据张家港市公共文化服务"网格化"要求，张家港图书馆加快推进公共图书馆服务体系建设，形成了文化共享工程与公共图书馆自动化、网络化、信息化建设相结合、与镇村图书馆（室）建设相结合、与党员干部现代远程教育相结合的"三个结合"，以及文化共享工程基层服务点、村图书室、远程教育接收站点"三位一体"的张家港模式，实现镇级分馆全到位，并实现总分馆之间的通借通还。

3. 如皋图书馆

如皋图书馆自 2011 年起实现免费开放。免费开放主要包括：一般阅览室、少儿阅览室、多媒体阅览室（电子阅览室）、培训室、综合阅览室等公共设施场地。免费提供借阅、检索与咨询、公益性讲座和展览、基层辅导、流动服务等。办证、验证、存包等全部免费。特色服务有："母子读书会"，"红读征文"，"农村特色图书室"，廉政图书馆专架等，特色读书活动年均接待读者超过 20 万人次。2011 年，延伸图书服务到两个乡镇，建成图书分馆，实现通借通还。

（二）江苏图书馆免费开放面对的困难与不足

在全国范围内，江苏省公共图书馆建设、运营与开放水平均居于前列，高于全国水平，但与上海、北京等地区相比还有明显差距；与浙江、广东、山东等东部沿海发达省份相比在不同环节上优劣势并存（表2）。说明江苏省公共图书馆开放的前景广阔，但同样面临不少困难。

表 2　江苏公共图书馆主要指标与其他地区对比

指标	年份	江苏	上海	北京	浙江	山东	广东	全国
人均购书费（元）	2009	0.993	8.584	2.14	1.893	0.372	1.249	0.782
	2010	1.052	6.494	2.286	2.004	0.418	1.199	0.829
	2011	1.154	7.653	2.366	2.169	0.455	1.269	0.917
每万人公共图书馆面积（平方米）	2009	83.9	148.9	94	107.1	49.1	81.3	63.7
	2010	83.1	160.9	86.6	106.7	49.7	80.6	67.2
	2011	85.8	158.6	82.8	114.6	73	92.8	73.8

续　表

指标	年份	江苏	上海	北京	浙江	山东	广东	全国
人均藏书量	2009	0.53	3.43	0.91	0.69	0.37	0.45	0.44
	2010	0.56	2.96	0.87	0.69	0.38	0.44	0.46
	2011	0.68	2.94	0.95	0.82	0.4	0.56	0.52

1. 区域差距明显

目前，江苏省图书馆免费开放存在区域发展不平衡的问题（表3）。苏南各市得益于雄厚的财政支持，在免费开放上起步较早，也积累了较多的经验。而苏北一些市则由于经费、人员编制等问题在免费开放上遇到了一定的困难。

表3　2011年江苏图书馆服务的区域对比

	收入		新购书数		活动次数	
	总量（千元）	人均（元/人）	总量（千册）	人均（册/千人）	总量（次）	人均（次/千人）
苏南	252047	7.674	2135.2	65.010	2489	0.075
苏中	54778	3.344	365.2	22.298	899	0.054
苏北	70251	2.360	731.3	24.568	662	0.022

2. 供需矛盾加大

公共图书馆免费开放后业务流量大幅增加，但与之相适应的硬件资源和软件服务未能及时同步增长，无法满足迅速增长的公共文化消费者需求。而就近期趋势来看，随着免费开放公共政策影响逐渐扩大，群众参与公共文化建设的热情日益提升，图书馆免费开放的接待量和需要提供的基本公共文化服务量还将有大的增加；并且基本公共文化服务项目将随着社会的不断发展、政府财力的增长和人民群众精神文化需求的不断增长而发展变化。免费开放的供需矛盾在很长一段时间内仍将存在。

表4　江苏公共图书馆2010、2011年接待服务统计情况

年份	个数	人均保有量（个/万人）	人均藏书拥有量（册/人）	人均活动次数（次/万人）	人均计算机拥有量（台/万人）
2010	111	0.014	0.556	0.54	0.75
2011	112	0.014	0.549	0.513	1.119

3. 经费普遍紧张

根据《意见》规定，美术馆、公共图书馆、文化馆（站）免费开放后，其人员、公用等基本支出由同级财政部门负担，开展基本公共文化服务项目支出由中央和地方财政共同负担。公共文化单位免费开放将导致设施运营成本的增加，目前经费的缺口主要通过财政补贴的办法解决。南京图书馆免费开放三年后（截至 2011 年）直接经济损失达 1131 万元，平均每年达 377 万元，目前尚无任何经济补偿，全部靠自筹解决。经费不足，必然制约着公共图书馆免费开放的程度和水平。

表 5　江苏公共图书馆 2010、2011 年经费收支情况统计

年份	收入（千元）	支出（千元）	财政拨款占收入比重	财政拨款增幅	人均财政拨款（元/人）
2010	387627	379641	88.33%	3.48%	11.391
2011	492660	462852	88.33%	29.8%	5.631

4. 管理难度增加

随着陆续实施免费开放，超量人流将成为图书馆开放过程中的"常态"现象。以南京图书馆为例，在实行免费开放后，日均接待读者达 6000 余人次，双休和节假日读者突破万人，高峰期近 1.5 万人。公共图书馆免费开放，在考验公民素质的同时，对图书馆的管理也提出了更大的挑战。在供给空间不变的情况下，免费开放后进入的人数大幅增加，造成了设施设备及资源有限带来的矛盾，随着产生的费用（水费、电费、保安费、保洁物管费、资源更新费、设备维护费等）大幅增加，对于公共设施保护和人员安全保障等方面也提出了更高的要求。而我省目前在自动化、数字化、信息化等高科技服务方式的缺乏，更加大了管理的难度进而影响了公共服务的质量。2008 年以后，流动人数增幅、人均财政拨款等指标均出现下降（表 6），不符合公共图书馆开放规模扩大的背景。

5. 支撑人才缺乏

免费开放后观众大量增加，这就要求相应增加工作人员。如何在财政允许的范围内新增部分工作人员，这是当前包括图书馆在内的公共文化单位面临的问题。此外，《意见》所规定的品牌服务项目对工作人员的专业化、知识化提出了更高的要求。目前，江苏各图书馆缺少专业人才支撑的问题较突出，并且大都没有形成较为成熟和稳定的志愿者队伍。由于免费服务带来的工作强度增加，还导致职工工作积极性下降等现实问题。支撑人才队伍的建设不足，严重制约了公共文化服务能力的提升，难以满足新时代对公共图书馆免费开放的工作要求。

表6　"十一五"期间江苏省图书馆总流通人次情况

年份	总流通人次（千人次）	流通人次增幅	财政拨款/总流通人数（元/人）
2006	17527.117	—	17.734
2007	19156.826	9.298%	12.768
2008	23834.707	24.419%	13.143
2009	27866.200	16.914%	11.874
2010	30058.380	7.867%	11.391
2011	35421.110	17.841%	12.556

表7　"十一五"期间江苏省图书馆从业人员服务情况统计

单位	机构数	从业人员数	人均劳动强度		
			人均管理总藏书数量	人均接待流通次数	人均负责书架单层总长度
2006	104	2429	14039.52	7.216	355.29
2007	105	2527	13813.61	7.58	349.003
2008	106	2717	13896.94	8.77	756.989
2009	109	2787	14606.96	9.999	757.011
2010	111	2838	15402	10.591	743.878
2011	112	2932	18355.59	12.08	750.668

四、提升图书馆公共服务能力的对策建议

公共图书馆免费开放，利在当代，功在千秋。如何顺利地迎接公共文化服务发展过程中的这一新变化，妥善消除免费开放带来的负面影响，这需要各级

图书馆努力探索，慎重处理好新问题和新情况，提升公共服务管理水平，满足观众需求，增强公共文化服务吸引力，以及进行适当的机制改革和运营方式创新。

（一）以顶层设计明确发展思路

1. 科学规划，制定江苏免费开放路线图。就全国公共文化单位免费开放而言，其主要目标可以概括为前后相继的两个阶段：以规模扩张、全面覆盖为主要特征的第一阶段，和以质量提升、品牌创建为主要特征的第二阶段。这一目标为江苏"十二五"期间图书馆免费开放提供了可资借鉴的参考视角。无论是从经济实力，还是从文化资源，或是设施建设上来说，江苏全面推进图书馆免费开放时机已经成熟、条件已经具备。因此，主管部门，应当从全省整体角度出发，充分考虑区域与城乡间图书阅读分布、基础设施建设差异等问题；结合公共文化设施开放规律；分阶段制定开放规划；以高质量的长远目标做好顶层设计与实现科学规划，合理布局全省公共图书馆开放蓝图。

2. 厘清界限，区分基本与非基本公共服务。公共图书馆免费开放的内容根据自身职能、任务和工作特点进行设置。根据文化部、财政部联合下发的《意见》，公共图书馆免费开放的主要内容是取消基本服务项目的收费，实现现有基本服务的免费无偿提供。主要包括两个方面：一是指公共图书馆公共空间设施场地的免费开放，二是指与公共图书馆职能相适应的基本公共文化服务项目健全并免费向群众提供。因此，需要厘清"基本公共文化服务项目"与"非基本公共文化服务项目"的不同。

表 8　基本与非基本服务项目表

基本项目	非基本项目		
基本服务项目	非基本服务项目		标准
办证	资料复制	纸张复印	收取纸张成本费
公益讲座		数码翻拍	收取数码设备、光盘成本费
公益展览		光盘刻录	
普通文献资源借阅、检索、咨询	图书馆业务软件推广应用		双方协议

基本项目	非基本项目		
基层辅导	深度参考咨询	专题咨询	双方协议
业务培训		课题服务	
流动服务		音视频制作加工	
读者活动		数字资源制作加工	
电子阅览室	文献传递	委托费	参考同类图书馆
		邮寄费	按邮局标准计
		传真费	按成本
	资料翻译		双方协议
	书目数据加工		参考同类图书馆
	历史文献有偿服务	古籍复制	按照古籍定级级别收取
		民国文献复制	按报纸、书刊类别
		出版资料费	双方协议
		仿制	双方协议
		数据加工	双方协议
	文献修复	拆装费	参考市场价格
		修补费	按材料成本收取
	社会培训		参考市场价格

　　（1）基本服务项目全免费。首先，公共图书馆公共空间设施场地免费开放。主要包括：提供群众免费进入图书馆大门的机会，满足群众在公共图书馆公共空间学习、休息的需求；免费开放一般阅览室、少年儿童阅览室、多媒体阅览室（电子阅览室）、报告厅（培训室、综合活动室）、自修室等空间设施场地。其次，基本公共文化服务项目健全并免费开放。主要包括：文献资源借阅、检索与咨询、公益性讲座、免费展览、基层辅导、流动服务、读者活动，以及其他免费辅助性服务，包括免费办证、验证，提供免费存包和饮用水等。

　　（2）非基本服务项目降低收费。公共图书馆非基本公益服务，主要应指在基本公共服务项目外，开展的针对性、特色化、个性化服务。如深度参考咨询、赔偿性收费、业务软件开发等。省、市、县各级馆因职能与服务范围不同，应有所区别。但各级公共图书馆更应把主要精力用于基本公共文化服务，并且非基本性服务项目即使收费，也要与市场价格有所区分，降低收费标准，按照成本价格为群众提供服务，充分体现公益性。

（二）推动开放体系建设与完善

1.加快立法，建立持续规范评估体系。我国公共文化管理正处于以政策指令为主向法制规范为主的转型过程中，国家依据法律法规来调控文化，具有规范性强和约束力强的显著特点。对于目前推进的图书馆免费开放政策而言，法制保障是最强有力的保障，规范的体制是最有效率的管理手段之一。国外文化发展成熟的国家中，具体的文化活动往往是通过一些具有普遍意义的文化行政、文化法规加以规范的。目前，我国的图书馆免费开放还是依靠文化部、财政部的一纸意见和各级政府、文化部门的行政自觉在推进，而相关的法律和体制的欠缺势必影响到免费开放政策的持续性和落实性。

（1）必须大力加强相关的文化法制建设，尽快完善免费开放相关的法律法规。应加快国家和地方文化立法进程，尽快出台《公共图书馆法》等相应法律，明确国家和政府在公共文化单位免费开放中的职责，明确公共文化单位免费开放的财政保障持续投入机制，用法律手段切实保障公众的基本文化权益，使免费开放的公共文化政策做到有法可依、规范有序、健康合理、循序渐进地得到发展。

（2）应加快完善免费开放服务规范化建设，出台公共图书馆的服务标准，开展评估定级，加强分类指导，建立政府、社会、媒体、公众代表相结合的监管制度与监督体系，对各级政府在免费开放投入的执行情况进行监督，同时对图书馆开展免费开放公益性文化服务运行情况和资金使用情况进行监督，评估监督的结果应与下一年度对该馆的免费开放财政拨款相关联，建立奖优罚劣的机制，以此不断改进免费开放政策执行的质量和效果，提高政府公共文化管理水平和服务能力。

要逐步建立和完善政府保障投入绩效评价机制和公共图书馆公平、满意服务评价机制。设立以图书馆用户满意度为中心的评价体系，进行公共图书馆效率评价。将向社会提供更多更好的文化服务及文化产品作为财政增加投入的重要依据。将改革与发展的目标与财政投入挂钩，没有实现预期目标的，要相应扣减财政预算支出，奖优罚劣。

表 9 公共文化单位免费开放绩效评估标准体系

一级指标	二级指标	指标单位
公共文化单位免费开放政府投入	公共文化事业费占地方财政预算支出比重	%
	公共文化事业费同比增长率	%
	人均公共文化事业费	元/人
公共文化单位免费开放设施规模	每万人拥有公共文化设施建筑面积	平方米
	县(市、区)图书馆、文化馆面积	平方米
	乡镇(街道)综合文化站平均面积	平方米
	村(社区)文化室平均面积	平方米
	公共文化设施达标率	%
	人均拥有公共图书册数	册/人
	千人阅览座位数	座/千人
公共文化单位队伍规模	大专学历以上占公共文化事业从业人员所占比重	%
	中级以上职称占公共文化事业从业人员比重	%
	参加业余文艺团队人数占总人口的比重	人/万人
公共文化单位免费开放覆盖面	公众知晓度	%
	年度观众人数	万人
	年度观众增长率	%
	年度免费对外开放天数	天
	免费开放项目在公共文化单位占比	%
	年度收费项目降低收费数量占比	%
公共文化单位免费开放服务满意度	环境满意度	%
	设施满意度	%
	服务满意度	%
	观众投诉率	%
	社会影响力	%

2. 深化改革，形成良好运行机制。满足人民群众不同层次的文化需求和文

化权益出发，更加明确公共图书馆的功能和定位，明确公共文化投入以政府为主导的发展导向，各级政府把发展公益性文化事业作为重要职责，着力加大公共文化投入，更加重视构建覆盖全社会面向基层群众的公共文化服务体系，更加重视普通民众能共享文化发展成果，更加重视公益性文化事业建设与经济社会的协调发展。

进一步深化图书馆内部机制改革，按照"增加投入、转换机制、增强活力、改善服务"的方针，不断推进图书馆内部的人事、分配和社会保障制度改革，激发工作活力，提高服务水平，在人事、分配制度等方面大胆创新，形成讲实绩、重贡献、向优秀人才和关键岗位倾斜的分配机制。建立健全各项规章制度，积极推行聘用制度和岗位管理制度，健全岗位目标责任制，不断完善工作评价和绩效考核评价机制，健全科学的财务管理和经济核算制度，规范建立社会保险制度等，形成良好运行机制，增强发展活力，不断提高公共图书馆的管理水平和服务效率。

3. 财政确保，形成多元化的社会投入体系。推行免费开放是国家和各级政府的责任，国家和各级政府应切实履行对免费开放服务发展所需经费的保障责任，按照"增加投入、转换机制、增强活力、改善服务"的原则，建立免费开放经费保障机制，保证免费开放后正常运转并提供基本公共文化服务。对于免费开放后取消的一些收费项目，减少的事业收入需要财政予以全额补偿；对于资金投入不足，导致应纳入免费开放范围的基本服务项目缺项，不能正常提供或是变成有偿提供的，财政应予以补足；对适应群众需要，逐步扩大和增加的免费开放的内容、范围与项目，财政应建立投入相应逐步增加的可持续机制。

除了政府的财政投入外，图书馆应该创新融资渠道，增强自我造血功能，吸收多元的经营理念，推动自身灵活地顺应市场和观众的需求。免费并不代表完全的不收费，图书馆在向群众提供免费的基本文化服务项目外，可以通过拓展性和延伸性的文化服务以非营利为目的，按照成本或市场的定价策略收取一定费用，用以弥补因免费开放而造成的资金缺口。在举办具有一定社会影响的文化服务时，可以与其他政府部门、企事业单位进行合作，在不影响免费开放和提供基本文化权利服务性质的前提下，通过冠名权或公益广告获得一定活动经费，这不仅有利于提升文化服务品质，打造文化服务品牌，也实现了一定程度的自我造血，更好地为社会进行服务。

在健全政府财政保障机制外，应积极探索建立公共文化多元化投入机制，鼓励社会力量对公共图书馆进行捐赠和投入，拓宽经费来源渠道。政府对于公共文化的管理不能仅仅停留在直接"输血"的层面上，而应该逐步将重点转移到有效的间接控制上来。对于免费开放政策而言，应在不断增加政府投资的同时，采取一系列配套措施来完善文化经济政策，进一步开放社会文化资金市场，努力拓宽资金流动渠道，鼓励各种形式的公共文化投资，鼓励社会团体和个人对公共图书馆等单位的捐赠和赞助，为各种形式的社会资金畅通进入公共文化建设领域提供政策支持；鼓励高校、科研机构、企事业单位实现图书馆资源的共享，鼓励民间参与图书馆等公共文化设施建设，对重大的公共文化服务项目除实行政府采购、项目外包外，还可以采取项目补贴、定向资助、贷款贴息等方式给予支持，以增强供给能力，扩大面向范围，提高服务质量，形成有利于免费开放和公共文化发展的投资环境，增加公共文化产品和服务的供给总量。

专栏　纽约公共图书馆资金来源构成

世界闻名的纽约公共图书馆每年运营所需经费为 7600 万美元，其中 66% 来自三级政府的财政拨款：纽约市 82%，纽约州 16%，联邦政府 2%；而另外的 34% 约 2600 万美元全部来自社会各界的赞助或捐赠：其中公司捐助 20%，各类基金 20%，个人捐助 60%（意味着超过 1500 万美元）。2010 年在 4 万名各类私人捐助者（包括公司、基金和个人）中，捐助金额超过 100 美元的捐助者在数量上其实只有不到一万，图书馆最庞大的捐助人群是那些捐助额在 100 美元以下的小额捐助者，约有 3 万。这些也许不起眼的小额捐助每年为图书馆提供的资金以百万计。

4. 完善结构，建设免费开放体系。基础设施是开展公共文化服务的基本阵地和必备空间，加强公共文化设施建设，是完善公共文化服务体系建设的重要基础工作，也是更好地推行免费开放的必要前提。近年来我国大力加强覆盖城乡的六级公共文化设施的建设已取得了突出的成绩，但部分地区有机构无场馆，或现有场馆设施陈旧的现实情况仍然远远不能满足免费开放的基本需求，与发达国家图书馆等公共文化设施的完备情况相比更有较大的差距。如英国公共图书馆把"确保读者能方便快捷到达"定为现代化公共图书馆的首要标准。免费开放公共政策的目的是以人为本的科学发展观，让更多的人民群众享受更好的基本文化权益服务。因此，应当加快建设覆盖城乡、快捷充分的图书馆网络结构作保障，减低享受免费开放服务的时间成本和交通成本。

一是建设流动图书馆，定期或不定期地为馆外的读者送书上门或在交通不便的边远地区设立图书馆流动站，为当地读者提供图书借阅服务；二是建立总分馆制，以市图书馆为中心馆，以区县、乡镇、街道、社区图书馆及高校图书馆、专业图书馆为分馆，实行总分馆"一卡通"，实现各馆之间的资源互补，提高整体服务能力；三是建立自助图书馆，类似银行的 ATM 机，提供 24 小时的借还书和查询服务；四是建立网络图书馆，读者通过网络访问图书馆网站，借助自助服务平台完成查询、下载、续借、预约等服务。

5. 制度升级，形成免费完善服务体系。免费开放条件下图书馆的服务理念急需要得到转变，图书馆不再收取门票，而是公平公开地向社会开放，真正成为一个让公众享受公共文化权益的服务机构，这改变了与观众之间的买卖关系。必须以人为本，树立服务意识，不断更新知识，吸收先进理念，改进工作方法，整合业务流程，合理调配资源，改善服务效能。对待观众不应该仅仅是一种管理心态，而应该用一种服务的心态来接待观众，完成从"施与者"向"服务者"的角色转换。

在图书馆显著位置公示免费开放管理办法、服务项目、开放时间、文明参观须知等制度措施，方便公众了解和监督，引导观众有序、文明享受基本公共文化服务。针对免费开放后人流量增加的现实情况，努力改善安全保护和观众服务设施条件，增加安全、保洁、讲解咨询等服务人员，强化内部管理，加强安全防范，为广大观众创造安全、舒适、温馨的文化环境，满足观众的求知欲和愉悦的心理需求，切实保证免费开放的安全、规范、有序。

要准确把握免费开放后观众及其精神文化需求呈现出多层次、多方面、多样式的特点，把贴近实际、贴近生活、贴近群众作为不懈的追求，不断拓展服务领域、方式和手段，提供更加人性化的服务设施和服务项目，将专业性、学术性和知识性、趣味性、观赏性有机结合，打造公众喜闻乐见的文化品牌，努力增强文化的感染力和辐射力，最大限度地缓解因免费开放带来的供需矛盾，真正把公共图书馆打造成公共文化教育、培训和传播中心，成为公众流连忘返的文化乐园。要尊重和贴近服务对象的文化需求，在实现均等普惠的公共服务基础上，逐步增设多样化服务，重点增加对未成年人、老年人、农民工等特殊人群的对象化服务。

6. 增强后劲，打造坚实人才支撑体系。推动社会主义文化大发展大繁荣，队伍是基础，人才是关键。免费开放条件下公共图书馆提供的基本文化服务，是否被群众所接受、所认同，与其公共文化产品质量和服务特色有直接的关系，更与其这些产品和服务的直接提供者有着不可分割的关系。随着免费开放需求和供给水平的逐渐提高，对图书馆的从业人员的业务水准、综合素质也有着越来越高的要求。

要建立全方位、多层次的服务人才培养机制，实施文化名人带动战略，加强高层次人才、重点专业人才、基层文化骨干的培养，加快培养造就德才兼备、锐意创新、结构合理、规模宏大的高素质图书馆专业人才队伍。以激发创造力为重点，转变文化管理和文化人才培养管理的模式，促进人才队伍建设的进一步加强，以较强的业务素质提供更加优质的公共文化服务。积极探索从业人员职业资格制度，推行图书馆员的准入制度和认证制度，逐步实现持证上岗。建立健全公共文化人才的发掘、扶持、培育机制，形成人才引进、培养、使用的信息库和人才跟踪系统，逐步建立面向全社会的统一、规范、平等的人才激励机制，加大公共文化人才培训力度。

积极探索建立公共文化志愿服务队伍的机制和路径。图书馆属于公益事业范畴，在有限的经费和人力下，若要满足越来越多读者的需求，仅靠正式从业人员的努力是远远不够的。在国外公共文化服务过程中，志愿者一直都扮演着重要的角色，它们已经建立了一套完整的志愿者服务体系，并能将其精准地运用到日常管理中去。我国近几年来志愿者虽有所发展，但志愿者的不稳定性、服务内容的简单单一性，使得我国志愿者工作有待进一步规范化、系统化。可以借鉴西方发达国家经验，建立并尽快完善图书馆公共文化志愿服务队伍，以应对免费开放后越来越多的人潮、越来越重的工作量。

7. 技术升级，加快实现全面信息化的管理体系。加快数字公共文化服务建设，推进文化信息资源共享工程基层，实现基层服务点全覆盖，才能充分发挥其在公共文化服务中的基础性作用。利用文化共享工程工作网络，实施公共电子阅览室建设。加快数字图书馆、网上图书馆、图书馆门户网站的建设，努力形成覆盖城乡的数字公共文化服务体系，提高图书馆免费开放服务的信息化、网络化和科学化水平。具体措施主要包括以下两部分内容。

科学指导、有效组织网络化建设。在网络化建设过程中，结合地区经济发展情况和图书馆所属的管理部门的不同来进行建设。由政府专门部门进行指导与组织规划，减少重复建设、网络系统不能相互兼容等问题出现。此外，注重提高工作自动化管理水平，以及加快网络管理系统建设。建设一个专门的集成化管理系统，主要涉及图书馆编目、咨询、检索等的自动化管理；对图书馆的网络化建设进行科学指导与规划，根据国家颁布和实施的相关规范与标准办事。

推动图书馆信息资源的数字化管理。图书馆的数字化信息建设，能够实现在网络中将各种信息资源予以传输，而读者也可以不受任何限制进行读取与使用；在图书馆数字化信息建设过程中，需要注意两点问题：第一，把传统的纸质信息资源转变为数字信息资源；第二，把已有的数字化信息资源予以保存，或者是利用压缩、转化技术予以下载和保存。在此基础上，对重点数据库予以改造。在图书馆资料管理的信息化建设过程中，要结合馆藏所具有的优势以及服务性质等内容，建立多个综合性较强的数据库，从而更好地满足不同行业的发展需求；对传统类型较为单一的数据库其进行合理、科学的改造，这样使每一种数据库都得到充分的利用。

（三）措施落脚点与具体建议

在明确措施方向与总体规划后，进一步明确措施的落脚点与具体内容，才能够将措施落到实处，从而推动公共图书馆的开放。就措施内容而言，可以针对以下具体方面制定相关措施。

1. 措施落脚，具体措施落实的侧重内容

取消原有部分收费项目。取消公共图书馆办证费、验证费、自修室使用费、电子阅览室上网费，取消公共图书馆存包费。

限期收回出租设施。严格执行《公共文化体育设施条例》和中央《关于加强公共文化服务体系建设的若干意见》《关于进一步加强农村文化建设的意见》，维护好公共图书馆的公益性质，不得以拍卖、租赁等任何形式改变公共文化设施用途，已挪作他用的限期收回。

降低非基本服务收费。公共图书馆深度参考咨询服务（为读者收集专题信息，编写参考资料，或者进行代查、代译、复印书刊资料等服务）、赔偿性收费可以收取合理的费用。在财政经费保障机制建立的前提下，各级公共图书馆应把主要精力用于开展基本公共文化服务。基本公共文化服务以外的公益性服务，要与市场价格有所区分，降低收费标准，按照成本价格为群众提供服务。

完善免费开放公示制度。公共图书馆要公示免费开放内容，在窗口接待、场所引导、资料提供以及内容讲解等方面创造良好的服务环境，增强吸引力。

制定应急预案。公共图书馆要切实做好免费开放的前期准备，充分考虑免费开放后可能遇到的各种情况和问题，制定切实可行、严谨细致的免费开放工作方案。要制定突发事件的应急预案，完善应急处置机制，确保免费开放后的公众安全、资源安全、设施设备安全。

加强免费开放的宣传。要开展形式多样的宣传活动，扩大免费开放的公众知晓率，吸引广大群众走进文化设施，最大限度地发挥公共图书馆功能作用。要面向社会，积极开展图书馆免费开放的宣传。一是建立良好宣传平台，吸引更多人走进图书馆，提高公共文化单位社会满意度和美誉度。不仅在馆内进行宣传，还应该充分利用媒体，利用各种社团深入社区，开展宣传活动，使免费的概念家喻户晓深入人心。二是公共图书馆有引导公众阅读的重要职能，在做好到馆阅读服务基础上，要充分重视对公众的阅读引导，通过宣传、培训等各种形式教育引导读者如何利用图书馆。既要培训读者信息检索与获取能力，针对弱势群体进行现代技术"扫盲"，努力让每个人都具备基本的阅读能力和文化意识，享受到国家提供的基本文化服务，更要引导教育读者自觉遵守图书馆的规章制度，爱护图书馆的公共设施和公共财产，共同维护好图书馆免费开放的环境与氛围。

2. 内容细化，重视在服务方式上的显著改变

去掉门槛，免费办证。"零费用"和"零门槛"是吸引人民群众走进图书馆的重要条件，免费平等服务是实现全民共享图书馆的重要基础。要吸引更多的读者走进图书馆，享受平等的公共文化权利。

敞开书库，开放资源。馆藏资源的全面开放，完全履行了公共图书馆职能，可以把图书馆真正变成可供人民群众自由畅游的知识海洋。普通阅览室、少年儿童阅览室、多媒体阅览室（电子阅览室）等要全面向读者免费开放，使馆藏资源得到最大程度的利用。文献资源借阅、检索与咨询等基于馆藏资源的基本服务应该实现免费。

增强功能，优质服务。公共图书馆不仅仅是环境舒适、文化浓厚的读书胜地，更应该是集读书学习、文化休闲、餐饮娱乐于一体的综合性文化场所，读者需要的就是图书馆要做的，图书馆应该努力提供优质、周到、全面的服务。报告厅（培训室、综合活动室）、自修室等公共空间设施场地免费开放。公益性讲座和展览、基层辅导、流动服务等基本文化服务项目健全并免费提供。为保障基本职能实现的一些辅助性服务如存包等全部免费。同时要坚持提供读者活动宣传册免费发放、短信提示还书等方式，提高服务质量。

心系读者，关注弱势。公共图书馆应牢固树立服务观念，心怀关爱，为老、幼、残障人士提供主动性、针对性的服务，充分体现对弱势群体的人文关怀。公共图书馆为城市弱势群体提供信息援助和保障机制，有利于社会的稳定和进步。公共图书馆要遵循公益、开放、平等的服务理念对这个群体给予更多方便与关怀，可从自身的资源出发，给予信息援助和技能阅读培训，开展专门服务，在农民工密集区办图书馆或图书流通点，专门为老人、进城务工人员提供培训服务，要让城市的每个角落、每个成员都能读到书，都能享受到公共文化权益。

分层服务，有效提高。图书馆读者水平、层次、社会地位迥异，阅读动机也不尽相同，免费开放读者增加，读者构成也有所变化，不能拘于原有的服务模式，而要根据读者身份和读者对图书馆利用目的及深度，进行分层，有针对性地提供服务。特别是对于越来越多低层次的读者，他们更需要的是对阅读方法的指引和阅读习惯的培养。分层服务，既是免费服务的重要方式，也有助于免费开放后的有序管理。

扩展空间，延伸服务。在继续做好阵地服务，积极开展讲座、展览、公益培训、读者活动等基础上，按照"阵地服务与延伸服务相结合，巩固读者与培育读者相结合"的思路，努力拓展服务空间，通过总分馆制建设实现通借通还，依托共享工程和数字图书馆等新平台、新技术和数字资源，开展数字信息服务，建立流通服务网点疏散读者流量，真正把图书馆办到百姓身边，让读者足不出户也可享受到便捷的服务。这不仅是免费开放的重要举措，最大限度地缓解免费开放带来的供需矛盾，也能不断增强图书馆的吸引力与凝聚力。

江苏省文化科技和艺术科学规划领导小组办公室 2012 年度江苏省文化科技立项重点课题，主要内容发表于 2012 年第 10 期《新世纪图书馆》

文化数字化赋能新型文化业态研究

　　把实施国家文化数字化战略写进党的二十大报告，标志着实施国家文化数字化战略已成为全党共识、全党任务。2022年3月，中共中央办公厅、国务院办公厅印发《关于推进实施国家文化数字化战略的意见》，不仅为"文化＋数字"战略提供了"施工图"，更为实施文化数字化战略、培育新型文化业态进一步明确了方向。

　　近年来，随着文化产业数字化战略深入实施，以数字化技术、信息化技术等为依托的新型文化业态蓬勃兴起，也使中华优秀传统文化进入更多社会公众视野。面对新形势新任务，江苏应准确把握时代背景，尤其面对常态化疫情给文化产业带来的持续冲击，应在明确数字化建设成效及存在的问题基础上，加快推进文化数字化战略实施，培育新型文化业态，助力文化产业度过疫情难关，也为江苏文化高质量发展提供支撑。

一、 研究背景

从国际层面看，文化数字化战略是提升文化产业国际竞争力的重要选择。在信息化、数字化、全球化的时代背景下，加强文化与科技融合之比较优势，促使中华优秀传统文化、中华文化基因等依托科技创意之力，推动中华文化在国际层面实现数字化共享，不仅为中华文化在国际上的存在形态及发展模式提供新空间，也为中华文化走出去、提升国家文化软实力提供重要支撑。

从国家层面看，文化数字化战略主要以建成物理分布、逻辑关联、快速链接、高效搜索、全面共享、重点集成的国家文化大数据体系，使中华文化全景呈现，以及中华文化数字化成果全民共享为最终目标。实施文化数字化战略，是推动中华优秀传统文化实现创造性转化、创新性发展，以及推动中华文明优秀创新成果海内外传播的有力路径。

从省级层面看，近年来，江苏围绕推进"互联网＋中华文明"做了不少探索，让传统文化成为"活"在当下的潮流文化，"走"进人们的美好生活空间。尤其是疫情发生以来，江苏更是坚持把推进数字化发展作为坚持稳字当头、稳中求进的重要举措，在先后出台的"6＋18＋12＋8＋16"系列纾困惠企政策措施中，都强调通过科技数字促进生产方式、服务方式和管理模式创新，激发文化数字化生产力，打造文旅消费新的增长点。据江苏互联网大会数据显示，目前全省数字经济规模已经超过 5.1 亿元，居全国第二。2022 年 7 月，省文化和旅游厅又印发《江苏文化和旅游领域数字化建设实施方案》，对全省文旅领域数字化建设作出整体安排，明确要扎实推进数字技术赋能文化和旅游高质量发展。如鼓励各博物馆充分运用数字科技，及时上线现有数字资源，积极打造能看、能听、能学、能玩，全方位、立体式、多层次的"无边界博物馆"，努力满足公众在疫情防控期间的精神文化需求。在国家文物局推送的全国博物馆网上展览资源库的项目中，江苏省有 33 个项目入选，占全国总数的 10％，这不仅丰富了数字文化产品与服务供给，更助力了民众畅享美好数字生活。

二、现状分析

"新型文化业态"是指在数字化时代的背景下，5G 网络、人工智能、虚拟现实、物联网、云计算、区块链等前沿信息技术不断与文化领域相结合，在新的历史条件下文化产业发展所呈现出的区别于传统的、常规的，具有创造性的新型企业形式、商业模式和产业组织形态。它通过更大范围、更广空间的专业化分工与互动协作，加快各类资源的聚集，结成跨产业的协作、流通和服务网络，使各类文化要素形成整合，在经济产业空间重组、社会消费空间融合的作用下，极大地激发了创新动力、拓展了创新空间，成为拉动文化消费需求增长不可忽视的关键领域。一直以来，江苏主动顺应数字化、网络化、智能化发展趋势，走在文化数字化探索前列，取得有力成效。

（一）兄弟省市的经验借鉴

以数字化赋能文化，使更多生产要素发挥作用，为社会发展注入强劲动能。国家统计局数据显示，2021 年全国规模以上文化及相关产业中，数字文化新业态特征较为明显的 16 个行业小类实现营业收入 39623 亿元，比上年增长 18.9％；两年平均增长 20.5％。

广东大力做优数字创意、数字出版、网络视听，创新发展电竞、直播，运用数字技术改造提升传统文化业态。数字出版、动漫游戏、网络视听等文化新业态持续领军全国，4K/8K 超高清视频产业迅猛发展，沉浸式交互式业态崭露头角。广州、深圳都形成了若干个千亿级文化新业态集群。以广州为例，动漫业总产值超 300 亿，约占全国产值五分之一；游戏企业 3000 余家，产值超千亿元；网络音乐总产值约占全国四分之一。数字文化创意企业达到 33 家，占全市文化上市企业总数的比重达到 73％，酷狗音乐、荔枝 FM 等音乐企业和欢聚时代、虎牙直播等一批文化互娱企业均位居全国行业前列。

多年来，浙江省持续深化"数字浙江"建设，已形成数字经济与科技的领先优势。今年 8 月，国家网信办发布《数字中国发展报告（2021 年）》显示：浙江的数字化综合发展水平排名全国第一。聚焦数字文化跑道，围绕文艺惠民、文创发展、文脉传承三条子跑道，浙江深入推进文化和旅游数字化改革，目前已基本全面贯通上线"8＋1"重点应用。下一步将加快实现省市县贯通，依托一体化、智能化的公共数据评审和系统推动数据的归集回流开发应用。2021年底，浙江出台《关于加快推进数字文化产业高质量发展的实施意见》，提出"到2025年，规上数字文化企业营业收入占规上文化企业营业收入比重达到65％左右"等发展目标。

上海先后出台《全面推进城市数字化转型的实施意见》和《推进城市数字化转型构建高质量数字生活行动方案（2021—2023年）》，确立了文旅数字化转型"1-2-N"的重点任务框架。"1"是文旅线上总门户"乐游上海"线上服务矩阵，"2"是"文旅通"和"随身码·文旅"两个打通全行业数据链路的数字化平台系统，"N"是应用场景。其中，"文旅通"平台汇集各类文旅业务数据接口150余个，对接量超5000万余条，搭建文旅核心指标、景区专题等文旅专题库16个，通过模型和数据分析，实现"一屏观文旅、一网为全城"的高效智慧治理。预计今年年底，位于徐家汇地区的上海数字文旅中心将建成开放，围绕"高效办成一件事""高效处置一件事"，打造文旅专业版的"两网"大厅。此外，上海市还着眼未来，正在编制培育文旅元宇宙新赛道的三年行动方案。

综上所述，文化数字化发展显然已成为文化产业转型发展的重要助力器，新型文化业态培育应顺势而为，寻求突破。

（二）江苏文化数字化建设成效与不足

1. 存量文化资源数字化建设加强

一是更多文物和文化遗产得到数字化保护。近年来，江苏积极探索文物数字化实践路径，建成数字化江苏文物综合管理平台，该平台融文物安全、行业管理、数据分析、项目管理、资金申报等于一体。目前，该平台已归集20007条不可移动文物原始数据，1072117条可移动文物原始数据。南京博物院联合南京工业大学开展老大殿数字化保护示范项目，完成"南京博物院老大殿预防性保护地震监测平台"的建设，为南博老大殿历史文化建筑结构安全与智能化抗震监测提供了精细数据分析，该项研究利用多传感器精确感知、实景三维、GIS技术等领域的最新技术，建立其安全性的日常运维及智能感知、实时诊断、安全性预警的数字化保护方法，为城市历史文化建筑物的全生命周期监测提供了示范。江苏省戏剧学校设立数字化修复专项工作小组，调研摸清了全省艺术类中专院校破损戏曲（非遗）教学影像资料数量，制订修复计划，利用技术手段完成了对357盒戏曲（非遗）教学声像资料的物理修复、数字化采集、数字化修复及数字化资料编目等工作，让修复好的资料继续服务于戏曲（非遗）教育教学，助力高素质艺术表演人才培养。

二是更多文物和文化遗产得到数字化活态利用。2022年"5·18国际博物馆日"期间，江苏省文化和旅游厅在官网上设立专区，名"云上博物——江苏省博物馆数字展览空间"，集中展示了近百个全省境内的精品云展览项目，不断丰富数字文化产品与服务供给，助力民众畅享美好数字生活。在打造"互联网＋中华文明"数字体验展和无边界博物馆工作上，南京博物院完成二件精品三维文物在互联网实验性推广，并将继续完成4—6件镇院之宝展文物的三维展示与解读，同时构建线下文物数字多宝阁展示装置，且每年持续更新内容，不断为"互联网＋中华文明"提供优质数字节目。在扬州中国大运河博物馆建设完成大型数字展厅中，2号展厅"运河上的舟楫展"将实体体验与数字多媒体虚拟体验结合，以大运河舟楫及其承载的文化为展示内容，向公众呈现舟楫所带来的南北文化交融以及古今美好生活；"河之恋"根据空间特点设计影片脚本，以互动多媒体和沉浸式体验作为展区主要的呈现内容。充分实现空间与影片双重意义的无缝衔接，多媒体影片的结尾亦是开始，展厅空间的任何地方都可是参观的起点，成为网红打卡点。该数字沉浸展作为常设展览之一获"第十九届（2021年度）全国博物馆十大陈列展览精品奖"和"新时代博物馆百大陈列展览精品奖"。在2022年第九届中国博物馆及相关产品与技术博览会上，南京博物院和扬州中国大运河博物馆联合展区推出5G大运河全流域数字沉浸式CAVE体验空间，获得了同行和观众的一致好评。

三是特色数字资源建设与利用进一步加强。以南京图书馆为例，截至目前开展了扫描数字资源的标引加工，为后续数字化加工提供基础业务支撑。建设"历史文献数字资源阅览平台"，读者可在馆免费阅览全部已扫描的历史文献资源，且图像清晰，极大地满足了读者对古籍原本阅览的需求。目前已建设并在南京图书馆网站公开发布《南京图书馆藏旧方志全文影像数据库》《南京图书馆藏清人文集全文影像数据库》两个专题数据库，分别包括 20 种旧方志和 310 种清人文集。以项目带动全省古籍数字资源建设，且正在建设《江苏省珍贵古籍数字资源集成》。申报的《江苏省珍贵古籍全文影像数据库（第一期）》入选"2021 年度国家古籍数字化工程专项经费资助项目"，全国仅 3 家公共图书馆项目入选。积极面向老年人开展智能技术教育培训服务，提升老年读者掌握智能手机的使用方法及利用互联网的基本技能，缓解老年人面临的"数字鸿沟"问题，自 2021 年 4 月开展首期以来，累计开展 56 场，惠及 500 多名老年人。南京图书馆还积极利用现代科技，在馆区配备了智能盘点机器人、杀毒机器人等现代化设备，不断提升服务和管理效能。

2. 综合性文化数字化平台建设深入推进

2020 年，建成综合性文化数字化平台——江苏智慧文旅平台，获评文化和旅游部"2022 年文化和旅游数字化创新实践优秀案例"、省委网信办"2022 数字江苏建设优秀实践成果"、省信息化领导小组办公室"2022 年智慧江苏标志性工程"。目前，已实现对全省 618 家 A 级旅游景区、148 家公共文化场馆、808 个乡村旅游点实时客流监测，以及 553 家文旅场所、189 家省级以上文保单位的 2000 多路视频监测，并将旅行社、互联网上网服务营业场所等纳入统一监管。已实现对文物、非遗、市场、执法、项目评审、三重一大监管等业务流程再造、系统管理，并将逐步实现文化、文物和旅游等 20 多个信息系统的整合。

同时，通过江苏智慧文旅平台，目前已归集原始数据 1.97 亿条，向省政务办推送数据 6000 多万条。通过省政务办数据共享交换平台，与省人社厅、省交通厅、省应急厅、省卫健委实现数据共享交换，完成了与南京、常州、扬州等 7 市文旅局市级平台的数据实时共享，初步制定全省统一的客流、消费、点位数据采集标准。通过数据治理，逐步实现"一数一源，一源多用"。

在全国率先制定发布了《江苏省文化场馆和旅游景区身份核验系统"一卡通"技术规范》，加强规范贯彻实施，全面推进社保卡等用户凭证在文化和旅游应用场景的落地。推进在全省公共图书馆入馆借阅、博物馆入馆、A 级景区购票入园等场景"一卡通"全面应用。即将完成 4A 级以上旅游景区和市级以上文博场馆共 360 家系统改造，重点解决身份码、预约码、苏服码、苏康码、社保卡（码）、市民卡、身份证、借阅证等在图书馆入馆借阅、博物馆入馆、旅游景区购票入园等文旅场景的全面应用，实现"卡码融合，一卡通行"。 同时提供了保护客户隐私数据新服务，加固了数据传输和交互的安全性。2022 年 9 月第四届大运河文化旅游博览会期间，"水韵江苏"数字旅游年卡正式首发，成为全省首个以第三代社保卡为载体，实现省内文旅同城待遇的数字化新型旅游产品，在全国走在前列。该卡涵盖全省 13 个设区市 100 多家知名景区，其中 5A 和 4A 景区接近六成。数字旅游卡既可以加载到社保卡上，又可以直接扫码入园，还可以加载更多数字化的元素。并在此基础上，正逐步实现社保卡由全省到长三角区域文化和旅游领域的互认互通互用。通过省市联动，丰富长三角地区文化和旅游线上线下应用场景，率先在长三角区域实现旅游观光、文化体验等方面"同城待遇"。

3. 新型文化业态的培育载体建设不断丰富

近年来，江苏在新型文化业态的培育载体建设方面不断丰富，主要体现在数字文旅产业发展平台建设上。

一是积极推进数字产业化和产业数字化，开展了数字文旅产业提升行动。包括引导文化产业园区打造创新发展平台，以南京新城数字文化产业园、苏州元和塘文化产业园等为代表的省级以上文化产业示范园区，呈现数字文化产业集聚态势。南京达斯琪科技、常州金刚科技、苏州大禹网络、无锡九久动画等一批省内企业紧抓数字经济发展机遇，在产业数字化进程中获得更大发展空间，成为新型数字文化企业的先行军。自 2020 年以来，省级专项资金扶持项目 273 个中，数字文旅产业项目占到 1/3。同时坚持用数字化促进文化产业结构升级、链条优化、价值拓展，结合全省"两廊两带两区"文旅发展布局，在大运河和长江国家文化公园建设中实施数字再现工程，加快传统产业全链条数字化转型。推动文旅会展行业数字化转型，引导支持举办线上文旅会展，实现云展览、云对接、云洽谈、云签约，探索线上线下同步互动、有机融合的办展新模式。如：

广受瞩目的大运河文旅博览会就通过"文旅＋科技"推动了文旅产业转型

升级、高质量发展。以第四届运博会为例，运河城市文旅精品展重点打造"5G大运河"沉浸式体验馆，运用 5G、裸眼 3D、全景 VR 等技术手段，真实再现大运河沿岸风土人情，赋予 2500 年的世界文化遗产"中国大运河"全新生命力。运河特色旅游产品展借助"MR 交互系统"开启虚实共生元宇宙，高亮度投影设备现场演绎 3D 绘制，"24 小时城市书房""百度无人汽车"等体验项目，助力沉浸式文旅产品创新。运河非遗展打造"炫非遗"数字体验场景，"非遗之家元宇宙体验""数字非遗混合现实体验""运河非遗数字长廊"在运博会首次展示，用数字化、潮流化的方式讲好非遗故事，让传统非遗走进现代生活。数字文旅产业展利用全息炫屏技术，让数字虚拟人"枫灵"化身运博会数字文旅产业展推荐官；打造虚拟现实舞台，演绎《浮生六记》和《牡丹亭》；利用数字技术展示活化《金陵图》，观众佩戴手环"走入"古画，沉浸式体验十足。运河美食文化展在现场推出自助烹饪、饮品调制、智能配餐机器人等餐饮科技新品，让美食制作插上科技翅膀。

二是形成了一批数字化文旅消费新场景。针对"无接触服务""线上销售"和"宅经济"等消费新模式，定制游、乡村游、自驾游等旅游新潮流，直播导购、景区预约、线上文旅体验等新习惯新风尚，积极推进新旧动能转换，推广壮大文旅消费的新场景、产业发展的新高地。作为江苏文旅总入口平台的"苏心游"通过运合始终链，基于区块链技术确权，在 2022 年"水韵江苏·有你会更美"第三季文旅消费推广季上推出了南京夫子庙、南京牛首山文化旅游区、苏州太湖湖滨国家湿地一组数字藏品门票，赋能线下景区数字化玩法，产品上线 10 分钟内，1500 张数字门票抢购一空。

三是不断加强推广"水韵江苏"文旅品牌数字化。包括：2021 年底依托新华社建立了"水韵江苏"全球传播中心，借助新华社对外传播"主力军"和"国家队"优势，形成全面立体高效的江苏文旅品牌和旅游产品海外传播体系。目前已在上海、东京、巴黎、纽约建成 4 个国际传播基地，在欧美、亚太地区主流媒体开展主题推介。同时通过组织举办"欢乐春节·水韵江苏"线上展览展演活动，让全球观众足不出户感受中国春节浓浓年味，在欢乐祥和的氛围中让更多国际友人读懂中国、深知江苏。2022 年春节期间，遴选推出 10 个具有代表性的精品节目我驻外使领馆、驻外文化旅游机构纷纷转载播放，使用数量列全国各省（区、市）第一。还推出"欢乐春节"主题策划国际传播，总传播覆盖受众超过 1 亿人次。还相继开通了"水韵江苏"脸书、推特、照片墙、优兔以及抖音海外版等五大社交媒体账号，实现海外媒体平台全覆盖，不仅制作了一批具有文旅融合特色、适合对外宣传的线上传播项目，还聚焦省内重大文旅活动，及时开展直播或专题宣传，有效扩大了海外受众覆盖面。目前，"水韵江苏"五大海外媒体账号粉丝总数超过 165 万，在全国省级文化和旅游新媒体国际传播力指数榜单中，长期位居前两位。

四是推动各类互联网平台企业参与开发文旅产品服务、举办文旅消费活动，与文化文物单位、旅游景区度假区合作。深化与数字科技企业、金融机构的战略合作，与 8 家数字科技企业签署了战略合作协议，探索流量转化、数据共享、体验付费、服务运营等新模式，构建共建、共赢、共享的平台，打造政府、企业、用户数字生态共同体，助推江苏文旅消费扩容提质。连续三年举办江苏智慧文旅峰会，交流研讨文旅领域智慧化发展的新举措、新模式和新成就，汇聚文旅发展的新动能、新思路。举办江苏智慧文旅专题清华大学高研班，搭建文旅企业和科技企业交流合作平台，培育壮大文旅领域各类消费新场景、新业态。

五是不断积极推动文旅公共资源数据库建设。目前，建立并不断完善的数字资源数据库有《中国近代文献图像数据库》《江苏地方老报纸数据库》《奥运世界 中华圆梦图像数据库》《红色记忆图像数据库》《民国连环画》等，加工条目 80 多万；发布有《"富强美高"新江苏》《一带一路》《中国传统节日》等 11 个专题数据库，建设有 30 多个专题数据库；完成《江苏特色博物馆》《江苏省不可移动文物掠影》《中国记忆项目图书馆界重要人物专题》《江苏传统表演艺术专题片》《画室——当代江苏画家零距离微视频》等专题片项目的拍摄和制作工作等。

4. 文化数字化产业发展的"江苏样本"

目前，全省各地结合自身所拥有的优势产业，打造了一批数字化产业高地，如南京、无锡等地创建了国家人工智能创新应用先导区；苏州建设了新一代人工智能创新发展试验区，重点推进国家区块链创新应用试点建设等。

据今年 9 月发布的《南京文化发展指数报告》显示，南京数字文化产业营业收入占总体比重超 60％，数字化核心产业占比达 40％。其中，以提供智能文化消费设备、多媒体游戏动漫、互联网信息等服务内容的数字文化企业占据"半壁江山"。

苏州加快发展新型文化企业、文化业态、文化消费模式，全力打造数字文化产业创新集群，截至今年上半年，苏州已集聚规模以上文化企业 1268 家，营业收入超过 1500 亿元，同比增长 10.2％。苏州数字及互联网相关企业营业收入为 430.72 亿元，比上年同期增长 22％。

无锡现有文化企业总数超 2 万家，规模以上文化单位 1000 余家，27 家企业获评江苏省重点文化科技企业。无锡结合物联网产业优势，敏锐地找到了电影中的数字技术这一"赛道"。无锡国家数字电影产业园围绕"数字影视科技"，大力发展数字文化产业。2024 年，无锡力争新增出口 3000 万美元以上的文化龙头企业 5 家，新增出口 500 万美元以上的文化企业 10 家。

这些不仅成为文化数字化产业发展的"江苏样本"，也为加快推进数字产业高质量发展奠定了坚实基础。

（三）存在主要问题

1. 文化数字化战略推进层面不够

江苏各文化资源禀赋差异显著，以及各地经济发展水平存在差距，这就造成江苏在推进文化数字化战略层面上不够均衡。据相关数据显示，南京、无锡和苏州等地数字文化产业发展水平远高于江苏省内其他城市。省内各地区之间文化数字化产业的线上与线下融合不均衡问题也较突出，资源过于集中在南京和苏州等城市，这无疑影响到文化数字化战略全面推进。

2. 文化数字化专网与平台的开放性不足

目前，江苏在依托有线电视网络设施、5G 网络和互联互通平台等建设文化数字化专网过程中，用于与各类文化机构相连通，以及给予公众参与的数字化服务平台不足，不仅使数字文化产业发展和指导方面缺乏专业平台，也容易使政府各职能部门间工作衔接不畅通，进而使积攒大量文化资源数据的公共文化机构，不能很好地将数据转化为文化生产要素，造成文化资源浪费。

3. 产业链运营管理能力不足

江苏文化企业在进行文化体制改革前，由政府部门管理，经营所需资金也完全源于政府，无市场竞争问题，进而导致市场经营管理能力较弱，致使江苏更多的文化资源未能投入市场，也无法有效进行产品开发和产业化，或者使一些文化产品还只停留在传统服务功能上，在经营能耗少、附加值高、科技含量高等方面涉及少，造成优质产品供给缺乏等。如与广东、浙江两省优秀国产动画片产出数量相比，自 2017 年至 2019 年，江苏仅有 9 部，远低于浙江的 35 部、广东的 27 部。

4. 文化数字化新型业态的市场准入管理体系、市场安全管理体系和市场主体监管体系有待建立

江苏文化数字化新型业态一方面存在缺乏消费互联网龙头型平台的问题，导致数字新业态新模式难以出现吸引公众眼球的"热点"，尤其在疫情期间发展起来的数字化产业模式在内容、稳定性、交互性、供应链韧性、服务配套等方面存在不足，难以很好地立足于市场。另一方面，由于新型业态缺乏市场检验，在经营中出现各种风险问题，市场参与者存在交易的风险。长期以来，经营性互联网文化单位的准入规范和准入要求未能进行科学细化，这一状况一直困扰着市场主体的准入需求，也给各级文化行政主管部门带来准入监管压力和风险。

5. 综合支撑保障不足

一是文化政策体系完善度不高。包括文化产业体制改革未能深入源头治理、文化产业市场培育与发展后劲不足等，以及有些政府部门习惯从本地区或本部门利益出发，使文化产业数字化建设相关政策法规实施留于表层，或者置于短期目标上。

二是用于建设江苏文化产业数字化的专项资金较少，使文化产业转型升级以及新型文化业态培育等缺乏资金保障。包括各级政府财政拨款，资金来源渠道单一，运行机制较为僵硬；文化产业专项资金在分配过程中存在被多个集团垄断的现象，以及各级政府部门在扶持资金使用上效率不高等。这些均不利于

文化产业数字化建设。

三是文化产业数字化发展需依靠丰富的人力资源，需复合型、高科技人才。目前，省内从事数字文化产业的专业人才较少，加之适应数字文化产业发展需要的人才引进和激励机制还不够健全，从而影响新型文化业态能力的提升。

三、 对策建议

党的二十大报告强调，实施国家文化数字化战略。这表明文化数字化已进一步成为建设社会主义文化强国、推动文化产业转型升级、结构优化的战略选择。江苏是数字经济大省，省第十四次党代会强调要把数字经济作为江苏转型发展的关键增量，助力江苏文化强省和社会主义文化强国先行区建设。但较之于广东、浙江等省域，江苏数字化建设仍存在不足，应在实践层面加快实施文化数字化战略，更新理念思路，更加重视和推进文化数字化赋能新型文化业态。

（一）加快省级层面文化数字化产业发展规划，推进文化数据库的有效整合、开发与管理

建议加快推动省级层面文化数字化产业发展规划，做到统一规划、统一标准。在规划过程中，建立数据统一目录和标准，优化各类基础数据库、业务资源数据库和相关专题库，完善文旅行业数据标准体系等。在统一规划和统一标准的基础上，推动全省文旅行政部门、文旅企事业单位间平台通、数据通，本着按需共享共用原则，积极推动公共文化与旅游融合数据资源跨层级、跨地域、跨部门利用，实现数据资源转化为数字资产，以及文旅数据产业化，进而推进文化数据库有效整合、开发与管理。

（二）进一步提升江苏智慧文旅平台建设水平，更好发挥赋能新型文化业态的功能

按照"科学统筹、开放协同、共建共享、安全高效"的原则，运用大数据、云服务、人工智能、区块链等新兴信息技术进一步打通信息壁垒，提升当前江

苏智慧文旅平台在行业监管方面的功能，推动形成多级协同联动、符合文旅治理现代化要求的智慧监管体系，为全省文化和旅游更高质量发展提供注入新动能、塑造新优势。重点包括：建好对客服务中心，提升公共服务、产品供给、宣传推介等功能；建好行业监管中心，提升动态感知、预测预警、实时监管等功能，尤其是要增加游客安全预警机制，当旅游区出现安全隐患时，能够及时发出提示，提醒相关主体采取措施；建好数据分析中心，加强数据归集和开发利用，推动与各级各类智慧文旅联动共享；加强数字机关建设，提升内部办公数字化应用和机关事务管理监督水平，固化行政权力事项运行流程，提高机关运行效能，促进行政权力规范透明运行等。

尤其是在疫情常态化下，应进一步提升防控科学性精准性。重点推进预警监测的制度化、分类指导的精准化、流量管控的标准化，通过推广电子票、云排队、无接触服务等新方式，推动 4A 级以上景区、市级以上文化场馆社保卡文旅一卡通用、一码畅游，使"限量、预约、错峰"要求得到很好的落实。同时利用数字化技术丰富文旅公共服务和产品供给，提升供需对接精准度和到达率、覆盖面。

（三）加快推进省级文化收藏单位文化资源数字化进程，有效促进存量文化资源转化为生产要素

坚持以数字化推动文化遗产创造性转化、创新性发展，统筹抓好文物数字化保护和非遗数字化传承，推动馆藏文物信息实现可查询、可跟踪、可监控，加强古籍数字化资源管理和开放共享，推进文化遗产内容数字化和传播智慧化，丰富传统文化的当代表达，让中华文化瑰宝活起来。尤其是在实施江苏地域文明探源工程中，可积极利用人工智能、数据挖掘、模式识别等数字技术为考古发掘研究装上"望远镜""显微镜"，并通过数字化、可视化、沉浸化方式展现考古成果，让公众特别是青少年深度感受考古魅力。实施大运河长江国家文化公园江苏段数字再现工程，推动更多文物和文化遗产活起来。

推动数字技术与艺术创作传播展示相结合。通过坚持线上线下融合、演出演播并举，引导文艺院团、演出场所培育线上演播项目，引导剧场文艺节目通过数字化，传播到更广泛的平台和演出空间。积极打造 3D 光影秀、无人机表演等数字艺术体验场景，鼓励戏曲舞蹈、美术书法等各种艺术样式运用数字化手段创新表现形态、丰富数字内容，努力推出更多"艺术＋创意＋科技"的精品力作。

优化各类基础数据库、业务资源数据库和相关专题库，完善文旅行业数据标准体系。持续完善江苏智慧文旅平台数据和功能，贯通文旅资源、文物资源、革命文物、非遗等已建或在建专题数据库，推进平台与文物综合管理平台、大运河遗产监测管理平台等互联互通，实现数据跨行业归集、跨领域联动、跨地区共享，更好发挥文旅领域大数据"耳聪目明"作用，使文旅资源发挥更大的社会效益、经济效益等。

（四）总结南京、苏州、无锡等地文化数字化产业园区载体建设的经验，在全省进行推广

参考借鉴南京、苏州、无锡等地在文化数字化产业园区载体建设方面形成的实践经验，作为"江苏样本"在全省推广。

坚持用数字化促进文化产业结构升级、链条优化、价值拓展，结合全省"两廊两带两区"文旅发展布局，在大运河和长江国家文化公园建设中通过数字再现技术，加快推动传统文化产业向全链条式数字化转型，大力发展数字文化创意、数字文娱、网络视听等新业态，推动文化旅游与新型农业、制造业、现代服务业等实体经济深度融合。需要指出的是，当前，受疫情等因素影响，消费特别是接触型消费仍恢复较慢，应着眼推动文旅市场加快全面复苏，深入推进线上线下消费融合、推动"大屏""小屏"跨屏互动，培育"智慧＋"新消费、推出"元宇宙＋"新场景，打造激发文旅消费潜力的新引擎。

积极探索数字化平台企业与数字化产业园区联合运营模式，不仅为服务供给提供来自技术、数据、平台、供应链等方面的资源，还有利于加快向园区集聚各类要素。可依托长三角一体化发展之契机，统筹推进数字基础设施建设，构建数字化发展生态区域，实现创新协同、错位互补、供需联动，以及产业链供应链协同配套能力提升。

指导建立数字化文化产业园区线上入园评审和退出机制、绩效考核、评价制度以及公共安全事件应急预案等，同时注重相关人才培养，开展人才扶持工作，推动运营管理人员专业能力与素养提升，尤应以"高精尖缺"为靶向精准发力，引进、培养一批具备数字技术的复合型人才，强化新型文化业态培育的人才保障。

（五）加快文化产业全链条数字化转型，为新兴主体营造空间

深入研究文化数字化战略实施路径，积极推动长江、大运河江苏段文化载体性资源向公众展示；坚持用数字化促进文化产业结构升级、链条优化、价值拓展，结合全省"两廊两带两区"文旅发展布局，在大运河和长江国家文化公园建设中实施数字再现工程，加快传统产业全链条数字化转型；充分借力江苏各类展示场馆自主策划经典馆藏资源展览经验，推动传统展陈模式发生改变，并运用数字化技术打造具有国际影响力的展览向国外推动。

结合江苏省数字化产品及产业发展实际，推动数字化文化产业链创新及应用，提高数字化文化产业链的稳定性与竞争力，用好新型数字化基础设施，深入推进创新创业，优化营商环境，用包容审慎、鼓励创新的态度对待数字化文化新业态新模式，以为数字化文化产业发展留足空间的同时守好安全底线。

（六）在常态化疫情背景下"化危为机"，以数字化文旅消费券的方式，促进新型文化业态和消费场景的培育与发展

推动文旅会展行业数字化转型。包括通过举办线上文旅会展，推动云对接、云洽谈、云签约的新模式实现，探索同步互动、有机融合的线上线下会展新路径等。

开辟数字化文旅消费新场景。着眼推动文旅市场加快全面复苏，重点发展数字化文旅新体验，以各类文旅消费示范创建为契机，引导各地培育壮大新型消费形态如云旅游、云娱乐、云演出、云展览等，指导南京、苏州创成国家文旅消费示范城市；利用数字化手段挖掘夜间消费潜能，创成环球恐龙城等国家级夜间文旅消费集聚区，引导各地进一步丰富数字文旅产品供给、畅通网上消费渠道、强化线上宣传推广、提高智慧化治理水平，助推夜间文旅产业集聚发展，联合中国银联江苏分公司开展文旅消费便捷支付示范区建设等。

进一步构建数字应用新场景。在当前新冠疫情等不可控因素影响下，大力推动数字化科技在文旅场景的创新与应用是文化产业转型发展的重要举措。包

括：集成全息呈现、数字孪生、多语言交互、混合现实等新技术，创新云端展览、数字演艺、虚拟旅游、沉浸式体验等交互式文化消费新场景。如扬州中国大运河博物馆创新采用全息投影、虚拟现实、三维立体等技术打造沉浸式体验展，唯美呈现千年运河画卷，成为新晋网红打卡地。

（七）加快构建完善的文化数字化行业安全监管体系、完备的文化数字化新业态准入管理体系以及完整的数字文化市场监管体系

市场监管、金融监管、公安、网信等部门应当尽快联合出台相应的管理办法，强化管理手段，提升管理水平，突出管理实效，落实管理责任。对于数字经济发展大背景下催生的新业态，行业准入的门槛需结合本地区发展实际，进行细化量化。在准入环节，用好法律法规所赋予的核查手段，例如实地走访勘查，制定出台申报材料规范化清单。深入研究审批准入同市场监管、行政执法三环节有效联动，充分运用现有市场监管和执法平台数据的动态监测功能，对已取得网文许可的经营性互联网文化单位进行线上网络巡查和线下实地抽查相结合，特别是对于实际从事区块链线上数字藏品（含非无实物有独立版权数字艺术品）交易等不符合互联网文化单位经营范围的涉事主体加重加大处罚力度，狠抓典型，形成社会威慑。

2022 年江苏省哲学社会科学界联合会决策咨询研究基地第一批立项课题，部分内容发表于 2022 年 11 月 15 日新华日报《思想周刊》

艺术创作高处再攀登的目标与举措研究

进入"十四五"，我们已经迎来建党一百周年，即将迎来党的二十大。时代为文艺繁荣发展提供了前所未有的广阔舞台，在新的起点上，推进文化强国、文化强省建设，构筑新时代江苏文艺高峰，广大文艺工作者重任在肩、大有可为。

一、 研究背景

2021年12月14日，习近平总书记出席中国文联十一大、中国作协十大开幕式并发表重要讲话，对广大文艺工作者提出五点希望：心系民族复兴伟业，热忱描绘新时代新征程的恢宏气象；坚守人民立场，书写生生不息的人民史诗；坚持守正创新，用跟上时代的精品力作开拓文艺新境界；用情用力讲好中国故事，向世界展现可信、可爱、可敬的中国形象；坚持弘扬正道，在追求德艺双馨中成就人生价值。习近平总书记强调，新时代需要文艺大师，也完全能够造就文艺大师；新时代需要文艺高峰，也完全能够铸就文艺高峰。习近平总书记的重要讲话，进一步阐明了党的百年奋斗形成的文艺发展道路、当代中国文艺的历史方位、社会主义文艺的根本立场、当前文艺工作者的使命任务等重大问题，是中国特色社会主义文艺理论的又一次重大创新，为习近平总书记关于文艺工作重要论述的思想宝库增添了新的内涵，丰富发展了习近平新时代中国特色社会主义思想，丰富发展了马克思主义文艺观，是指引我们构筑新时代江苏文艺高峰的锐利思想武器。

2021 年 11 月 24 日，在江苏省第十四次党代会工作报告中，省委书记吴政隆指出，过去五年，习近平总书记两次亲临江苏视察，多次作出重要指示，为江苏擘画了"经济强、百姓富、环境美、社会文明程度高"的宏伟蓝图，赋予江苏"在改革创新、推动高质量发展上争当表率，在服务全国构建新发展格局上争做示范，在率先实现社会主义现代化上走在前列"的光荣使命。江苏牢记习近平总书记谆谆嘱托，坚持以习近平新时代中国特色社会主义思想为指导，全面落实党的十九届历次全会精神，坚定不移推动高质量发展，社会文明和文化自信达到新的高度，文化事业蓬勃发展，艺术创作更加繁荣，"文艺苏军"影响力持续提升。吴政隆强调，今后五年江苏要推动文化强省建设实现新的跃升，建成社会主义文化强国先行区。强化以人民为中心的创作导向，深入实施文艺作品质量提升工程，着力打造全国领先的创作生产体系，培养造就一批德艺双馨名家大师，推出更多彰显江苏精神、时代气象的扛鼎之作，构筑新时代江苏文化艺术高峰。

同样值得重视的研究背景还有，作为"十四五"起始之年，2021 年国家和省级层面出台了一系列规划文件，其中公开发布的有：《中华人民共和国国民经济和社会发展第十四个五年规划和 2035 年远景目标纲要》《"十四五"文化和旅游发展规划》《"十四五"艺术创作规划》《江苏省国民经济和社会发展第十四个五年规划和 2035 年远景目标纲要》《江苏省"十四五"文化发展规划》《江苏省"十四五"文化和旅游发展规划》等，这些规划文件都涉及艺术创作。

《中华人民共和国国民经济和社会发展第十四个五年规划和 2035 年远景目标纲要》提出：把提高质量作为文艺作品的生命线，提高文艺原创能力。实施文艺作品质量提升工程，健全重大现实、重大革命、重大历史题材创作规划组织机制，加强农村、少儿等题材创作，不断推出反映时代新气象、讴歌人民新创造的文艺精品。

《"十四五"文化和旅游发展规划》提出：构建新时代艺术创作体系，坚持思想精深、艺术精湛、制作精良相统一，聚焦中国梦时代主题，加强现实题材创作生产，实施文艺作品质量提升工程，不断完善艺术作品的创作生产、演出演播、评价推广机制，推出反映时代新气象、讴歌人民新创造的文艺精品。

《"十四五"艺术创作规划》提出：围绕重大事件节点、重大国家战略、重要精神财富和优秀传统文化，推进新时代艺术精品创作，实施重大题材创作引导工程、现实题材创作扶持工程、新编历史题材创作扶持工程，推进中华优秀艺术传承传播，加强文艺院团建设，推进新时代文艺领军人才队伍建设，构建新时代文艺评价体系。

《江苏省国民经济和社会发展第十四个五年规划和 2035 年远景目标纲要》提出：实施文艺作品质量提升工程，实施"代表性重要人物和重大事件"创作计划，探索名家大师领衔负责制，加强现实题材创作生产。实施舞台艺术精品创作扶持工程，推动文艺院团改革，促进出精品、出人才、创品牌。

《江苏省"十四五"文化发展规划》提出：着力推动文化文艺作品质量提升，探索建立名家大师领衔创作机制，推出一批"现象级"作品。实施"代表性重要人物和重大事件"创作计划，推出一批能够叫响全国、走向世界的精品力作。突出抓好大运河、长江、海洋等题材文艺创作。建好用好省剧本创作孵化中心。

《江苏省"十四五"文化和旅游发展规划》提出：把提高质量作为文艺作品生命线，实施文艺作品质量提升工程。健全重大现实题材、革命题材、历史题材创作规划组织机制，强化"水韵江苏"主题作品创作，实施舞台艺术精品创作扶持工程，落实"代表性重要人物和重大事件"创作计划。发挥文艺评奖导向作用。

学习贯彻习近平总书记关于文艺工作的重要论述，特别是在中国文联十一大、中国作协十大开幕式上的重要讲话，是广大文艺工作者的基础课、必修课，也是推动社会主义文艺繁荣发展的根本遵循和行动指南。把学习贯彻习近平总书记关于文艺工作的重要论述与深刻领会江苏省第十四次党代会精神以及国家和省"十四五"规划文件贯通起来，引导广大文艺工作者自觉做习近平新时代中国特色社会主义文艺思想的坚定信仰者、积极传播者、忠实践行者，将有助于江苏进一步构筑文艺精品创作高地，推动艺术创作"高处再攀高"。

二、 现状分析

江苏文化底蕴深厚，在中华文明的历史长河、中华民族伟大复兴和社会主义文化繁荣发展中都作出了突出贡献。党的十八大以来，江苏全面贯彻习近平新时代中国特色社会主义思想，特别是关于文艺工作的重要论述，全面落实党的十八大、十九大精神，高度重视艺术精品创作生产，围绕"文化凝聚力和引领力强、文化事业和产业强、文化人才队伍强"和构筑"思想文化建设高地、道德风尚建设高地、文艺精品创作高地"目标任务，出台了一系列加强文艺工作的重要政策措施，推动文艺事业不断迈上新台阶，在各门类全国评奖竞争中，获奖种类多、层次高，稳居全国第一方阵。文艺知名度、美誉度不断提升，形成了各个文艺领域的"江苏现象"和文化品牌，在国内外具有广泛影响力。

戏剧、音乐、舞蹈、曲艺方面，江苏是"百戏之祖"昆曲的发源地，也是当年徽班进京启程的地方，目前拥有包括京剧、昆剧和地方戏曲在内的 20 个戏曲剧种。全省现有 108 个国有文艺院团，"曹禺剧本奖"剧作家 4 位，"梅花奖"演员 48 位。舞剧《丹顶鹤》、话剧《雨花台》、滑稽戏《陈奂生的吃饭问题》连续三届获得全国精神文明建设"五个一工程"奖。话剧《枫树林》、淮剧《小镇》、苏剧《国鼎魂》连续三届摘得国家文华大奖。淮剧《送你过江》、昆剧《梅兰芳·当年梅郎》连续两届入选国家舞台艺术精品创作扶持工程十大重点扶持剧目。越剧《柳毅传书》、儿童剧《青春跑道》获原文化部优秀保留剧目大奖。2020 年 11 月，文化和旅游部公布了庆祝中国共产党成立 100 周年舞台艺术精品创作工程重点扶持作品名单，江苏共有 12 部作品入选，其中滑稽戏《陈央生的吃饭问题》、苏剧《国鼎魂》、昆剧《梅兰芳·当年梅郎》、舞剧《歌唱祖国》被列入百年百部创作计划，淮剧《小镇》、话剧《雨花台》被列入百年百部传统精品复排计划，江苏入选总数居全国首位。2021 年 4 月，锡剧《烛光在前》、话剧《雨花台》、昆剧《眷江城》、歌剧《周恩来》入选中央宣传部、文化和旅游部等庆祝中国共产党成立 100 周年优秀舞台艺术作品展演剧目。杂技剧《大桥》入选 2021 年中国杂技艺术创新工程重点扶持作品，锡剧《追梦路上》参加第六届全国少数民族会演并获优秀剧目奖，昆剧《眷江城》亮相 2021 新年戏曲晚会。在省委党史学习教育第四巡回指导组提议和协调之下，淮安市委宣传部与中国儿童艺术剧院合作创排了儿童剧《新安旅行团》，将在今年 5 月 30 日即习近平总书记给新安小学少先队员回信一周年当天在北京首演，无疑具有极其重要的意义和影响。对此，省委、省政府、文化和旅游部高度重视，作出明确指示。

美术、书法方面，江苏堪称全国美术、书法重镇，其历史源远流长，曾经产生过影响巨大的吴门画派、娄东画派、虞山画派、金陵画派、扬州画派、新金陵画派，全省拥有 88 个艺术创作展览机构。第十三届全国美术作品展览江苏入选数量创江苏历届之最，第十二届全国书法篆刻展江苏入展作品数蝉联全国第一。新金陵画派青年人才培养计划产生积极影响。

文艺活动方面，活动品牌影响力不断提高，逐渐成为江苏打造"文艺高峰"的有效抓手。戏曲百戏（昆山）盛典升格为文化和旅游部、省政府共同主办，将全国所有戏曲剧种集中到江苏昆山演出，是中国戏曲史上第一次。中国昆剧艺术节永久落户苏州，成为全国戏剧界重要品牌活动。中国百家金陵画展、紫金文化艺术节、紫金京昆艺术群英会、江苏省优秀美术家系列展等江苏创办和组织的文艺活动，影响力显著提升。联合中国美协、中国书协，共同推动中国画双年展、油画双年展和书法学术提名双年展三大品牌落地。

当然，江苏文艺领域还存在一些薄弱环节和问题，主要有：政策环境不断优化，但扶持激励力度仍需提高；精品力作不断涌现，但高峰之作仍显不足；"文艺苏军"更加壮大，但人才支撑仍然乏力；社会影响不断彰显，但领先优势仍不明显。

三、 目标定位

以习近平新时代中国特色社会主义思想为指导，深入贯彻落实习近平总书记关于文艺工作的重要论述，对标社会主义文化强国先行区重大使命和文艺精品创作高地目标任务，坚持为人民服务、为社会主义服务，坚持百花齐放、百家争鸣，坚持创造性转化、创新性发展，围绕举旗帜、聚民心、育新人、兴文化、展形象的使命任务，立足构筑新时代江苏文艺高峰，实施文艺作品质量提升工程，实施精品战略，推出更有引领力的精品力作，建设更有竞争力的人才队伍，打造更有影响力的品牌活动，构建更有凝聚力的创作生态。瞄准全国精神文明建设"五个一工程"奖、文华大奖、全国美展金奖、戏剧梅花奖、文华表演奖、舞蹈荷花奖、曲艺牡丹奖等全国性奖项，确保取得全国前三名好成绩。做大做强戏剧、美术等优势门类，补齐补足舞蹈、音乐等短板弱项。推出一批在全国形成"现象级"影响的舞台艺术作品，造就一批在全国具有"领军级"实力的艺术名家，努力提升江苏文艺的显示度、标识度、美誉度，不断向艺术高峰攀登。

四、 主要举措

第一，加快实施艺术创作攀登工程，推出更多高峰之作。根据国家重大题材创作引导工程、现实题材创作扶持工程、新编历史题材创作扶持工程等要求，坚持以人民为中心的创作导向，深刻把握民族复兴这一时代主题，把创作优秀作品作为中心任务，围绕党的二十大、中国人民抗日战争暨世界反法西斯战争胜利八十周年，围绕党史、新中国史、改革开放史、社会主义发展史，围绕"一带一路"倡议、长三角一体化发展、乡村振兴、大运河文化带、长江经济带和国家文化公园建设，围绕伟大建党精神、周恩来精神、雨花英烈精神、新四军铁军精神、淮海战役精神，聚焦新时代新征程，聚焦"强富美高"新江苏，统筹创作规划，加强创作引导。继续把现实题材创作放在重中之重位置，反映中华民族的千年巨变，揭示百年中国的人间正道，深挖江苏优秀传统文化的基因，讲好江苏现代化建设动人故事，自觉承担起为时代画像、为时代立传、为时代明德的重要使命。坚持思想精深、艺术精湛、制作精良相统一，牢牢把握意识形态工作主导权、主动权，把好文艺创作导向关。合理集聚和配置资源，扶持重大现实题材、革命题材、历史题材创作。统筹各艺术门类平衡发展，兼顾舞台艺术与美术创作、新创作品与复排作品、大型作品与小型作品、新创作品与改编作品。加强戏曲传承振兴，扶持代表性戏曲院团和弱小戏曲剧种，改善濒危剧种丹剧、海门山歌剧、通剧等生存发展状况，持续推动戏曲艺术的当代传承。高度重视"一度创作"，建立健全扶持优秀剧本创作的长效机制，落实创作责任主体，不断推出优秀新创剧目，挖掘整理、复排提升优秀保留剧目。有效激发文艺工作者创新创造精神，鼓励艺术创作题材、体裁、内容和形式创新，推动观念和手段相结合、内容和形式相融合、艺术要素和技术要素相辉映，提升作品精神高度、文化内涵和艺术价值，增强艺术表现力。提升美术馆、画院专业化、标准化、规范化建设水平，丰富完善国有美术收藏序列，加强藏品保护、修复、研究、推广和利用，繁荣当代美术事业。不断完善江苏艺术资金资助机制。今年9月1日至15日，第十三届中国艺术节将在北京、天津、河北等高铁沿线及环京津城市等地举办，届时江苏将组织优秀剧目和优秀创作、演出人才角逐国家文华奖、群星奖，其中最为关键的是，江苏能不能再获文华大奖，而本届文华大奖数量从10个增加到15个，机会应该更多。

　　第二，加快实施艺术人才腾飞工程，推出更多拔尖人才。建设一支以紫金文化名家为引领、文艺英才为中坚、文艺优青为支撑的"金字塔"形文艺苏军。完善艺术人才培养管理使用体制机制，培养造就高水平创作人才和德艺双馨名家大师。举办各类艺术人才培训班，培养选拔一批创作、表演、管理、评论等方面的领军人才。加强对剧本、编导、作曲等原创性、基础性环节和优秀创作人才的资助。高度重视青年艺术人才培养使用，创新实施青年艺术领军人才"托举计划"，继续实施文艺"名师带徒"计划，营造有利于年轻人才成长的良好环境。以"结对传艺、比武竞艺"为重要途径，发挥老艺术家的传帮带作用。将新金陵画派青年人才培养计划落实到位，为江苏美术培养后继人才，续写新金陵画派新的辉煌。举办罗周和施夏明戏曲作品专家研讨会、全省舞台艺术优秀青年人才展演、全省优秀青年美术家提名展等活动。

第三，加快实施艺术活动提升工程，推出更多品牌活动。继续实施江苏省舞台艺术精品创作扶持工程，每年确定一批重点投入剧目和扶持剧目。定期开展江苏省文华奖、紫金戏剧文学创作奖评审，促进文艺评奖更加科学有效。高标准组织实施戏曲百戏（昆山）盛典"新三年计划"，举办全国戏曲表演领军人才优秀剧目展演、"天下第一团"表演英才传习班等系列活动，打造戏曲传承保护发展的鲜明标识。持续举办紫金文化艺术节、紫金京昆艺术群英会、紫金合唱节、中国百家金陵画展、江苏省优秀美术家系列展。创新举办以傅抱石、徐悲鸿、林散之等命名的美术书法作品双年展等活动。举办"喜迎二十大"主题艺术活动，进一步营造迎接二十大胜利召开的喜庆氛围。深入开展"深入生活、扎根人民"主题实践活动，每年定期组织艺术工作者赴省内外蹲点采风和体验生活，从火热的现实生活中汲取营养，以精品奉献人民。

第四，加快实施艺术评论建设工程，推出更多名家名作。深入学习领会习近平总书记在中国文联十一大、中国作协十大开幕式上关于文艺评论的讲话精神，积极贯彻落实中央宣传部等五部门联合印发的《关于加强新时代文艺评论工作的指导意见》。建立省委宣传部牵头的文艺评论工作协调机制，协调机制每年听取成员单位工作汇报，研究年度重点工作。明确省文艺评论家协会、省艺术评论学会各自定位，进一步形成合力、发挥作用。加强艺术评论阵地建设，打造一批文艺评论品牌栏目和文艺类新媒体评论平台。扶持新华日报、扬子晚报、艺术百家、剧影月报评论栏目和省文艺评论家协会、省艺术评论学会微信公众号。结合重大展演和重点作品，组织开展重点评论活动，把群众评价、专家评价和市场检验统一起来，营造风清气正的评论氛围。针对热点文艺现象及时组织开展评论，更好发挥价值引导、精神引领、审美启迪作用。发扬艺术民主、学术民主，提倡批评精神，营造积极健康、宽松和谐的评论氛围，发挥艺术评论褒优贬劣、激浊扬清的作用。加强文艺理论和文艺评论理论研究，推进艺术学学科体系、学术体系、话语体系建设。重视艺术评论理论成果的传播普及和应用转化，发挥实效。健全艺术评论标准，注重对新人新作的评论。改善江苏省文华奖评奖机制，增设文华奖评论奖。调整江苏艺术基金资助范围，对艺术评论重点项目给予倾斜。

第五，加快实施艺术发展保障工程，推出更多改革成果。宣传、文化和旅游部门切实加强对艺术创作的组织领导，把艺术创作纳入重点工作任务，纳入考核评价体系，履行好意识形态工作主体责任，把好政治导向关。聚焦打造全国领先的创作生产体系，建立宣传部门牵头，文化和旅游部门、相关领域专家和创作主体等参与的协商机制，交流商讨重大题材选题方向，对重要创作项目进行指导把关。建立更加完善的艺术创作生产扶持资助体系，统筹用好省级宣传文化发展专项资金、省级文化和旅游发展专项资金，提高江苏艺术基金规模。明确要求设区市设立艺术创作专项资金和艺术基金，县市设立艺术创作专项资金。创新资金投入方式，提高资金使用效率，健全政府采购、项目补贴、贷款贴息、税收减免等制度。鼓励和引导社会力量参与艺术创作和公益性演出。文化旅游部门增强文化自觉，坚定文化自信，更加积极地为艺术创作提供资金保障；国有文艺院团用好用活扶持政策，最大限度争取各类资金支持。贯彻落实中办、国办印发的《关于深化国有文艺院团改革的意见》和江苏即将出台的《实施意见》，深化国有文艺院团改革，以演出为中心环节，增强国有文艺院团生机活力，创演质量、管理水平、服务效能大幅提升，主导地位和引领作用得到充分发挥，建成一批示范性、导向性、引领性强的国有文艺院团。引导国有文艺院团强化集体创作观念，规范主创人员的权利和义务，发挥好专家、退休老艺术家的积极作用，形成精益求精、反复打磨机制。鼓励国有文艺院团建立优秀保留剧目轮换上演机制，经常开展服务基层公益性演出，不断完善免费或低票价等举措。继续完善国有文艺院团社会效益评价机制，加强舞台艺术创作的导向引领和价值引领。率先在全国开展国有文艺院团评估定级，建设一批重点国有文艺院团。加强对民营文艺表演团体的支持和引领，推动民营文艺表演团体高质量发展。探索打通国有、民营院团的人才流通渠道，改革收入分配机制，增强文艺院团吸引力。促进艺术与科技更加紧密结合，深化文艺院团与数字文化企业合作，鼓励创新型演播平台建设，加大数字技术应用力度，推动线下演出与线上演播融合发展，多渠道展示推广优秀艺术作品，促进舞台艺术业态创新。

五、 几点建议

为了更快更好推进社会主义文化强国先行区建设，这里就艺术创作工作提出如下建议。

一是着力打造全国领先的创作生产体系。这是省委书记吴政隆对"十四五"江苏建成社会主义文化强国先行区的具体要求。今年全省文艺工作会议上，省委宣传部已经作出了相关安排，重点是完善题材发布机制、创作规划机制、项目推进机制、评论工作机制。会议提出，牢固树立重大题材创作"一盘棋"思想，实施重大题材创作联席会议制度，加强省级部门单位的工作联系和沟通协调，建立科学高效的组织体系和运作模式，协商确定年度重大题材创作项目安排和扶持分工，实现创作资源、推进力量的合理分配和优势互补。在重大题材创作联席会议框架内，建立各类资金用于文艺创作扶持的协商通报制度，既注重左右协同、上下联动、共同扶持、形成合力，又注意差别化扶持、分阶段投入，避免资金重复投入、资源低效配置。为了切实加强文艺创作统筹规划，做好论证评估指导工作，提高决策水平，建议省委宣传部成立文艺创作专家指导委员会，专家指导委员会成员在全国顶级专家中遴选产生，须长期从事文艺相关专业工作，具有较高专业造诣，在文艺界具有较高威望，熟悉文艺领域现状，具有较为完备的知识结构。文艺创作专家指导委员会重点做好本省文艺发展战略、重大文艺项目的论证评估，以及重大文艺比赛、展演展览等活动的策划指导工作。

二是加强对习近平新时代中国特色文艺思想和文艺工作整体性、系统性、学理性研究。江苏现有 12 个重点高端智库和 17 个培育智库，文艺智库是一个空白点。建议成立紫金文艺智库，紧紧围绕建设"强富美高"新江苏和社会主义文化强国先行区目标，对接党中央、国务院文化强国战略部署，深入开展基础研究和应用研究，积极为省委、省政府和省级宣传文化部门提供高质量的决策咨询建议，为加快建设文化强省，增强国家文化软实力、建设社会主义文化强国提供智力支持。紫金文艺智库由省委宣传部主管，省委宣传部发起成立，以省委宣传部、省文化和旅游厅、南京大学为主要依托单位，南京师范大学、南京艺术学院等参与共建，与全国高等院校、科研院所、智库、媒体进行战略合作。紫金文艺智库设立理事会，理事会聘请学术界名流组成专家咨询委员会，重点把握智库学术方向，对发展规划、重大活动、重要课题进行咨询和论证，指导开展基础和对策专题研究，对人才队伍和研究基地建设提出指导性意见，对研究成果学术质量、研究人员工作成果等进行评估把关。紫金文艺智库实行理事会领导下的主任负责制，主要内设机构有：习近平文艺思想研究中心、文艺政策研究中心、文艺创作研究中心、文艺评论研究中心、文艺创新研究中心等。

三是在高度重视现实题材前提下兼顾历史题材。习近平总书记在中国文联十一大、中国作协十大开幕式讲话中指出，广大文艺工作者要树立大历史观、大时代观，眼纳千江水、胸起百万兵，把握历史进程和时代大势，反映中华民族的千年巨变，揭示百年中国的人间正道，弘扬以爱国主义为核心的民族精神和以改革创新为核心的时代精神，弘扬伟大的建党精神，唱响昂扬的时代主旋律。这就要求我们站在中华民族伟大复兴的战略全局高度，更好把握和运用党的百年奋斗历史经验，坚持以人民为中心的创作导向，弘扬社会主义核心价值观，继承和发扬中华优秀传统文化，坚守中华文化立场、厚植中华文明情怀、传承中华文化基因、展现中华审美风范，重视对中华民族历史的认知和运用，在重视历史、研究历史、借鉴历史、把握历史的实践中，以史为鉴、开创未来，引导全国人民树立和坚持正确的历史观、民族观、国家观、文化观，增强做中国人的骨气和底气，创作更多思想精深、艺术精湛、制作精良的优秀舞台艺术作品。文化和旅游部已明确今明两年实施历史题材创作工程，历史题材作品所反映历史人物和历史事件时间背景为 1911 年之前，对此江苏应给予重视，建议深入挖掘题材资源，明确重点作者，强化集体创作，力争出精品出人才。

四是以礼敬态度对待经典作品改编。电视剧《人世间》在央视一套黄金档热播，收视口碑爆棚，引发全民追剧讨论。该剧根据梁晓声的同名小说改编，由江苏广电总台艺术总监李路执导并担任总制片人。作为茅盾文学奖的原著，梁晓声写了 8 年 115 万字，自然为电视剧提供了珍贵母本。电视剧《人间正道是沧桑》是载入中国电视史册的现象级作品，由姚远编剧、胡宗琪执导、南京市话剧团演出的话剧《人间正道是沧桑》，在电视剧基础上改编并再次取得巨大成功，同样与电视剧的史诗气质和艺术精髓有关。将优秀文学作品特别是长篇小说改编为影视、戏剧作品，或者将影视、戏剧作品相互改编，是常见现象，适度推广也是必要的。当经典作品以新的形式上演，可以让观众重温经典，甚至给观众带来耳目一新的体验，形成新的传播效应，进一步提高经典作品的知名度和影响力。经典作品改编需要慎重选择主创团队，而创新创造也同样重要。《人世间》原著较为严肃和沉重，改编之后，电视剧的底色更温暖、更明亮，时间跨度也从 2008 年写到了 2016 年，延伸了剧情和人物。当前江苏戏剧舞台上的经典改编剧目不少，其中锡剧《装台》即将亮相，从茅盾文学奖获奖小说《装台》到爆款电视剧《装台》再到锡剧《装台》，对主创团队的考验将是巨大的。经典作品改编成功性较大，但也要防止走捷径、一窝蜂现象。

五是对"十四五"规划落实情况进行跟踪检查。《江苏省国民经济和社会发展第十四个五年规划和 2035 年远景目标纲要》《江苏省"十四五"文化发展规划》《江苏省"十四五"文化和旅游发展规划》已经公布，现在的关键是落实。从《江苏省国民经济和社会发展第十三个五年规划纲要》执行情况看，多少有些令人担忧。《江苏省国民经济和社会发展第十三个五年规划纲要》第三十二章明确，设立综合性的江苏紫金文化艺术基金，推进建设江苏文化馆新馆、江苏戏校新校区、南京图书馆储备书库，但实际上一个都没有落实到位。《江苏省国民经济和社会发展第十四个五年规划和 2035 年远景目标纲要》第四十五章明确，推动南京博物院故宫馆建设及南迁文物库房改造，筹建江苏戏剧学院。这意味着"十三五"推进项目原则上不再考虑，也意味着"十四五"规划项目并未最终确定，用词比较谨慎，弹性相对较大，同样有可能"走过场"。今年是"十四五"第二年，时间不等人，建议省委、省政府印发《江苏省国民经济和社会发展第十四个五年规划和 2035 年远景目标纲要》重点工作分工意见，省委办公厅、省政府办公厅印发《江苏省"十四五"文化发展规划》重点工作分工意见，省政府办公厅印发《江苏省"十四五"文化和旅游发展规划》重点工作分工意见，明确责任主体和实施进度，相关部门制定实施方案和执行计划，第三方对规划进展情况进行跟踪评估。总之，需要进一步强调"十四五"规划的严肃性，以极其认真的态度，推动各项任务措施落到实处。

2021 年江苏省哲学社会科学界联合会决策咨询研究基地第二批立项课题

戏剧创作"江苏现象"的再思考

新华社第 690 期《国内动态清样》，曾以《江苏现实题材创作崛起高峰的启示》为题，报道了江苏现实题材创作情况并给予褒奖。中国艺术头条也发表评论认为，江苏在现实题材戏剧创作上空前活跃，作品数量颇丰，质量不断提升，体现了鲜明的地方特色，有戏剧研究者称之为"江苏现象"。也就是说，所谓戏剧创作的"江苏现象"，当时主要指江苏的戏曲现代戏创作取得喜人成绩，得到业内专家和权威媒体的认可。今天的戏剧创作"江苏现象"，内涵有所不同，是指江苏除了继续保持戏曲现代戏创作优势，还在多方面具有全国领先的特色和亮点，可以用"走在前列、勇立潮头"八个字来概括和形容。

一是无愧于新时代的优秀作品不断涌现，"江苏标识"更加鲜明。江苏牢牢把握创作生产优秀作品这一中心环节，坚持把提高质量作为文艺作品的生命线，推出了一大批精品力作。

由中央宣传部组织评选的全国精神文明建设"五个一工程"奖，至今已举办 16 届，共颁发戏剧类奖项 381 个，其中江苏获得 19 个。文华奖是文化和旅游部主办的国家专业舞台艺术政府奖，至今已举办 17 届，共颁发文华大奖 138 个，其中江苏获得 10 个。新时代以来，江苏在戏剧创作上，连续四届获得全国精神文明建设"五个一工程"奖和文华大奖。连续四届拿到全国精神文明建设"五个一工程"奖戏剧类奖项的省份只有陕西、江苏和福建，连续四届拿到文华大奖的省份只有陕西、江苏和北京。综合两大奖项获奖情况，陕西、江苏并列全国第一，称得上真正的戏剧大省。具体一点说，陕西是话剧大省，这期间有 5 部话剧作品获奖，分别是《路遥》《主角》《平凡的世界》《柳青》《麻醉师》；江苏是戏曲大省，这期间也有 5 部戏曲作品获奖，分别是《瞿秋白》《烛光在前》《陈奂生的吃饭问题》《国鼎魂》《小镇》。

二是现实题材与历史题材创作相得益彰，"江苏实践"彰显担当。聚焦戏曲现代戏创作是江苏传统特色和强项，江苏省文化和旅游厅实施舞台艺术精品创作扶持工程 11 年，重点投入剧目 57 部，其中现实题材占 75%。江苏连续四届的全国精神文明建设"五个一工程"奖和文华大奖获奖作品，都是现实题材。这些年，一大批"四个讴歌"的戏剧精品不断涌现，除国家级两大奖获奖作品外，还有很多优秀作品，比如昆剧《梅兰芳·当年梅郎》《眷江城》，京剧《梅兰芳·蓄须记》，淮剧《送你过江》《留守村长留守鹅》，锡剧《装台》，扬剧《阿莲渡江》，苏剧《太湖人家》，话剧《人间正道是沧桑》《索玛花盛开的地方》，歌剧《周恩来》《二泉》，舞剧《朱自清》《歌唱祖国》，儿童剧《新安旅行团》等。

在重视现实题材创作的同时，江苏同样重视历史题材创作，推动中华优秀传统文化创造性转化、创新性发展，涌现出昆剧《世说新语》、《蝴蝶梦》、《牡丹亭》（青春版）、《浣纱记》，扬剧《郑板桥》，越剧《凤凰台》，舞剧《红楼梦》等有重要影响的作品。

江苏大剧院并非国有文艺院团，成立时间也不长，已创作 11 部舞台艺术精品，前不久获得中国舞蹈"荷花奖"的舞剧《红楼梦》正是其中之一。以高度的历史自觉和坚定的文化自信推进精品生产、创新演出机制、坚持惠民服务，"江苏大剧院现象"值得关注、复制和借鉴。

三是具有创新意义的品牌活动影响空前，"江苏创造"享有美誉。在戏剧创作方面，江苏主要品牌活动有戏曲百戏（昆山）盛典、中国昆剧艺术节、紫金文化艺术节、紫金京昆艺术群英会等。

从 2018 年开始，文化和旅游部艺术司、江苏省文化和旅游厅连续三年举办戏曲百戏（昆山）盛典，时间长达 125 天，共演出大戏 50 部，折子戏组合 146 场，参演文艺院团 375 个，参演人员约 12000 名，全国 32 个省区市和澳门特别行政区均派团派人参加，史无前例地实现了全国 348 个剧种以及木偶剧、皮影戏两种戏剧形态的"大团圆"。时任文化和旅游部部长雒树刚先后三次对戏曲百戏（昆山）盛典作出批示，给予充分肯定。从 2020 年开始，戏曲百戏（昆山）盛典升格为文化和旅游部、江苏省人民政府主办。戏曲百戏（昆山）盛典活动规格之高、时间之长、地域之广、剧目之多、影响之大，在中国戏曲史上尚无先例，成为有史以来国内所有戏曲剧种集中交流演出、活态展现的首创之举。创新举办戏曲百戏（昆山）盛典入选2021年度全国文化和旅游领域改革创新十佳案例。

2022年8月，戏曲百戏（昆山）盛典新三年·新百戏计划启动，胡和平部长、许昆林省长出席2022年戏曲百戏（昆山）盛典开幕式。可以相信，戏曲百戏（昆山）盛典将持续发力，不断激活戏曲源头之水，展现戏曲时代之美，谱写文化自信自强新篇章。

四是大批德艺双馨的领军人才崭露头角，"江苏经验"可以借鉴。中国戏剧梅花奖至今举办31届，江苏共获得梅花奖50人54人次，其中二度梅3人、三度梅1人。曹禺剧本奖至今举办25届，江苏共有4人9人次获此殊荣。上海白玉兰戏剧表演艺术奖至今举办31届，江苏共有24人获主角奖、8人获配角奖。田汉戏剧奖至今举办37届，江苏共获得其中的剧本奖一等奖10个。从中国戏剧梅花奖、曹禺剧本奖、上海白玉兰戏剧表演艺术奖、田汉戏剧奖评奖情况看，江苏在戏剧表演、剧本创作上具有较大优势。

在江苏戏剧界，戏剧表演花团锦簇，剧本创作同样生机勃勃，出现了在全国有较大影响的"罗周现象"：出道时间不长，但作品数量多、质量高；并非专业出身，但真正掌握了编剧技巧；既亲近传统，又与时代同频共振；既得到恩师传承，又传承给了更多人。

江苏戏剧创作不仅有"罗周现象"，还有"盐城现象"。长期以来，盐城十分重视人才培养，遵循创作规律，聚焦现实题材，完善激励机制，涌现出徐新华、陈明、杨蓉、袁连才等在全国有影响的剧作家。一度时期，盐城顶起全省戏曲创作的"半边天"。

五是国有文艺院团改革困境中焕发生机，"江苏特色"再探新路。国有文艺院团转企改制起源于江苏，其作用和影响并不尽如人意。江苏实际转企改制43家，占39%，省演艺集团所属10个省级国有文艺院团均转企改制，一度举步维艰。中央全面深化改革委员会第十四次会议，审议通过了有关深化国有文艺院团改革的意见，按照中央文件要求，江苏国有文艺院团已不再全面推行转企改制，取而代之的是国有文艺院团社会效益评价考核，同时还创新进行了国有文艺院团评估定级，评定市县一级院团 30 个。

　　江苏国有文艺院团创作生态已得到极大改善，年均创作大型舞台艺术作品
60 部左右，其中精品力作超过三分之一。省演艺集团昆剧院、锡剧团、京剧
院、话剧院，南京市话剧团，无锡市歌舞剧院，常州市滑稽剧团、锡剧院，苏
州市滑稽剧团、苏剧传习保护中心，江苏省淮剧团，扬州市歌舞剧院，江苏大
剧院等创作活跃，表现不俗，发挥了主力军、突击队作用，为全省戏剧创作
"群芳争艳"作出贡献。

　　谈到文艺院团，不能不说到淮剧艺术的"涟水现象"。2010 年起，涟水县
淮剧团陆续推出淮剧"村官三部曲"和"党员三部曲"前两部。涟水县淮剧团
从"艰难求生"到"浴火重生"的华丽蝶变，受到中央宣传部、省委宣传部的
充分肯定和重点推介。淮剧艺术的"涟水现象"可以总结为三句话：以系列和
精品剧目"破圈"，始终聚焦农村、农民，艺术工作者能坚守、有担当。

　　戏剧创作"江苏现象"给我们如下启示：戏剧振兴和剧团高质量发展，必
须坚持以人民为中心的创作导向和守正创新的发展方向，必须与时代同行、为
人民而歌，必须在出精品、出人才、出效益上下功夫，必须引导艺术工作者做
到有信仰、有情怀、有担当、有追求，必须得到地方党委政府的科学领导和政
策保障。

　　对标习近平总书记赋予江苏"在推进中国式现代化中走在前、做示范"的
重大要求和"在建设中华民族现代文明上探索新经验"的重大任务，江苏戏剧
创作如何再出发、攀高峰，更好助力中华民族现代文明和文化强国先行区建
设，需要统筹谋划和持续发力，尤其是聚焦关键和薄弱环节。这里提出几点具
体建议：

　　第一，在省级层面成立文艺创作专家指导委员会和文艺智库。文艺创作专
家指导委员会成员在全国顶级专家中遴选产生，须长期从事文艺相关专业工
作，具有较高专业造诣，在文艺界具有较高威望，熟悉文艺领域现状，具有较
为完备的知识结构。文艺创作专家指导委员会重点做好本省文艺发展战略、重
大文艺项目的论证评估。江苏现有 29 个重点高端智库和培育智库，而文艺智库
是一个空白点。应尽快着手建设省级重点文艺智库，积极为省委省政府和省级

宣传文化部门提供高质量的决策咨询建议。

第二，既扶持濒危剧种，也推动优势剧种成为全国有影响的大剧种。江苏共有戏曲剧种 20 个，其中跨省剧种 12 个，本土剧种 8 个；国家级非遗 18 个，省级非遗 1 个。全国有五大剧种，分别是京剧、越剧、黄梅戏、评剧、豫剧；从获奖情况来看，江苏也有五大剧种，分别是京剧、昆剧、滑稽戏、锡剧、淮剧。锡剧曾与越剧、黄梅戏并称华东三大剧种，如今越剧、黄梅戏已成为全国五大剧种。从目前实际情况看，锡剧、淮剧是江苏优势剧种，我们要振兴锡剧、淮剧，让锡剧、淮剧走向辉煌。扬剧本是江苏优势剧种，但发展不快，省市县 5 个团，已有 2 个团处于停演状态，需要专题会办，力争恢复发展。

第三，继续推进国有文艺院团改革创新，并采取更多扶持措施。江苏少数国有文艺院团名称与实际不符，比如江苏省淮剧团、江苏省杂技团、南京市锡剧团、盐城市淮剧团等，均为高挂，建议理顺。无锡、常州均有锡剧院，省演艺集团锡剧团可考虑改团为院，院和团一字之差，含义不同，院比团格局大、空间大。同时可考虑对优势剧种的市属剧团升格为省级院团；而对弱小省属剧团则采取扶持或撤并措施。国有文艺院团事业性质、企业运行思路比较符合中国实际，建议通过给转企改制的重点戏曲院团增加事业编制，支持转企改制戏曲院团名家到艺术院校、研究院所兼职或任职，以吸引和留住人才。

2021 年江苏省哲学社会科学界联合会决策咨询研究基地第二批立项课题后续成果，发表于江苏省哲学社会科学界联合会 2023 年第 8 号《决策参阅·专报》，省委领导批示

以高质量发展为导向完善文旅消费政策研究

　　《中共中央关于党的百年奋斗重大成就和历史经验的决议》指出，必须实现创新成为第一动力、协调成为内生特点、绿色成为普遍形态、开放成为必由之路、共享成为根本目的的高质量发展，推动经济发展质量变革、效率变革、动力变革。我们要深入研究和理解决议的精神实质，科学把握高质量发展的内涵和要求，将高质量发展融入经济社会发展的各个方面和各个环节。文化产业、旅游业是典型的综合性服务产业，也是人民群众积极参与的幸福产业，未来释放和不断提高的消费需求很大，对应多层次消费和可重复消费，具有一业兴、百业旺的乘数效应，在新发展格局中发挥着无可替代的作用。高质量发展、常态化疫情和文旅深度融合的新形势，要求江苏争当表率、争做示范、走在前列，按照省第十四次党代会提出的要求，实现"六个显著提升"，着力抓好九个方面重点工作；要求文化和旅游部门充分激发文化创新创造活力，推动文化强省建设实现新的跃升，特别是立足扩大内需这一战略基点，更好发挥文化事业和文化产业赋能作用，更加彰显旅游为民和旅游带动效应，在文旅消费等方面展现更多探索性、创新性成果。

一、 文旅消费的业态表现、发展趋势及其存在问题

1. 文化消费的业态形式和发展趋势。根据文化和旅游第十四个五年发展规划和文化产业第十四个五年发展规划要求，演艺业将进一步树立精品意识，突出原创策划，开发沉浸式、互动式产品，推进演艺技术研发、装备提升，推广演出院线、演艺联盟，构建线下演出、线上播出相结合的演艺产业创新发展格局，进一步探索线上演出和播出的商业模式。娱乐业将更加需要重视企业转型升级、创新发展，实施阳光娱乐行动，创新娱乐业态及其产品，电子竞技与游戏游艺融合，开发沉浸式娱乐体验及其产品，娱乐场所标准化、连锁化、品牌化得到新发展。动漫业将更加注重质量效益，打造动漫企业品牌，促进我国动漫全产业链、全年龄段发展，发展动漫品牌授权和形象营销，延伸动漫产业链、价值链，用动漫讲好中国故事，传播社会主义核心价值观。创意设计业将与生产生活及其消费需求相衔接，发挥其在国民经济诸多产业中的应有作用，将中华美学精神融入创意设计，培育专业化、特色化、品牌化的创意设计企业。数字文化业将逐步形成一个适应新技术新业态新消费发展和产业链上下游跨行业融合的生态体系，网络表演、动漫、音乐、视听等的原创能力有新的提高，优秀文化内容的数字化转化、开发得到强化，分享经济、知识付费、社交电商等新业态新模式不断发展。艺术品业将鼓励和支持多种多样的艺术形式、艺术风格和艺术流派，鼓励发展艺术衍生品、艺术品电商和艺术品授权，不断规范艺术品交易、投资、鉴定、评估和拍卖，艺术品市场监管体系初步完善。工艺美术业将加强对传统工艺美术技艺的发掘和保护，推动工艺美术产品走个性化、特色化、品牌化发展之路，探索个性化定制、精准化营销生产经营方式，促进工艺美术与创意设计、旅游开发和乡村振兴相融合。文化会展业将始终坚持专业化、市场化和品牌化发展方向，持续打造具有示范和带动作用的重点展会，扶持区域特点显著、产业特色鲜明的文化产业展会发展，推进文化展会数字化转型，发展云展览等新业态。文化装备制造业将推动技术研发的升级

提高，以及技术、内容和标准的协调创新，促进虚拟和增强现实、全息成像、超高清、智能硬件、可穿戴设备以及沉浸式体验平台等核心技术装备创新发展，研发智能化的舞台演艺设备和高端化的音视频产品。

在扩大和引导文化消费方面，文化和旅游消费示范城市、试点城市、区域文化和旅游消费中心城市、夜间文化和旅游消费集聚区建设也将得到快速发展。江苏将在"十四五"期间，建成不少于 30 个省级及以上的夜间文化和旅游消费集聚区。

2. 旅游消费的业态形式和发展趋势。根据文化和旅游第十四个五年发展规划、江苏省文化和旅游第十四个五年发展规划要求，大众旅游将更好地满足人们多层次、特色化的旅游需求，开发更多定制性的旅游线路和定制化的旅游产品，开发更多体验性和互动性俱佳的旅游项目，完善带薪休假和国民休闲制度，拓展旅游时空范围，改善旅游消费环境，全域旅游协调机制更加健全。智慧旅游将聚焦网络化、数字化、智能化，提升便利度，改善服务体验，打造智慧旅游目的地，以及智慧旅游创新企业、创新服务项目。线上数字化体验产品更加丰富，云旅游、云直播受到公众的广泛青睐。红色旅游将突出爱国主义教育、革命传统教育，革命文物保护利用与红色旅游发展相得益彰，把伟大建党精神和精神谱系融入展陈、讲解之中，让更多红色旅游经典景区、精品线路和研学旅游项目与游客见面。乡村旅游将围绕乡村振兴和新型城镇化，与红色旅游、生态旅游、民俗旅游和旅游民宿等深度融合，推出文化内涵更加丰富、产品特色更加鲜明、配套设施更加完善、环境更加美好宜居、风俗更加淳朴文明的乡村旅游重点镇、重点村及其精品线路。康养旅游将结合国家和省级康养旅游示范基地建设，拓展山水林田湖草生态旅游发展空间，与老年旅游、生态旅游等融合发展，打造森林、湿地、温泉、游轮以及避暑、避寒等"养心润肺"旅游产品。文化遗产旅游将更加注重历史性、知识性和艺术性的结合，推动考古遗址公园、博物馆、景区景点等的建设，在充分保护的前提下，将非物质文化遗产有机融入景区、度假区，推出具有鲜明特色的非物质文化遗产旅游线路和演艺作品。研学旅游将利用世界遗产地、博物馆、红色旅游景区、文学名人名著、农耕文化等资源，推动构建适合不同阶段、不同类型、不同层次需求的研究型旅游产品体系和课程体系，培育受大众欢迎的研学旅游目的地。入出境旅游将不断规范与振兴，进一步重视旅游宣传推广，加强推广联盟建设，重点实施振兴入境旅游行动，出台促进入境旅游发展的有关支持政策，不断提升入境旅游的便利化程度，提高涉外旅游接待服务的质量水平，与此同时，促进出境旅游目的地国家、地区提供一个更高品质的服务，推动中华民族文化传播。

在旅游产品和服务提升方面，旅游景区和度假区建设、旅游休闲城市和街区建设也将得到全面提高。旅游景区、度假区将优化旅游产品结构，增加体验性互动性项目和休闲度假产品，提高旅游基础设施品质，提高管理服务水平，增加舒适度和满意度。旅游休闲城市和街区以"微旅游、慢生活"为主题，挖掘城市历史文化特色，培育多元消费业态，丰富休闲娱乐功能，增强游客愉悦体验。

3. 文旅消费面临的突出问题。新冠疫情对世界经济造成了沉重打击，由于我国的文旅产业多为中小型，对在场性要求较高，因而受到的冲击和影响同样不可小觑。

文化和旅游部公布的 2020 年国内旅游数据表明，受新冠疫情影响，2020 年度国内旅游人数 28.79 亿人次，比上年同期减少 30.22 亿人次，下降52.1％；国内旅游收入 2.23 万亿元，比上年同期减少 3.5 万亿元，下降61.1％。分季度看，由于疫情逐步得到控制，呈现降幅收窄趋势，其中一季度国内旅游人数 2.95亿人次，同比下降 83.4％；二季度国内旅游人数 6.37 亿人次，同比下降 51％；三季度国内旅游人数 10.01 亿人次，同比下降 34.3％；四季度国内旅游人数 9.46 亿人次，同比下降 32.9％。

2021 年 7 月以来，我国又发生多起由境外输入源头引起的疫情，文旅产业受到的影响随之得到反应。综合线上旅游服务商、通信运营商以及文化和旅游部门的相关数据，2021 年五一期间，全国国内旅游 2.3 亿人次，同比增长119.7％，按可比口径计算，恢复至疫前同期的 103.2％，国内旅游收入 1132.3 亿元，同比增长 138.1％，按可比口径计算，恢复至疫前同期的 77％；2021 年端午节期间，全国国内旅游 8913.6 万人次，同比增长 94.1％，按可比口径计算，恢复至疫前同期的 98.7％，国内旅游收入 294.3 亿元，同比增长 139.7％，按可比口径计算，恢复至疫前同期的 74.8%；2021 年国庆期间，全国国内旅游 5.15 亿人次，同比减少 1.5%，按可比口径计算，恢复至疫前同期的 70.1%，国内旅游收入 3890.61 亿元，同比减少 4.7%，按可比口径计算，恢复至疫前同期的 59.9%；2021 年中秋节期间，全国国内旅游 8815.93 万人次，按可比口径计算，恢复至 2019 年中秋假期的 87.2%，国内旅游收入 371.49 亿元，按可比口径计算，恢复至 2019 年中秋假期的 78.6%。

新冠疫情是新中国成立以来，我国遭受的最重大的突发公共卫生事件。2020 年 1 月，新冠疫情突如其来，严重威胁着人民的生命安全和身体健康。以习近平同志为核心的党中央坚持人民至上、生命至上，以坚决清零的最大政治智慧和勇气，坚决与病魔较量，只用三个月左右时间，就取得武汉保卫战的决定性胜利，并最终夺取全国抗疫斗争的全面胜利。在此基础上，我国统筹疫情防控和经济社会发展各项工作，努力恢复生产生活秩序，成为世界上唯一一个经济实现正增长的主要经济体，为世界经济复苏和供应链稳定作出重要贡献。

2021 年 7 月，疫情卷土重来，由境外输入性病毒德尔塔引起的首批新冠肺炎确诊病例出现在南京禄口国际机场。随后德尔塔变异株在我国多源多点暴发，截至 8 月 26 日 24 时，全国 19 个省份、50 个地市累计报告本土新冠感染者 1390 例，其中江苏 820 例。党中央、国务院对此高度重视，习近平总书记作出重要指示，李克强总理作出批示，孙春兰副总理先后两次赴江苏调研指导疫情防控工作。国务院联防联控机制数次召开电视电话会议，并派遣工作组奔赴全国重点地区，指导相关地市科学精准地打好疫情阻击战。江苏省委、省政府果断应对，以最快速度、最有效措施阻断疫情蔓延。8 月 27 日，疫情在短短 37 天内得到完全控制。

时隔不久，我国再次出现疫情，其源头多个，相互并不关联，传播链条多、速度快、范围广。2021 年 9 月，福建、黑龙江、新疆首先发生疫情；随后内蒙古、甘肃、陕西、云南、河北、宁夏、北京、湖南、贵州、重庆、青海、湖北、四川、山西、山东、黑龙江、江西、浙江、江苏、河南、辽宁等 21 个省份、46 个地市又接连发生疫情，是武汉疫情以来涉及面最广的一轮疫情。经过一个多月的快速有效处置，多个省份在一个潜伏期左右控制住疫情，全国本轮疫情整体上进入扫尾阶段。但我们可以预见，新的变异毒株、新的散发疫情还会持续发生。

武汉疫情以来，国内已发生 30 余起本土聚集性疫情，均为境外输入所致。我国实现了及时发现、快速处置、精准管控、有效救治。实践证明，我国"外防输入、内防反弹""动态清零"以及切实加强口岸地区防控能力建设的政策措施是完全正确的，既符合中国国情和疫情防控科学规律，也统筹了疫情防控与经济社会发展，最大限度地减少感染、发病和死亡，并将疫情处置的影响降至最低。

目前全球疫情仍很严重，美国和欧洲的疫情又开始上升。最新统计数据显示，截至 2021 年 11 月 28 日，全球确诊病例超过 2.6 亿例，死亡人数超过 521 万例，其中美国确诊病例超过 4900 万例，死亡人数超过 79 万例。我国新冠肺炎患病率只有美国的 1/1678，死亡率只有美国的 1/601。专家普遍认为，现阶段我们对新冠病毒的了解还很有限，病毒在不断变异，德尔塔变异株逐渐成为优势毒株，传染性更强、潜伏期更短、载毒量更高，给疫情处置带来新的困难。这场灾难何时能够结束目前还难以预测，如果非洲、中亚和拉丁美洲等发展中国家疫苗短缺问题得不到解决，任其发展的话，国际人员交流很可能导致新的病毒变种的出现和传播，现有的疫苗也不一定能有效控制和预防，而全国各地很难达到上海的精准防控水平，封城封国在所难免，对我国和世界的发展影响将是巨大的。事实上，最近南非卫生部门发现了新冠病毒新型变异毒株奥密克戎并得到世卫组织确认，其传播速度惊人，增加了被再次感染的风险。

世界范围内疫情一日不除，我国输入性风险随时可能发生。与国际社会携手抗疫，加强防控、诊疗手段合作，加快疫苗科研、生产合作，为国际社会提供更多公共产品，支持和参与全球科学溯源；从严从紧加固国内疫情防控防线，坚决防止疫情输入蔓延，稳妥有序推进疫苗接种，筑牢保障经济社会发展的健康根基，就成为目前我国的不二选择。

面对新冠病毒不断出现变异毒株，世界各地都在加速接种疫苗。根据钟南山院士团队的研究，国产灭活疫苗对德尔塔毒株总体保护率接近 60%，重症保护率为 100%。接种加强针后，抗体水平提高 10 倍以上，80% 以上的人群接种后可建立有效的群体免疫。目前我国新冠病毒疫苗全程接种 10.8 亿人，人群覆盖率为 76.8%，为阻断新冠病毒传播、防止重症发生等起到重要作用。同时，我国已向 100 多个国家和国际组织提供 18 亿剂疫苗，全年将对外提供超过 20 亿剂，同 16 个国家开展疫苗联合生产。

在第七十六届联合国大会一般性辩论上，习近平总书记强调，我们必须战胜疫情，赢得这场事关人类前途命运的重大斗争。一部世界文明史，也是同瘟疫斗争的历史，人类总是在不断战胜挑战中实现新的更大发展和进步。这次疫情虽然来势汹汹，但我们终将战而胜之。

二、 江苏在文旅消费方面的主要探索和成功实践

江苏已将培育壮大新型消费、促进文化和旅游消费列入省政府重点任务。省文化和旅游厅也在不断创新文化和旅游消费工作举措，推动疫后产业复苏和高质量发展好于全国。聚焦打造"水韵江苏"品牌，首次提出"水韵江苏 有你会更美"宣传主题，推出"水韵江苏"新标识，"水韵江苏"系列宣传片登陆央视。2021 年上半年，全省旅游总收入达 2497.8 亿元，同比增长 58.3%，较 2019 年同期增长 7.7%。

一是强化政策驱动。2020 年 3 月，面对突如其来的疫情给文化和旅游市场发展带来的强力冲击，省文化和旅游厅打好政策"组合拳"，牵头起草了以省政府办公厅名义印发的《通知》，明确促进文化和旅游消费的若干措施，这是贯彻落实国务院办公厅关于激发文化和旅游消费潜力的《意见》具体行动，有诸多具体目标、任务和举措。《通知》从 12 个方面增强人民群众的获得感、幸福感，提高文化和旅游对经济发展的贡献度，这 12 个方面包括：深化产业融合发展、强化科技应用支撑、鼓励业态多元创新、完善消费惠民措施、提升消费便捷程度、推动景区提质扩容、繁荣假日和夜间经济、优化入境旅游环境、健全政策保障体系、发挥试点示范作用、严格综合监管执法、加强统计监测评价等。2020 年 9 月，省文化和旅游厅出台全国首个夜间文化和旅游消费集聚区建设的指导性文件《江苏省省级夜间文化和旅游消费集聚区建设指南和评价指

标》，从布局合理、特色鲜明，业态多元、供给丰富，功能完善、服务配套，管理规范、运营有序，贡献度高、带动性强 5 个方面对省级夜间文化和旅游消费集聚区建设提出了指导意见，着力推动文化和旅游的更高水平融合与发展，鼓励创新多元业态，发展文化和旅游消费新场景和新模式，2021 年的省级文化和旅游产业发展专项资金支持文旅融合发展、文化科技赋能、文旅消费升级等类 102 个项目、4000 余万元。

二是开展惠民活动。2020 年第四季度，举办以"惠享生活"为主题的全省性文化和旅游消费季活动，各地推出了非遗技艺体验、旅游精品线路、精品剧目赏析、风情街区游赏、特色美食寻味、星光溢彩夜秀、街头潮艺表演、潮集扫街购物、访古鉴宝思享、华灯美景游览等 10 类近 300 场活动。2021 年 3 月至 7 月，举办"水韵江苏 有你会更美"文旅消费推广第一季活动，通过携程集团设立全国首个省一级旅游目的地聚合平台"江苏星球号"，推出"霞客自由行""开往春天的列车""红色之旅""美丽乡村游""联动惠游季""金穗惠游季"等系列活动。通过线上线下多项活动的举办及其宣传推广，携程集团为江苏输送游客 3300 万人次，携程平台江苏旅游人次同比 2019 年恢复率为 112.1%，旅游交易额恢复至疫前同期的 111.4%。2021 年 10 月，"水韵江苏 有你会更美"文旅消费推广第二季活动又正式启动，与第一季横跨春夏不同，第二季是秋冬文旅消费，同样是 4 个月的超长周期，重点举办 10 项重点活动，其中突出夜间文旅消费、让游客感受"月光下的精彩"将是第二季的重头戏。第二季期间，全省各地将联动推出 87 项活动，发放文旅消费券亿元以上，130 余个景区减免服务价格，拉升消费水平，共同拓展经济增长的新空间。

三是推进示范引领。支持和指导国家文化和旅游消费示范城市、试点城市、区域文化和旅游中心城市创建，南京市、苏州市被选为首批示范城市，常州市被选为首批试点城市，无锡市、连云港市、淮安市被选为第二批试点城市。开展省级文化和旅游消费示范单位、试点单位建设，评选认定 19 个县（市、区）作为省级试点单位。大力推进夜间文化和旅游消费集聚区建设，2020 年 9 月评出 30 家省级夜间文化和旅游消费集聚区建设单位，每个建设单位给予 100 万元引导资金。2021 年 8 月，首批 22 个省级夜间文化和旅游消费集聚区被验收确认，其中 10 个被推荐申报国家级夜间文化和旅游消费集聚区，而南京市夫子庙-秦淮风光带、南京市长江路、无锡市拈花湾小镇、常州市环球恐龙城、苏州市周庄古镇、苏州市金鸡湖景区，则入选首批国家级夜间文化和旅游消费集聚区。目前全省各地都在积极打造夜间文化和旅游消费集聚区，夜间经济发展出现良好局面，涌现出"夜之金陵""姑苏八点半""龙城夜未央""今夜'梁'宵""二分明月""国潮汉风·夜彭城""凤城河夜泰美"等一批具有浓郁地方特色、在省内乃至全国都叫得响的品牌项目。

面对常态化疫情，省文化和旅游厅抓紧制定出台了关于助力文旅企业应对疫情影响加快恢复发展的若干政策措施，关于积极应对疫情影响进一步支持旅行社企业高质量发展的若干政策措施，关于支持剧院、剧场类演出场所经营单位纾困的通知等文件，要求提前组织开展 2022 年度省级文化和旅游产业发展专项资金项目申报工作，明确继续重点支持文旅融合、科技赋能、文旅消费等项目；启动第二批省级夜间文化和旅游消费集聚区建设，安排 1500 万元专项资金，对认定的建设单位给予适当补助；加大对旅行社企业支持力度，安排 2100 万元专项资金，对旅行社企业进行奖补；扶持演出场所加快恢复运营，安排 1000 万元专项资金，对剧院、剧场类演出场所进行适当补助；搭建政银企合作平台，组织年度重点文旅项目融资集中签约；鼓励受疫情影响较大地区推出更多消费惠民措施，发放文化和旅游消费券；更大力度发挥第三届大运河文化旅游博览会等展会平台作用，积极扩大文旅消费商机。

三、 对完善江苏文旅消费政策的主要建议

为了更好地贯彻落实国务院办公厅关于进一步激发文化和旅游消费潜力的《意见》和省政府办公厅关于促进文化和旅游消费若干措施的《通知》，推动全省文化和旅游消费工作创新发展、高质量发展，进一步提升文化和旅游消费对经济发展的更大贡献度，这里提出如下建议。

第一，在丰富产品供应方面。更大力度建设有重要影响的文化和旅游目的地。江苏省文化和旅游第十四个五年发展规划提出，抓住"一带一路"建设、

长江经济带发展、长三角区域一体化发展、大运河文化带建设、美丽江苏建设、沿海地区高质量发展的战略机遇，以江河湖海为脉络，构建全省域宜居宜业宜游的旅游空间。规划明确提出建设世界级旅游目的地"两廊两带两区"，即培育打造世界级运河文化遗产旅游廊道、世界级滨海生态旅游廊道、扬子江世界级城市休闲旅游带、陆桥东部世界级丝路旅游带、沿太湖世界级生态文化旅游区、沿洪泽湖世界级生态文化旅游区，这一发展布局颇有全局和战略眼光，站位比较高，建议在此基础上组织省内外专家具体研讨，并参考大运河文化带、黄河文化遗产廊道建设方案等，形成本省"两廊两带两区"建设方案。"十四五"期间，文化和旅游部将加强国家文化和旅游消费示范城市、区域文化和旅游消费中心城市、国家级文化产业示范园区（基地）、国家文化与金融合作示范区、世界级旅游景区、世界级旅游度假区、国家级旅游休闲城市和街区、国家全域旅游示范区的建设和管理，其创建成果将直接影响我省文化和旅游目的地的知名度，需要加快培育，并对应建设、命名省级名单。

更大力度打造文化和旅游品牌活动。戏曲百戏（昆山）盛典、大运河文化旅游博览会是近几年江苏打造的具有一定影响力的文化和旅游品牌活动。戏曲百戏（昆山）盛典已于 2020 年由文化和旅游部艺术司、省文化和旅游厅主办升格为文化和旅游部、省政府主办，部省共办戏曲百戏（昆山）盛典"新三年计划"从 2021 年开始实施，重点围绕原创剧目、经典剧目和戏曲绝活开展展演，戏曲百戏（昆山）盛典美誉度越来越高，将成为全国戏曲传承保护发展的第一品牌项目。江苏的大运河文化旅游博览会也已举办了三届，初步搭建了具有国际国内影响的文旅精品推广和文旅融合发展平台，下一步应进一步策划创新，增强对世界运河城市的吸引力，争取像中国（深圳）国际文化产业博览交易会、中国（武汉）文化旅游博览会、中国旅游产业博览会、中国义乌文化和旅游产品交易博览会、中国西部文化产业博览会、中国国际网络文化博览会等一样，列入文化和旅游部参与主办的重要展会名单。

更大力度促进产业融合和科技支撑。做到理念融合、资源融合、业态融合、产品融合、市场融合、服务融合、人才融合、技术融合、区域融合、跨界融合，进一步彰显"水 + 文化"融合特质。不断完善文化和旅游融合发展的体制机制，找准文化产业和旅游业结合点，拓展文化和旅游发展新空间。合理规划建设旅游演艺集聚区，推进旅游演艺转型升级，扶持盐城市只有爱·戏剧幻城、淮剧小镇做强做优，并带动省内旅游演艺项目更大发展，编制发布本省旅游演艺精品名录和品牌排行榜。通过挖掘有形、无形的文化遗产资源，发展文化遗产旅游、乡村旅游、红色旅游、研学旅游、旅游演艺、旅游民宿。推动旅游目的地建设小剧场、文创空间、城市书房等文旅消费场所。推进数字经济背景下的文化和旅游深度融合，运用云计算、大数据、物联网、区块链和人工智能等前沿技术，着重发展线上演播、沉浸式体验、数字创意、数字艺术、数字娱乐等文化新型业态。推进以网络化、数字化和智能化为主要特征的智慧旅游。引导和培育智能消费、定制消费和互动消费。完善江苏智慧文旅平台数据和功能，实现全省共建共享。建设省一级新型文化和旅游产业实验室，持续推动并命名省级科技创新型文化和旅游企业，率先在全国开展省级文化和旅游产业融合发展示范区认定工作。

第二，在激发消费潜力方面。更大力度推出消费惠民措施。大力推动国有景区门票降价，结合实际情况，尽快出台本省国有景区淡旺季门票、特殊人群门票减免、旅游演艺门票限价等政策，适时公布并逐步扩大免费开放国有景区、国有景区免费开放时段和国有景区免费开放区域。常态化举办文化和旅游消费季、消费月、消费周活动，省市联动、多方参与，按春夏秋冬一年四次举办省级综合性、主题性文化和旅游消费季，委托设区市参与主办并具体承办，鼓励市县两级每年一次举办文化和旅游消费月、消费周。推广全国多地的做法，由省有关部门在全省范围内发放文化和旅游消费券，持续打造文化和旅游消费新爆点。加大与长三角地区文化和旅游资源的整合和对接，建立互为旅游客源地、互为旅游目的地的联动机制。在依法合规和试点的基础上，推行文化和旅游消费联名银行卡和信贷业务。

更大力度提高消费便捷程度。对传统演出场所、博物馆以及更多的文化场所进行必要的设施改造与提升，合理配套书店、文创产品展示售卖区、餐饮区和观众休息区等，营造更加优美的消费环境。在文化和旅游消费场所，全部使用互联网售票、二维码验票，不断提高银行卡使用的便捷程度，广泛使用移动互联网的支付方式。文化和旅游消费场所将实现移动宽带网络全覆盖，并优先建设 5G 网络。推广文化消费嵌入消费场所，方便群众就近文化消费。优化城乡旅游交通服务，科学地规划线路和站点，并提供智能化的信息系统服务。积极开发适合外国游客需求的目的地、旅游线路、旅游演艺和特色商品，并加大宣传推介力度，加强境外江苏旅游推广中心的建设和管理。着眼便捷温馨安全，支持南京禄口国际机场等省内有条件的机场，增加国际旅游航线和班次，提升机场车站、景区景点、餐饮住宿和购物娱乐等场所的多语种服务水平。

更大力度发展假日和夜间经济。优化假日制度安排，切实落实带薪休假制度，要求领导干部带头错峰休假、灵活休假。建立节假日旅游、旅游景区大客流预警系统，加强节假日和旅游高峰期高速公路和景区道路交通管制，落实景区周边机关企事业单位协助提供停车、餐饮等便利。大力发展夜间经济，加强规划引导，建设更多夜间文化和旅游消费集聚区，开发常态化、特色化夜间文旅体验项目。在保证安全、避免扰民的情况下，鼓励条件成熟的旅游景区，有限度地开展夜间游览服务。进一步优化文化和旅游市场的夜间购物、演艺和餐饮等服务。鼓励博物馆、书店以及美术馆、文化馆、图书馆等适当延长开放时间。省级全域旅游示范区、文化和旅游消费示范城市、试点城市、区域文化和旅游消费中心城市等应将夜间文化和旅游消费集聚区建设列入考评范围。

第三，在加大保障力度方面。更大力度健全政策保障体系。在充分调研的基础上，进一步完善激发文化和旅游消费潜力的政策措施，破除体制机制障碍，放宽文化和旅游消费领域市场准入。发挥财政资金的引导作用，通过政府购买服务等方式，将优质文化、旅游产品和服务纳入专项资金扶持范围。以金融政策为重点，通过用好地方政府专项债券、成立文旅产业专项基金、完善文旅投融资项目库、建设文旅金融服务中心等，实行对文旅产业的必要支持。引导社会力量和各类资金参与文化和旅游基础设施建设。利用废弃的老旧厂房开设文化和旅游消费场所时，应给予土地及用水用电用气等方面的政策支持。鼓励全省各地制定完善文旅消费优惠政策。举办江苏省文旅消费行业峰会和主题沙龙，发布消费发展报告、消费指数等，为文旅消费提供更加有力的保障。

更大力度做好疫情防控和安全生产工作。国外疫情此起彼伏，国内疫情时有发生，文化和旅游行业必须从严从紧抓好疫情防控工作。当前情况下，要切实做好外防输入和防扩散工作，旅行社和在线旅游企业均不得经营出入境团队旅游以及"机票＋酒店"业务，不得以任何形式搞变通。严格执行跨省旅游经营活动"熔断"机制，一旦本省出现中高风险地区，旅行社和在线旅游企业同样不得经营跨省团队旅游及"机票＋酒店"业务。严格落实省内游疫情防控措施，从严从紧、从细从实做好游客招徕、组织、接待等环节的疫情防控工作，严格控制旅游团队规模，暂停经营旅游专列业务。对 A 级旅游景区、星级饭店、文化和娱乐场所等，也要按照疫情防控要求做好监督检查。各类文化和旅游经营单位要加强对员工日常的健康监测和管理，及时掌握员工状态、出行轨迹等情况，确保员工健康上岗，并加强疫情防控培训，提升员工疫情防控意识和能力。与此同时，深化文旅行业安全生产专项整治，统筹发展和安全，压紧压实企业主体责任、部门监管责任和属地管理责任。

2021 年江苏省哲学社会科学界联合会决策咨询研究基地第一批立项课题，部分内容发表于 2021 年 12 月 7 日新华日报《思想周刊》

大运河文化带江苏段建设规划研究

一、 研究背景

1. 重大意义

大运河是中国古代创造的伟大工程，是祖先留给我们的宝贵遗产，是中华民族活着的、流动的精神家园。2014 年 6 月，大运河被整体列为世界遗产名录。2017 年 2 月，习近平总书记在北京考察工作时强调，要古为今用，深入挖掘以大运河为核心的历史文化资源，保护大运河是沿线所有地区的共同责任。2017 年 6 月，习近平总书记在中办调研室课题组有关调研报告上批示，大运河是祖先留给我们的宝贵遗产，是流动的文化，要统筹保护好、传承好、利用好。这两次重要指示批示，彰显了习近平总书记增强文化自觉和文化自信，增强中华民族凝聚力和向心力，推动文化强国建设的重要思想。

从全国来看，建设大运河文化带，其意义主要有：

展示中华文明和文化自信的战略举措。如果说长城是中华民族挺立不屈的脊梁，大运河则是中华民族流动不息的血脉，都是中华民族的历史丰碑和永远的骄傲。大运河始建于公元前486年，上下2500多年，绵延3200多公里，融京津、燕赵、齐鲁、中原、淮扬、吴越等文化形态于一体，催生了一座座文化名城，留下数不胜数的历史遗存，见证了不同历史时期政治、经济、社会、文化、军事变迁，促进了南北经济、文化交流和国家繁荣、统一，绘就了绚烂多姿的中华文明历史画卷。建设大运河文化带，多类型、全方位展示中华文明的历史进程和现代成就，将极大增强文化自觉和文化自信，推动中华文明更好走向世界，为新时代建设社会主义文化强国和中华民族伟大复兴提供重要保障。

加强文化建设和遗产保护的重要支点。大运河是历史的也是当代的。大运河流经的8省市27座城市，均为当代人文荟萃之地，"八大古都"有7个就在大运河沿线。大运河沿线约有3000项物质文化遗产、450项非物质文化遗产，涉及文物、水利、城建、交通、土地、环保、旅游等多个行业主管部门。建设大运河文化带，有助于打造"俯仰古今、贯通南北"的文化长廊，实现不同时期中华文明多维展开，达到"一条河了解中华文化精华"的效果，推动文化大发展大繁荣；有助于从国家层面加强顶层设计和统筹协调，完善政策法规体系，建立健全协商合作机制，为新时期做好大运河遗产保护、文化传承和合理利用提供制度保障。

推动区域发展和文化旅游的关键措施。大运河是包容的也是开放的。大运河与"一带一路"建设、京津冀协同发展、长江经济带发展三大战略有着千丝万缕的联系，特别是大运河西北接"丝绸之路经济带"，东南连"21世纪海上丝绸之路"，为"一带一路"划上一条连接线。大运河沿线旅游资源丰富，有运河河段、水利工程、古桥、古城、古镇、古村、古建筑、古遗址等各类旅游资源近3000项。这些旅游资源承载着极大的文化基因、文化价值，集中反映了中华民族开拓务实的创新精神和追求极致的工匠精神。建设大运河文化带，将进一步带动南北经济、文化的大合作大交流大融合，通过打造"千年运河"国际旅游品牌，吸引世界眼光，发出中国声音，促进东西方文明交流互鉴，为构建人类命运共同体续写宏伟篇章。

从江苏来看，建设大运河文化带，其意义不仅是贯彻以习近平同志为核心的党中央战略部署的重要行动，也是大运河江苏段文化遗产保护利用的重要机遇，对"水韵江苏"文化旅游品牌的实施具有支撑作用，是打造文化强省、弘扬江苏地域特色文化的重要载体和构建"1+3"功能区格局、促进区域协调发展的战略支点。

2. 推进情况

江苏是大运河的发祥地，春秋战国时期，吴王夫差在江苏境内开凿邗沟，成为大运河最早的河道。大运河江苏段纵贯江苏全境，全长 690 公里，自北向南流经徐州、宿迁、淮安、扬州、镇江、常州、无锡、苏州 8 个设区市。作为古代中国最重要的南北交通大动脉和水利枢纽，大运河深刻影响了江苏的自然环境、人口分布、城镇布局和交通路线。数据表明，大运河江苏段 8 市 GDP 总量占全省的比重超过 2/3。今天的大运河江苏段仍是大运河全线通航里程最长、货流密度最大、运输效益最好的黄金水道。大运河江苏段是国家水运主通道，常年有 2 万余艘船舶运输通行。2016 年货运量近 4 亿吨，约占全省综合运输总量的 20%。大运河江苏段不仅将江苏的楚汉文化、淮扬文化、吴文化等地域文化有机串联起来，也将陆上丝绸之路和海上丝绸之路联系在一起，形成兼收并蓄、包容多样和独具魅力的江苏运河文化。大运河江苏段是大运河全线富有内涵特色的文化遗产带、具有观赏价值的文化景观带和最有发展潜力的文化产业带。物质和非物质遗产资源丰富，列入《世界遗产名录》的遗产区 7 个，约占全国的 23%，遗产点段 28 处，约占全国的 33%，遗产河段总长 325 公里，约占全国的 32%。有 149 处全国重点文物保护单位、101 项国家级非物质文化遗产，有 10 座国家历史文化名城、19 座中国历史文化名镇、7 座中国历史文化名村。沿线 8 市均为国家园林城市和中国旅游城市。现有 8 个国家级文化产业示范基地，4 个国家级动画产业基地、影视基地，2 个国家级文化和科技融合示范基地。

10 多年前，国家文物局将大运河联合申遗办公室设在扬州，扬州由此成为大运河申遗工程的牵头城市。国家有关部门和专家认为，江苏为大运河整体列为世界遗产名录作出了突出贡献。作为大运河申遗牵头城市所在省份，省委、省政府深入学习贯彻习近平总书记视察江苏时发表的重要讲话，专门召开会议研究部署文化建设迈上新台阶工作。文化、文物和旅游等部门抓住有利契机，统筹谋划大运河江苏段文化遗产保护、文化产业升级和文化旅游发展，从全局和战略高度推动大运河文化带江苏段建设。2015年7月，省政府在淮安召开大运河文化带建设座谈会，这次会议明确提出以遗产资源为支撑，以沿线城市为节点，在大运河江苏段全线率先建成具有江苏特色的大运河文化带的工作目标。目前可以认定，江苏是全国首个提出文化遗产、文化产业和文化旅游等相结合，涵盖大运河江苏段沿线城市范围，全面建设大运河文化带的省份。

近年来，省委、省政府进一步加强顶层设计，明确发展思路和布局。2017年9月，时任省委书记李强就大运河文化带江苏段建设进行调研。他要求切实把习近平总书记关于大运河文化带建设的重要指示批示精神贯彻好落实好，以高度的政治责任感和历史使命感，扎实推进大运河文化带建设，努力把江苏段建设成为高颜值的生态长廊、高品位的文化长廊、高效益的经济长廊，使之成为大运河文化带上的样板区和示范段。2017年11月，省委书记娄勤俭在淮安调研时，专程考察了中国漕运博物馆、里运河文化产业带，明确要求科学制定规划，注重文化传承，丰富表现形式，让大运河在新时代焕发出新的生机。2018年2月，省委书记娄勤俭在淮安市委书记姚晓东和原中国文化遗产研究院院长张廷皓来信上批示，要求系统研究大运河的保护传承利用，支持大运河文化带建设。

2017年12月，江苏省大运河文化带建设工作联席会议第一次全体（扩大）会议在宁召开。会议交流前期工作进展情况，审议联席会议、联席会议办公室工作规则，讨论近期工作要点，部署推进大运河文化带江苏段建设。省委常委、宣传部部长王燕文出席会议并讲话，副省长王江主持会议。这次联席会议议定近期工作40项，包括组织开展《大运河文化带江苏段建设规划》前期研究和编制工作，明确大运河文化带江苏段建设的定位方向、空间布局、体制机制、重点任务和保障措施等。

最近一段时间，省有关部门和大运河沿线设区市认真贯彻中央和省委、省政府要求，加快推进建设工作。省及大运河沿线设区市均发文组建大运河文带建设联席会议及其办公室。省发展改革委组织开展大运河文化带江苏段建设规划前期调研和编制工作、谋划经济长廊建设。省委宣传部、省环保厅牵头召开文化长廊、生态长廊建设专题座谈会，建立协调机制，推动任务落实。省社科院筹建大运河文化带建设研究院，会同省社科办推出一批重点研究项目。省委宣传部组织对大运河文化带江苏段建设集中宣传，中央和省主要媒体推出系列报道，产生良好反响。

历史上，享誉中外的大运河沿线"四大都市"，江苏占据其三：扬州是隋唐时期都城以外最繁华的城市、明清盐运和盐商活动中心；淮安因明清时期漕运总督、河道总督驻节，成为全国漕运指挥和河道治理中心；苏州是明清时期最发达的工商城市和"人间天堂"。如今，这三座城市在大运河文化带江苏段建设上均有新的作为。在大运河沿线城市，扬州可称之为大运河鼻祖都会，因此扬州立志于在大运河文化带建设中树立"扬州样板"。作为大运河申遗牵头城市，扬州联合全球运河城市共同发起成立世界运河历史文化城市合作组织。该组织秘书处设在扬州，以主办世界运河城市论坛为重点，至今已连续举办了 10 届论坛。今年初，市长张爱军在扬州市八届人大二次会议上宣布，扬州将启动建设中国大运河博物馆。淮安列入世界遗产的点段最多，具有资源优势，已投资 110 亿元建设里运河文化产业带，预计总投资将超过 260 亿元。目前淮安正加快打造中国漕运文化核心展示区、江淮生态文旅经典体验区和运河保护开发综合示范区，努力再现"运河之都"繁华盛景。大运河苏州段堪称大运河沿线最繁忙河段，年断面通过量约 2.2 亿吨，相当于 6、7 条单线沪宁线的年货运量。为了保护这条"母亲河"，苏州立下治水"军令状"，清水工程计划投资264 亿元，将大运河苏州段打造成生产生活的安全屏障、运河文化的活态展厅、世界遗产的璀璨明珠。

3. 存在问题

一是规划体系亟待完善，法规保障有待建立。国家、省、设区市三级均缺乏大运河文化带建设总体规划和专项规划。就文化遗产保护而言，国家、省、设区市三级大运河遗产保护规划还存在诸多不一致，与城市总体规划、区域发展规划和水利、航运等专业规划缺少沟通协调衔接。国家、省缺少大运河保护法规，除扬州、淮安外，其他设区市未就大运河遗产保护作出专门规定。文物、水利、住建等部门按照各自的法规对大运河实施管理，基本处于各自为政的状态。

二是水体环境好中有忧，生态服务功能不足。大运河江苏段近年来水质呈好转趋势，但仍有部分断面水质不稳定，一些区段水质相对较差。少数航道水资源枯竭，带来水体污染和淤积问题。部分河段受沿岸煤炭、化工、造纸、饭店、畜禽养殖等污染排放影响，生活垃圾也是一大隐患。

三是遗产保护压力较大，传承利用质量不高。大运河是本身仍在使用的活态文化遗产，特别是申遗成功，原始河道岸线的保护和利用之间的矛盾更加凸显。大运河江苏段保护范围、建设控制地带和核心区、缓冲区面积大，仅靠文化、文物部门往往力不从心。由于文物影响评估不是法定前置程序，在很多地方常被忽视。大运河承载的文化价值和精神内涵需要进一步挖掘提炼。遗产展示方式单一，有闲置现象。旅游开发模式仍以水面游览和室内参观为主，文化旅游融合程度和综合开发水平不高。

二、　总体要求

1. 指导思想

深入学习贯彻习近平新时代中国特色社会主义思想、党的十九大精神和习近平总书记关于大运河文化带建设的重要指示批示精神，贯彻落实中央和省委、省政府关于大运河文化带建设的决策部署，坚持新发展理念，适应社会主要矛盾变化，以文化建设为引领，带动经济、政治、社会和生态文明建设。着力高品位的文化长廊建设，强化文化遗产保护传承，强化基本公共文化服务。着力高颜值的生态长廊建设，加强河道水系治理管护，加强生态环境保护修复。着力高效益的经济长廊建设，推动文化旅游融合发展，推动文化创意产业发展，推动工业产业转型升级，推动城乡区域协调互动。统筹保护好、传承好、利用好这一祖先留给我们的宝贵遗产，谱写大运河文化带建设的江苏篇章，将大运河文化带江苏段建设成为全国的样板区和示范带，全面展示中华文明的悠久历史、中国人民的文化自信和江苏儿女的劳动创造，助力建设"强富美高"新江苏。

2. 基本原则

全面保护。以大运河承载的文化基因、文化价值和精神内涵为核心，以大运河沿线文化遗产为载体，多角度、全方位地展示几千年来中华文明的悠久历史和辉煌成就。充分体现大运河文化的原真性、独特性，全面加强大运河江苏段文化遗产整体性、抢救性、预防性保护，做到合理规划、分步实施、应保尽保。实施大运河江苏段遗址遗迹保护、修缮工程，把现存历史文化遗存真实完整地保护下来，对部分损毁的重要文化景观，科学合理地恢复历史原貌。对大运河江苏段的文物、古迹和历史遗存等统一标识。推动大运河江苏段遗产保护专项立法。

绿色发展。自然生态是人类生存的必要条件，大运河江苏段建设必须实行生态优先和大运河保护与生态修复相结合的方针。按照山水林田湖草系统治理要求，树立社会主义生态文明观，拓展绿色生态空间，提升植被覆盖水平，推动形成绿色发展方式和生活方式。强化大运河江苏段河道水系治理，科学推进水资源管理，加强生态环境修复，加大污染防治力度，对通航运河全面实行三类水达标，纳入各级河长责任制。对不通航河道也利用南水北调东线和其他水源补水，实行全线通水，从而更好地保护古代河道和水利设施遗产，修复水系生态。

合理利用。突出大运河文化属性和整体功能，在文化遗产保护、生态环境修复的基础上，紧扣满足人民日益增长的美好生活需要，推动各类资源合理利用。注重与国家重大区域发展战略衔接，利用已经形成的沿线城市带，承接京津冀协同发展和长江经济带的巨大辐射。着重发展文化旅游产业、文化创意产业。打造旅游风情小镇、高等级旅游景区。加强旅游基础设施建设，统一服务标准。保护传统农业地区特色，率先实现乡村振兴。明确沿线城乡发展约束，避免过度和重复建设。不断完善文化经济政策，促进大运河文化带江苏段对外开放交流。

3. 主要目标

2018—2020 年，在大运河江苏段文化遗产保护传承利用核心区范围内，文化遗产梳理甄别全面完成，考古发掘持续推进，珍贵遗产实现应保尽保。对核心区范围内的文物、古迹和历史遗存等统一标识。初步形成大运河江苏段博物馆、遗址公园和主题馆群。各类展示场所、展示项目得到优化整合。大运河文化展示、传播和研究取得成果。推出一批大运河题材的文艺精品和品牌活动。省级大运河文化带建设大数据平台建成并投入使用。大运河江苏段生态得到初步修复，乱占乱建、乱垦乱种、乱倒乱排有效治理，水源地风险隐患初步排除，全面实施污水处理设施和雨污分流管网工程建设，滨河绿化形成景观。打通断头路，实现大运河江苏段堤岸沿线道路贯通。文化旅游基础设施建设全面启动，一批旅游风情小镇、高等级旅游景区提升了服务质量，精品旅游线路和文化旅游品牌开始形成。文化创意产业发展较快，对外文化贸易得到加强。产业融合和结构升级有力推进，现代农业与休闲农业、高新产业与战略性新兴产业、现代生活性服务业等绿色、生态、环保产业受到普遍重视与欢迎，大运河江苏段焕发出勃勃生机。

2021—2025 年，在大运河江苏段文化遗产保护传承利用拓展区、辐射区范围内，珍贵遗产实现应保尽保。对拓展区、展示区范围内的文物、古迹和历史遗存等统一标识。重大考古发掘项目基本完成，分级分类展示体系全面建成。建成一批大运河江苏段文化生态保护试验区。大运河文化带建设高峰论坛、大运河文化博览会、大运河文化旅游节产生重要影响。生态环境得到全面保护，威胁大运河江苏段遗产安全和环境的企业、民房、码头等有效整治，工业污染和土壤污染防治到位。继续推进南水北调流域调配水工程和大运河沿线防洪排涝骨干工程建设，推进苏南段清洁生产和污水深度处理，推进苏北段城乡环保基础设施建设和农业面源污染综合防治。现代信息技术广泛应用，全面推广"物联网＋运河"建设，初步实现对大运河江苏段各类基础设施的数字化感知和航运的智能化服务。对外文化贸易大幅提升，文化旅游及相关产业深度融合。大运河江苏段保护开发基金发挥重要作用，在全国率先出台《大运河江苏段保护条例》。

辐射区主要是指大运河文化进一步向外辐射影响的区域，是保护好、传承好、利用好大运河文化的本底，包括北京、天津等8个省级行政单元。

拓展区主要是指大运河文化向外逐步拓展与沿线地域文化融合交汇的区域，大运河文化对拓展区的地域文化产生直接重要影响，包括大运河河道流经和遗产分布的北京、天津14个区级行政单元，以及河北、山东等6省的34个地级行政单元以及雄安新区。

核心区主要是指包含典型河道段落和重要遗产点在内的全流域范围，是孕育形成大运河文化的主要空间载体，也是保护好、传承好、利用好大运河文化的核心，包括大运河（曾经）流经的251个县级行政单元。

辐射区

拓展区

核心区

大运河文化带功能分区示意图

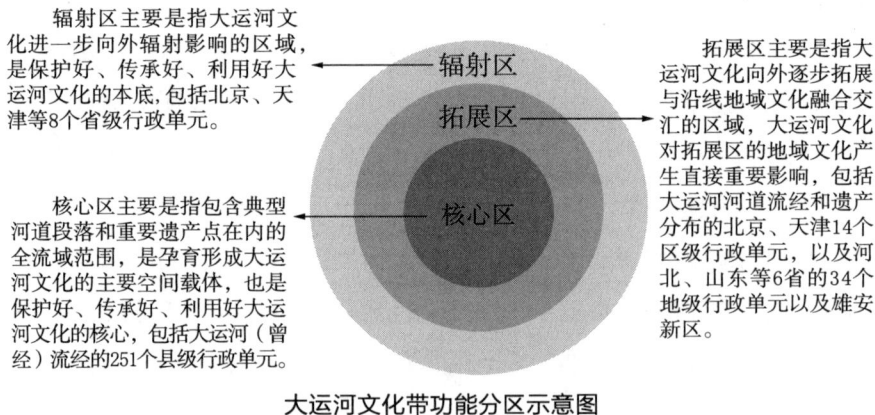

2026—2030 年，高颜值的生态长廊、高品位的文化长廊、高效益的经济长廊基本建成，彰显中华民族文化自信、展示中华文明名片作用得到发挥。大运河各类文化遗产保护实现全覆盖，大运河文脉整理与研究取得重要成果，精神内涵得到阐释。大运河文化带江苏段沿线 8 市全部建成省级以上运河文化名城示范城市，其中苏州、扬州、淮安率先建成国家运河文化名城示范城市。大运河江苏段全线实现通水通航，新的运输、环保、景观、展示和旅游等功能充分发挥。高端产业、高效经济得到优先发展。互联网、大数据、人工智能和实体经济深度融合，生态农业形成品牌影响。大运河承载的传统文化实现创造性转化、创新性发展，大运河江苏段文化旅游品牌在国际上拥有很高的知名度和影响力，大运河江苏段沿线城乡进入文化复兴与社会发展的快车道，保护与利用相互促进、文化与经济相互提升的全面协调可持续发展的局面基本形成，古老的大运河江苏段以崭新的姿态展示在世人面前，成为"强富美高"新江苏和中华民族伟大复兴的一幅绚丽画卷。

三、 规划重点

深入贯彻落实习近平总书记关于大运河文化带建设的重要指示批示精神，按照省委书记娄勤俭、省长吴政隆对大运河江苏段建设的有关讲话批示，围绕努力把大运河江苏段建设成为高颜值的生态长廊、高品位的文化长廊、高效益的经济长廊的要求，切实做好大运河文化带江苏段建设。

（一）着力高品位的文化长廊建设

大运河孕育了江苏悠久灿烂的地域文化，丰厚的文化资源为打造江苏文化标识提供了基础和条件。要坚持文化为魂，将大运河沿线文化亮点串联起来，在传承发展中实现"一条河尽显江苏文化之美"。

强化文化遗产保护传承。树立整体保护、综合管理、示范引领的理念，充分把握大运河文化遗产的活态特征，坚持抢救性和预防性保护并重，弘扬大运河文化精神，不断提高大运河沿线文化遗产保护能力、展示水平和传承活力。

加强文化遗产立法保护和基础工作。严格执行相关国际公约和大运河江苏段遗产保护规划，推动全省和各市启动大运河文化遗产保护专项法规立法工作，研究编制大运河沿线文化遗产详细保护规划和专项保护规划。深入开展大运河沿线文化遗产资源调查、水文化遗产调查和文物考古工作，建立江苏文化遗产分级分类名录和档案。在全国重点文物保护单位和省级文物保护单位遴选申报工作中，重点加强大运河遗产的保护和申报工作。做好大运河文化遗产保护基础工作，按照世界文化遗产核心区、缓冲区和全国重点文物保护单位保护范围、建设控制地带等要求，研究制定并及时公布大运河物质文化遗产保护区划和关联资源的保护范围，甄别把握线性遗产的关键区和脆弱区。

加强文物保护和安全防范工作。实施大运河文化遗产保护示范工程，统筹推进大运河沿线物质文化遗产整体性、抢救性、预防性保护工作，保持遗产真实性、完整性和当地生产生活延续性。实施文化遗产解读工程，建设大运河遗产导示系统，对大运河江苏段沿线的文物、古迹、历史遗存等统一标识，推动沿线文化遗产保护管理标准化、规范化。建立并推行大运河沿线物质文化遗产保护管控清单，对运河水工遗存、运河附属遗存、运河相关遗产和大运河世界文化遗产组成部分的不同类型文化遗产，提出详细建设要求和约束条件，对不符合保护和传承要求、影响文化遗产本体及其周边环境风貌的建设项目予以严格禁止。完善大运河监测预警平台，提升遗产监测监管效能和档案建设管理水平。加强对大运河沿线涉建项目的审批监管，依法查处大运河遗产违法建设行为。实施灾害防治和文物安全防范工程，规范遗产巡视和安全巡查制度，加强大运河文化遗产动态监测和管理。积极打造省级大运河文化带建设大数据平台，整合文化、文物、环保、旅游、水利、农业、交通等相关部门现有的信息资源，建立数据共享交换机制，构建文化遗产、文化资源、产业项目、环保信息等多维度数据库，为大运河文化带建设提供基础数据和统一的管理服务平台。

加强非物质文化遗产和文化生态保护工作。实施大运河沿线非物质文化遗产记录工程，对濒危的非物质文化遗产项目进行抢救性保护，对具有一定市场前景的非物质文化遗产项目实施生产性保护，对代表性项目实行动态管理。积极推进沿线桃花坞木版年画、中国（扬州）玉雕等项目申报联合国教科文组织"人类非物质文化遗产代表作名录"。大力实施传统工艺振兴计划，支持地方在大运河沿线统筹建设一批传统表演艺术类、传统技艺类、传统民俗类非物质文化遗产项目保护设施。加强对非物质文化遗产重要载体和空间的保护，实施周边自然、人文环境和集聚区域整体性保护，对非物质文化遗产资源进行数字化记录、保存。支持沿线非物质文化遗产项目集中地区推进大运河沿线文化生态保护区建设。结合重要文化遗迹保护和展示工程建设，加强历史文化名城、名镇、名村和街区保护。加强对不同层次文化地理单元的大运河历史文化聚落整体保护，采取多元主体共同参与的更新实施方式，对历史文化街区、名镇名村、传统村落进行综合整治。

加强文化遗产综合展示和服务公众工作。划分点、线、面相互连接的展示单元和技术、管理、文化、景观四类主题，开展以大运河主题为代表的各类博物馆和遗址公园建设，支持扬州建设中国运河博物馆，推动淮安运河博物馆、苏州运河遗产展示馆升级改造，形成以扬州中国运河博物馆、淮安运河博物馆、苏州运河遗产展示馆为主，全省大运河沿线相关博物馆为补充的大运河博物馆群。实施大运河文化遗产保护展示工程、博物馆陈列展览提升工程，推动文物保护单位纳入公共文化服务体系，形成特色突出、互为补充的综合博物馆展览陈列体系。结合现实展示和保护需求，用好大运河沿线红色遗产、名人故居、会馆商号、工业遗产等各类展示场所，实施相关遗产的抢救性保护与展示提升工程，结合大运河沿线地域文化和漕运、造船等行业文化特征，充分利用虚拟展示、覆罩展示、沙盘展示、标识说明等多种手段，结合"互联网＋中华文明"行动计划，实施一系列高水准和标志性的可移动、不可移动文物保护精品展示项目，建设虚拟体验平台。配合"国家记忆"工程，结合大运河考古研究，加强无锡鸿山国家考古遗址公园运营管理，推动阖闾城、扬州城、高邮龙虬庄国家考古遗址公园建设，开展省级大遗址保护与考古遗址公园建设，促进大运河沿线考古遗址保护、展示与利用。实施"以师带徒"计划，培养一批大运河文化非遗传承人，鼓励利用传习所、传习基地等因地制宜地开展非遗宣传展示活动，构建布局合理、各具特色的大运河非物质文化遗产宣传展示体系，推动大运河沿线非物质文化遗产进社区、进校园、进企业。依托文化和自然遗产日、重要传统节日，开展大运河沿线非物质文化遗产主题展示活动，定期组织大型展演。

　　强化基本公共文化服务。坚持以人民为中心的发展思想，在推动社会主义文化繁荣兴盛的工作中完善大运河沿线公共文化服务体系，深入实施文化惠民工程，丰富群众性文化活动，使大运河文化的内容和产品与满足人民过上美好生活新期待高度契合，增强全省人民精神文化生活获得感。

　　推进运河文脉整理与研究。加强对大运河江苏段文献资料的挖掘、整理和研究，理清江苏大运河文化的文脉和历史内涵，转化并推广大运河文化相关研究成果。建设好江苏大运河文化带建设研究院，依托省社科院，整合省及沿线高校等研究资源和研究力量，形成智库型专家团队，运用新观念、新思路、新方法，对照古今，融汇中外，全面开展大运河文化价值、系统保护、专业保护等研究工作和遗产价值评估工作，挖掘和弘扬运河千年文化的当代价值和时代特色，为大运河文化带建设提供决策咨询。充分发挥世界运河文化城市合作组织和相关研究团体作用，定期或不定期国际、国内学术研讨会，推出更多滋润人心的优秀科研成果，牢固掌握大运河文化精神的学术阵地。建设大运河文化研究数据库，加强基础性研究和大运河遗产调研，实施大运河文脉整理与建设工程，加大运河物质文化遗产和运河历史、运河文学、运河艺术、运河名人、运河故事、运河风情等非物质文化遗产的挖掘，全面梳理大运河相关古籍、地方志、古地图、考古报告、文化遗产调查成果、经典历史文化研究成果等相关资料，形成大运河文化文献集。

艺术再现运河文化底蕴。加强大运河题材文艺作品规划，大力扶持具有鲜明运河特点、运河风格、运河气派的精品创作，加强对原创作品的持续打磨、开发、推介和展示，创排一批反映大运河文化的文艺精品，使之成为经典，构筑江苏的文艺新高峰。深入实施重点剧目投入工程、艺术创作源头工程、舞台艺术精品工程和重大主题美术创作精品工程，通过江苏艺术基金等政府资金，加大对运河题材艺术精品创作的扶持力度，推出一大批有影响的运河艺术精品力作。定期组织著名作家、艺术家开展创作采风活动，以文学的形式、艺术的笔触、流动的音符描绘江苏大运河的生动实践。组织以大运河为主题的舞台剧目和美术作品开展全国巡演巡展，近期组织好歌剧《运之河》全国巡演、交响组歌《运河畅想》全国巡演、江苏20台优秀现代戏大运河沿岸巡演、新金陵画派百幅作品大运河沿河城市巡展等。定期举办运河主题的合唱节、音乐会、地方戏曲会演、民间工艺展、运河文化博览会、书香文脉传承全民阅读活动，打造一批凸显运河文化特色的节庆、会展、演艺、民俗等品牌活动，让运河文化和运河沿线相关文化艺术活动走向全国、走向世界。

已经批准的大运河文化带江苏段相关节庆活动

节庆名称	主办单位	举办频次	备注
中国昆剧艺术节	文化部、省人民政府	三年	部省级
江苏文化艺术节	省委宣传部、省文化厅 省文联、新华报业集团 省广电总台、省演艺集团	两年	省级机关部门
江苏省艺术展演月	省文化厅	两年	
江苏书展	省新闻出版局 省委宣传部	每年	
江苏省乡村旅游节	省旅游局	每年	
江苏大运河文化 旅游节	省旅游局、省文化厅和当年举办地设区市人民政府	两年	
中国音乐"金钟奖"民乐比赛	中国文联、中国音乐家协会 省委宣传部、省文联	两年	
中国当代文学 南京论坛	省作协	三年	

续　表

节庆名称	主办单位	举办频次	备注
中国（无锡）徐霞客国际旅游节	无锡市政府、省旅游局	每年	市级党委政府
中国（无锡）吴文化节	无锡市政府	两年	
中国（徐州）汉文化旅游节	徐州市政府、省旅游局	每年	
李可染艺术节	徐州市委、市政府	两年	
中国龙城（常州）旅游节	常州市政府、省旅游局	每年	
"东方水城"中国苏州国际旅游节	苏州市政府、省旅游局	每年	
苏州刺绣艺术节	中国工艺美术协会苏州市政府	每年	
中国·淮医文化节	淮安市委、市政府	每年	
淮安·中国淮扬菜美食文化国际旅游节	淮安市政府	每年	
中国·扬州国际经贸旅游节	扬州市政府	每年	
中国扬州淮扬菜美食节	扬州市政府	每年	
中国镇江金山旅游文化节	镇江市政府、省旅游局	每年	
西楚文化节	宿迁市政府、省旅游局	每年	

推进现代公共文化服务体系建设。完善大运河沿线各级公共文化设施网络体系，在已建成市、县（市、区）、乡镇（街道）、村（社区）四级公共文化设施网络的基础上，突出运河文化场所建设，指导有条件地区规划建设一批具有运河文化特色的专题图书馆、美术馆（艺术馆）、博物馆（纪念馆）、文化馆（非遗馆），在大运河沿线城乡率先探索综合文化服务中心社会化管理模式和图书馆、文化馆总分馆制建设模式，提升公共文化服务标准化、均等化水平。推动大运河沿线公共文化"供给侧改革"，实施文化惠民工程，建立健全群众文化需求跟踪反馈机制，采用"自下而上、以需定供"的互动式、菜单式、订单式服务模式，提高公共文化服务和惠民投入的"精准到位""适销对路"，把

文化发展的成果最大限度地惠及群众。实施文化畅通工程，结合"宽带中国""智慧江苏"等重大信息工程建设，聚焦"互联网＋"，充分运用移动互联网、大数据、云计算、云存储等信息技术，推动大运河沿线各地率先建设"文化江苏云"，构建覆盖运河沿线、最终覆盖全省的公共文化信息网络平台，提供虚拟游览体验、文化艺术活动信息发布预约、数字资源在线共享，实现按需、按人定制和推送公共文化服务，精准对接群众文化需求，打通公共文化服务的"最后一公里"。以新时代运河航运文化为抓手，组织国有、社会文艺团体以及行业内外有抱负、有作为的文学艺术工作者深入大运河一线体验生活，广泛深入地开展形式多样的文学、戏剧、音乐、美术、摄影、舞蹈、影视、动漫等各种形式的群众文化艺术活动，创作生产一大批以大运河为题材的基本公共文化产品。充分利用大运河水陆交通便利条件，积极开展"送书、送戏、送展览"和基层文艺巡演活动，推动戏曲进校园、进乡村、进基层，为大运河沿线人民群众提供更加丰富的文化产品和服务。

开展大运河文化交流。充分发挥江苏大运河通江达海的优势和沿线地区对外交流交往的便利，深入挖掘大运河江苏段在数千年历史中凝练、升华的中华优秀传统文化和江苏地域特色文化，在融入国家战略中讲好江苏运河故事，提升文化软实力。依托世界运河历史文化城市合作组织，加强与联合国教科文组织、太平洋经济合作理事会、国际古迹遗址理事会等国际组织联系，拓展新的合作伙伴关系。进一步发挥世界运河古镇联盟平台作用，开拓新的合作领域。实施海外文化市场开拓行动计划，鼓励大运河江苏段沿线古典园林、雕版印刷、蚕桑丝织技艺、昆曲、剪纸、古琴等历史文化遗产走出国门。充分运用"文化＋"模式，推动运河文化与科技、互联网、金融、商业等深度融合发展，以市场化、商业化等方式"借船出海"，依托我省国家服务贸易创新发展试点和无锡国家文化出口示范基地等，推动文化产品和服务出口，推动大运河文化对外传播。加强与大运河沿线省市的交流沟通，推动全域项目合作、政策联动、区域协同。围绕运河文化主题，组织开展"感知江苏""同乐江苏""精彩江苏"等对外文化交流活动。支持办好世界运河大会、世界运河城市论坛等国际交流活动。

（二）着力高颜值的生态长廊建设

把大运河文化带江苏段建设与江淮生态大走廊、美丽江苏建设有机结合起来，实行最严格的生态环境保护制度，形成绿色发展方式和生活方式，推进运河生态文明建设，充分展现运河船舶穿梭之美、活水清水灵动之美、堤岸绿影婆娑之美、流域田园风光之美、沿岸人文景观之美。

加强河道水系治理管护。大运河水系具有重要的资源功能和生态功能，要以大运河安全为基础，加强大运河河道水系治理管护，推动大运河可持续发展和生态环境改善。

统筹水资源保护利用。切实加强大运河水安全保障，以保护水资源水环境、发挥水运功能、传承水文化为重点，推进世界级跨流域生态廊道建设样板区、南水北调东线工程清水走廊和淮河流域东部生态屏障建设，打造联结太湖、高宝湖、洪泽湖、骆马湖、微山湖五大湖区，贯通长江、淮河、黄河故道三大河道的"五湖四河"生态示范区，为运河文化保护传承利用提供水脉承载。明确大运河河道各段的防洪、调水、航运、排涝、饮用水水源地、工业用水、农业灌溉、生态景观等各方面功能定位。中运河的骆马湖以北段和骆马湖段以防洪、调水、航运为主，兼顾排涝、饮用水水源地、生态景观；骆马湖以南段以排涝、调水为主，兼顾骆马湖超标准洪水时行洪、航运、饮用水水源地与生态景观功能。淮扬运河以调水、排涝为主，兼顾航运、饮用水水源地与生态景观功能。江南运河是太湖流域水体转承的重要通道，对流域、区域的防洪、排涝和供水具有重要作用和影响，也是航运的"黄金水道"，兼具航运、防洪排涝、工业用水、农业灌溉、景观等综合功能。

抓好生态基础设施建设。综合大运河河道各段功能定位，因势利导，分段施策，开展运河生态基础设施建设。加强运河沿线河道整治，修复运河故道，提升河湖水系连通性。合理规划岸线使用，推进滨河绿化建设。完善流域区域调配水工程体系，加快推进南水北调流域调配水工程和大运河沿线防洪排涝骨干工程建设。改造提升沿运道路标准，打通断头路，实现运河堤岸沿线道路贯通，让人们能够走近运河、亲近运河，实现人与河、河与城的和谐共生。

促进水运设施升级。推进高效民生运河建设，围绕打通运河主线瓶颈、加强运河与联通航道的互联互通以及提升分流航道通过能力三大重点，加强运河航运工程和基础设施建设，着力推进大运河江苏段全线高等级贯通。集约利用岸线资源，统一规划大运河沿线港口规划布局，推进沿线零散分布的小码头整治，使驳岸成为运河文化生态系统的重要组成部分，同时在保护河道的基础上，因地制宜打造一批规模化、现代化的内河港口作业区。充分利用大数据、云计算、卫星遥感、移动互联等现代信息通信技术，加快构建跨省互联互通的运河航运智能化感知系统和一体化服务平台，建设运河智能过闸系统，提升为船民服务水平。推动内河船型标准化。推广应用 LNG 动力船，在水上服务区等地设立船舶加气站。

完善防洪排涝功能。在大运河现有防洪排涝体系的基础上，针对不同河段存在的突出问题和薄弱环节，采取清淤疏浚、堤岸治理、除险加固和联合调度等措施，强化洪水预警和风险管理，全面提升河道行洪能力。加强大运河洪水风险管理，开展大运河沿线洪水灾害风险评估，合理控制大运河沿线低洼地区高强度开发建设。依托大运河所在流域及区域防洪减灾体系，有机串联与整合资源，实现大运河统一调度和管理，保障沿线文化遗产安全。

加强生态环境保护修复。改善大运河江苏段生态环境，加强生态环境保护修复，打造具有江苏特色的大运河生态走廊。

加强生态环境保护治理。加大流域生态保护力度，按照大运河沿线"263"专项行动有关生态保护要求，以及江淮生态大走廊、南水北调东线清水走廊等建设，划定河湖管理保护范围，以大运河及沿线湖泊为重点，加强自然保护区、饮用水源地、水产种质资源保护区、重要湿地等国家和省生态红线保护。落实生态河道行动计划，建设水系连通工程，保障好大运河沿线河湖生态用水需求。加强洪泽湖、骆马湖等良好湖泊保护，有计划、有步骤地实施退圩退渔、还湖还湿、生态修复、清洁流域等工程，加强珍稀濒危动物栖息地保护，不断提升大运河生态功能。

建设绿色生态廊道。推动编制河湖岸线资源开发利用与保护规划，在保护滨河生态系统和各类文化自然遗产、人文景观风貌原真性、完整性基础上，在大运河有水河道两岸1000米范围内建设绿色生态廊道，廊道内严禁新增非公益建设用地，在具备条件的区域因地制宜规划建设一批特色突出、相互联系的自然生态空间，加强范围内城乡区域滨水空间生态保护和林草植被覆盖，打造运河生态带。对属于城市近郊区的区域，规划建设一批植物园、城市公园等；对属于城市远郊区的区域，规划建设一批森林公园、郊野公园；在乡镇沿河两岸适宜的区域集中连片植树造林，加强植被绿化，属于基本农田区域的，可探索通过置换方式推进实施，属于滨河自然水生态系统的，可探索建立一批湿地公园等。对于自然条件特别良好、生态功能突出的河湖滨岸重点区域，有关自然生态空间范围可不限于 1000 米。对于符合生态环保要求的旅游基础设施，如旅游厕所、沿河步道、自驾车营地等，可探索纳入滨河绿色生态带建设内容。在大运河河道两岸 2000 米范围内，强化城乡规划管控和土地用途管制，严禁新建扩建工矿企业、房地产等不利于生态环境保护的项目，推动不符合生态保护和相关规划要求的已有项目和设施逐步搬离，原址恢复原状或进行合理绿化。划定大运河江苏段河道两岸生态保护红线和湖泊、湿地等重点生态功能区生态保护红线，明确禁建保护区域，实施严格的生态环境保护。将重要水域、生物多样性保护区、自然保护区、饮用水源保护区、水源涵养区等与水生态环境密切相关的区域划入生态保护红线保护范围，细化分类分区管控措施，做到红线区域性质不转换、功能不降低、面积不减少、责任不改变。

推进生态保护修复。加大对大运河沿岸风景名胜区森林公园、地质公园等保护利用，加大对垃圾污水收集、综合防灾减灾、监测预警设施等保护性基础设施投入力度，谨慎配套游览服务设施和道路交通设施，不断强化自然遗产保护力度。加强对运河沿线湿地保护与管理能力建设，采取工程治理与自然修复相结合的方式，加大湿地恢复治理力度，恢复湖区湿地自然状态，增强湿地生态功能。积极恢复河流历史走向和湖泊原有水面，修复流域原有生态功能，增强河流自然净化能力。因地制宜采取河岸带水生态保护与修复，植被恢复、生态补水等措施，实施湿地综合治理。因地制宜建设人工湿地水质净化工程，提高水环境承载能力。严格执行空间开发保护制度，对生态保护红线范围内的、非法挤占水域岸线的以及对水质影响大的村庄、农业用地、企事业单位和建筑等限期退出。研究建立水环境承载能力监测评价体系，开展承载能力监测预警试点。

加强水环境污染防治。建立健全大运河重点水系流域水体质量动态监测与污染防治机制，按照全流域、控制区、控制单元实施分级分类治理，筛选大运河流域范围内优先控制单元，因地制宜综合运用水污染治理，水资源调配、水生态保护等措施，提高污染防治的科学性、系统性和针对性。强化市、县跨界断面考核管理，实现上下游水污染防治联动。规划水资源开发利用红线和水功能区限制纳污红线，严格工业点源污染防治、农业面源治理和城乡污水生活垃圾整治。制定大运河沿线工业、服务业和农业风险源防控措施，加强船舶、港口污染控制，规范建筑行业泥浆船舶运输工作，建立健全船舶含油污水和垃圾接收、转运及处理机制和污染物偷排漏排监督机制。建立健全应急预案体系，统筹水上污染事故应急能力建设，提升油品、危险化学品泄漏事故应急处置能力。针对大运河江苏段沿线一些敏感区域，采取监测、断源、控污、治理等各项应急污染处理处置措施，全力保障水质安全。监测涵盖突发水环境事件的污染范围，以及可能受到污染的区域，结合气象和水文条件，对污染带移动过程进行动态监测，并将监测结果及时上报。

（三）着力高效益的经济长廊建设

策应国家"一带一路"、长江经济带、长三角区域发展一体化等国家战略和我省"1＋3"功能区建设战略，在大运河文化带江苏段建设规划的总体布局下，充分利用大运河资源推动经济高质量发展。

推动文化旅游融合发展。确立大运河文化旅游的主导地位，配合国家六大文化旅游区段建设规划，重点建设江苏范围内的吴越、淮扬、楚汉文化旅游区，加强整体设计，大手笔规划、高标准建设，铸造"千年运河"国际旅游品牌，打造国际精品线路。

完善旅游基础设施和配套服务。大力推动基础设施互联互通，依托大运河沿线有关道路，改造提升现有道路标准，建设高标准旅游步道和沿绿色生态廊道高等级旅游公路体系，积极推进大运河码头与公路、铁路等衔接，构建水陆快速交通网络。以大运河江苏段沿线乡村旅游和发展"全域旅游"为重要抓手，逐步规范完善旅游服务设施，完善旅游交通引导标识系统等。推进乡村

"厕所革命",改善公共卫生环境。推动智慧旅游建设,实现主要文化遗产点、文化旅游景区等重点公共区域免费无线网络(WIFI)全覆盖,适时推动第五代移动通信网络(5G)试点建设,鼓励和引导文化旅游与互联网等现代信息技术相结合,不断提升运河旅游公共服务品质。

全面提升运河文化旅游质量。依托大运河江苏段沿线历史文化街区等,打造一批集世界文化遗产风貌、民俗风情、手工艺传承、旅游休闲于一身的运河旅游风情小镇。围绕吴越文化、淮扬文化、楚汉文化,充分利用大运河沿线旅游风情小镇、河工设施以及大运河沿线生态空间等文化和旅游资源,打造一批大运河文化旅游示范区和旅游风景区。以大运河为纽带"串珠成线",汇聚若干最具特色的精品旅游线路,打造系列大运河文化旅游精品河段,深度开发运河沿线自驾游等旅游产品。鼓励和支持社会资本投资开发运河文化旅游要素服务系统,积极引入具有运河文化风情特色的主题酒店、餐饮、民宿、娱乐等配套项目。持续推动大运河沿线文化旅游示范区内乡村旅游重点村与旅游电商、现代物流等企业建立合作关系,持续推进"乡村旅游后备箱工程""一村一品"产业建设专项行动。

整体打造文化旅游品牌体系。建设具有国际国内强大影响力的旅游品牌体系,延伸打造大运河城市旅游、大运河旅游产品等子品牌,以大运河访古游、大运河文化游、大运河度假游、大运河都市游、大运河研学游、大运河古镇游等为重点,不断推出富有创意、参与度高、深受市场欢迎的系列旅游产品,形成以整体品牌形象为核心,层次品牌为支撑的旅游品牌体系,提升旅游品牌竞争力,使"千年运河"成为与万里长城、丝绸之路齐名的中华文化精品旅游品牌。开展大运河旅游产品品牌塑造和推广营销活动,加强对大运河江苏段名人、名家、风物、名言和各类人文自然旅游资源、特色旅游线路的宣传推介力度,打造"运河原点,风雅扬州"等城市品牌,推动大运河旅游向国际化、高端化、品牌化发展,将大运河打造成为世界文化遗产旅游的精品。将"中国运河"的理念融入旅游产品开发中,提高"中国运河"品牌的核心价值和旅游吸引力,积极发展文化旅游、民俗旅游、古镇旅游、水上旅游、乡村旅游等特色旅游产品品牌。打造以行、游、住、食、购、娱为主体的六要素品牌,在旅游行业内部形成的以"运河精神、细微服务"为代表的服务品牌。积极打造旅游景区、旅行社、旅游车船公司、旅游商品等知名企业品牌，使之成为大运河旅游品牌的重要载体。

加快文化创意产业发展。深入挖掘以大运河为核心的历史文化资源，继承和彰显大运河文化的深厚底蕴，推进文化创意和设计服务等新型、高端服务业发展，促进文化创意产业与实体经济深度融合，培育国民经济新的增长点，提升江苏文化软实力和产业竞争力。大力发展创新型经济、促进经济结构调整和发展方式转变，发展设计服务、影视文化、动漫游戏、文化演艺、文化体育、特色文化产品制造等行业，推进大沿河江苏段文化创意产业带建设。构建大运河特色文化产业体系，发展形成一批具有大运河文化特色的重点文化产业基地（园区）、文化旅游小镇和文化创意品牌。加强历史经典产业保护和发展，放大地域特色优势，让丝绸、苏绣、紫砂、泥人、玉雕、漆器、园艺、香醋等产业大放异彩，努力打造具有世界影响力的产业集群和知名品牌。重点办好每年一届的常州动漫艺术周、苏州文化创意设计产业交易博览会、无锡文化艺术产业博览交易会、太湖影视文化产业投资峰会，为文化创意产业发展、文化创意产品贸易、文化创意人才引进搭建广阔平台。

推动工业产业转型升级。贯彻新发展理念，坚持质量第一，效益优先，以供给侧结构性改革为主线，推动大运河沿线经济发展质量和效率变革，带动全省经济动能转换和产业转型升级。进一步确立大运河"黄金水道"的价值和功能定位，依托内河运输功能，以沿河码头、港口等基础设施为节点，沿河重点城镇为核心，结合城镇化布局，搭建多层次、宽领域、广覆盖的融合发展平台，形成以航运物流业为基础，沿河工业、轻工业、农业、仓储业为主体的线性产业带，打造运输便捷、工农商贸发达、城镇密集、旅游兴旺的综合性新兴产业经济带。支持工业企业工艺技术装备更新，加强电力、钢铁等重点行业的清洁生产审核，构建绿色产业链体系。充分利用大运河两岸工业化过程中遗留下来的老旧工业厂房、仓库等设施，改造升级发展文化创意、科技研发等高附加值产业，积极扶持大运河江苏段沿线传统手工业传承，推动工业遗存转型升级。积极扶持传统手工业传承，推动形成工业与生态、文化、旅游等协同发展的新局面，充分发挥各类专业服务的引领示范功效，积极丰富制造业、加工业等行业产品的人文内涵，提高质量，增加附加值。

推动城乡区域协调互动。统筹大运河江苏段文化保护传承与城乡建设、区域发展的关系，改善城乡人居环境，完善基本公共服务，促进城乡、区域协调互动。

强化城市带动。瞄准技术前沿，聚焦重点领域，加强前瞻性部署，加快重大科技成果转化，在市场潜力大、产业基础好、带动作用强的行业形成一批支柱产业，重点发展苏州纳米材料、无锡物联网、常州智能制造、镇江通用航空、扬州新光源、淮安节能环保、宿迁电子商务、徐州高端装备制造等区域标志性高端产业，打造大运河沿线城市战略性新兴产业高地。立足区域资源环境承载能力，完善大运河沿线城市总体规划，集聚各类要素资源，发挥不同城市各自优势，协同推进大运河文化保护传承利用。进一步优化城镇化空间布局，强化城市间错位发展，引导生产资源和基础设施供给适当沿运河向欠发达区域倾斜，以大运河、铁路、公路交通通道为依托，培育大运河沿线节点城镇，统筹城乡发展新载体。发挥重要支点城市辐射带动作用，按照落实精准扶贫工作要求，推进全省运河沿线重点帮扶片区和重点帮扶县利用大运河文化元素形成特色化发展路径。

助力乡村振兴。实施乡村振兴战略，加强规划引导，推动大运河江苏段沿线乡村地区利用大运河文化、生态等多样化资源，立足加快建设一批特色田园乡村，进一步优化山水、田园、村落等空间要素，展现状态优、村庄美、产业特、农民富、集体强、乡风好的江苏特色田园乡村现实模样。以大运河文化滋养乡村，培育文明乡风，提升乡村社会文明程度。完善乡村基础设施，推动乡村交通设施条件改善，解决"最后一公里"问题，大力推进水、电、气改造，强化物流、信息、广播设施建设，推动城乡基础设施互联互通。大力发展乡村旅游等新业态，与文化旅游、民俗旅游、休闲旅游等业态相融合，瞄准贫困人口精准帮扶，拓展乡村发展空间。

统筹区域发展。把大运河经济长廊建设作为构建"1＋3"功能区格局和促进区域协调发展的重要战略支点，形成大运河沿线 8 市＋南通、泰州的"8＋

2"发展格局,在更高层次统筹大运河沿线区域协调发展,从而推动苏南苏中苏北区域协调发展,缩小江苏南北发展差距,走向共同富裕。苏州、无锡、常州、镇江等城市要着眼形成更多引领型发展,在新技术、新产业、新业态、新机制上率先突破,为全省转型发展形成示范。扬州、泰州、南通要重融合、创特色,深入推进陆海统筹、跨江融合、江海联动发展,加快融入长三角核心区。淮安、宿迁、徐州要深度挖掘并利用各自资源禀赋,摆脱传统路径依赖,积极探索生态优先、绿色发展的新路子。

大运河流经省市部分数据统计(2016 年)

大运河流经省市	人口(万人)	GDP 总量(亿元)	人均 GDP(元)	世界文化遗产数量(含点段)	文化产业增加值
北京	2173	25669.13	118198	4 河道 2 段,遗产点 2 个	3570.5 亿元,比上年增长 12.3%,占 GDP 比重 14.3%
天津	1562	17885.39	115053	1 河道 1 段	802.28 亿元,占 GDP 比重 4.49%
河北	7470	32070.45	43062	3 河道 1 段,遗产点 2 个	960.36 亿元,占 GDP 比重 3.22%(2015 年底数据)
山东	9947	68024.49	68733	23 河道 8 段,遗产点 15 个	2481 亿元,占 GDP 比重 3.94%
河南	9532	40471.79	42575	7 河道 4 段,遗产点 3 个	1111.85 亿元,占 GDP 比重 3% 以上(2015 年底数据)
江苏	7999	77388.28	96887	28 河道 6 段,遗产点 22 个	3488 亿元,占 GDP 比重 4.5%
安徽	6196	24407.62	39561	2 河道 1 段,遗产点 1 个	976.31 亿元,占 GDP 比重 4% 以上
浙江	5590	47251.36	84916	18 河道 5 段,遗产点 13 个	3200 亿元,占 GDP 比重 5.8%

续 表

大运河流经省市	人口（万人）	GDP 总量（亿元）	人均 GDP（元）	世界文化遗产数量（含点段）	文化产业增加值
说明	八省市人口总和 50469 万人,占全国人口总量 40.94％	八省市 GDP 总量 333168.51 亿元,占全国 GDP 总量 44.77％	八省市人均 GDP57173 元,比全国人均 GDP 高出 10.59％	共 85 个河道 27 段,遗产点 58 个	全国文化及相关产业增加值为 30785 亿元,比上年增长 13.0％,比同期 GDP 名义增速高 4.4 个百分点;占 GDP 比重为 4.14％,比上年提高 0.19 个百分点

四、 保障措施

1. 加强组织领导

大运河文化带江苏段建设是一项重大、系统和创新工程,省级层面需建立领导小组和联席会议制度。联席会议向省委、省政府负责,召集人由省委、省政府分管领导担任,成员由省委办公厅、省政府办公厅、省委宣传部、省发展改革委、省文化厅（省文物局）、省国土资源厅、省环境保护厅、省住房城乡建设厅、省交通运输厅、省农委、省水利厅、省旅游局、省社科院、省社科联等有关部门和单位负责同志组成。联席会议统一领导大运河文化带江苏段建设工作,统筹总体规划、专项规划制定和实施,审定年度工作安排,研究出台政策措施,协调解决重大问题,督促检查重要工作。联席会议下设办公室,负责处理联席会议日常事务。联席会议办公室要健全督办工作机制,每年对专项规划完成情况进行评估,对重点工作进行督导。大运河江苏段沿线 8 市是推进大运河文化保护传承利用的主体,同样需要建立市级层面的领导小组和联席会议制度,做到充分发挥主观能动性,精准落实工作任务。省各有关部门要按照职能分工,明确责任处室和专职人员,完善配套政策,强化沟通协调,与各地主动配合,及时解决工作中存在的问题。

2. 完善政策支持

要积极对接国家总体规划和财税金融政策,推动更多江苏重大项目纳入国家规划盘子，同时争取更多国家政策性资金和专项资金扶持。强化政策支持，对大运河江苏段沿线遗产保护、文化传承、资源利用和水利、交通、环保等基础设施项目，省和各地都要从大局出发，给予资金保障。加强项目库建设，对条件成熟的项目纳入预算安排。充分发挥现有政府投资基金和省各有关部门专项资金作用，省级文物保护专项补助经费、文化产业引导资金、艺术基金等相关资金、基金应切块扶持。研究制定大运河江苏段沿线产业正、负面清单制度，建立大运河江苏段生态补偿机制，加大对沿线高污染企业搬迁的支持力度。探索设立大运河文化带江苏段建设专项基金，依托省、市财政资金，联合金融机构和省属国有集团，带动社会资本，整合各方资源。加大对大运河江苏段用地计划保障力度，加快审批进度，努力保障建设用地需求。

3. 健全法规保障

开展大运河江苏段保护立法工作，借鉴国外制定、实施运河法的经验，整合各有关部门以及所有利益相关者的诉求，制定符合国情省情市情的《大运河江苏段保护条例》，为国家最终出台《大运河保护条例》先行一步，积累经验。《条例》将加强顶层设计，健全大运河江苏段综合管理体制，理顺区域间、部门间、产业间的关系，夯实大运河江苏段文化保护传承利用的基础。加强《文物保护法》《环境保护法》《水污染防治法》等相关法律执行，整合各类执法资源，依法查处大运河江苏段遗产本体、保护范围和建设控制地带各类违法事件，为大运河江苏段文化保护传承利用保驾护航。

4. 推进改革创新

构建多方协调合作机制，强化部门与地区协调，鼓励社会力量参与，广泛吸引国内外各类组织机构积极支持和参与大运河江苏段文化保护传承利用，探索推出针对性优惠扶持政策，鼓励和引导社会力量和市场主体参与。建立统一推广展示机制，创建推广展示平台，充分发挥世界运河历史文化城市合作组织等机构的牵头作用，用好中国扬州世界运河名城博览会、世界运河城市论坛等知名活动品牌，组建省级大运河文化带建设志愿者队伍，并发起建立大运河文化带建设志愿者联盟。加快政府职能转变，坚持把社会效益放在首位、社会效益和经济效益相统一，制定大运河文化遗产保护传承利用标准，完善政绩考核评价机制。开展大运河江苏段文化保护传承利用试点示范，在全国率先设立大运河文化保护传承利用示范区、先行区，率先评选命名江苏省大运河文化带建设示范城市，形成示范带动效应。

5. 强化宣传引导

加强大运河文化带江苏段建设全媒体宣传推介，突出大运河文化带在传承发展中华优秀传统文化、彰显中华文明和文化自信方面的突出作用，以及对"强富美高"新江苏发展的特殊影响。尊重基层首创精神，及时总结推广各地好的做法、新的经验，每年一次组织中央和省主要媒体进行集中宣传。积极探索大运河江苏段沿线文物活化利用的新途径、新方法，鼓励具有开放条件的文物保护单位设计推出文物遗产保护、大运河文化解读的展示项目，建立集中宣传推广机制，多方位展现大运河江苏段文化遗产的时代特征和独特魅力，增强公众对大运河文化的科学认知。举办行走大运河、运河马拉松、运河龙舟赛等体育赛事活动，彰显当代江苏大运河的活力。坚持"引进来"与"走出去"并重，通过国际交流合作平台和文艺展演展示，向世界讲好江苏大运河故事。

江苏省哲学社会科学界联合会 2017 年度智库研究与交流委托课题，部分内容发表于江苏省哲学社会科学界联合会 2018 年第 14 期《决策参阅》

关于大运河文化带江苏段建设的思考

　　大运河上下 2500 多年，绵延 3200 多公里，贯穿 5 大水系，流经 8 省市 27 座城市，是中国古代创造的伟大工程，是祖先留给我们的宝贵遗产。2014 年 6 月，大运河被整体列入《世界遗产名录》。今年 2 月 24 日，习近平总书记在北京考察工作时强调，要古为今用，深入挖掘以大运河为核心的历史文化资源，保护大运河是沿线所有地区的共同责任。6 月 4 日，习近平总书记在有关调研报告上再次批示，大运河是祖先留给我们的宝贵遗产，是流动的文化，要统筹保护好、传承好、利用好。这两次重要指示批示，彰显了习近平总书记增强文化自觉和文化自信，增强中华民族凝聚力和向心力，推动文化强国建设的重要思想。江苏省委、省政府领导高度重视，省委书记李强，省长吴政隆，省委常委、宣传部部长、统战部部长王燕文等也分别作出批示。李强书记强调，要认真贯彻落实习近平总书记的重要批示精神，切实做好大运河江苏段的保护和文化传承工作，把建设大运河文化带与建设江淮生态大走廊结合起来，坚持以科学规划为引领，更高起点、更实措施，保护好大运河。

一、学习贯彻习近平总书记批示精神，大运河沿线省市迅速行动

　　中央领导同志关于大运河文化带建设批示通知下达后，北京、天津、河北、河南、山东、安徽、江苏、浙江等省市高度重视，积极研究部署辖区内大运河文化带建设工作。据 7 月 3 日《北京日报》报道，北京市委书记蔡奇就推动大运河文化带保护利用工作调查研究，市委副书记、代市长陈吉宁一同调研。蔡奇指出，北京作为全国文化中心，责无旁贷，应当作出应有贡献，起到带头示范作用。蔡奇强调，要本着保护、传承、利用的总原则，聚焦修缮文物、挖掘内涵、整治环境、提升品质等环节，分别列出遗产类、挖掘类、环境类、水系类、文创类等项目任务清单，制定五年行动计划。7 月 18 日，河北省省长许勤主持召开联席会议，强调要高标准高质量地抓好大运河文化带建设重

点工作，完善推动机制，建立大运河文化带建设联席会议制度，成立相关专职工作小组，制定科学细致的工作方案，把落实总书记重要批示精神的总体思路、工作重点、重大项目、资金安排等明确下来。

通过检索发现，大运河沿线省市文化、文物部门都在着手研究和部署大运河文化带建设工作。江苏省文化厅、文物局接到省委、省政府转来的中央领导同志批示通知和省委、省政府领导批示后，主要领导、分管领导先后3次召开专题会议组织学习讨论、进行研究部署。6月底，国家文物局召开大运河文化带建设工作座谈会，省文物局及大运河沿线8市均派员参加，汇报有关情况，了解国家文物局和兄弟省市工作思路，谋划江苏工作方案。目前省文化厅已上报了大运河文化带江苏段建设建议方案。

二、 江苏两年前率先提出建设大运河文化带

大运河江苏段纵贯江苏全境，全长690公里，自北向南流经徐州、宿迁、淮安、扬州、镇江、常州、无锡、苏州8个设区市，沿线拥有全省60％的人口、66.3％的经济总量。作为古代中国最重要的南北交通大动脉和水利枢纽，大运河深刻影响了江苏的自然环境、人口分布、城镇布局和交通路线。今天的大运河江苏段仍是大运河全线通航里程最长、货流密度最大、运输效益最好的黄金水道。不仅将江苏的楚汉文化、淮扬文化、吴文化等地域文化有机串联起来，也将陆上丝绸之路和海上丝绸之路联系在一起，形成兼收并蓄、包容多样和独具魅力的江苏运河文化。大运河江苏段是大运河全线富有内涵特色的文化遗产带、具有观赏价值的文化景观带和最有发展潜力的文化产业带。物质和非物质遗产资源丰富，有149处全国重点文物保护单位、101项国家级非物质文化遗产，有遗产河段325公里、遗产区7个、遗产点22处，有10座国家历史文化名城、19座中国历史文化名镇、7座中国历史文化名村。沿线8市均为国家园林城市和中国旅游城市，以扬州瘦西湖为代表的5A景区16处，国家级旅游度假区4座，4A景区、省级旅游度假区占全省70％以上。现有8个国家级文化产业示范基地，4个国家级动画产业基地、影视基地，2个国家级文化和科技融合示范基地。

2015年7月，省政府在淮安召开大运河文化带建设座谈会，统筹谋划大运

河遗产保护、文化产业升级和文化旅游发展，明确提出，以遗产资源为支撑，以沿线城市为节点，在大运河江苏段全线率先建成具有江苏特色的大运河文化带的工作目标。

近两年来，大运河江苏段沿线城市都建立了大运河专题展馆，从而有效增加了大运河遗产公共文化服务供给能力，提升了城市形象。淮安里运河、扬州双东历史街区、镇江西津渡、常州运河五号、无锡清名桥、苏州古城等具有大运河特色的文化景观，成功探索了运河遗产、文化创意和文化旅游等相结合的新的经济增长方式。作为大运河申遗工程的牵头城市，扬州建成了大运河扬州段遗产数字管理平台和遗产监测预警系统。从总体上看，江苏完全有基础、有条件、有能力把大运河文化带江苏段建设成为全国示范带。

三、 做好江苏大运河文化带生态保护和文化传承的若干建议

1. 建立大运河文化带建设工作领导小组或联席会议制度。大运河文化带江苏段建设是一项重大的系统工程，涉及多个职能部门和行政区域。建议领导小组或联席会议由省政府主要领导任组长，省委、省政府分管领导任副组长，成员单位有省委宣传部、省发改委、省文化厅、省文物局、省水利厅、省交通厅、省环保厅、省旅游局、省社科联等相关部门和大运河沿线 8 市人民政府。

2. 全面开展资源调研，研究出台《大运河江苏段生态修复和文化传承规划》。规划建设大运河文化带，要以文化建设为引领，以运河遗产为核心，带动沿线城市经济社会文化协调发展。建议省委、省政府组织力量，对大运河江苏段主干河道和沿线城市的生态环境和遗产资源进行普查和摸底，研究制定生态修复和文化传承总体规划，和江淮生态大走廊、文化遗产保护、文化产业发展、文化旅游发展等方面的专项规划。建议借鉴新苏伊士运河、巴拿马运河旧貌换新颜经验，突出大运河文化带建设的江苏和沿线城市地域特色，达到"俯仰古今江苏文化精华"之效果。

3. 高标准建设扬州、苏州文化名城。中央办公厅调研室课题组提出可考虑选择北京、天津、洛阳、济宁、扬州、苏州、杭州等城市作为首批文化名城示范城市的建议，扬州、苏州两市要乘势而上，着力突出古代文化和现代文明交相辉映特色，用文化智慧让大运河"活"起来，在全国真正起示范带动作用。

要充分挖掘全省和沿线城市大运河文化研究资源，有关部门加大支持力度，推进大运河文化更深入、更系统，为我省大运河文化带建设提供坚实的学理支撑。

4. 策划打造大运河文化活动品牌。发挥大运河申遗工程牵头城市所在省份影响，于明年上半年在扬州召开首届大运河文化带建设高峰论坛，争取由国家有关部门主办并永久落户于江苏。由省文化厅、省旅游局和沿线城市人民政府共同主办江苏大运河文化旅游节，待规模影响扩大后，可升格为省政府和中央有关部门共同举办。同时策划组织江苏大运河文化海外展演、展览等活动。

5. 设立大运河江苏段保护开发基金。作为中华文明的金名片，大运河在新的历史时期承载着通航、景观和展示等功能。将大运河江苏段污染的水域恢复过来，将损毁的重要文化景观修复起来，将现存的历史文化遗存保护下来，以及发展大运河文化产业、旅游产业，均需要加大投入，建议省政府设立百亿以上专项基金予以扶持。

6. 制定《大运河江苏段保护条例》。作为大型的线形遗产，大运河的生态修复和文化传承需要国家层面的大规划，也需要沿线各地的大协作。建议江苏率先在省级层面研究制定专门的地方性法规，为国家最终出台《大运河保护条例》积累经验。

江苏省哲学社会科学界联合会 2017 年度智库研究与交流委托课题研究成果，发表于江苏省哲学社会科学界联合会 2017 年第 34 期《决策参阅》，省政府主要领导、分管领导批示

跋

收录在这本书的文章，是我多年来牵头完成的十二个立项课题研究报告，目录中以字体加粗区别；与此相关的阶段性成果分别编排在其后。文化部 2015 年度国家文化创新工程立项项目《公共文化机构法人治理结构创新与实践研究》部分，将《南京图书馆章程》《南京图书馆理事会议事规则》列入其中，是因为这两份文稿本身就是立项项目研究内容和成果。本书逾三十万字，限于篇幅，我牵头完成的《公共文化建设助推文旅融合发展的现状分析及其对策研究》等两个立项课题研究报告未收录。《江苏建设文化强国先行区目标要求与实现路径研究》是江苏省哲学社会科学界联合会、江苏省哲学社会科学规划办公室 2023 年度江苏省应用研究重大课题、江苏省社会科学基金，这类重大课题还有《江苏区域文化经济协调发展评估与战略创新研究报告》《江苏跨世纪文化发展战略研究》等，我只是主要参与者，也未收录。

国有文艺院团深化改革研究，不仅是重大理论问题，也是重要实践问题。江苏国有文艺院团在全国率先转企改制，引起较大反响，行业内对此颇多埋怨、反对之声。我曾为此作专门调查研究，并将调研报告和个人书信，通过艺术司主要负责同志，面交时任文化和旅游部部长雒树刚、副部长李群。不久，雒树刚部长专程到江苏淮安、徐州等地调研国有文艺院团改革，李群副部长也将调研报告批转政策法规司、艺术司。正是在此基础上，《国有文艺院团深化改革研究》应运而生，被列为全国艺术科学规划领导小组办公室 2018 年度文化和旅游研究立项项目。验收评审意见认为，该项目聚焦于国有文艺院团深化改革过程中的困难与问题，以江苏、山东、上海三地国有文艺院团的发展现状为例，分析了三地国有文艺院团改革所取得的成绩和面临的挑战。项目结合习近平总书记关于文艺工作的系列讲话精神，客观分析国有文艺院团所承担的社会效益与经济效益之间的平衡关系，并以江苏为例，提出深化改革过程中可以采取的措施与办法，具有较强的现实针对性与指导性。研究项目的重要成果《国有文艺院团深化改革的实践探索及其改革走向》，发表于 2021 年第 4 期《艺术百家》，该文获得 2021 年度江苏省社科应用研究精品工程奖优秀成果一等奖。相关研究成果《关于构筑文艺精品创作高地的若干政策建议》《关于深化江苏国有文艺院团改革的思考与建议》，也引起省委、省政府分管领导的重视并作批示。

课题研究需要发挥集体智慧，本书收录的这些课题研究报告和文章，有不少合作者，如丁宏参与了《公益性文化事业单位深入改革创新机制研究》写作，吴政参与了《公共数字文化服务体系的组织建设研究》写作，祁刚参与了《江苏省公共图书馆服务均等化测评与分析——基于泰尔指数法的实证研究》写作，陈立参与了《公共文化单位免费开放和公益性服务研究》写作，杨仪、王小春参与了《文化江苏建设的战略思考》写作，蔡晓川、靳扬扬参与了《文化数字化赋能新型文化业态研究》写作，等等。没有他们的支持和协助，我个人很难完成这些课题研究。

关于书名，其实是受原文化部部长孙家正一首《寻找与守望》诗的影响。他的《寻找与守望》，表达的是对传统和文化的思考与深情，也象征着追求理想境界的执着与艰辛。而我对文化工作的应用研究，也正是一个征途漫漫的寻找过程，我很庆幸用"寻找"作为个人研究文集的书名。

在联系出版和审定书稿的过程中，得到江苏人民出版社社长王保顶、学术图书出版中心主任金书羽、责任编辑李旭和策划编辑戴宁宁的关心帮助。回望来时的路，我的所有专著都出自江苏人民出版社，此初衷不改。中国书法家协会主席、江苏省书法家协会主席、中央文史研究馆馆员孙晓云，欣然为我的研究文集、评论文集一并题写了书名，在此再次表示衷心感谢。

方标军

2024 年冬于南京